本专著为"中央高校基本科研业务费专项资金资助"（300102162609）的成果。

阿拉伯国家联盟及其安全治理研究

陈丽蓉 著

League of
Arab States
and Its Security
Governance

社会科学文献出版社
SOCIAL SCIENCES ACADEMIC PRESS (CHINA)

目　录

导　论

一　选题意义

2016 年 1 月 21 日，习近平主席在开罗阿拉伯国家联盟总部发布题为《共同开创中阿关系的美好未来》的重要演讲，他提出，阿盟是阿拉伯国家团结的象征……支持建立新的中东问题促和机制，支持阿盟、伊斯兰合作组织为此作出的努力。① 2019 年 11 月，中国国际问题研究院在北京举办了首届中东安全论坛，中国外交部部长助理陈晓东发表了有关中东安全治理的主旨演讲，呼吁坚持多边主义，探寻中东安全治理的新思路。② 可见，中东安全问题的重要性非同一般。

阿拉伯国家联盟是于 1945 年 3 月 22 日成立的区域性国际组织，比 1945 年 10 月 24 日成立的联合国早 7 个月。它在帮助阿拉伯国家摆脱殖民统治、获得民族解放和国家独立、维护阿拉伯民族利益方面发挥了重要作用。它还是阿拉伯国家增强合作、协调政治活动、促进阿拉伯整体利益的重要场所。在中东地区的舞台上，阿拉伯国家联盟是 22 个阿拉伯国家集体身份的象征。在历史发展进程中的很长一段时间里，阿拉伯国家皆在中东地区扮演着领导者的角色。探索中东安全治理的新路径，解决中东地区的"安全赤字"问题，离不开对阿拉伯世界已有安全治理实践也就是阿盟安全治理实践的历史探索。其一，阿盟成立的时间长，参

---

① 习近平：《共同开创中阿关系的美好未来——在阿拉伯国家联盟总部的演讲》，《人民日报》2016 年 1 月 22 日，第 3 版。

② 钟声：《中东安全治理需要多边主义》，《人民日报》2019 年 12 月 2 日，第 3 版。

与处理的地区冲突多，对阿盟的安全治理进行研究有利于从丰富的个案中进行归纳总结，分析其进行安全治理的主要手段，综合解析各种治理手段的效果。其二，阿拉伯国家同文同种同宗教，阿盟在互称手足的阿拉伯国家之间活动，但阿盟仍然对一些地区冲突束手无策，那么，影响其治理绩效的因素有哪些，各种因素之间存在何种逻辑联系？研究阿盟的安全治理，可以逐一遴选，找准阿盟有效的安全治理方式，从而为提出更切实可行的中东地区安全治理的新方案和新思路提供有益借鉴。

研究阿盟的安全治理除了以其为借鉴来思考中东安全治理这一现实问题外，还具有重要的学术价值。

第一，通过考察阿盟安全治理的历史，对阿盟的功过得失进行了更加细致的分析，认识到阿盟在不同时期作用不同，避免以偏概全，本书仅以个别案例来泛泛评价。许多学者以欧盟为参照物，对阿盟做出了较为悲观的评价，认为阿盟十分"失败"，甚至没有存在的必要。但是，本书通过细致梳理阿盟的发展历史，从历史视角分阶段和分类型地解析阿盟的安全治理，认为对阿盟的评价不可一概而论，必须结合具体的历史情境，分阶段地评估阿盟的作用。一方面，从历史来看，在阿盟发展的前半期（1945年至1979年），它在解决阿拉伯国家内战和调解阿拉伯国家间争端方面卓有成效。即使在埃及被取消成员国资格的20世纪80年代，阿拉伯国家联盟也在促进黎巴嫩国内和解、促使黎巴嫩内战双方签署《塔伊夫协议》上发挥作用。另一方面，从阿盟自身的发展来看，尽管它如同一朵徜徉在地区和国际政治这一汪洋大海中的小浪花，但它并没有失去革新的活力与进步的动力。它不断地对其组织结构和决策机制进行改革和调整，以适应波诡云谲的现实世界。

20世纪90年代以来，阿盟在一些地区安全问题中的作用有所下降，比如阿以冲突和伊拉克战争，但并不能以此断定阿盟完全"失败"，因为阿盟在帮助结束黎巴嫩2008年爆发的总统危机中发挥了重要作用。若判定阿盟"失败"，那该如何看待阿盟在黎巴嫩危机中的表现呢？具有丰富的调解斡旋经验的联合国前秘书长安南最终因为无力调停叙利亚内战而宣布辞去特使职务。这说明，在单个案例中，阿盟的安全治理绩效有成功，也有失败，不能以单个案例的成功与否来对阿盟的历史发展做出整体评价。

2000 年以来，阿盟一直处于改革与转型的发展阶段。当前，世界大国和中东域内国家深度介入阿拉伯世界，极大地限制和削弱着阿盟。阿盟在"阿拉伯之春"爆发以来确实呈现出衰颓的状态，但这并不能判定阿盟自身"失败"，它在一些冲突中的无力表现是国际和地区局势使然。阿盟成功与否，与当时具体的国际格局和地区历史环境密切相关。

第二，在解释阿盟"失败"的原因时，一些学者认为阿盟"一致同意"的决策机制是其"失败"的首要原因，另一些学者则提出阿拉伯国家政权的"威权性和非民主性"是导致阿盟失效的主要原因，他们认为民主国家之间不易发生冲突，即使发生冲突也可以通过已有机制得到和平解决。但是，通过细致分析阿拉伯国家联盟对阿拉伯国家内战以及阿拉伯国家间冲突的治理，本书认为，影响阿盟安全治理的根本因素既不是阿拉伯国家联盟"一致同意"决策机制，也不是冷战结束以来盛行的"阿拉伯国家非民主"论，阿盟安全治理的绩效是由阿拉伯国家间关系的变化以及世界大国尤其是美国的中东战略所决定的，阿盟的决策机制仅是导致其在部分冲突中无法发挥作用的次要因素。

其一，国际组织的机制包括决策机制和执行机制。阿盟的决策机制仅仅是阿盟安全治理机制的一部分。相比决策机制，执行机制的缺陷对阿盟安全治理绩效的影响更大。但若与外部干涉和阿拉伯世界的内部争端相比，机制因素对阿盟的影响属于比较次要的因素。阿盟曾在 2005 年将"一致同意"决策机制改为"三分之二多数"决策机制，然而，决策效率得到提高的阿盟却无法调停 2011 年以来爆发的利比亚内战、叙利亚内战以及也门内战。这些事实说明，决策机制的问题并不是影响阿盟的主要因素。

其二，"阿拉伯国家非民主"更不是影响阿盟安全治理绩效的主要因素。20 世纪 90 年代尤其是 2005 年以来，埃及、叙利亚、科威特等阿拉伯国家纷纷进行了政治改革，开启了不同程度的民主化进程。然而，阿盟却无法对 2011 年利比亚内战、叙利亚内战及其后爆发的也门内战进行有效治理。可见，将阿盟安全治理绩效的下滑归咎于"阿拉伯国家非民主"是不合理的。总的来说，不能脱离历史发展阶段以及地区和国际局势风云变幻的客观事实，来对阿盟作出评判。

总之，本书注重使用文献和史料，旨在从历史的角度来剖析阿盟的安全治理。本书对阿盟1945年成立以来的安全治理的研究属于世界史中的现当代史研究范畴，其中借鉴了国际关系理论。可以说，本书在已有研究的基础上，通过历史分析，重新审视有关阿盟"失败"及"失败"原因的观点，竭力总结阿盟安全治理的历史经验和教训，以及分析阿盟在当前面临的挑战，进一步推进了对阿盟的研究。这充分发挥了世界史学科优势，而没有陷入令人眼花缭乱的西方国际关系理论"泥沼"，为未来探寻中东安全治理新路径提供了坚实的历史基础。

二 国内外研究现状

阿盟是维护阿拉伯国家利益，促进成员国之间团结与协作，调解地区冲突的重要平台。它的成立，引发学者的极大关注和浓厚兴趣。学者们纷纷著书立说探析阿盟成立的历史背景、组织机构及在解决地区冲突中发挥的作用。20世纪70年代末以后，随着最大的成员国埃及事实上单独与以色列签订和平条约，阿拉伯国家在阿以冲突中的立场逐渐分化。阿盟取消了埃及成员国的资格，它也因失去这一大国的支持而逐渐衰弱。由此，学者们开始更深入地探索和剖析阿盟"失败"和衰落的原因，并提出了诸多有关促进阿盟提升行动能力的建议。总体来说，对阿盟的研究成果主要聚焦于分析阿盟成立的历史背景、组织结构，评析阿盟的功过得失，而对80年代后阿盟的发展、改革及现状研究较少。

（一）国外研究综述

1. 与阿盟有关的一手资料

笔者曾于2018年前往阿盟在开罗的总部查找一手的档案资料，但是阿盟总部以涉密为由，拒绝了笔者提出的查看和翻阅档案的请求。阿盟总部图书馆仅能提供已经公开发布的宣言、公告和决议。笔者还曾前往埃及国家图书馆、开罗大学图书馆和开罗美国大学图书馆查找资料，但也仅能查找到公开的专著和论文，且以英文专著和论文居多。因此，从档案的角度来说，目前为止，仅有两种与阿盟直接相关的档案文献集。

第一种是英国外交部和殖民地部（Foreign Office and Colonial Office of Great Britain）联合整理并出版的 10 卷本档案文献，即安妮塔·伯德特（Anita L. P. Burdett）编辑的《阿盟：英国档案汇编（1882～1963）》①，第二种是穆罕默德·哈利勒（Muhammad Khalil）编辑的两卷本《阿拉伯国家与阿盟文献集》②。《阿盟：英国档案汇编（1882～1963）》的第 1 卷至第 4 卷全面收集了 1882 年至 1963 年阿拉伯统一计划的产生、提出，阿拉伯国家间的磋商以及阿盟建立的档案，第 5 卷至第 10 卷收集了阿盟对地区事务的处理及阿盟与阿拉伯国家关系的档案。《阿拉伯国家与阿盟文献集》详细收录了阿盟创始国对阿拉伯统一形式的不同意见，收集了阿盟的宪章、内部章程等文件和协议，还汇集了有关阿盟与亚非集团等的合作条约以及它通过的诸多维护阿拉伯国家利益的决议的档案。

除此之外，美国国务院历史部出版的解密档案中也可以看到一些美国对阿盟的相关档案，但在 FRUS 网站可下载的解密档案最晚截至 1980 年，因此 80 年代以后美国对阿盟的相关文献无法获得。不过，幸运的是，阿盟会将其通过的决议、制定的发展计划，以及年度报告等递交给联合国，联合国数字图书馆对这些文件做了很好的归类，并及时对数据库进行更新，这使得联合国数字图书馆成为研究阿盟的资料宝库。

2. 对于阿盟成立历史背景、组织结构的研究

对阿盟成立的历史背景和组织结构的研究主要集中在阿盟成立至 20 世纪 70 年代。90 年代后，学者们主要聚焦于评析阿盟的决策机制。

艾哈迈德·戈玛（Ahmed M. Gomaa）的《阿盟的成立：战时外交与阿拉伯国家间政治（1941～1945）》③是研究阿盟成立历史背景的一部

---

① Anita L. P. Burdett（ed.）, *The Arab League: British Ducumentary Sources, 1882 - 1963*, Foreign Office and Colonial Office of Great Britain, Oxford: Archive Editions, 1995.

② Muhammad Khalil, *The Arab States and the Arab League: A Documentary Record*, Beriut: Khayats, 1962.

③ Ahmed M. Gomaa, *The Foundation of the League of Arab States: Wartime Diplomacy and Inter-Arab Politics, 1941 to 1945*, London: Longman Group Ltd., 1977.

重要著作。该书大量使用英国官方资料，详细阐述和分析了地区国家和世界大国的互动是如何影响阿盟的形成及给阿盟带来的局限性。在《阿拉伯国家联盟宪章》（以下简称《阿盟宪章》）的拟定过程中，有四个因素起着重要作用：第一是巴勒斯坦问题的日益突出导致阿拉伯国家更加重视加强合作和团结；第二是埃及在阿拉伯事务中的作用上升，在协调各阿拉伯国家上发挥了重要作用；第三是英国政策制定者意识到满足阿拉伯人的关切与同盟国赢得二战胜利息息相关；第四是法国结束在黎巴嫩和叙利亚的统治和二战期间"中东补给中心"的成立客观上促进阿拉伯地区经济一体化，为阿拉伯国家合作创造了良好的环境。作者认为，阿盟的成立是阿拉伯国家自发的倡议，英国的肯定鼓舞和激励了阿拉伯国家将阿拉伯团结和统一付诸实践，最终促成阿盟建立。

罗伯特·麦克唐纳（Robert W. Macdonald）的《阿盟：地区组织的动力研究》① 一书从地区主义视角剖析了阿盟的组织结构、各部门职能、决策机制及其对组织效率的影响，全面深入地阐释了阿盟的地区政策和对外政策，并对其优缺点进行总结和评估。作者认为阿盟结构松散、权限有限是其内在特性，民族主义既为阿拉伯国家获得独立、主权提供动力，同时也加剧了珍视主权的阿拉伯国家之间的紧张关系。但不可否认的是，阿盟在维护阿拉伯国家利益，反对外部压制和干预上发挥了重要作用。作者对影响阿盟成效原因的分析推动了对阿盟的认识和研究，他指出"一致同意"决策机制不是最主要原因，而是民族主义和国家主权间的张力致使阿拉伯国家不能达成共识。作者认为，如何处理阿盟与阿拉伯统一的关系、阿盟与联合国的关系，实现和平解决争端，促进地区经济一体化是决定阿盟未来发展的关键方面。

马吉德·卡杜里（Majid Khadduri）的《作为地区安排的阿盟》② 一文详尽分析了阿盟成立的历史背景，阿盟的组织结构、性质及阿盟与联

---

① Robert W. Macdonald, *The League of Arab States: A Study of the Dynamics of Regional Organization*, Princeton: Princeton University Press, 1965.

② Majid Khadduri, "The Arab League as a Regional Arrangement," *The American Journal of International Law*, Vol. 40, No. 4, 1946.

合国的关系。苏希尔·昌达尔·辛格（Sushil Chandar Singh）的《阿拉伯国家联盟》① 一文着重阐述阿盟成立的历史背景及阿盟在去殖民化运动和维护阿拉伯事业中的作用。作者指出阿拉伯国家之间的争端导致阿拉伯国家缺乏政治凝聚力，同时西方国家的政策也在客观上削弱了阿盟。实现阿拉伯团结的唯一选择是建立阿拉伯联邦。阿拉伯信息中心（The Arab Information Center）编辑出版的《阿盟的起源、宗旨、结构及活动》② 介绍了阿盟成立的历史背景、主要宗旨、组织结构以及主要活动。克里·托福罗（Cris E. Toffolo）写作了一本有关阿盟的通识性和介绍性著作——《国际组织：阿盟》③，他对阿盟成立的历史背景、组织结构、与以色列的关系以及经济社会文化事务进行了全面介绍。

此外，贾科莫·卢西安妮（Giacomo Luciani）和加桑·萨勒姆（Ghassan Salamé）合编的《阿拉伯一体化的政治》④ 在第三部分详细分析了阿盟的成立、组织机构、内部预算，阿盟与阿拉伯地区大国的关系。约书亚·波拉斯（Yehoshua Porath）写作的《对阿拉伯统一的追寻（1930~1945）》⑤ 一书对阿盟成立前哈希姆家族的肥沃新月计划、巴勒斯坦问题的彰显、政治性泛阿拉伯主义的兴起以及英国的政策做出了深入分析。他在第五章专门探讨了阿盟各创始国对未来统一计划的设想以及协调成立阿盟的历史过程。

20 世纪 90 年代后，由于其他区域性组织取得了一定成就，学界出现了一些对阿盟和其他组织比较的研究。其中阿卜杜拉赫曼·本·胡玛亚（Abdullahman N. Ben Homiad）的博士学位论文《比较视角下阿盟投

① Sushil Chandar Singh, "The League of Arab States," *The Indian Journal of Political Science*, Vol. 26, No. 4, 1965.

② The Arab Information Center, *The Arab League：Its Origin，Purpose，Structure & Activities*, 1955.

③ Cris E. Toffolo, *Global Organizations：The Arab League*, New York：Chelser House Publisher, 2008.

④ Giacomo Luciani and Ghassan Salamé（eds.）, *The Politics of Arab Integration*, London：Routledge, 1988.

⑤ Yehoshua Porath, *In Search of Arab Unity：1930 - 1945*, New York：Routledge, Second Edition, 2013.

票机制及其对阿盟安全功能影响研究》① 从比较视角分析了在 2005 年阿盟启动改革以前，阿盟、欧盟、非盟和联合国的决策机制。他认为"一致同意"原则是阿盟存在的重要问题之一。阿盟应该启动改革，使其机制更具有灵活性，并增强组织效力。

3. 对阿盟调解地区冲突的研究

对阿盟调解地区冲突的研究是阿盟研究的重点，研究成果十分丰富。

第一，对阿盟调解地区冲突案例的研究。在剑桥大学取得国际法博士学位的侯赛因·哈苏纳（Hussein A. Hassouna）是一名具有丰富经验的外交官，他曾是阿盟驻联合国和美国常驻代表。因此相较于一般学者，他能接触到其他学者难以查询的一手资料，对阿盟的内部运转以及调解地区冲突的具体过程也更为熟稔。他写作的《阿盟与地区争端：对中东冲突的研究》② 是研究阿盟调解地区冲突的必读书目，也是历史学、政治学以及国际法学专业人士研究中东和国际争端问题的重要著作。该书细致梳理和还原了 1948 年至 1975 年阿盟对边界冲突、内战等多种争端的斡旋和调解。他认为，在宪章规定下，阿盟发挥了它应有的作用。伊斯特万·波佳尼（Istvan S. Pogany）的《阿盟在黎巴嫩维和研究》③ 是一本研究阿盟维和行动的专著，该著作为后续思考和研究阿盟创建联军及其成效评估提供了有益参考。作者细致梳理了阿盟派驻黎巴嫩的象征性的阿拉伯安全部队的创建过程，并详尽地分析了该部队创建的法律依据、功能、权限及所获资助、部队构成与任务执行情况。他认为，尽管在阿拉伯威慑部队取代象征性的阿拉伯安全部队后，黎巴嫩内战得到暂时遏制，但是促使黎巴嫩内战产生的教派政治根源仍未得到妥善解决，因此，

① Abdullahman N. Ben Homiad, "The Arab League. A Comparative Examination of Voting Mechanisms: Exploration of the Unanimity Rule of the Arab League Regulations and How the Rule Affects the Organization's Security Function," Doctoral Dissertation, The American University, 2006.

② Hussein A. Hassouna, *The League of Arab States and Regional Disputes: A Study of Middle East Conflicts*, New York: Oceana Publications, 1975.

③ Istvan S. Pogany, *The Arab League and Peacemaking in the Lebanon*, New York: St. Martin Press, 1987.

仅有武力不足以有效制止冲突、维护和平。陶菲克·哈苏（Tawfig
Y. Hasou）的《为阿拉伯世界而战：埃及纳赛尔与阿盟》① 认为阿盟是纳
赛尔用来实现其外交政策目标的工具。他通过对《巴格达条约》、1958
年黎巴嫩战争、1958~1962 年叙利亚战争和 1962~1967 年也门战争的个
案分析，详细阐述了纳赛尔是如何利用阿盟来实现其外交目标的历史过
程。他的研究对分析大国对国际组织的影响以及国际组织如何发挥作用
具有重要意义。

　　叙利亚内战是近年来学者关注的重点。马提亚·凡赫布什
（Matthias Vanhullebusch）的论文《对阿盟在叙利亚可能采取的军事行
动的前景与挑战评估》② 从宪章和法律合法性层面探讨了国际组织和
地区组织在人道主义危机中扮演的角色，回顾了阿盟曾在维护地区和
平与安全上所进行的军事干预，对联合国和阿盟解决地区冲突的合法
依据和合作机制作出分析。他认为阿盟对叙利亚内战的介入是履行
"保护的责任"的体现，其行动与《联合国宪章》相符，也符合人道
主义精神。土耳其学者穆杰·库卡克里斯（Müjge küçükkeleş）的《阿
盟的叙利亚政策》③ 一文详细阐述了 2011 年叙利亚危机的爆发，以及
阿盟及其成员国的应对措施，以时间为纬捋顺了叙利亚危机的发展历
程，以地区和国际组织的应对为经阐述叙利亚内部冲突危机国际化的
前因后果，分析了以沙特和卡塔尔为首的海湾国家形成联盟积极推动
巴沙尔政权更迭的原因，即美国 2003 年入侵伊拉克后地区权力结构失
衡，伊朗什叶派势力迅速壮大。

　　马格努斯·朗格瑞（Magnus Lundgren）的《对叙利亚危机的调解：
倡议、战略与困境（2011~2016）》④ 一文分析了阿盟与联合国在叙利

---

① Tawfig Y. Hasou, *The Struggle for the Arab World：Egypt's Nasser and the Arab League*,
London：KPI, 1985.

② Matthias Vanhullebusch, "The Arab League and Military Operations：Prospects and Challenges
in Syria," *International Peacekeeping*, Vol. 22, No. 2, 2015.

③ Müjge küçükkeleş, "Arab League's Syrian Policy," *SETA Policy Brief*, April 2012.

④ Magnus Lundgren, "Mediation in Syria：Initiatives, Strategies and Obstacles, 2011-2016,"
Contemporary Security Policy, Vol. 37, No. 2, 2016.

亚问题上的调解策略。作者尤其详尽地阐述了阿盟斡旋调解叙利亚内战的过程，即从呼吁叙利亚内战双方进行政治对话到向巴沙尔政权一方进行强硬施压，阿盟的调解斡旋最终归于失败。丹尼尔·瓦纳（Daniel F. Wajner）的硕士学位论文《追求合法性：阿盟在"阿拉伯之春"合法性战场中的角色》[①] 从合法性理论角度探讨了阿盟在"阿拉伯之春"中的角色。作者认为阿盟作为该地区阿拉伯国家共同表达意见的平台，其角色和态度影响着政府合法性以及局势的走向。若阿盟对某一行动采取口头支持策略，那么受其行动影响的国家的政策也将发生重要变化。纳德·伊斯干达·迪阿布（Nader Iskandar Diab）的《地区组织执行行动之反思：基于阿拉伯联军的视角》[②] 一文探究阿盟建立阿拉伯联军的可行性和前景。皮纳尔·阿克伯纳尔（Pinar Akpinar）的《"阿拉伯之春"中调解的局限性：以叙利亚为例》[③] 一文评述了包括阿盟和联合国等行为体在合作调解叙利亚内战中所发挥的作用。作者认为尽管由于多种因素的限制，调解尚未实现重大突破，但政治调解仍将在"阿拉伯之春"中发挥重要作用。

第二，许多学者对阿盟调解地区冲突的绩效做出了截然不同的评价。总体来看，对阿盟的评价呈现两极化：一些学者认为阿盟的调解是失败的；另一些学者认为阿盟在调解冲突中的表现可圈可点，并对阿盟未来的发展持有良好预期。

一些国际关系研究学者通过对阿盟调解冲突绩效进行比较研究，对阿盟做出了较为悲观的评价。厄内斯特·哈斯（Ernst B. Haas）的《机制退化：冲突管理和国际组织（1945~1981）》[④] 一文以阿盟、非洲统

---

① Daniel F. Wajner, "In Quest of Legitimacy: Framing Battles in the Arab Spring and the Arab League's Legitimation Role," Master's Dissertation, The Hebrew University, December 2013.

② Nader Iskandar Diab, "Enforcement Action by Regional Organisations Revisited: The Prospective Joint Arab Forces," *Journal on the Use of Force and International Law*, Vol. 4, No. 1, 2017.

③ Pinar Akpinar, "The Limits of Mediation in the Arab Spring: The Case of Syria," *Third World Quarterly*, Vol. 37, No. 12, 2016.

④ Ernst B. Haas, "Regime Decay: Conflict Management and International Organizations, 1945-1981," *International Organization*, Vol. 37, No. 2, 1983.

一组织、美洲国家组织、联合国为个案对机制衰退进行实证研究。其中涉及对阿盟成功解决地区争端绩效的定量研究。约瑟夫·奈（Joseph S. Nye）的著作《部分和平：一体化和地区组织在调解冲突中的作用分析》① 运用定量分析的方法考察了微观地区经济组织（Micro-Regional Economic Organization）和宏观地区政治组织（Macro-Regional Political Organizations）② 是否能在调解成员国间冲突和维护和平中发挥作用。其中阿盟是奈用来验证其"地区政治组织是通过调控冲突而不是一体化来促进和平"假设的个案之一。就调解冲突的功效而言，比起美洲国家组织、阿拉伯统一组织，阿盟的表现最不尽如人意。易卜拉欣·阿瓦德（Ibrahim Awad）的《阿拉伯世界地区组织和次地区组织的未来》③ 一文探讨了 20 世纪 90 年代以来阿拉伯体系面临的挑战及影响因素。作者对阿盟做出十分消极的评价，认为阿盟在 1945 年至 1981 年发生的 77 次冲突中

---

① Joseph S. Nye, *Peace in Parts*：*Integration and Conflict in Regional Organization*，Boston：Little，Brown & Company，1971.
② 为了探讨地区组织与和平的关系，约瑟夫·奈根据不同的分类标准对地区组织进行区分。根据地理位置的划定标准，地区组织可以分为地理上相互毗邻的"地区组织"（Regional Organization）和囊括非特定地理范围内的成员国的"准地区组织"（Quasi-Regional）；根据组织实现和平的方式，地区组织的类型分为两类，一类是"微观地区经济组织"，另一类是"宏观地区政治组织"。"微观地区经济组织"指的是若地理上毗邻和具有共同认同的经济组织涉及促进成员国之间实现更高水平的贸易一体化或提供更高水平的共同服务，那么这类经济组织可称为"微观地区经济组织"。这类组织本身不直接参与处理争端和冲突，而是通过促进成员国之间的经济联系，增进各国之间的相互依赖，以及使各国达成一体化来实现消弭冲突的目的。也就是说，随着成员之间经济关系日益密切，其共同利益增加，"微观地区经济组织"的存在使得进行暴力冲突和敌对行动的成本大增，由此改变了成员国间的关系，在国际体系内建立"和平之岛"。"微观地区经济组织"的代表有欧洲经济共同体、东非共同体、中美洲共同市场。"宏观地区政治组织"指的是直接参与处理或控制成员国间冲突的政治组织。比起"微观地区经济组织"，"宏观地区政治组织"覆盖的地域更广，但是成员国之间的凝聚力较低，它通过控制冲突而不是一体化来促进和平，控制冲突本身就是其宪章规定的重要职责。"宏观地区政治组织"的代表有非洲统一组织（非洲联盟）、阿拉伯国家联盟以及美洲国家组织。参见 Joseph S. Nye, *Peace in Parts*：*Integration and Conflict in Regional Organization*，Boston：Little，Brown & Company，1971，pp. 5，10，11，109，110，129。
③ Ibrahim Awad，"The Future of Regional and Subregional Organization in the Arab World," in D. Tschirgi（ed.），*The Arab World Today*，Boulder & London：Lynne Rienner Publishers，1994.

仅有 6 次协调成功。随着新形势的变化，阿拉伯体系出现变革，这要求创建新制度或者是对旧制度（阿盟）进行改革，将整个中东地区囊括进来。

伊尔凡·卡亚·欧格（İrfan Kaya Ülger）等人的《阿盟：从建立到失败》[①] 一文对阿盟的评价尤为负面。作者认为阿盟不论在解决地区冲突，还是在打击恐怖主义，促进地区一体化和改善人权等方面都乏善可陈。在分析阿盟的干预和"和平倡议"时，作者提出，阿盟是否能发挥作用取决于阿拉伯国家间力量是否平衡和国家间利益是否一致。

不过，温德尔·克莱兰德（Wendell Cleland）的《15 年后的阿盟》[②] 一文认为阿盟尽管经历了挫折，但阿盟在提升阿拉伯人的民族归属感上具有很大贡献。他认为各国统治集团间的分歧会随着民众关系的密切而减少。法拉赫·达克拉拉（Farah Dakhlallah）的《阿盟在黎巴嫩：2005~2008》[③] 一文通过详细梳理黎巴嫩 2006 年与以色列的战争以及 2008 年总统危机的发展过程，对阿盟做出了较为积极的评价。作者认为阿盟安全治理绩效的高低与冲突的类型有关。作者提出在有体系外势力介入的冲突中（即有非阿拉伯国家介入时），阿盟更可能"在成功解决冲突中发挥部分作用"，尽管阿盟未能直接推动停火，但其外长理事会向联合国安理会施加影响，使得联合国安理会通过的第 1701 号决议能够得到黎巴嫩政府和真主党的赞同。而在面对"小型冲突"和阿拉伯地区"政治危机"时，阿盟表现得更好。这表现在，卡塔尔代表阿盟斡旋介入黎巴嫩 2008 年冲突，成功地解决了危机。马克·宾法礼（Marco Pinfari）的《一败涂地？阿拉伯国家联盟与海湾阿拉伯国家合作委员会斡旋中东冲突角色比较分析》[④] 一文把冲突分为四类，即国家

---

① İrfan Kaya Ülger, Joe Hammoura, "The Arab League: From Establishment to Failure," *E-Journal of Social and Legal Studies*, Vol. 4, No. 1, 2018.

② Wendell Cleland, "The League of Arab States After Fifteen Years," *World Affairs*, Vol. 123, No. 2, 1960.

③ Farah Dakhlalla, "The Arab League in Lebanon: 2005 - 2008," *Cambridge Review of International Affairs*, Vol. 25, No. 1, 2012.

④ Marco Pinfari, "Nothing but Failure? The Arab League and the Gulf Cooperation Council as Mediators in Middle Eastern Conflicts," Working Paper at Crisis States Research Centre, No. 2, 2009, p. 2.

间战争、内战、边界战争和政治危机。通过分类分析，作者得出阿盟在国家间战争和内战的成功率较低，而在边界战争和政治危机中的成功率较高的结论，这有力地质疑和反驳了"阿盟是一个既不能阻止和管理地区冲突，也不能促进政治、军事和经济合作的'失败'组织"这一论点。

托尼·布瑞斯·努森（Tonny Brems Knudsen）和科妮莉娅·纳瓦里（Cornelia Navari）合著的《无政府社会中的国际组织：世界秩序的制度结构》第 12 章"地区国际社会中的首要制度和次要制度：主权和阿盟"① 从 1945 年阿盟成立至"阿拉伯之春"这一长时段视角，评估了阿盟在威斯特伐利亚主权社会在阿拉伯国家间的出现、巩固及变革的过程中所扮演的角色。作者认为阿盟推动了主权规范在阿拉伯世界的本土化，使其得到阿拉伯国家的支持。"阿拉伯之春"爆发后，阿盟将面临来自人权规范的挑战。法拉赫·达克拉拉的论文《阿盟与地区安全：走向阿拉伯安全共同体？》② 透过阿拉伯国家体系中秩序和主权的棱镜审视了阿盟在地区安全中扮演的历史角色。在作者看来，由于受到阿拉伯国家主权和阿拉伯民族主义之间张力的制约，阿盟难以在秩序不稳固的地区环境中大有作为，但当前主权制度成为阿拉伯国家共有的行为准则，未来阿盟将有一个比较乐观的发展前景。

第三，在阿盟安全治理绩效的影响因素方面，也有一些研究成果。

福达（E. Foda）的《阿拉伯国家联盟之和平解决争端》③ 从法律视角分析《阿盟宪章》和《阿拉伯联盟国家间联合防御和经济合作条约》中关于和平解决争端的条款。作者认为由于理事会不具有法律职能，理事会在很多情况下无法处理争端。此外，《阿盟宪章》强调的是自愿仲

① "Primary and Secondary Institutions in Regional International Society: Sovereignty and the League of Arab States," in Tonny Brems Knudsen and Cornelia Navari, *International Organization in the Anarchical Society: The Institutional Structure of World Order*, New York: Palgrave Macmillan, 2019.

② Farah Dakhlallah, "The League of Arab States and Regional Security: Towards an Arab Security Community?" *British Journal of Middle Eastern Studies*, Vol. 39, No. 3, 2012.

③ E. Foda, "The Peaceful Settlement of Disputes Within the League of Arab States," The Projected Arab Court of Justice, 1957.

裁而非强制仲裁，这也不利于阿盟及时介入和处理争端。迈克尔·巴尼特（Michael Barnett）和埃泰勒·索林根（Etel Solingen）的《被设计为失败还是失败的设计？基于对阿盟的来源及其制度效果的考察》[①] 认为阿盟的失败在于其有缺陷的决策机制。而这种脆弱低效的决策制度是有意设计出来的，这主要是因为参与创立阿盟的阿拉伯国家在当时的历史环境下首要关注的是国内政权的生存，它们支持表现阿拉伯民族主义和阿拉伯统一立场的阿盟仅仅是为了增加各自政权的合法性。埃泰勒·索林根的论文《地区制度的起源、设计和影响：来自亚洲和中东的教训》[②] 进一步延续和深化了作者与迈克尔·巴尼特的观点，即致力于维护国内政权安全和国家主权的各阿拉伯国家有意建立一个权力受到限制的软弱的阿盟。

娜哈拉·亚辛-哈姆丹（Nahla Yassine-Hamdan）和弗雷德里克·皮尔森（Frederic S. Pearson）合著的《阿拉伯冲突解决方式研究：调解、协商与政治争端的解决》[③] 一书中第 6 章 "阿盟与多边主义"（The Arab League and Multilateralism）以 1975 年至 1990 年黎巴嫩内战的结束和《塔伊夫协议》的签订为个案，得出权力平衡和大国共识是调解成功的重要条件。作者认为，阿盟在冲突管理中的成效如何，取决于阿拉伯国家间的关系。成员国大国权力平衡和域外大国的支持是阿盟调解成功的重要条件。在调解策略上，由于阿拉伯国家具有相同的文化，调解者通常采取直接方式，这使得其在调解阿拉伯国家间冲突时相对有效。作者还指出，第三次 "阿拉伯觉醒" 的出现，使得阿盟面临着实现民主的压力，此外，阿盟还必须处理好与周边非阿拉伯国家的关系。

[①] Michael Barnett and Etel Solingen, "Designed to Fail or Failure of Design? The Sources and Institutional Effects of the Arab League," in A. I. Johnson and A. Acharya (eds.), *Crafting Cooperation: Regional Institutions in Comparative Perspective*, Cambridge: Cambridge University Press, 2007.

[②] Etel Solingen, "The Genesis, Design and Effects of Regional Institutions: Lessons from Asia and the Middle East," *International Studies Quarterly*, Vol. 52, No. 2, 2008.

[③] Nahla Yassine-Hamdan and Frederic S. Pearson, *Arab Approaches to Conflict Resolution: Mediation, Negotiation and Settlement of Political Disputes*, London: Routledge, 2014.

希沙姆·尤素福（Hesham Youssef）的《阿拉伯世界的调解与冲突解决方案：阿盟的角色》[1] 一文探究了阿盟参与斡旋的法律基础以及影响阿盟斡旋效果的多方因素，其中包括斡旋的时间节点、阿盟如何使争端方接受调解人、在调解中是否持有中立客观立场、应对世界大国对冲突的错误定位以及外部大国的作用等。拉斯兰·易卜拉欣（Raslan Ibrahim）在《地区组织和内部冲突：阿盟和"阿拉伯之春"》[2] 一文中用国际关系理论、冲突解决理论和地区组织理论分析了阿盟对不同阿拉伯国家政治剧变采取的不同政策及其影响因素。作者认为，阿盟采取的调解策略除了受到地区权力格局的影响外，还受到国际人权规范、对冲突的认知以及大国介入的影响。

4. 对阿盟改革建议的分析

随着 1990 年伊拉克入侵科威特和海湾战争的爆发，阿盟遇到前所未有的挫折，它既不能阻止一个成员国对另一个成员国的入侵，也不能阻止沙特等阿拉伯国家邀请美国军队入驻，打击伊拉克萨达姆政权。这引起阿盟官员的反思和学者的关注。

克洛维斯·马克苏德（Clovis Maksoud）曾是阿盟常驻联合国观察员和驻美国首席代表。他对阿拉伯国家听从穆巴拉克（Mubarak）的建议在未尽力调解的情况下即谴责伊拉克和海湾国家同意美国驻军愤怒不已，他毅然辞去了在阿盟的职务。他非常关心阿拉伯世界的团结合作和阿盟的发展，他写作的《阿拉伯世界困境》[3] 一文深入分析了阿盟未能将伊拉克科威特危机控制在阿拉伯范围内，反而使其国际化。这一根源就是：阿拉伯国家体系缺乏独立性，过度依附于美国，阿拉伯国家间的关系甚至服务于美国的战略需要。他认为要避免阿拉伯国家再次出现分裂需从

---

[1] Hesham Youssef, "Mediation and Conflict Resolution in the Arab World: The Role of the Arab League," Institution for Peace Research and Security Policy at the University of Hamburg, OSCE Yearbook, 2013.

[2] Raslan Ibrahim, "Regional Organizations and Internal Conflict: The Arab League and the Arab Spring," *BPC Policy Brief*, BRICS Policy Center, Vol. 4, No. 2, 2016.

[3] Clovis Maksoud, "The Arab Worlds Quandary," *World Policy Journal*, Vol. 8, No. 3, 1991.

以下方面入手。首先，需要修订《阿盟宪章》，即只要三分之二通过即可对全体成员产生约束力；其次，需要建立预警监管机制，建立由秘书长办公室管理的阿拉伯快速部署部队，以防止阿拉伯内部争端发展成世界性危机；最后，阿盟需建立发展基金，使得阿盟较少受到政治因素的影响。此外，还应促进阿拉伯政权自由化，为公众参与制定决策创造机会，以增强阿拉伯地区组织的凝聚力和行动力，提高应对外部干预的"免疫力"。他还认为，阿盟应与联合国合作来限制美国的权力。他在另一篇论文《削弱主权还是增强主权：联合国与阿盟交往 50 周年评论》①中分析了阿盟如何在联合国平台上维护阿拉伯国家利益，解决与非阿拉伯国家的冲突。作者认为，联合国是阿盟的重要合作伙伴，阿盟与联合国加强合作有利于增强阿盟在维护地区和平与安全中的作用，但这需要阿盟建立一套治理和预防性外交机制。

自 20 世纪 90 年代至 2003 年美国入侵伊拉克之前，除了马克苏德，没有更多学者对阿盟予以关注。2003 年伊拉克战争爆发，有关阿盟的讨论再度兴起。一些学者认为阿盟未来的改革方向是推动阿拉伯国家进行民主改革，关注人权事务。

克里斯滕·安德森（Krister Anderson）的《重大举措：阿盟的改革》②一文认为阿盟未能妥善处理地区争端与其成员国威权主义的体制和未经选举产生的威权统治者密切相关，阿盟未来的改革不仅要努力推动"一致同意"决策机制的改革，还应该努力促进阿拉伯国家的多元民主，实现经济一体化。马克·宾法礼在其给牛津手册编写的《中东地区组织》③中也提出，阿拉伯国家的民主化改革是阿盟影响力得到提升的重要方面。巴塞姆·提比（Bassam Tibi）在其写作的《从泛阿拉伯主义到主权国家共同体：对第二次海湾战争后阿拉伯和泛阿拉伯主义的重新

---

① Clovis Maksoud, "Diminished Sovereignty, Enhanced Sovereignty: United Nations-Arab League Relations at 50," *Middle East Journal*, Vol. 49, No. 4, 1995.

② Krister Anderson, "Going Major: Reforming the League of Arab States," *Harvard International Review*, Vol. 25, No. 4, 2004.

③ Marco Pinfari, "Regional Organizations in the Middle East," Oxford Handbooks Online, September 2016.

界定》① 中表示，阿盟要在区域化的浪潮下促进阿拉伯一体化，需要从根本上重新界定阿拉伯人或阿拉伯性，阿拉伯不应特指某个族群或穆斯林，而应该指存在于民主社会里的世俗的、非族群和非教派的公民。由此，努力促进阿拉伯社会的民主化以及政府的文明化，是阿盟的主要任务。

查尔斯·蒂普（Charles Tripp）的《阿拉伯中东的地区组织》② 认为阿盟在诸多重大事件上无法发挥作用的原因在于，未经民主选举产生的阿拉伯国家领导人无法就"阿拉伯民族利益"的具体含义达成共识，这使得每个国家都试图使他国接受自己提出的观点，而且阿盟也没有一套程序来确定这一利益在具体环境下的具体含义。在蒂普看来，应由民众来决定"阿拉伯民族利益"的具体含义，而非不与本国人民分享权力的非民主选举产生的威权政权。由此，对于阿盟来说，改变阿盟效率低下和一体化发展有限的现状需要促进阿拉伯国家政权的民主化。阿里·迪恩·希拉尔·德苏基（Ali El Deen Hillal Dessouki）的《阿拉伯地区体系的存续问题探析》③ 认为，阿盟的问题不在于修改章程的某些条款，或者是理事会以及其他法律和组织问题，而在于阿拉伯国家体系的核心特质是国家疏离和缺乏制度化。而要改变这一现状，阿盟应努力在地区舞台上将其打造成一个民主行为体，成为阿拉伯世界民主发展的智识和道德权威。爱德华·曼斯菲尔德（Edward D. Mansfield）和埃泰勒·索林根（Etel Solingen）在他们写作的《地区主义》④ 一文中，把阿盟作为地区

① Bassam Tibi, "From Pan-Arabism to the Community of Sovereign Arab States: Redefining the Arab and Arabism in the Aftermath of the Second Gulf War," in Michael C. Hudson (ed.), *Middle East Dilemma: The Politics and Economics of Arab Intergration*, New York: Columbia University Press, 1999, p. 104.

② Charles Tripp, "Regional Organizations in the Arab Middle East," in Louise Fawcett and Andrew Hurrell (eds.), *Regionalism in World Politics: Regional Organization and International Order*, Oxford: Oxford University Press, 1996, pp. 287-301.

③ Ali El Deen Hillal Dessouki, "The Arab Regional System: A Question of Survival," *Contemporary Arab Affairs*, Vol. 8, No. 1, 2015.

④ Edward D. Mansfield and Etel Solingen, "Regionalism," *Annual Review of Political Science*, Vol. 13, 2010.

主义的个案进行研究。他们认为过度强调国家主权已无益于经济地区主义和安全地区主义的发展，民主制度的发展对地区主义至关重要。

一些学者认为，保护人权是现代文明社会的象征，阿盟应该朝着保护人权的方向发展。专门研究《阿拉伯人权宪章》的巴勒斯坦人权专家默瓦特·利什玛维（Mervat Rishmawi）认为《阿拉伯人权宪章》的通过是阿盟"现代化"的重要评判标准。促进人的发展和满足阿拉伯民众的需要是阿盟在 2005 年峰会上确定的改革指导方向，它符合阿拉伯国家利益，也有利于提升安全环境。但能否促进人权事业的发展取决于阿盟是否能切实尊重和保护阿拉伯人权委员会及其相关机构的独立性，以及能否突破已有宗教文化在人权认知中的局限性。[1] 但维拉·范·居伦（Vera van Hüllen）在其写作的《被遗忘的我们：阿盟与人权》[2] 一文中对阿盟能否真正接受人权和推进治理模式转型较为质疑，因为在她看来，人权与民主制度紧密相连，阿盟作为"威权政权的俱乐部"，即使它通过了《阿拉伯人权宪章》，在没有地区自由化和民主化的制度保障下，也不能确保真正贯彻执行《阿拉伯人权宪章》。泽一内普·萨辛·门库特克（Zeynep Şahin Mencütek）的《"死亡"组织的"重生"？对阿盟在"阿拉伯起义"中角色的质疑》[3] 一文也指出，阿盟需要通过强化其人权保护机制，以在冲突环境中发挥更加积极的作用。

还有学者认为沙特的兴起有助于阿盟的发展，马丁·贝克（Martin Beck）就是这样认为的。他首先在《阿盟：新政策正在形成？》[4] 一文中分析了阿盟在"阿拉伯之春"中对利比亚和叙利亚政策显示出的重大新

① Mervat Rishmawi, "The Arab Charter on Human Rights and the League of Arab States: An Update," *Human Rights Law Review*, Vol. 10, No. 1, 2010, pp. 169–178.

② Vera van Hüllen, "Just Leave Us Alone: The Arab League and Human Rights," in T. A. Börzel and V. van Hüllen (eds.), *Governance Transfer by Regional Organization: Patching Together a Global Script*, London: Palgrave Macmillan, 2015, pp. 127–131.

③ Zeynep Şahīn Mencütek, "The 'Rebirth' of a Dead Organization?: Questioning the Role of the Arab League in the 'Arab Uprising Process'," *Journal of International Affairs*, Vol. 19, No. 2, 2014.

④ Martin Beck, "The Arab League: A New Policy Approach in the Making?" Center for Mellemoststudier, Syddansk University, April 2013.

变化及其推动力。他在另一篇论文《中东地区例外主义的终结？"阿拉伯之春"后的阿盟与海合会》① 中对阿盟未来的发展态势提出预设，即当前强势的沙特有可能突破国家主权原则，这使得阿盟可以借机摆脱国家主权原则的束缚，从而提升其能力。此外，穆罕默德·马哈茂德·乌尔德·穆哈穆德（Mohammad-Mahmoud Ould Mohamedou）的《阿拉伯机构与联合国：介于世界主义和地区主义之间的阿盟》② 认为阿盟对地区政治的理解过于强调认同，阿盟不应该仅专注于地区事务，而应该更多关注世界事务，加强与联合国以及第三世界的联系。

法蒂·阿布斯杜·古勒（Fady Y. Abusidual Ghoul）的博士学位论文《阿盟作为地区安全组织失败的原因分析》③ 从建构主义和地区主义理论探究了阿盟在维护阿拉伯民族安全中的功过得失。作者明确区分了国家安全和民族安全的概念，着重阐述了阿盟民族安全观念的产生（1948 年第一次中东战争后）和发展、民族安全机制的建设与完善如成立阿拉伯安全委员会等，深入探讨了阿盟在促进民族安全时如何处理与邻国的关系，也就是阿拉伯民族安全与地区安全的关系等问题。作者还分析了阿盟在践行阿拉伯民族安全中所面临的内外部挑战。

5. 对中东安全及其治理的研究

中东安全问题是学界关注的重心。它大致可以分为三类：第一类探讨世界大国和国际组织在中东的安全实践；第二类分析中东安全机制的可行性及影响因素；第三类在已有传统的军事、国家安全的范畴外，拓展了对中东安全的研究，关注非传统安全等"新安全"问题。

第一，很多学者探讨了联合国、世界大国等不同行为体在中东的安

---

① Martin Beck, "The End of Regional Middle Eastern Exceptionalism? The Arab League and the Gulf Cooperation Council after the Arab Uprisings," *Democracy and Security*, Vol. 11, No. 2, 2015.

② Mohammad-Mahmoud Ould Mohamedou, "Arab Agency and the UN Project: The League of Arab States between Universality and Regionalism," *Third World Quarterly*, Vol. 37, No. 7, 2016.

③ Fady Y. Abusidual Ghoul, "Why Has the Arab League Failed as a Regional Security Organisation? An Analysis of the Arab League's Conditions of Emergence, Characteristics and the Internal and External Challenges that Defined and Redefined Its Regional Security Role," Doctoral Dissertation, University of Bradford, 2012.

全治理。尼尔·卡普兰（Neil Caplan）的《无用的外交：联合国、世界大国在中东的维和行动研究（1948~1954）》[1] 一书细致分析了 1948 年至 1954 年联合国、美国和英国对阿以冲突进行的 5 次失败的斡旋活动，认为联合国和西方大国对以色列和阿拉伯国家的影响有限。拉米·库里（Rami G. Khouri）、卡里姆·马克迪西（Karim Makdisi）和马丁·瓦利施（Martin Wählisch）主编的《冲突干预：中东的国际维和》[2] 一书分析了联合国、阿盟、美国等多个行为体为结束战争，创造和平而做出的努力及其背后的指导思想。安德斯·佩尔森（Anders Persson）的《追求正义的和平：欧盟与巴以冲突（1971~2013）》[3] 一书指出实现"正义的和平"是欧盟对解决巴以冲突的基本立场，认为欧盟是巴以冲突中的重要一方，它通过支持巴勒斯坦建国维护了两国方案。穆罕默德·穆斯塔法·奥菲（Mohammed Moustafa Orfy）的《北约与中东：后"9·11"时代的地缘政治环境》[4] 一书分析了"9·11"事件以来北约在中东地区角色的局限性，并探讨了北约有选择性地与部分中东国家进行合作，是否有助于改善脆弱的地区安全环境的问题。伊沃·达尔德（Ivo H. Daalder）、妮可·格尼索（Nicole Gnesotto）和菲利普·戈登（Philip H. Gordon）主编的《逐渐增加的危机：美国和欧洲的大中东战略》[5] 一书分析了美国和欧洲在面临恐怖主义、武器扩散等危机时所进行的战略合作与政策协调，探讨了两者对阿富汗、黎巴嫩、叙利亚、巴基斯坦、伊朗核危机以及巴以问题的政策。塔兰·奥兹古尔·卡亚（Taylan

---

[1] Neil Caplan, *Futile Diplomacy: The United Nations, the Great Powers, and Middle East Peacemaking 1948-1954*, London: Routledge, 2015.

[2] Rami G. Khouri, Karim Makdisi and Martin Wählisch (eds.), *Interventions in Conflict: International Peacemaking in the Middle East*, London: Palgrave Macmillan, 2016.

[3] Anders Persson, *The EU and the Israeli-Palestinian Conflict 1971-2013: In Pursuit of a Just Peace*, Maryland & London: Lexington Books, 2015.

[4] Mohammed Moustafa Orfy, *NATO and the Middle East: The Geopolitical Context Post-9/11*, London: Routledge, 2011.

[5] Ivo H. Daalder, Nicole Gnesotto, and Philip H. Gordon (eds.), *Crescent of Crisis: U.S.-European Strategy for the Greater Middle East*, Washington, D.C.: The Brookings Institution Press, 2006.

Özgür Kaya）的《中东和平进程与欧盟：国际政治中的外交政策与安全战略》① 一书指出，欧盟为了维护在中东的政治、外交、经济和安全利益而介入阿以和平谈判，试图以此彰显其在参与解决中东地区冲突中发挥着重要作用。

第二，对中东安全机制及其影响因素的研究。泽夫·毛兹（Zeev Maoz）的《中东地区安全：过去、现在和将来》② 一书集中探讨了中东地区安全的理论难题和现实困境。泽夫·毛兹（Zeev Maoz）、艾米丽·兰道（Emily B. Landau）和泰玛·马尔茨（Tamar Malz）合编的《构建中东地区安全：国际、地区和国内影响因素》③ 一书分层次全面地探讨了地区安全机制及其限制性因素，评估了中东军控机制，并展望了建立中东地区安全框架的前景。陈·凯恩（Chen Kane）和埃格尔·穆劳斯卡特（Egle Murauskaite）主编的《中东地区安全对话：变动、挑战与机遇》④ 一书通过分析欧洲赫尔辛基进程，并将其与中东的现实情况进行对比，试图为中东地区安全对话提供借鉴。伊芙琳·英巴（Efraim Inbar）的《地区安全机制：以色列及其邻国》⑤ 一书从5个方面探讨地区安全机制，其中包括地区安全机制的历史条件、外部行为体的影响、地区互动、安全文化以及如何促使地区行为体从威慑走向安全合作。作者认为已经存在的多种维和制度可以为建立有效的安全机制奠定基础。

里亚德·阿塔尔（Riad A. Attar）的《中东的武器与冲突》⑥ 一书探

① Taylan Özgür Kaya, *The Middle East Peace Process and the EU: Foreign Policy and Security Strategy in International Politics*, London and New York: I. B. Tauris & Co. Ltd. , 2013.
② Zeev Maoz (ed.), *Regional Security in the Middle East: Past, Present and Future*, London: Routledge, 1997.
③ Zeev Maoz, Emily B. Landau and Tamar Malz (eds.), *Building Regional Security in the Middle East: International, Regional and Domestic Influences*, London: Routledge, 2004.
④ Chen Kane and Egle Murauskaite (eds.), *Regional Security Dialogue in the Middle East: Changes, Challenges and Opportunities*, London: Routledge, 2014.
⑤ Efraim Inbar, *Regional Security Regimes: Israel and Its Neighbors*, Albany: State University of New York Press, 1995.
⑥ Riad A. Attar, *Arms and Conflict in the Middle East*, Bingley: Emerald Publishing Limited, 2009.

讨了防务支出与经济增长的关系以及不同类型冲突对经济增长的影响。作者认为政治因素影响着经济增长，第三世界国家应该建立开放的政治体系，提高自由和民主的程度，将更多的资源用于社会发展领域而不是军事领域。安东尼·科德斯曼（Anthony H. Cordesman）的《风暴之后：中东变动的军事平衡》[①] 一书全面分析了冷战结束时中东各个国家的军力情况，作者还进一步评估了后冷战时代各个国家的内部安全状况，分析了军队在政府和国家内部冲突、战争中所扮演的角色。

达丽娅·达萨·凯（Dalia Dassa Kaye）的《与敌人对话：中东与东南亚的双轨外交》[②] 一书聚焦于军控和合作安全，探究了东南亚和中东的双轨外交是如何促使相关方形成合作安全思想的。中东由于阿以和平进程进展缓慢，阻碍了非正式的地区对话。詹姆斯·拉塞尔（James A. Russell）的《中东面临的关键问题：安全、政治与经济》[③] 一书探究了伊拉克战争后中东安全环境的系统性变化，并分析了这种变化对美国战略和政策带来的挑战。阿拔斯·卡泽姆（Abbas Kadhim）主编的《中东北非治理手册》[④] 一书在厘清治理与发展以及经济增长的关系的基础上，从政治、经济和社会层面全面地探讨了中东北非的治理，并对埃及、伊朗、伊拉克、沙特、土耳其等国的治理进行了详细的个案研究。

还有学者批判性地研究了中东地区的安全观念。皮纳尔·比尔金（Pinar Bilgin）的《批判视角下的中东地区安全》[⑤] 一书全面地分析了冷战时代和后冷战时代的安全实践。作者指出，已有的地区安全计划主要

[①] Anthony H. Cordesman, *After the Storm: The Changing Military Balance in the Middle East*, London and New York: Bloomsbury, 2016.

[②] Dalia Dassa Kaye, *Talking to the Enemy: Track Two Diplomacy in the Middle East and South Asia*, Santa Monica: RAND Corporation, 2007.

[③] James A. Russell (ed.), *Critical Issues Facing the Middle East: Security, Politics and Economics*, New York: Palgrave Macmillan, 2006.

[④] Abbas Kadhim (ed.), *Governance in the Middle East and North Africa: A Handbook*, New York: Routledge, 2013.

[⑤] Pinar Bilgin, *Regional Security in the Middle East: A Critical Perspective*, New York: Routledge, 2005.

考虑的是西方国家尤其是美国的利益和安全关切，反映的是西方的安全观念。比如，冷战时期的中东地区安全设计是从外部大国而不是当地国家或民众的角度出发。冷战时期英国和美国推动组建反共产主义的联盟就是如此。即使是冷战结束后，美国制定的双重遏制政策仍然是从美国的中东安全政策出发来制定的。塔米·阿曼达·雅各比（Tami Amanda Jacoby）和布伦特·萨斯利（Brent E. Sasley）合编的《重新定义中东安全》① 一书认为随着美苏冷战结束，中东安全研究不应该再从美苏世界大国的视角出发，而应该从本土视角出发来认识和理解复杂的地区冲突。此外，还应该对中东安全进行多维解读，不仅要关注传统的军事安全问题，还要关注政治安全、人的安全、大规模杀伤性武器、恐怖主义、环境、难民等安全问题。

第三，许多学者关注环境、性别等非军事的"新安全"问题。伦诺·马丁（Lenore G. Martin）的《中东安全的新领域》② 一书和巴萨姆·提比的《中东的冲突与战争：从国家间战争到新安全》③ 一书在将国家作为安全研究核心的同时，扩宽了安全研究的范畴。诺拉·本萨黑尔（Nora Bensahel）和丹尼尔·拜曼（Daniel L. Byman）合编的《中东未来的安全环境：冲突、稳定和政治变革》④ 一书探讨了塑造地区安全的重要方面，其中包括能源安全、大规模杀伤性武器的扩散，以及由政治改革、经济改革、领导人的变动、信息革命、军民关系带来的新的挑战。作者根据这些新的变动评估了其对美国外交政策的影响。戴维·佩文（David J. Pervin）和斯蒂文·斯皮格尔（Steven L. Spiegel）主编的

① Tami Amanda Jacoby and Brent E. Sasley （eds.）, *Redefining Security in the Middle East*, New York and Vancouver: Manchester University Press, 2002.

② Lenore G. Martin （ed.）, *New Frontiers in Middle East Security*, New York: St. Martin's Press, 1999.

③ Bassam Tibi, *Conflict and War in the Middle East: From Interstate War to New Security*, New York: St. Martin's Press, 1993.

④ Nora Bensahel and Daniel L. Byman （eds.）, *Future Security Environment in the Middle East: Conflict, Stability, and Political Change*, Santa Monica: RAND Corporation, 2004.

《中东推动和平的实践》① 共有两册，其第一册《军控和地区安全》是首部关注中东军控和地区安全的著作，其第二册《环境、水、难民、经济合作与发展》关注非传统安全与和平问题。巴盖特·柯拉尼（Bahgat Korany）、保罗·诺布尔（Paul Noble）和雷克斯·布雷南（Rex Brynen）主编的《阿拉伯世界国家安全的多种面向》② 一书探究了多个阿拉伯国家的特征，分析了阿拉伯世界存在的多种类型的安全问题。该书指出，内部脆弱性和外部脆弱性是阿拉伯国家共同的安全特征，国家安全与国家建构以及社会发展密切相关。

6. 国外研究的不足

国外学者对阿盟的研究起步较早，研究的对象也比较宽泛，不仅深入探究了阿盟成立的历史背景，分析了阿盟的组织结构和决策机制，还较为详细地剖析了阿盟对地区争端或冲突等安全事务的治理，并且对阿盟的改革与未来发展方向提出了多种建议。尤其是部分阿拉伯学者充分运用阿盟内部文件、档案等材料，详细地阐述了阿盟应对部分地区争端的举措。然而，国外学者的研究仍然存在不足。

第一，重个案，未能全面系统地分析阿盟的安全治理。尽管侯赛因·哈苏纳对 1945 年至 1975 年阿盟参与地区争端或冲突的治理进行了细致研讨，但是在这之后，国外学者们对阿盟安全治理的探讨呈现出追踪热点问题的特征，并且仅根据某个个案便对阿盟做出"失败"的结论。笔者认为，从历史视角来看，阿盟在其前半期的成就是比较突出的，即使 20 世纪 90 年代以来阿盟的作用减小，但它仍在促使黎巴嫩结束 2008 年的政治危机中发挥了一定作用。因此，应该历史性地评判阿盟的功过得失。尽管马克·宾法礼在哈苏纳研究的基础上，将对阿盟斡旋的研究推进

---

① David J. Pervin and Steven L. Spiegel（eds.），*Practical Peacemaking in the Middle East：Arms Control and Regional Security*，Vol. 1，New York：Garland Publishing，1995；David J. Pervin and Steven L. Spiegel（eds.），*Practical Peacemaking in the Middle East：The Environment，Water，Refugees，and Economic Cooperation and Development*，Vol. 2，New York：Routledge，2012.

② Bahgat Korany，Paul Noble and Rex Brynen（eds.），*The Many Faces of National Security in the Arab World*，New York：St. Martin's Press，1995.

至 2008 年，但他的研究仍然具有很大的局限性，没有全面地评估阿盟的安全治理，他只研究了阿盟的斡旋，而未涉及阿盟的集体安全治理。

第二，已有研究或者关注阿盟的冲突管理，或者从多个角度探讨中东的安全问题，没有系统分析阿盟安全治理的机制，对阿盟安全治理的多种策略、手段及成效没有进行细致探讨。而对阿盟安全治理机制、特征及影响因素的研究，可以为中东安全治理提供历史镜鉴。

第三，对阿盟改革方向的建议未能从历史经验和本土传统出发，缺乏针对性。2011 年"阿拉伯之春"爆发以来，阿拉伯世界和中东地区格局发生巨大变化，阿盟也在此次大变局的浪潮中经历了从"奋起"到"疲弱"的变化。许多学者据此为阿盟提供了多种改革方案，其中包括促进民主化、提升人权的关注度以及成立更多的组织机构。然而，这些改革方案似乎"放之四海而皆准"，并没有切合阿拉伯世界的实际，没有从阿拉伯国家的真正需求出发。

（二）国内研究现状

国内学者对于阿盟的组织结构、决策机制、发展历程及阿盟与成员国关系都进行了研究。其中上海外国语大学陈万里教授和赵军副教授的研究最为全面和深入。

1. 阿盟决策机制

陈万里和赵军认为阿盟决策制度的缺陷影响着阿盟作用的发挥。陈万里和赵军合写的《阿拉伯国家联盟决策机制研究》[①] 一文深入分析了阿盟决策机构和决策程序的历史演变。他们合写的另一篇论文《试论阿盟决策制度与阿拉伯一体化的发展》[②] 从制度主义和一体化理论的视角探究了阿盟决策制度和成员国利益分歧对阿拉伯一体化发展的负面影响。赵军的硕士学位论文《阿盟集体安全机制的理论与实证研究》[③] 从国际

---

① 　陈万里、赵军：《阿拉伯国家联盟决策机制研究》，《阿拉伯世界研究》2007 年第 6 期。

② 　陈万里、赵军：《试论阿盟决策制度与阿拉伯一体化的发展》，《阿拉伯世界研究》2009 年第 2 期。

③ 　赵军：《阿盟集体安全机制的理论与实证研究》，硕士学位论文，上海外国语大学，2007。

机制理论视角系统研究了阿盟的集体安全体系，指出了阿盟集体安全决策机制在理论上的缺陷和设计上的不合理性。此外，作者还指出阿拉伯世界内外权力格局演变也影响着阿盟功能的发挥。除了决策机制外，赵军和陈万里的《阿盟视角下的泛阿拉伯主义政治实践》① 一文还认为泛阿拉伯主义的衰落使阿盟降格为一个论坛性平台。

2. 阿盟发展历程及与成员国关系

徐惠喜的《阿拉伯联盟面临挑战》② 一文介绍了阿盟的历史、组织构成以及阿盟在促进阿拉伯团结和一体化中的作用，并对阿盟存在的问题进行了分析。陈万里和赵军的《浅析阿盟的功能演变及其发展前景》③ 一文以冷战为节点，分析了冷战时和冷战结束后阿盟功能的转变，即主要在政治安全上构建集体防御机制和集体安全战略转变为积极深化和推进经济一体化。作者认为，由于阿盟实行政府间协商的独特模式、成员国之间利益分歧和"共同责任"公约数小，以及美国对地区事务的强权干涉，阿盟面临着巨大挑战。

夏菲菲的硕士学位论文《阿拉伯国家联盟发展历程研究》④ 对阿盟产生的历史、组织机构及在政治经济文化方面的成就作出了全面的分析和总结。杨瑞的硕士学位论文《阿拉伯国家联盟在地缘政治博弈中的作用及对外战略影响》⑤ 论述了阿盟在中东地缘政治中发挥的积极作用以及阿盟应对恐怖主义的方式，分析了阿盟同西方大国的关系和中阿关系的发展。田俊才的硕士学位论文《阿拉伯联盟对巴勒斯坦政策的演变（1945—1989 年）》⑥ 阐述和分析了阿盟对巴勒斯坦政策从武装斗争向寻求和谈的根本转变，认为这种转变有利于早日解决巴勒斯坦问题。

---

① 赵军、陈万里：《阿盟视角下的泛阿拉伯主义政治实践》，《世界民族》2017 年第 1 期。
② 徐惠喜：《阿拉伯联盟面临挑战》，《阿拉伯世界》1995 年第 3 期。
③ 陈万里、赵军：《浅析阿盟的功能演变及其发展前景》，《阿拉伯世界研究》2006 年第 4 期。
④ 夏菲菲：《阿拉伯国家联盟发展历程研究》，硕士学位论文，西北大学，2014。
⑤ 杨瑞：《阿拉伯国家联盟在地缘政治博弈中的作用及对外战略影响》，硕士学位论文，西北大学，2010。
⑥ 田俊才：《阿拉伯联盟对巴勒斯坦政策的演变（1945—1989 年）》，硕士学位论文，河北师范大学，2006。

学界较多关注阿盟与埃及的关系。赵军的《埃及与阿盟的互动关系研究》① 一文阐述了埃及与阿盟的特殊关系，认为阿盟需要埃及的支持，埃及也需要阿盟来实现其对外战略目标和扩张国家利益。二者之间的这种互相需要的关系将一直持续下去。吴秋敏的《纳赛尔时期埃及对阿盟政策的探析》② 一文重点考察了纳赛尔通过与殖民主义、阿拉伯保守势力和犹太复国主义进行斗争来实现其对阿盟的领导。乔贵敏的硕士学位论文《埃及对阿拉伯国家联盟的政策及实践探析（1945—1991）》③ 分析了埃及对阿盟政策的三个阶段，即阿拉伯民族利益阶段，埃及国家利益阶段和平衡埃及利益与阿拉伯民族利益阶段。他认为埃及对阿盟政策由多种因素决定，其中努力维持埃及在阿盟中的主导地位，是埃及不懈追求的目标。

有关阿盟与其他地区组织的比较研究也较受关注。李敏伦的《阿盟发展缺失及其对上合组织的启示》④ 从分析阿盟发展缺失及其原因入手，探讨上海合作组织在发展和完善过程中可以从阿盟借鉴和吸收的经验和教训。王嘉辉的论文《东盟与阿盟：区域一体化进程分析》⑤ 通过对阿盟和东盟一体化进程和区域主义发展的不同特点进行比较分析，总结出了集体认同、地区内大国协调、政治稳定以及贸易结构是影响区域一体化的主要因素。

3. 对阿盟调解地区冲突的评价

王京烈的论文《论阿拉伯国家的合与分》⑥ 对阿盟持肯定态度，认为阿盟在调解争端、维护巴勒斯坦和阿拉伯民族的利益等方面做出多种积极努力。他认为在阿拉伯国家分分合合的情况下，阿盟能够延续下来的根本原因在于阿拉伯国家在基本利益上的一致性和稳定性。他对阿盟未来发展前景的判断是它将继续发展并发挥其作用。但 2011 年"阿拉伯

---

① 赵军：《埃及与阿盟的互动关系研究》，《阿拉伯世界研究》2015 年第 5 期。

② 吴秋敏：《纳赛尔时期埃及对阿盟政策的探析》，《唐山师范学院学报》2010 年第 1 期。

③ 乔贵敏：《埃及对阿拉伯国家联盟的政策及实践探析（1945—1991）》，硕士学位论文，河北师范大学，2009。

④ 李敏伦：《阿盟发展缺失及其对上合组织的启示》，《阿拉伯世界研究》2007 年第 4 期。

⑤ 王嘉辉：《东盟与阿盟：区域一体化进程分析》，《南阳理工学院学报》2015 年第 3 期。

⑥ 王京烈：《论阿拉伯国家的合与分》，《西亚非洲》1992 年第 4 期。

之春"爆发后，对阿盟的评价趋向悲观。辛俭强的论文《阿拉伯国家联盟在分化与矛盾中式微》① 认为阿盟尽管在 2011 年后焕发活力，成为主导阿拉伯国家政局变化的重要地区力量，但阿盟内部的权力争夺并不会使阿盟真正强大与崛起。阿盟改革与转型道路依然漫长而痛苦。程星原和孙冉的论文《阿拉伯国家联盟地区影响力上升评析》② 认为尽管阿盟通过打破"不干预成员国内政"和"协商一致"原则而强势介入利比亚和叙利亚危机，但这是沙特等国推动的结果，阿盟自身仍面临发展困境。陈娟的论文《阿盟介入叙利亚危机的影响分析》③ 指出沙特、卡塔尔等海湾国家主导着阿盟对叙利亚问题的判断和解决。

此外，陈万里和赵军特别梳理了国外阿盟研究并对阿盟斡旋冲突绩效的评判标准进行探索。他们合写的《国外阿盟研究：议题、观点与借鉴意义》④ 一文介绍了国外阿盟研究的主要议题，其中包括阿盟成立的政治背景、发展历程、地区作用即政治协调功能。作者通过对已有阿拉伯文、波斯文、俄文以及英文文献的分析，全面阐述了阿盟的研究现状，并对已有研究作出了科学的分类和评价，为未来推进阿盟的研究提供重要借鉴。赵军和陈万里的《阿盟斡旋中东地区冲突的绩效评估》⑤ 一文全面分析了阿盟在斡旋不同类型冲突或危机中的绩效，为读者全面认识和评价阿盟的功能提供了新的思路和视角。

4. 对中东安全及其治理的研究

国内学者对中东安全的研究成果显著。王林聪的论文《中东安全问题及其治理》⑥ 是其中的代表作。作者在深刻反思国内外中东安全研究，廓清"中东安全"的概念和内涵的基础上，分析了中东安全问题的新变化

---

① 辛俭强：《阿拉伯国家联盟在分化与矛盾中式微》，载马晓霖主编《阿拉伯发展报告（2013~2014）》，社会科学文献出版社，2014。

② 程星原、孙冉：《阿拉伯国家联盟地区影响力上升评析》，《国际研究参考》2013 年第 6 期。

③ 陈娟：《阿盟介入叙利亚危机的影响分析》，《阿拉伯世界研究》2015 年第 2 期。

④ 陈万里、赵军：《国外阿盟研究：议题、观点与借鉴意义》，《国际研究参考》2016 年第 5 期。

⑤ 赵军、陈万里：《阿盟斡旋中东地区冲突的绩效评估》，《国际观察》2013 年第 6 期。

⑥ 王林聪：《中东安全问题及其治理》，《世界经济与政治》2017 年第 12 期。

及特征，指出国际层面的外部影响是造成中东安全问题的独特根源，中东国家间的矛盾和冲突是中东安全问题激化的重要原因，中东民族国家内部的纷争是中东安全问题的内战根源。当前，中东国家面临着国内、地区和国际三方面的安全困境。中东的安全治理需要国内、地区和国际的多层互动，提高中东国家的自主安全能力建设，以发展促安全，以新安全观来推动中东安全机制建设。陈晓东的论文《中东安全挑战与中国的解决方案》① 提出了构建中东安全的几大原则，即要以公平正义为基础，以多边主义为平台，以共同发展为涵养，以综合反恐为保障，以共同命运为依归。

孙德刚的论文《从顺势到谋势：论中国特色的中东安全治理观》② 分析了中国的中东安全治理观的变化、主要特征以及政策主张。孙德刚和吴思科共同写作的《新时代中国参与中东安全事务：理念主张与实践探索》③ 一文进一步详细阐述了中国参与中东安全事务的维护共同安全、坚持公平正义、捍卫多边主义、求同存异的综合治理观，分析了中国参与中东安全事务的具体实践，其中包括推动政治对话、开展外交斡旋和大国协调、提供人道主义援助等，并对中国未来的中东安全治理提出了多个对策和建议。

李伟建的论文《当前中东安全局势及对中国中东外交的影响》④ 对中东变局以来的中东安全新态势进行了分析，评估了中东安全局势对中国中东外交的影响。李伟建的《中东安全局势演变特征及其发展趋势》⑤ 一文认为中东地区国家大变局以来进入了国家政治和社会转型的新阶段，中东地区出现了总体趋稳的迹象。作者还关注了巴以和平进程、伊核问题、"伊斯兰国"极端组织的最新发展动向。作者指出，美国在战略东移的同时，将着力于在中东构建一个相对平衡的新安全架构，以确保中

① 陈晓东：《中东安全挑战与中国的解决方案》，《国际问题研究》2020年第1期。
② 孙德刚：《从顺势到谋势：论中国特色的中东安全治理观》，《复旦学报》（社会科学版）2020年第5期。
③ 孙德刚、吴思科：《新时代中国参与中东安全事务：理念主张与实践探索》，《国际问题研究》2020年第4期。
④ 李伟建：《当前中东安全局势及对中国中东外交的影响》，《国际展望》2014年第3期。
⑤ 李伟建：《中东安全局势演变特征及其发展趋势》，《西亚非洲》2015年第3期。

东安全形势处于一个相对可控的局面。李伟建的论文《中东安全形势新变化及中国参与地区安全治理探析》① 在继续分析中东安全新形势和新特点的同时，为中国参与中东安全治理提出了建议，也就是通过加强与地区国家的双边关系及与地区国家的合作，建立各方力量平衡的多边机制来解决地区热点问题，通过推动各国合作和共同发展来促进地区安全和各国内部稳定。

还有一些学者探讨了中东的非传统安全问题。王联的论文《论"大规模杀伤性武器"与中东地区安全》② 通过分析中东地区国家的核计划与军备竞赛，以及外部大国对中东地区核扩散的基本立场，认为只有公正解决历史遗留问题和地区冲突，真正实现阿以和解，各国间建立互信关系，才能从根本上改善中东地区日益恶化的安全形势。周意岷的论文《后"伊斯兰国"时代极端主义对中东安全的挑战》③ 主要分析了"伊斯兰国"对中东地区的社会秩序、国家安全、意识形态稳定以及大国间关系构成的严峻挑战。李意的论文《试析中东国家的非传统安全挑战》④ 分析了中东国家面临的恐怖主义、能源、水资源等非传统安全威胁。

5. 国内研究的不足

国内对阿盟的研究涉及范围较广，既有对阿盟发展历史的梳理，也有对阿盟与主要成员国的互动关系的分析，还对阿盟的发展前景给出预判。尤其值得指出的是，陈万里和赵军对阿盟决策机制及其影响进行了深入研究，使读者能够清晰地获知阿盟的内部运转机制。但是，已有研究存在一些不足。第一，重个例研究，缺乏对阿盟在处理地区争端中的整体考察。根据部分和整体的辩证关系，对单个个案的考察结果不足以推及整体。第二，对影响阿盟安全治理因素的分析不够明晰，限制了对

---

① 李伟建：《中东安全形势新变化及中国参与地区安全治理探析》，《西亚非洲》2019 年第 6 期。

② 王联：《论"大规模杀伤性武器"与中东地区安全》，《阿拉伯世界研究》2008 年第 1 期。

③ 周意岷：《后"伊斯兰国"时代极端主义对中东安全的挑战》，《和平与发展》2018 年第 6 期。

④ 李意：《试析中东国家的非传统安全挑战》，《阿拉伯世界》2005 年第 3 期。

阿盟现状和未来发展趋向的正确认知。第三，重视对阿盟一个阶段发展状况的静态考察，而未从历史视角来动态地分析阿盟。在不同时期，阿盟的作用不一样，其呈现的外在形象也不一样，全面认识阿盟需要将其置于历史发展的背景中。第四，对于阿盟对地区冲突的治理研究主要集中在热点问题，比如叙利亚，缺少宏观的把握，未能充分探究阿盟对不同类型地区冲突的治理绩效。

三　研究方法与研究设计

2011 年"阿拉伯之春"爆发后，阿盟再次处于风口浪尖和历史转折点。中东地区安全治理迫在眉睫，而阿盟能否在其中发挥作用？20 世纪 90 年代以来走向衰落并致力于改革转型的阿盟在新的国际和地区政治环境中将何去何从？对此，需要系统考察阿盟曾参与过的地区安全治理实践，从历史中总结经验，为未来提供指引。在这之前，首先需要廓清安全治理的概念，其次需要对阿盟的安全治理实践进行分类整理，最后还需要确定阿盟安全治理成效的评判标准，以便全面深入地研究阿盟安全治理。

（一）"安全治理"

安全是国际政治的核心问题，对安全的寻求贯穿于人类的发展历史中。二战结束后，"国家安全"成为国际政治中的常用概念。[①] 它主要强调的是国家安全的军事方面。20 世纪 70 年代后，这一强调军事安全的传统安全出现新变化，即从关注军事－政治安全问题到关注非军事领域，如经济、金融、生态环境、信息安全等领域。安全不仅指国家的安全，还包括个人、群体乃至整个人类的生产、发展安全。相较于"安全"的出现，"治理"直到 1989 年才出现在世界银行对撒哈拉以南非洲的研究报告中。

1992 年，全球治理委员会成立。该委员会在 1995 年发表的题为《我们的全球伙伴关系》研究报告中指出，"治理是个体和制度、政府和私人管理其共同事务过程中所采用的多种方式的总和。它通过一个持续的过程，容纳冲突或多元的利益，并使合作成为可能。它既包括授权采

---

① 王帆、卢静主编《国际安全概论》，中国人民大学出版社，2016，第 10 页。

取强制行动的正式制度，也包括人们认为最有利于他们的非正式安排"①。

"治理"概念的出现为维护安全提供了一条新的路径，学界因此提出了"安全治理"的概念。"安全治理"不同于传统的安全观念，传统安全观强调大国在维护国际安全中的主导作用。传统安全观念关注军事与政治安全，强调安全关系之间的零和性质，注重通过权力手段甚至是武力手段来实现安全的主张。安全治理的概念强调多元行为体的共同作用。它认为，国家是重要的行为体，但不是唯一的安全保障主体，政府间组织、非政府组织甚至公民个人都是安全治理的重要参与者。从实现安全的手段来说，"安全治理"关注来自不同领域的安全威胁，强调通过谈判、沟通、说服等手段实现共同安全。

综上，本书将阿盟安全治理的对象限定于阿拉伯国家，着重探讨阿盟在化解阿拉伯国家之间的冲突，维护阿拉伯国家稳定和地区安全，以及使阿拉伯国家免于内战、冲突等传统安全上的作用及其影响因素。笔者借鉴华中师范大学韦红和颜欣对东盟安全治理的界定"安全治理可定义为：'面对来自意识到的或预期的集体生活的威胁，提出促进和平的方案'"②，把安全治理界定为："面对由传统安全问题带来的安全威胁，提出促进和平的方案"。阿盟的地区安全治理可以理解为："阿盟通过建立一系列机制，以及提出系列方案，来解决阿拉伯国家面临的安全问题，从而实现地区和平与稳定的外交、政治和军事活动。"

（二）冲突的分类以及案例选择的缘由

由于民族、宗教问题错综复杂，中东地区国家之间冲突和战争不断，中东国家内部革命、政变、内战等层出不穷。阿拉伯国家的安全治理问题是整个大中东地区安全问题的重要方面。冲突的类型与地区组织安全

---

① 全球治理委员会：《我们的全球伙伴关系》，天津大学出版社，1995，第23页。转引自李少军、李开盛等《国际安全新论》，中国社会科学出版社，2018，第26页。

② 韦红、颜欣：《东盟地区安全治理模式变迁——从抗御力到安全共同体》，《当代世界与社会主义》2017年第5期。

治理的绩效息息相关，探讨阿盟的地区安全治理，有必要对冲突或战争进行分门别类，分别探究阿盟在各类型冲突中的表现。

　　1. 对冲突的分类

　　许多数据库对武装冲突和战争进行统计，但不同数据库对武装冲突和战争进行分类的标准各不相同，且侧重于特定类型冲突。比较著名且影响力较大的有乌普萨拉冲突数据库（Uppsala Conflict Data Program，UCDP）和战争相关因素项目数据库（The Correlate of War Project）。乌普萨拉冲突数据库对 1946 年以来 12 个月内有 25 人及以上因战死亡的武装冲突（Armed Conflict）进行统计。该数据库将卷入冲突的行为主体分为三类，即独立主权国家（Government of an Independent State）、具有正式组织名称和带有特定政治目的的非政府武装组织（Formally Organized Group）、不具有正式组织名称但使用武力反对另一个与其具有相似特征的组织（Informally Organized Groups）。[①] 其中有独立主权国家参与的冲突可分为四类，即两个独立国家之间爆发的国家间冲突（Interstate Conflict）、独立主权国家与其国内非政府武装组织之间爆发的且没有其他国家介入的国家内部冲突（Intrastate Conflict）、独立主权国家与其国内非政府武装组织之间爆发的且有其他国家介入的国际化的国家内部冲突（Intrastate with Foreign Involvement/ Internationalized）、独立主权国家与非国家行为体为争夺不是由该主权国家控制的领土的超体系武装冲突（Extra systemic Armed Conflict）[②]。在武装冲突烈度上，造成 1 年内 25 人及以上 1000 人以下死亡的冲突称为小型冲突（Minor Conflict），导致 1

---

① Högbladh Stina, "UCDP GED Codebook Version 20. 1," Department of Peace and Conflict Research, Uppsala University, 2020, p. 4.

② Clionadh Raleigh, Havard Hegre, Joachim Carlsen & Christin Qrmhaug, *Armed Conflict Location and Event Databaset（ACLED）Codebook*, Centre for the Study of Civil War, International Peace Research Institute, Oslo, Version 1, 2006, p. 7; Therese Pettersson, *UCDP/PRIO Armed Conflict Databaset Codebook*, Vol. 20. 1, 2020, pp. 5, 8, https：// ucdp. uu. se/downloads/ucdpprio/ucdp-prio-acd-201. pdf; David E. Cunningham and Douglas Lemke, *Distinctions without Differences？：Comparing Civil and Interstate Wars*, Conference Paper at the Annual Meeting of the American Political Science Association, Toronto, September 3-6, 2009, p. 21.

年内 1000 人及以上死亡的冲突称为战争。[①] 也就是说，在乌普萨拉数据库看来，是否有 1000 人因战而亡是区别冲突和战争的主要界线。奥斯陆和平研究所 (The Peace Research Institute Oslo，PRIO) 也采纳乌普萨拉数据库对武装冲突的分类标准。

战争相关因素项目数据库 (The Correlate of War Project) 长期以来致力于对 1816 年以来爆发的战争进行较为全面的统计和定量研究。该数据库将战争分为国家内部战争 (Intra-State War)、国家间战争 (Inter-State War) 和超国家战争[②] (Extra-State War)。

国家内部战争与由一方发起的大屠杀、杀戮或其他由无组织的个人组织的大暴乱不同，它指的是发生在一国国土范围之内，由有组织的武装部队发起的持续时间较长的相互武力对抗，并且在 12 个月之内造成至少 1000 人因战死亡。战争相关因素项目数据库还根据冷战后国家间战争减少和国家内部战争大幅增加的现实对国家内部战争进行细分，即依据冲突方的身份将国家内部战争分为三类，它们是国家政府和非国家实体之间爆发的内战 (Civil War)、地区政府和非国家实体间爆发的地方战争 (Regional Internal War) 和国家内部两个或两个以上非国家实体间爆发的社群战争 (Intercommunal War)。根据战争的起因则可以把内战分为争夺国家中央政府控制权的战争和涉及地方问题如自治或分离运

---

① "UCDP Definitions," Department of Peace and Conflict Research, Uppsala University, https：//www. pcr. uu. se/research/ucdp/definitions/# tocjump _ 23330805611584093 _ 10, accessed：2020-11-03.

② 在战争相关因素数据库中，由戴维·辛格 (David Singer) 和梅·斯莫 (Mel Small) 于 1972 年编写的指导手册最初仅把战争分为两类，即国家间战争 (Inter-State War)、超体系战争 (Extra-Systemic War)。超体系战争指的是作为国际体系成员的国家与非国家行为体 (不是国际体系成员) 之间爆发的冲突，其中包括殖民战争和帝国战争。1982年，两位学者对其统计手册进行更新，增加了对内战 (Civil War) 的分类和统计。1994 年，战争相关因素数据库再次更新了对战争的分类，将超体系战争改为超国家战争 (Extra-State War)，将内战 (Civil War) 划为国家内部战争 (Intra-State War) 的一种，增加了一个新的战争类别，即非国家战争 (Non-State War)，该类型战争包括跨界边境冲突 (Across State Borders) 和发生在自治区的冲突 (In Nonstate Territory)。参见 Meredith Reid Sarkees, *The COW Typology of War：Defining and Categorizing Wars (Version 4 of the Data)*, pp. 1-11。

动的争端。①

国家间战争比较好区分，就是国际体系中两个或两个以上国家的武装部队之间持续进行战斗。战争方在 12 个月内至少有 1000 人参战或者至少有 100人战亡。② 国家间战争是现代国际社会战争和冲突的主要形式。

超国家战争指的是国家越过自己管控的领土范围来打击不被认为是国际体系一员的政治实体的战争，这包括殖民国家和被殖民者之间爆发的殖民战争（Colonial War），以及国际体系中的国家与人口不足或缺乏国际承认的政治实体之间爆发的帝国战争（Imperial War）。③ 超国家战争的显著特征是国际体系中的国家对非国家实体发动战争。对超国家战争的判定标准是，作为战争一方的国家有 1000 人及以上人员参与战争或至少 100 人因战死亡，作为战争另一方的非国家实体具有进行长期战斗的有组织的武装部队，并且该武装部队最少有 100 名武装人员，或者在 12个月的战争中至少有 25 人死亡。④ 非国家实体包括不属于国际体系一员的地理政治单元（Geo-political Units）和没有固定领土的非领土实体（Non-territorial Entities）或非国家武装组织（Nonstate Armed Groups）。⑤

借鉴以上冲突分类，结合阿拉伯世界安全问题的实际情况，本书认为，阿盟进行安全治理的战争主要包括两类。一类是隶属于国家内部战争（Intra-State War）的内战（Civil War），内战指的是国家政权和非国家实体之间爆发的，为争夺中央政府控制权而发生的造成 100 人及以上

① The Correlates of War Project, "Description of Intra-State V5. 1," pp. 1 - 2, https：//correlatesofwar. org/data-sets, accessed：2020-07-13.

② Meredith Reid Sarkees and Frank Whelon Wayman, Resort to War：*A Data Guide to Inter-State*, *Extra-State*, *Intra-State*, *and Non-State Wars*, *1816-2007*, Washington, D. C.：CQ Press, 2010, p. 75.

③ Meredith Reid Sarkees and Frank Whelon Wayman, Resort to War：*A Data Guide to Inter-State*, *Extra-State*, *Intra-State*, *and Non-State Wars*, *1816-2007*, Washington, D. C.：CQ Press, 2010, p. 42.

④ Meredith Reid Sarkees and Frank Whelon Wayman, Resort to War：*A Data Guide to Inter-State*, *Extra-State*, *Intra-State*, *and Non-State Wars*, *1816-2007*, Washington, D. C.：CQ Press, 2010, p. 194.

⑤ Meredith Reid Sarkees, "Extra-State Wars（Version 4.0）：Definitions and Variables," The Correlates of War Project, p. 2, https：//correlatesofwar. org/data-sets, accessed：2020-07-13.

因战死亡的有组织的武力对抗；另一类是国家间战争（Inter-State War），国家间战争是两个或两个以上国家之间爆发的战争。超国家战争主要发生在反抗殖民侵略与统治、争取民族独立和国家解放战争时期。20 世纪五六十年代，阿盟对突尼斯和阿尔及利亚给予大量支持，为两国取得反殖民主义胜利发挥了重要作用。本书主要探讨的是阿盟的安全治理，因而不把超国家战争纳入讨论范围。因此，本书用于研究阿盟安全治理的案例将主要从阿拉伯国家内战和阿拉伯国家之间爆发的战争中选取。

2. 案例选择的标准

阿盟参与的安全治理的案例比较多，如何选取合适的案例至关重要。案例的选取一定程度上影响了研究的全面性与客观性。另外，选取多少案例才能解释阿盟在安全治理中的作用或论证研究结果，也是一个难以解答的问题。由于本书的主要目的是考察国家、国际体系以及阿盟三者的互动如何影响阿盟的安全治理绩效，笔者倾向于从三个因素来选择案例：第一个因素是阿盟介入的次数、时间长度和程度；第二个因素是该案例是否涉及多个行为体，即是不是地区国家、世界大国都很关注的焦点问题，选择这样的案例有利于探讨地区环境和国际环境的变化将如何影响地区组织的作用；第三个因素是该问题是否在阿盟的地区安全治理的历史中反复出现，从历史角度来研究阿盟的地区冲突管理将更具有可比较性，也更能清晰表现出阿盟对不同冲突的治理绩效及其影响因素。

（1）关于阿拉伯国家内战案例的选取

1945 年成立以来，阿盟斡旋调停的内战有 7 次，其中包括 1948 年也门内战、1958 年黎巴嫩内战、1962~1970 年也门内战、1975~1990 年黎巴嫩内战、1994 年南北也门内战，以及在 2011 年"阿拉伯之春"中发生的利比亚内战和叙利亚内战。值得指出的是，利比亚内战和叙利亚内战起初是政治危机，乌普萨拉数据库便不将 2011 年叙利亚发生的动乱冲突视为内战，而是政府对平民和反对派的暴力镇压和单边暴力。[1] 随着

---

[1] Louise Bosetti and Sebastian von Einsiedel, "Intrastate-Based Armed Conflicts: Overview of Global and Regional Trends (1990 – 2013)," United Nations University Centre for Policy Research, February 2015, p. 2.

局势发展，叙利亚发生的冲突已非单边武装镇压，而是政府军和反对派武装相互攻击且造成大量伤亡的内部冲突，因此，叙利亚2011年以来发生的冲突可视为内战。尽管2015年9月30日，俄罗斯宣布向叙利亚派兵并介入叙利亚内战，叙利亚内战呈现国际化倾向，但战争主要发生在叙利亚境内，因此内战仍是叙利亚冲突的主要特征。

阿拉伯国家内战主要发生在也门和黎巴嫩，而且在这两个国家发生的内战持续时间长、规模大，阿盟也在战争过程中进行了多次干预和调解。阿盟对第一次黎巴嫩内战的介入促成了内战的结束。在第二次黎巴嫩内战中，阿盟理事会、政治委员会以及秘书长均加入内战调停。在对第二次黎巴嫩内战进行的漫长的调解过程中，阿盟不同部门机构在不同时期发挥着不同作用，其中既有成功也有失败，但阿盟最终促成内战双方签订《塔伊夫协议》，结束了黎巴嫩内战。

为了更好地考察影响阿盟调停内战的因素，本书不打算选取黎巴嫩作为研究案例，而是选取1962~1970年也门内战和2011年叙利亚内战作为研究个案。其一，1962~1970年也门内战爆发于美苏冷战和"阿拉伯冷战"时期，对阿盟介入也门内战的考察有利于探究全球大国和地区大国针锋相对的两极关系对阿盟调解成效的影响，以此深入探索其对复杂的地区和国际局势的影响；其二，在70多年的发展历程中，阿盟一直在进行调整和改革，尤其是在宪章和组织理念上，选取叙利亚内战作为研究个案，既是为了探讨阿盟改革的成效，也是为了考证阿盟"机制失败论"是不是阿盟调停失败的主要原因。

（2）关于阿拉伯国家间冲突案例的选取

根据战争相关因素项目数据库对1816年以来爆发战争的统计及对国家间战争的严格定义，阿拉伯国家之间仅爆发1次战争，即1990年至1991年的伊拉克和科威特战争。[①] 但马克·宾法礼在战争相关因素项目数据库的基础上，扩大了对两个阿拉伯国家之间发生的冲突的统计范畴，

---

① "Chronological List of All Wars," The Correlates of War Project, https：//correlatesofwar. org/data-sets, accessed：2020-07-13.

将政治外交危机、边界冲突和战争计算在内。根据马克·宾法礼的统计，1949 年至 1979 年，阿拉伯国家间共发生 17 次冲突。[①]

此外，研究冲突斡旋的著名学者雅各布·贝尔科维奇（Jacob Bercovitch）在其主编的冲突、斡旋与和平构建数据中心（Bercovitch Data Centre for Conflict, Mediation, & Peace Building）指导手册中，也详细统计了 1949 年至 1994 年阿拉伯国家间发生的 22 次冲突。[②] 他没有对战争或冲突进行严格界定，而是将出现在新闻报道中的冲突（如《纽约时报》）都统计在内。雅各布·贝尔科维奇和马克·宾法礼统计的详细情况分别见表 0-1、表 0-2。

表 0-1　雅各布·贝尔科维奇对阿拉伯国家间冲突的统计

序列号	交战方	交战方	时间	起因	冲突性质
1	叙利亚	黎巴嫩	1949.5~1949.8	叙利亚流亡人士争端	外交危机
2	沙特	阿曼/英国	1952.8~1955.10	布莱米危机	边界冲突
3	埃及	苏丹	1958.2	边界、领土争端	边界冲突
4	叙利亚	伊拉克	1959.3~1959.4	摩苏尔起义	外交危机
5	伊拉克	科威特	1961.6~1962.6	科威特独立危机	外交危机
6	阿尔及利亚	摩洛哥	1963.10~1964.2	廷杜夫战争	边界冲突
7	北也门	沙特	1969.1~1970.1	边界冲突	边界冲突
8	巴解组织	约旦	1970.1~1971.8	军事政变	外交危机
9	北也门	南也门	1971.10~1972.10	边界冲突	边界冲突
10	阿曼	南也门	1972~1974.8	佐法尔叛乱	外交危机
11	伊拉克	科威特	1973.3~1975.7	边界冲突	边界冲突
12	摩洛哥	毛里塔尼亚	1974.10至今	西撒哈拉冲突	边界冲突
13	叙利亚	伊拉克	1975.4~1975.12	幼发拉底河争端	边界冲突
14	埃及	利比亚	1977.7~1977.9	边界战争	边界冲突
15	北也门	南也门	1979.2~1980.2	边界战争	边界冲突
16	摩洛哥	阿尔及利亚	1979.6~1979.10	西撒哈拉民族主义	边界冲突

---

① Marco Pinfari, "Nothing but Failure? The Arab League and the Gulf Cooperation Council as Mediators in Middle Eastern Conflicts," Working Paper at Crisis States Research Centre, No. 2, March 2009, pp. 19-20.

② Jacob Bercovitch, "International Conflict Management 1945-1995: Official Codebook for the International Conflict Management Datset," Bercovitch Data Centre for Conflict, Mediation, & Peace Building, 2000, pp. 21-43.

序列号	交战国	交战国	时间	起因	冲突性质
17	沙特	北也门	1980.2	边界冲突	边界冲突
18	卡塔尔	巴林	1986.4	哈瓦尔岛争端	边界冲突
9	伊拉克	科威特/联军	1990.8~1991.5	海湾战争	边界冲突
20	沙特	卡塔尔	1992.9~1992.10	边界冲突	边界冲突
21	埃及	苏丹	1992.12	哈拉比争端	边界冲突
22	沙特	也门	1994.12	边界冲突	边界冲突

资料来源：笔者根据贝尔科维奇主编的冲突、斡旋与和平构建数据中心（Bercovitch Data Centre for Conflict, Mediation, & Peace Building）的指导手册整理得来。参见 Jacob Bercovitch, "International Conflict Management 1945 – 1995: Official Codebook for the International Conflict Management Datset," Bercovitch Data Centre for Conflict, Mediation, & Peace Building, 2000, pp. 21–43。

表 0-2　马克·宾法礼对阿拉伯国家间冲突的统计

序列号	交战方	交战方	时间	起因	冲突性质
1	叙利亚	伊拉克	1949	未指明	外交危机
2	约旦	西岸	1950	兼并约旦河西岸	外交危机
3	沙特	阿曼	1952~1955	布莱米危机	边界冲突
4	埃及	沙特	1955	巴格达条约组织危机	外交危机
5	苏丹	埃及	1958	边界争端	边界冲突
6	突尼斯	阿联	1958	本·优素福庇护问题	外交危机
7	约旦	阿联	1958	未指明	外交危机
8	叙利亚	伊拉克	1959	摩苏尔起义	外交危机
9	科威特	伊拉克	1961~1963	科威特独立问题	外交危机
10	叙利亚	阿联	1961	阿联解体问题	外交危机
11	阿尔及利亚	摩洛哥	1963~1964	廷杜夫战争	边界冲突
12	阿曼	南也门	1970~1976	佐法尔战争	边界冲突
13	北也门	南也门	1971~1972	边界战争	边界冲突
14	科威特	伊拉克	1973	边界冲突	边界冲突
15	叙利亚	伊拉克	1975	幼发拉底河争端	边界冲突
16	埃及	利比亚	1977	边界冲突	边界冲突
17	北也门	南也门	1979	边界冲突	边界冲突

资料来源：笔者根据马克·宾法礼的分类整理得来。参见 Marco Pinfari, "Nothing but Failure? The Arab League and the Gulf Cooperation Council as Mediators in Middle Eastern Conflicts," Working Paper at Crisis States Research Centre, No. 2, March 2009, pp. 19–20。

可见，不同学者不仅对战争和冲突的界定不同，对已发生冲突的统计也不尽一致。严格来说，阿拉伯国家之间发生的更多的是政治外交危机和边界冲突，而不是战争，因为战争爆发需要满足 12 个月内至少 1000 人参战或至少 100 人因交火而死亡的条件。在阿盟发展的历史上，它介入的主要是阿拉伯国家因意识形态斗争或边界问题而产生的危机或争端。因此，在选取有关阿拉伯国家间冲突时，本书也把政治外交危机、边界冲突考虑在内。

为了更好地比较阿盟对阿拉伯国家间冲突的处理，也为了明晰何种因素影响阿盟对国家间冲突的治理成效，本书选取两个国家在两个不同时段发生的冲突作为研究案例，即 1961 年至 1963 年的伊拉克和科威特政治外交危机和 1990 年至 1991 年的伊拉克和科威特冲突。其一，20 世纪 60 年代初，阿拉伯国家间关系纷繁复杂，埃及和叙利亚因为叙利亚退出阿拉伯联合共和国而交恶，埃及纳赛尔和支持共产主义的伊拉克共和国的卡塞姆不和，同时埃及和沙特也处于"阿拉伯冷战"之中。在如此糟糕的环境中，阿盟却首次派出了阿拉伯安全军队，成功地使伊拉克放弃了侵占科威特的意图，这非常值得细致揣摩和考究。此外，对 1961 年伊科危机的考察可以为阿盟调和当前阿拉伯国家间错综复杂的关系提供镜鉴。其二，选取 1990~1991 年伊拉克和科威特的冲突是为了与第一次伊科危机进行比较研究，旨在回答为何阿盟未能像 1961 年那样在此次冲突中发挥作用。这次冲突是阿盟走向低谷的重要节点，对未来阿盟的发展以及阿拉伯国家间的关系产生巨大影响。因此，笔者认为探究阿盟的地区安全治理不能不考察此次冲突。

（3）安全治理绩效的评估分类

评定地区组织安全治理的绩效和作用，关键在于确定评判的原则。然而，由于地区组织数目众多，各地区组织处理的地区冲突多种多样，在样本数量有限和可比性不强的情况下，学者们在安全治理绩效评估分类这个问题上一直以来都是仁者见仁，智者见智，至今尚未形成一个统一的评价体系。

危机国家研究中心（Crisis States Research Centre）在 2005 年至 2010 年主持了一项有关地区组织维持和平角色及其地区影响的研究。该研究旨在探讨地区组织是否在预防和解决成员国间的暴力冲突中发挥作用以及影响地区组织效能的因素有哪些。① 危机国家研究中心认为，不能以地区组织是否建立一套包括条约、协议和安全合作以及调停的机制为标准来衡量其成功与否，而应该依照地区组织在预防和解决暴力冲突中的实际贡献来判定其实现和平的能力。该机构提出了对地区组织进行评估的几项内容：地区组织成员国之间或国家内部发生的暴力冲突的规模、持续时间、严重程度；组织预防和解决暴力冲突的战略及其行动；地区组织调停的结果。②

开国际制度研究之先河的约瑟夫·奈认为在管控冲突中，地区组织可以扮演两个角色：第一，当冲突发生后，可以考虑组织的角色，即它是否充当了达成协议、和平解决争端的论坛；第二，地区组织是否采取了调解的行动（也就是调解方案的提出者）。③

雅各布·贝尔科维奇对国际斡旋进行了全面和系统的研究。他对斡旋绩效分类的研究成果具有重要借鉴意义。他指出，斡旋本质上是外部行为体（个人、国家或组织）为帮助冲突方解决争端而采取的已被报道出来的，正式的、制度性的和非强制性的干预。④ 他把斡旋冲突的结果分为以下 6 类：第一，全面解决（Fully Settled）指的是达成正式协议、解决大多数或完全解决所争论的基本问题；第二，部分解决（Partially Settled）指的是就某些争论的基本问题达成正式协议；第三，一般斡旋即停火（Cease-Fire），以停火和结束公开对峙为特点；第四，失败的斡旋（Mediation Unsuccessful）以对正在发生冲突的各方未能施展任何影响且冲突继续进行为特征；第五，提供了建议但未被实际采纳的

---

① Laurie Nathan, "The Peacemaking Effectiveness of Regional Organizations," Crisis States Research Centre, October 2010, pp. 1-2.

② Laurie Nathan, "The Peacemaking Effectiveness of Regional Organizations," Crisis States Research Centre, October 2010, pp. 3-5.

③ Joseph S. Nye, *Peace in Parts: Integration and Conflict in Regional Organization*, Boston: Little, Brown & Company, 1971, p. 135.

④ Jacob Bercovitch and James W. Lamare, "The Process of International Mediation: An Analysis of the Determinants of Successful and Unsuccessful Outcomes," *Australian Journal of Political Science*, Vol. 28, No. 2, 1993, p. 293.

斡旋（Mediation Offered，but No Undertaken）；第六，未提供任何斡旋（No Mediation）。由于有学者认为只要有斡旋者参与，并促使冲突方的态度、价值观或认知发生一些变化，这类斡旋都可称为成功的斡旋。比如，丹尼尔·弗雷（Daniel Frei）认为斡旋的实际进行就代表着斡旋成功，"不管冲突双方是正式接受还是非正式地接受了斡旋者，只要斡旋者在首次斡旋结束之后的 5 天之内再次进行斡旋，便可认为此次斡旋是成功的"①。对此，贝尔科维奇放宽了对斡旋成功的定义，即只要冲突方的行为发生明显可见的变化即可视为斡旋成功。②

此外，对阿盟斡旋进行系统研究的马克·宾法礼也对阿盟斡旋绩效进行了分类。在借鉴克莱布（Kleiboer）较为广义的对"国际斡旋"的定义的基础上，即"第三方帮助两个或多个争端当事方在不诉诸武力的情况下找到解决方案的冲突管理形式"，马克·宾法礼将阿盟的斡旋绩效细分为三类，即"斡旋成功的首要因素"（Primary Causes）、"有利于斡旋成功"（Contributed to Success）和"斡旋失败"。他对斡旋的含义进行了界定，他认为，若阿盟仅对争端进行讨论并通过决议，这种行为不能被称为"斡旋"，只有当阿盟通过的政治决定被付诸实践，才可被认定为斡旋。其中，"斡旋成功的首要因素"指的是阿盟通过了政治决定或决议，其进行的斡旋活动能够对冲突或争端造成明显不同于其他的第三方斡旋的影响。"有利于斡旋成功"指的是阿盟的斡旋活动对冲突或争端产生一定影响，但是它不能与其他行为体或其他突发事件（如军事政变或第三方军事干预）给斡旋争端带来的影响区别开来。③

---

① Diniel Frei, "Conditions Affecting the Effectiveness of International Mediation," *Peace Science Society (International) Papers*, Vol. 26, No. 1, 1976, p. 69, in Peter Wallensteen and Isak Svensson, "Talking Peace: International Mediation in Armed Conflicts," *Journal of Peace Research*, Vol. 51, No. 2, 2014, p. 322.

② Jacob Bercovitch and James W. Lamare, "The Process of International Mediation: An Analysis of the Determinants of Successful and Unsuccessful Outcomes," *Australian Journal of Political Science*, Vol. 28, No. 2, 1993, pp. 295–296.

③ Marco Pinfari, "Nothing but Failure? The Arab League and the Gulf Cooperation Council as Mediators in Middle Eastern Conflicts," *Working Paper at Crisis States Research Centre*, No. 2, 2009, p. 10.

综上，目前学术界对于安全治理绩效的评估仁者见仁，智者见智。这也不难理解，因为地区组织种类繁多，每个冲突爆发的原因各不相同，解决起来有难有易，很难制定一个适用于任何冲突与所有地区组织的安全治理绩效评估体系。相对来说，贝尔科维奇为斡旋建立了一套较为完整的绩效评估体系，尤其是宾法礼对阿盟的斡旋绩效进行了明确分类，宾法礼也是首位对阿盟安全治理绩效进行分类的学者。总体来看，笔者认为两位学者提出的评估分类能够为阿盟地区安全治理绩效评估提供有益借鉴。笔者比较认可宾法礼对斡旋的界定，即阿盟若只通过决议而未得到任何冲突方响应，不可视为阿盟进行了斡旋，只有阿盟通过的决议得到冲突方认可（暂且不论其执行成效如何），才可视为斡旋。

不过，具体到阿盟地区安全治理绩效的评估，还需要注意到以下两点：第一，贝尔科维奇和宾法礼的评估标准仅限于斡旋这一种应对冲突的策略，而未涉及诸如仲裁、集体安全等其他处理冲突的策略；第二，阿盟对阿拉伯国家内部和国家间冲突的斡旋调解，通常包括锲而不舍的反复调解，而非一蹴而就。因此，可能出现这样一种情况，即第一轮斡旋失败，但第二轮让冲突方坐在谈判桌前，这应该如何评定阿盟的斡旋？又或者是，阿盟在几轮斡旋中都让冲突方坐在谈判桌前，但二者无法达成任何协议，最后是第三方使二者签订和平协议，这又该如何评定？考虑到诸种复杂的情况，很难判定究竟是阿盟的哪个倡议促成了和解。

本书根据侯赛因·哈苏纳对1948年至1975年阿盟参与解决冲突的丰富个案研究，发现阿拉伯国家在这一时期尤为强调阿拉伯国家的自主性和在"阿拉伯框架内"解决争端，这体现了阿拉伯国家成立以来对实现阿拉伯民族独立和国家自主的强烈需求。尽管在其后的发展历史中，尤其是海湾战争以来，一些阿拉伯国家与美国结盟，成为美国的盟友，但是不断加强阿拉伯国家的自主和独立是大部分阿拉伯国家的共同愿望，已加入美国联盟的阿拉伯国家的目的应该是最大限度地获利而不是依附于美国。本书认为，阿盟作为维护阿拉伯国家整体利益的政府间组织，无论从历史实践来看，还是从现实需求来看，应该把是否能在"阿拉伯框架内"解决争端作为重要的衡量标杆。在此基础上，本书借鉴贝尔科维奇和宾法礼的分类方式，将阿盟安全治理绩效分为如下三类。

第一，成功。其中：首要的要素是，阿盟确保冲突在阿拉伯国家框架内解决，没有将阿拉伯问题"国际化"[①]；其次的要素是，阿盟促使冲突方坐在谈判桌前，签署相关协议，并执行该协议；最后，双方停火，冲突结束。

第二，部分成功。这包括几个要素，即：阿盟确保冲突在阿拉伯国家框架内解决，没有将阿拉伯问题"国际化"；阿盟促使冲突方坐在谈判桌前，签署相关协议，但该协议未得到执行或未得到有效执行；冲突由于第三方调解或冲突方自愿停火而结束。

第三，失败。它包括如下要素，即：阿盟未能确保冲突在阿拉伯国家框架内解决，使得阿拉伯问题"国际化"；阿盟未能促使冲突方坐在谈判桌前，签署相关协议；双方因为第三方介入而被迫停火，冲突结束。

总之，笔者认为只要阿盟不能坚持在"阿拉伯框架下"解决冲突，使阿拉伯问题"国际化"，即可认为阿盟斡旋失败。而当冲突没有"国际化"时，即使阿盟介入但未能使冲突方立即停止冲突，阿盟的决议也没有得到双方切实执行，也可视为部分成功。

（三）研究方法

研究阿盟在地区安全治理中的角色、作用及其限制因素是研究阿盟不可或缺的重要组成部分，也是其中最重要、被关注最多和被寄予最多期待的部分。本书重视运用阿盟和联合国公开的报告、决议、英国档案等一手资料，在马克思主义唯物史观的指导下，综合运用历史学、国际组织学和国际关系学，同时采取将案例研究和比较分析研究结合的方法。

1. 综合运用历史学、国际组织学和国际关系学的跨学科研究方法

阿盟安全治理的研究涉及历史学、国际组织学和国际政治学，因而

---

① 国际化指的是让外国成为提出冲突解决方案或使用武力迫使一方屈服的情况，笔者认为阿盟将问题提交联合国也可视为阿盟的失败，因为当阿盟决定将问题提交给联合国时，就意味着它无法解决争端。而且从阿盟以往对地区冲突的处理来看，比如1958年黎巴嫩内战，阿盟郑重要求黎巴嫩不要将问题上诉至联合国，这表明，阿盟认为将问题提交联合国即意味着局势将不再受阿盟控制，阿盟将无法发挥作用。

必须采取跨学科的研究方法。阿盟是一个变化发展着的地区性组织，只有运用马克思主义唯物史观，把阿盟置于战后世界历史演变特别是国际格局与中东地区格局演变的历史进程中，通过细致分析阿盟针对不同问题所进行的具体的安全治理实践，才能揭示出阿盟安全治理的发展演变及其内外动因。笔者认为只有充分了解阿盟安全治理的历史实践，才能结合当下现实，对阿盟安全治理以及阿盟发展变化形成更全面和客观的认识。其中对阿盟通过的决议、联合国的报告以及英国档案材料的运用可以获得较为准确和真实的事实，这为剖析阿盟安全治理的实践提供了有力的档案文献支撑。

国际组织学和国际关系学也是研究阿盟以及阿盟的安全治理必不可少的。国际组织学对国际组织的本质特征、性质、组织机制及其作用的宏观把控和科学论断，有助于加深对阿盟的认识，深刻理解成员国与阿盟的复杂关系与互动逻辑，辨别影响阿盟发挥作用的主次要因素。对于阿盟安全治理的研究还离不开国际关系学。国际关系理论中的现实主义和建构主义理论既是理解阿拉伯世界和阿盟的重要理论工具，也为思考阿盟的安全治理及其影响因素提供了多维的理论视角。国际体系的演变、权力政治、阿拉伯民族主义和国家主权规范等是解锁阿拉伯国家的不同行为以及解析阿盟安全治理绩效的重要方面。总之，对于阿盟安全治理的研究来说，学术界必须综合运用历史学、国际组织学以及国际关系学，才能认清阿盟在安全治理中的特性、影响因素及困境。

2. 案例研究和比较分析研究结合的方法

阿盟成立以来，参与协调和解决的冲突或争端很多，无法对所有的冲突进行一一考察。因此，笔者从不同时段发生的不同类型冲突中选取了几个重点案例来进行比较分析。一方面，分别分析阿盟对阿拉伯内战和阿拉伯国家间冲突的治理，有利于深入探究阿盟对不同类型冲突的治理差异；另一方面，注重分析在不同时间段阿盟对同一类型冲突的治理，能够纵向考察影响阿盟治理绩效的因素，探究其对地区和国际环境变化的深刻影响。总的来说，将案例分析和比较分析相结合的方法能够更加全面地分析阿盟在地区安全治理中的成败得失、动力、特点以及影响因素，从而更好地探寻阿拉伯国家未来合作与发展的道路。

本书采纳英国外交部和殖民地部联合整理并出版的档案文献、穆罕默德·哈利勒编辑的《阿拉伯国家与阿盟文献集》，以及阿盟、联合国等发布的决议和公告，对阿盟成立的历史背景、发展阶段以及阿盟在特定案例中的安全治理进行了研究。不过，本书仍然存在许多不足与缺憾之处。一方面，由于阿盟总部以保密为由不对外开放其档案资料，其他埃及图书馆也没有相关文献资料，因此未能使用阿拉伯语的一手档案材料；另一方面，本人对阅读阿拉伯语文献存在障碍，在本书中主要使用的是英文专著和论文文献。本人深知使用一手档案材料和阿拉伯语资料的重要性，未来将继续努力学习阿拉伯语，增加文献来源的多样性。

（四）本书创新之处

在充分借鉴前辈研究成果的基础上，本书将阿盟安全治理绩效进行了分类，分析了阿盟安全治理的特点及其变化，并且对影响阿盟安全治理绩效的因素提出了新的解释。

第一，将阿盟安全治理绩效进行了分类。本书将阿盟安全治理绩效分为三大类型，第一个是"成功"，第二个是"部分成功"，第三个是"失败"，并且界定了这三个类型所包括的具体内容。这种分类被用来考察具体案例中阿盟的安全治理绩效，而不是针对阿盟的历史分期，这有两个价值：一是为评估阿盟安全治理绩效提供了较为确切的标准，增强了对阿盟在特定事件安全治理绩效评价上的客观性；二是驳斥了部分学者脱离特定历史情境和片面选取特定案例，泛泛评价阿盟"失败"的观点。

第二，分析了阿盟安全治理的特点及其变化。对阿盟安全治理特点及其变化的总结是本书的一大特色。通过对阿盟对阿拉伯国家内战和阿拉伯国家间冲突安全治理的考察，本书提出，阿盟的安全治理没有严格的程序和固定的机制，强调协商和共识，它是由阿盟理事会、秘书长和成员国共同参与的复合型安全治理。20世纪90年代以来，阿盟的安全治理出现了新的变化，即它积极发展与联合国的合作关系，并且对人的安全和人权事务的关注度提升。不过，阿盟在"阿拉伯框架内"管理冲突和进行安全治理能力的弱化是近年来阿盟安全治理呈现出的客观情况。笔者认为对阿盟安全治理的特征及演变的把握有利于深刻认识阿盟，宏观把控阿盟在未来地区安全治理中的发展趋向。

第三，对影响阿盟安全治理绩效的因素进行了新的思考。笔者对"阿盟组织结构及决策机制的缺陷是其'失败'的主要原因"的观点存有不同见解。从阿盟安全治理的具体实践来看，阿盟组织结构及决策机制只是影响阿盟安全治理绩效的一个次要因素。对于国际（地区）组织来说，组织能力十分重要，但国际格局和地区局势会约束国际（地区）组织作用的发挥。组织机制的问题是很多国际（地区）组织都面临的问题，它不是阿盟独有的，因此难以将影响阿盟安全治理绩效的主要因素归于组织机制。

笔者赞同曾经在埃及开罗美国大学访谈过的一位阿拉伯学者的观点，即阿拉伯国家缺乏政治意愿以及不愿赋予阿盟更大的执行权力是导致阿盟影响力下降的主要因素。不过，本书认为，可以在阿拉伯学者观点的基础上再向前走一步，即从阿拉伯民族国家建构以及阿拉伯国家体系的演变来探寻影响阿盟安全治理的因素。阿拉伯国家体系的脆弱性和不稳定性是影响阿盟安全治理的根本因素。这表现在两方面：一方面，阿拉伯民族国家构建的不完善导致阿拉伯国家存在激烈的权力争夺；另一方面，不稳定的权力结构以及缺乏能长期维持主导地位的大国使得阿盟难以形成稳定和有序的安全治理策略。世界大国的介入和干涉是影响阿盟安全治理绩效的主要因素。在阿盟发展的前半期，由于美苏两权平衡，阿盟得以借助有利的国际局势来实现安全治理。1990年以来，美国"独霸中东"，阿盟在地区安全治理中不断边缘化。域内非阿拉伯国家对阿拉伯国家的分化进一步削弱了阿盟凝聚共识和团结阿拉伯世界的能力。秘书长职权有限和执行机制、预防性外交的缺少也给阿盟的安全治理带来诸多障碍。

第一章

阿盟成立背景、历史分期及安全治理结构

以史为鉴，可以知兴替，深入挖掘历史是厘清复杂现实与破解现实困境的钥匙。阿拉伯国家联盟是当今世界上成立最早的区域性组织之一。它是协调阿拉伯国家政策与活动，捍卫阿拉伯国家独立与主权，维护和提升阿拉伯国家利益的重要平台。深入探究阿盟成立的历史背景，分析其组织机构以及阿盟安全治理的方式是研究阿盟安全治理绩效及其影响因素的基础。

第一节　阿盟成立的历史背景

阿盟的成立是阿拉伯民族主义和二战时期英国对中东殖民地政策转变共同作用的产物，也是一战后建立的 7 个阿拉伯国家之间讨价还价和权力平衡的结果。阿盟的出现符合当时各方共同利益和对未来的预期。

一　阿拉伯民族主义的兴起

阿拉伯民族主义的兴起为阿拉伯国家联盟的成立奠定了思想基础。

首先，阿拉伯民族主义思想的广泛传播促使阿拉伯人萌发了摆脱奥斯曼帝国的统治和实现民族统一的思想。自 15 世纪奥斯曼帝国建立以来，阿拉伯人一直处于帝国统治之下。19 世纪，拉希德·里达（Rashid Rida）、阿卜杜·拉赫曼·卡瓦基比（Abd al-Rahman al-Kawakibi）、萨提·胡斯里

(Satial-Husri）以及米歇尔·阿弗拉克（Michel Aflaq）等一批阿拉伯民族主义思想家的出现为阿拉伯民族主义的兴起提供了源源不断的思想养分。当奉行"大土耳其主义"的青年土耳其党拒绝在帝国境内给予阿拉伯人平等和自治地位后，阿拉伯人萌生了推翻奥斯曼帝国统治，建立阿拉伯统一国家的思想。1916 年，阿拉伯大起义的爆发标志着阿拉伯民族主义正式由一种思潮演化为一场要求阿拉伯民族独立和统一的政治运动。

其次，由于英国支持犹太人在巴勒斯坦建国，以及英法分而治之的委任统治，阿拉伯青年民族主义者维护民族统一和阿拉伯领土完整的热情被充分调动起来。1931 年 12 月，来自叙利亚、伊拉克、巴勒斯坦等地情绪激昂的青年阿拉伯民族主义者集聚于耶路撒冷，召开伊斯兰大会。通过讨论，他们就阿拉伯事务达成共识，签署《阿拉伯条约》，明确指出"阿拉伯土地完整不可分割"，每一个阿拉伯国家都应该全身心投入实现完全独立的事业。[1] 他们还成立多个阿拉伯协会，建立了独立党（al-Istiqlal Party）。[2]

最后，在阿拉伯民族主义者和阿拉伯民众民族热情的感召下，阿拉伯国家领导人也在维护阿拉伯民族利益上结成统一阵线。1936 年爆发的巴勒斯坦大起义将阿拉伯民族主义运动推向高潮。此次大起义得到阿拉伯世界的集体声援，阿拉伯民众向阿拉伯国家政府和政治领导人施压，要求其统一立场，在国际舞台上声援巴勒斯坦阿拉伯人，阻止英国分割巴勒斯坦。[3] 1938 年秋末，巴格达出现了声援巴勒斯坦大起义和反对英国镇压的运动，爆炸袭击的声音经常响彻于巴格达上空，学生进行示威游行，军队也不服从命令。[4] 阿拉伯国家领导人对此做出积

---

① Ahmed M. Gomaa, *The Foundation of the League of Arab States*: *Wartime Diplomacy and Inter-Arab Politics*, *1941 to 1945*, London: Longman Group Ltd., 1977, p. 5.

② Adeed Dawisha, *Arab Nationalism in the Twentieth Century*: *From Triumph to Despair*, Princeton: Princeton University Press, 2003, pp. 107-108.

③ Adeed Dawisha, *Arab Nationalism in the Twentieth Century*: *From Triumph to Despair*, Princeton: Princeton University Press, 2003, pp. 107-108.

④ Juan Cole, "Iraq in 1939: British Alliance or Nationalist Neutrality Toward the Axis," *Britain and the World*, Vol. 5, No. 2, 2012, p. 205.

极反应，他们齐聚开罗，统一了阿拉伯国家的立场。1939 年，当圣·詹姆斯会议（St. James's Conference）在伦敦召开时，与会的各阿拉伯国家领导人始终坚持在开罗达成的共识。阿拉伯国家未能阻止犹太移民进入，但是它们统一而坚定的立场促使英国发布了一个十年内确保巴勒斯坦独立的白皮书。①

巴勒斯坦大起义不仅促进普通阿拉伯人的阿拉伯民族主义情绪的高涨，也促进新生的各阿拉伯国家团结一致。正如帕特里克·席勒（Patrick Seale）所说："1936 年大起义是促使埃及政治家支持泛阿拉伯政策的决定性因素。"② 伊拉克时任总理努里·赛义德（Nuri al-Said）也对因大起义而召开的开罗会议给予高度评价："阿拉伯国家共同商议和形成的统一阵线是此次会议最有影响力的部分……此次历史性会面为阿盟的建立奠定基石。"③ 沙特国王代表费萨尔王子也指出："这是我们历史上首次看到阿拉伯国家实现合作与团结，看到我们站在同一战线。让我们把此次会议当成解决其他问题和夯实我们统一基础的先例。"④ 1937年，沙特甚至对英国威胁道："如果在巴勒斯坦问题上不提出合理的方案，阿拉伯人将绝望地转向轴心国。"⑤

综上，阿拉伯民族主义者的思想启蒙，阿拉伯普通大众民族意识的觉醒和阿拉伯国家政治精英的实际协作使得阿盟成立的条件走向成熟。从开罗会议的召开来看，阿拉伯国家需要一个平台来协调政策，统一立场。因此，1945 年阿盟的成立可谓水到渠成。

---

① 白皮书满足了阿拉伯国家政府的要求，但遭到犹太人的强烈反对，犹太人认为其中限制犹太移民和购买土地以及允许巴勒斯坦建立自治政府的条款违背了英国先前对犹太人的承诺。而巴勒斯坦阿拉伯人反对其中"在犹太人赞同的基础上建立自治政府"的条款。

② Patrick Seale, *The Struggle for Syria: A Study of Post-War Arab Politics, 1945 - 1958*, Connecticut: Yale University Press, 1987, p. 17.

③ Adeed Dawisha, *Arab Nationalism in the Twentieth Century: From Triumph to Despair*, Princeton: Princeton University Press, 2003, pp. 115–117.

④ Yehoshua Porath, *In Search of Arab Unity: 1930 - 1945*, New York: Routledge, 2013, p. 172.

⑤ Ahmed M. Gomaa, *the Foundation of the League of Arab States: Wartime Diplomacy and Inter-Arab Politics, 1941 to 1945*, London: Longman Group Ltd., 1977, p. 5.

二 英国的支持

英国的支持是阿盟成立的重要外部因素。

首先，由于阿拉伯人对犹太移民的强烈反对，尤其是在体验到巴勒斯坦大起义的力量后，英国希望在维护其中东地区殖民利益的基础上，提出一种既能满足阿拉伯人的要求，又不会引发犹太人不满的解决巴勒斯坦问题的方案。由此，英国一些官员开始探讨建立阿拉伯联邦的问题，试图通过建立阿拉伯联邦来解决犹太人问题。[①]

1939 年 9 月 28 日，英国外交部东方司（Eastern Department of Foreign Office）的莱西·巴格勒（Lacey Baggallay）提出了一份包括 26 项内容的《有关阿拉伯联邦的备忘录》（Memorandum of Arab Federation），该备忘录充分分析了阿拉伯国家的共性和个性，各阿拉伯国家领导人之间的利益算计以及法国、土耳其对建立阿拉伯联邦的看法。他认为，泛阿拉伯主义已经成为中东的一个政治现象，任何试图反对这一思想或对这一思想缺乏同情的想法都是无效和极其不明智的。英国政府应该避免像以前那样强烈反对或公开地显示出（对泛阿拉伯主义和阿拉伯人提出的建立阿拉伯联邦的要求）缺乏同理心，反之，英国应努力引导阿拉伯人成立一个对大英帝国友好的联邦（Fedetation）或联盟（Union）。此外，英国应该努力促进巴勒斯坦与外约旦、伊拉克或叙利亚联合，或者是同时与伊拉克和叙利亚两国共同组成联盟，如此，在新成立的更大的阿拉伯国家中，阿拉伯人可能会减轻对犹太移民的排斥程度。英国通过与阿拉伯人维持长久的友谊和人情纽带可以给它带来无穷的财富。[②]

[①] 外约旦认为应建立由它领导的巴勒斯坦和外约旦联邦，而伊拉克认为应该形成包括伊拉克、巴勒斯坦和外约旦的联邦，犹太民族之家可在联邦内按配额接纳。犹太机构首席行政官大卫·本-古里安（David Ben Gurion）则对沙特的非正式顾问表示，将巴勒斯坦和外约旦交给沙特"全权统治"，条件是沙特支持犹太人无限制移民至巴勒斯坦和外约旦。参见 Ahmed M. Gomaa, *The Foundation of the League of Arab States: Wartime Diplomacy and Inter-Arab Politics*, 1941 to 1945, London: Longman Group Ltd., 1977, p. 5。

[②] Anita L. P. Burdett（ed.）, *The Arab League: British Ducumentary Sources: 1882 - 1963*, Volume 1, Foreign Office and Colonial Office of Great Britain, Oxford: Archive Editions, 1995, pp. 463-485.

巴格勒提出的有关建立阿拉伯联邦的建议被发送至负责外事的所有部门和相关负责人，首相办公室的洛克（A. N. Rucker）也要求将该备忘录上呈。可见，英国对建立阿拉伯联邦有了一定兴趣。不过，当时这一建议还处于广泛的内部讨论阶段，而且很多驻阿拉伯国家的外交官认为阿拉伯国家很难建立阿拉伯联邦。

其次，阿拉伯激进民族主义者与轴心国的接近促使英国表态支持阿拉伯人的联合。第二次世界大战爆发后，耶路撒冷大穆夫提哈吉·阿明·侯赛尼（Hai Amin al-Husseini）和出任伊拉克总理的拉希德·阿里（Rashid Ali）等激进民族主义者试图通过倒向轴心国集团，来解决犹太问题，实现阿拉伯国家的独立和民族统一。这得到了叙利亚、埃及等国阿拉伯人的支持，甚至有叙利亚军官越过边界支援伊拉克兄弟。此外，复兴党发起了"伊拉克胜利"（Victory in Iraq）运动，大众的民族主义情绪再一次被调动起来。① 自 1940 年 11 月初始，拉希德与轴心国就武器交易问题进行了长达一年的谈判。1941 年 4 月，与轴心国达成武器交易的拉希德发起了推翻亲英的哈希姆政权的军事政变。②

在观察到伊拉克军官与轴心国的密切联系后，1941 年 3 月 11 日，丘吉尔（Churchill）向英国驻伊拉克大使康沃利斯（K. Cornwallis）写信并指出："德国已经在伊拉克高层获得了影响力③，这不仅仅是通过贿赂，还因为伊拉克人相信，在德国的支持下，可以将泛阿拉伯的伟大宏愿付诸实践。英国不应该争相向阿拉伯人作出承诺，因为英国无法与德

---

① Adeed Dawisha: *Arab Nationalism in the Twentieth Century: From Triumph to Despair*, Princeton: Princeton University Press, 2003, p. 117.

② Renate Dieterich, "Germany's Relations with Iraq and Transjordan from the Weimar Republic to the End of the Second World War," *Middle Eastern Studies*, Vol. 41, No. 4, 2005, pp. 468-469.

③ 1940 年 10 月，德国发布公开声明，声称德国对阿拉伯问题深感同情，希望阿拉伯人有朝一日在世界舞台上找到自己的位置，创造伟大的历史。德国政府支持阿拉伯国家为实现独立而奋斗，阿拉伯人可以毫不犹豫地接受德国的情感支持。这是丘吉尔在向康沃利斯写的信中提到的。参见 Anita L. P. Burdett（ed.）, *The Arab League: British Ducumentary Sources: 1882 - 1963*, Volume 2, Foreign Office and Colonial Office of Great Britain, Oxford: Archive Editions, 1995, p. 19.

国竞争。当前英国最迫切的事情是消除德国的影响，尽一切努力在伊拉克组成一个倾向于英国政府的团体……至于阿拉伯联邦问题，阿拉伯国家至今没有克服实现这一计划的现实障碍，你可以说明，英国政府对阿拉伯人的愿望充满同情。如果阿拉伯国家能够实现紧密合作，它们将从合作中获得巨大收益。'阿拉伯联邦'如果能建立的话，英国政府不会反对这一原则。然而，英国不愿提出任何具体的用来促进阿拉伯国家联合的计划，这类计划和倡议必须由阿拉伯人自己提出。你可以说明，促进与阿拉伯国家的友好关系一直都是英国政府的目标，英国政府将支持任何得到所有阿拉伯领导人支持的可以促进合作的方案和建议。"[1]

1941 年 5 月 27 日，时任英国外交大臣安东尼·艾登（Anthony Eden）向战时内阁（War Cabinet）提交"英国阿拉伯政策"备忘录，该备忘录提及，"丘吉尔首相提出，现在要重新斟酌我们的阿拉伯政策了。巴勒斯坦问题曾经对，未来也将对我们的阿拉伯政策举足轻重。我们必须认识到，大穆夫提及其在叙利亚、伊拉克的追随者极大地影响了伊拉克的舆论，这些狂热的反英煽动者激起了伊拉克强烈的反英情绪，伊拉克民族主义者的政治势力得到了空前加强。巴勒斯坦问题是阿拉伯问题的一部分。我建议下一步采取措施来执行《巴勒斯坦白皮书》。但是在当前的局势下，它将不会在满足阿拉伯人的意见上取得决定性效果，而且德国人总是可以向阿拉伯人提供更多……我们还需要考虑许多阿拉伯人日思夜想的阿拉伯联邦问题。许多人提出，只有建立包括犹太国在内的中东国家联邦才能切实解决巴勒斯坦问题。我们从不反对这样一个联邦。我们的态度是，应该由阿拉伯人自己决定他们想要的。然而，我恐怕，由于沙特家族和哈希姆家族的对抗，建立阿拉伯联邦在当前是不切实际的。不过，阿拉伯人普遍认为建立某种形式的'阿拉伯联邦'是可行的。我认为，我们不仅应该避免反对（阿拉伯人）的这些模糊不清的愿望，甚

---

[1] Anita L. P. Burdett（ed.）, *The Arab League*: *British Ducumentary Sources*: *1882-1963*, Volume 2, Foreign Office and Colonial Office of Great Britain, Oxford: Archive Editions, 1995, pp. 19-21.

至要利用一切机会显示我们对他们的支持"①。

两天后，艾登在其府邸（mansion house）发表演说，指出"加强文化、经济乃至政治联系是阿拉伯人的天然权利"。② 艾登发表的演说意义重大，他以外交大臣的身份公开宣示了英国对阿拉伯国家之间加强合作的肯定与支持。正如一些文章所评论的，艾登实际上"公开邀请阿拉伯领导者为实现阿拉伯统一而努力"。③

从首相到外交大臣的表态可以看到，英国制定了针对阿拉伯国家的总原则和总方针，即英国支持阿拉伯国家间的联合与进一步合作，即使是建立阿拉伯联邦，英国也不会反对。之后，英国内阁、外交部、殖民地部（Colonial Office）、印度事务秘书处等部门以及英国驻各阿拉伯国家代表对阿拉伯联邦问题进行了广泛讨论，其中多数人支持阿拉伯国家建立文化和经济意义上的联邦。在英国支持下，阿拉伯国家间经济文化合作开展了起来。

1942 年，旨在加强各国阿拉伯人之间的密切联系和保护阿拉伯国家权益的阿拉伯联盟俱乐部（the Arab Union Club）成立，埃及总理纳哈斯（Nahas）对该俱乐部大加赞扬。埃及和伊拉克开始探讨促成阿拉伯统一的各种观念、计划和建议。④

总的来说，艾登充分肯定阿拉伯人为加强政治、经济和文化联合所做出的努力，他发表的支持阿拉伯人自己建立阿拉伯联邦的演说极大地鼓舞了阿拉伯人。当然，需要指出的是，英国对阿拉伯人建立某种形式联邦的支持是为了获得阿拉伯人的战时支持，也是为了战后继续维护其

---

① Anita L. P. Burdett（ed.），*The Arab League: British Documentary Sources: 1882 - 1963*, Volume 2, Foreign Office and Colonial Office of Great Britain, Oxford: Archive Editions, 1995, pp. 8-9.

② Anita L. P. Burdett（ed.），*The Arab League: British Documentary Sources: 1882 - 1963*, Volume 2, Foreign Office and Colonial Office of Great Britain, Oxford: Archive Editions, 1995, p. 10.

③ Yehoshua Porath, *In Search of Arab Unity: 1930 - 1945*, New York: Routledge, 2013, p. 257.

④ Adeed Dawisha, *Arab Nationalism in the Twentieth Century: From Triumph to Despair*, Princeton: Princeton University Press, 2003, pp. 117-118.

在中东地区的殖民利益。我们不能过于夸大英国支持的作用，但也不能否认英国的立场为阿拉伯国家的团结与合作扫除了外部障碍，对其后阿拉伯国家联盟的建立具有重要意义。

三　阿拉伯国家的协商

阿拉伯国家联盟的成立是阿拉伯国家彼此协商和权力平衡的产物。在艾登发表演说后，阿拉伯国家领导人立即感受到了英国释放的"善意"，提出了多种实现阿拉伯统一的方案，以免错失良机。

首先，伊拉克总理努里·赛义德（Nuri al-Said）率先提出"肥沃新月联盟"，他是促使各阿拉伯国家参与有关"阿拉伯统一"磋商和推动事件发展的核心人物。从 1940 年 8 月 14 日英国驻外约旦高级专员向殖民地部发送的电报中可以得知，努里·赛义德早在 1940 年 8 月 13 日访问外约旦与阿卜杜拉（Abdallah）埃米尔会面时，就已经提出，"（面对英国可能在战场上被德国和意大利打败的情况），阿拉伯人的唯一希望是立刻组成联邦。无论战场形势发生怎样的变化，阿拉伯人如果先统一起来，那么即使英国战败，一个统一的阿拉伯世界将会在英国和轴心国面前获得一个更加有利的地位"①。

1943 年 2 月，努里·赛义德向英国中东大臣凯西（R. G. Casey）提交了《阿拉伯独立与统一：有关阿拉伯事业的备忘录》（Arab Independence and Unity：Memorandum on the Arab Cause）。他在这一备忘录中提出分两步实现阿拉伯全面联合。第一，先组建由叙利亚、黎巴嫩、巴勒斯坦和外约旦构成的得到国际社会承认的独立的统一国家。这个统一的国家采取君主制还是共和制或者是联邦制，由这个国家的居民自己决定。巴勒斯坦的犹太人可在他们的人数占多数的地方成立半自治政府。他们可以在叙利亚的统一监管下自行管理教育、卫生和治安事务。黎巴嫩的马龙派将获得其在奥斯曼帝国晚期所享有的特别行政权。第二，伊拉克加入

---

① Anita L. P. Burdett（ed.），*The Arab League：British Ducumentary Sources：1880 - 1963*，Volume 1, Foreign Office and Colonial Office of Great Britain, Oxford：Archive Editions, 1995, p. 521.

"大叙利亚国"，形成"阿拉伯联盟"（Arab League），其他阿拉伯国家可在自愿的基础上加入"阿拉伯联盟"。阿拉伯联盟将建立一个常务理事会，该理事会将由能够获得其他成员国同意的国家元首领导，其成员由成员国提名。联盟将负责防御、外交、货币、通信、关税以及保护少数族群。努里还将该计划视为最终建立由所有说阿拉伯语的人组成的联盟的第一步。① 此外，努里还任命伊拉克前总理贾米尔·马法伊（Jamil al-Madfa'i）为特别代表，派遣他向沙特、外约旦、叙利亚和黎巴嫩咨询有关阿拉伯统一、召开阿拉伯会议以及地区秩序等事务。但是沙特和外约旦对努里缺乏信任，叙利亚和黎巴嫩不希望改变共和体制，努里的"肥沃新月联盟"未能实现。

其次，外约旦阿卜杜拉埃米尔提出了"大叙利亚计划"。尽管外约旦和伊拉克同为哈希姆家族统治的王朝国家，但是两国竞相争夺地区领导权。外约旦对黎凡特地区的事务有其自己的设想。阿卜杜拉埃米尔认为大叙利亚的统一应该建立在由他任国王的君主制的基础上。当贾米尔访问安曼时，阿卜杜拉就指明，伊拉克没有资格为叙利亚国家说话，因为"还有其他国家更有资格"。② 外约旦总理陶菲克·阿布·胡达（Tawfiq Abu al-Huda）争论道："大叙利亚曾经被分为4个阿拉伯国家。统一的'叙利亚集团'将加入其他阿拉伯国家根据协议而建立的联盟。"③

1943年8月24日，阿卜杜拉埃米尔就阿拉伯统一问题向陶菲克总理做出指示。他提出，"如果叙利亚（大叙利亚）没有实现统一或建立联邦，该地区的领土仍有部分受到外国委任统治或者是仍然处于地方分裂的状态，那么埃及和伊拉克至今苦苦追寻要建立的联邦就不可能持久。它们将因为很难或者不能与埃及和伊拉克（在政策上）保持一致，而无

① Muhammad Khalil, *The Arab States and the Arab League: A Documentary Record*, Beriut: Khayats, 1962, pp. 9–11.
② Ahmed M. Gomaa, *The Foundation of The League of Arab States: Wartime Diplomacy and Inter-Arab Politics, 1941 to 1945*, London: Longman Group Ltd., 1977, p. 157.
③ Yehoshua Porath, *In Search of Arab Unity: 1930–1945*, New York: Routledge, 2013, p. 264.

法履行自己的职责……外约旦埃米尔全力支持埃及和伊拉克（为实现阿拉伯统一）所做的努力。在建立任何其他的阿拉伯联邦之前，埃及和伊拉克应该首先支持叙利亚的统一或叙利亚联邦"[1]。可见，外约旦认为，先建立由阿卜杜拉担任国王的"大叙利亚"[2] 是实现阿拉伯统一的前提条件。但是，外约旦对大叙利亚王位的诉求不可能得到任何一个国家支持，阿卜杜拉的"大叙利亚"计划也宣告失败。

最后，纳哈斯的协调。在"肥沃新月联盟"计划落空后，努里为了使阿拉伯国家在战后的和平会议上具有更大的话语权，妥善解决巴勒斯坦和叙利亚问题，他将目光转向当时相对能够得到各个阿拉伯国家接受和不涉及阿拉伯亚洲地区权力争夺的埃及。他邀请埃及总理穆斯塔法·纳哈斯（Mustafa al-Nahhas）充当协调者，扮演关键角色。纳哈斯总理承担起了主办阿拉伯统一会议、组织讨论和协调各国观点的重任。

自 1943 年 7 月起，纳哈斯便分别与沙特、外约旦、叙利亚、黎巴嫩和也门代表进行会谈，其中与沙特代表的磋商最为棘手。经过艰难的对话和协商，沙特国王最终表示："支持召开委员会讨论文化、经济和其他方面的合作。但是，政治事务方面的合作应该等待一个更加成熟的时机。只有犹太人的威胁被消除后，叙利亚和巴勒斯坦才应该建立联盟。任何两个国家的统一不得损害其中一国利益或联盟的形成不得损害另一方的利益。支持叙利亚建立共和国。"[3] 在得到沙特的赞同后，也门也做出与沙特类似的表态。

外约旦仍然坚持建立君主制的"大叙利亚"，但由于叙利亚的强烈反对，外约旦不得不放弃这一构想。叙利亚总理萨达拉·加比里

---

[1] Muhammad Khalil, *The Arab States and the Arab League*: *A Documentary Record*, Beriut: Khayats, 1962, pp. 9–18.

[2] 根据 1943 年 3 月 6 日外约旦官员呈交给阿卜杜拉埃米尔的《关于解决阿拉伯问题尤其是叙利亚问题的政治备忘录》，"大叙利亚"包括北叙利亚、外约旦、巴勒斯坦和黎巴嫩。"大叙利亚"应该实行君主立宪制。参见 Muhammad Khalil, *The Arab States and the Arab League*: *A Documentary Record*, Beriut: Khayats, 1962, p. 13.

[3] Ahmed M. Gomaa, *The Foundation of The League of Arab States*: *Wartime Diplomacy and Inter-Arab Politics*, *1941 to 1945*, London: Longman Group Ltd., 1977, pp. 175–178.

（Sa'dallah al-Jabiri）坚持在维持共和制的基础上实行更高程度的阿拉伯联合。他表示，叙利亚、黎巴嫩、巴勒斯坦和外约旦具有天然的联系，理应统一在一起。各个国家都已形成各自独特的习俗和制度，如若要实现大叙利亚统一，那么应该以大马士革为中心，而不是安曼或耶路撒冷。同时，叙利亚应该继续维持共和体制。[1] 黎巴嫩总理利亚德·索勒赫（Ri'ad al-Sulh）也反对建立任何形式的大叙利亚统一和改变已有的共和体制。如果要实现统一，黎巴嫩仅支持和叙利亚统一在一个共和制政府内。如果不能实现叙利亚和黎巴嫩统一，黎巴嫩则支持阿拉伯国家进行合作，但是必须保证黎巴嫩的绝对主权。1943 年颁布的《民族宪章》是黎巴嫩独立的基石。[2]

1944 年 2 月，经过长达 7 个月的走访对话后，纳哈斯最终成功使各阿拉伯国家同意召开会议，共同探讨阿拉伯的未来。在这一过程之中，因努里邀请而得以介入阿拉伯事务的纳哈斯成为阿拉伯世界中公认的调解者和平衡者，这使得埃及成为阿拉伯世界的重要一方，为埃及之后在阿拉伯世界扮演领导者角色奠定基础。

四　亚历山大会议的召开与《阿盟宪章》的制定

1944 年 6 月，埃及政府正式邀请阿拉伯国家领导人和代表参加在亚历山大召开的阿拉伯统一与合作筹备委员会会议。9 月 25 日至 10 月 8 日，来自埃及、伊拉克、叙利亚、黎巴嫩、外约旦、沙特、也门以及阿拉伯巴勒斯坦代表参加亚历山大会议。[3] 该会议的主题是探讨采取何种方式促进阿拉伯国家间的合作。需要指出的是，这种合作并不包括结成政治联盟。叙利亚是其中最积极的，叙利亚总理萨达拉·加比里（Sadallah al-Jabiri）建议阿拉伯国家至少应在外交领域制定共同政策，

---

① Yehoshua Porath, *In Search of Arab Unity: 1930–1945*, New York: Routledge, 2013, p. 264.

② Yehoshua Porath, *In Search of Arab Unity: 1930–1945*, New York: Routledge, 2013, p. 265.

③ Adeed Dawisha, *Arab Nationalism in the Twentieth Century: From Triumph to Despair*, Princeton: Princeton University Press, 2003, p. 123.

"其他阿拉伯国家不能偏离共同外交政策"。叙利亚外交部部长贾米尔·马丹（Jamil Mardam）也说："军事和防御组织也应该统一起来。"① 但是叙利亚建立共同外交政策的方案遭到其他阿拉伯国家的反对。

伊拉克和外约旦支持建立一个具有行政权的联盟。该联盟设有由各国代表组成的理事会。行政委员会负责协助联盟处理政治、经济、文化和社会合作事务。然而，沙特、也门、黎巴嫩以及埃及却反对任何可能削弱国家独立与主权的合作方案。

在这种情况下，努里提出了一个折中方案，即由各国代表组成的理事会的决议不具有强制性，它仅在以下三个条件下必须执行：第一，阿拉伯国家之间禁止使用武力；第二，阿拉伯国家不得与外国缔结可能损害阿拉伯整体利益的条约；第三，在充分考虑阿拉伯国家整体利益和大部分阿拉伯国家利益的基础上参与国际事务。② 不过，除了第二条，各国仍未能达成一致。这说明阿拉伯国家十分担忧即将形成的阿拉伯联盟或统一将可能削弱自己国家的权力，它们更希望建立一个松散的经济文化联盟。此外，由于各阿拉伯国家建国时间较短，内部整合未完成，国家内部不同派系对阿拉伯统一也持有不同看法。比如，黎巴嫩马龙派就不希望统一在阿拉伯共同体内，而更希望与法国保持密切联系。

在经过较长时间的博弈后，筹备委员会最终通过《亚历山大议定书》（Alexandria Protocol），决定成立阿拉伯国家联盟。议定书规定，阿拉伯国家联盟的宗旨是加强阿拉伯国家间的联系，促进阿拉伯人的利益和实现阿拉伯人的共同愿望。《亚历山大议定书》第一条即指出，"阿拉伯国家联盟将由自愿加入联盟的独立阿拉伯国家构成。阿拉伯国家在平等的基础上向阿拉伯国家联盟理事会委派代表"。阿拉伯国家联盟理事会负责监查已签订协议的实施情况，协调各国政治路线，加强阿拉伯国家之间的联系，促

---

① Yehoshua Porath, *In Search of Arab Unity*：*1930 - 1945*, New York：Routledge, 2013, p. 278.

② Yehoshua Porath, *In Search of Arab Unity*：*1930 - 1945*, New York：Routledge, 2013, pp. 278-279.

进阿拉伯国家之间的合作，全面维护阿拉伯国家的利益，保护各国的独立和主权不受任何形式的侵犯。① 可以看到，各阿拉伯国家并未将实现阿拉伯统一作为主要目标，而是在政治现实面前选择了较为务实的"最低程度"的合作。

1945 年 2 月至 3 月，各国外长和专家按照《亚历山大议定书》规定，在开罗召开阿拉伯全体会议，着手起草《阿拉伯国家联盟宪章》。3 月 22 日，《阿拉伯国家联盟宪章》得到埃及、伊拉克、黎巴嫩、叙利亚、沙特和外约旦批准。② 至此，阿拉伯国家联盟正式成立。

第二节　阿盟的历史分期

历史分期是历史研究的重要方法，它可以更好地概括、归纳和总结出研究对象的特征、发展趋向，从而更好地认识事物的本质。笔者认为对阿盟进行科学的历史分期具有重大意义。其一，阿盟成员国众多，各国国家力量大小相差较大、政治体制也各有不同，既有共和制国家，也有君主制国家；其二，阿盟的日常议题纷繁多样，既包括政治安全，也包括经济、文化和社会事务，如何抽丝剥茧，从复杂的议题中抽象出历史分期标准十分关键，这也体现了研究者对研究对象本质的认识程度的高低。笔者认为，应从以下两个方面来对阿盟的历史进行分期：第一，主要成员国权力格局的变化，若某一成员国力量急剧下降，即意味着它对阿盟的影响力下降，那么阿盟将会在很多方面呈现出不同的变化和特征；第二，阿盟处理地区事务能力的变化。根据这两个方面因素，笔者将阿盟分为四个历史阶段。这四个阶段分别是：阿盟的蓬勃发展阶段（1945~1979 年），阿盟的停滞不前阶段（1979~1990 年），阿盟的衰颓沉沦阶段（1990~2000 年），阿盟的改革与转型阶段（2000 年至今）。

---

① Robert W. Macdonald, *The League of Arab States*: *A Study of the Dynamics of Regional Organization*, Princeton: Princeton University Press, 1965, p. 38.

② Robert W. Macdonald, *The League of Arab States*: *A Study of the Dynamics of Regional Organization*, Princeton: Princeton University Press, 1965, pp. 41-42.

一　阿盟的蓬勃发展阶段（1945~1979年）

1945~1979年，阿盟在维护阿拉伯民族整体利益，支持民族独立运动、反对殖民主义，协调阿拉伯国家立场和帮助阿拉伯世界在美苏中东冷战中保持独立上发挥重要作用。在这一阶段，阿拉伯民族主义运动蓬勃发展，阿盟自身组织机构和制度也在不断完善。

第一，阿盟在联合国为维护阿拉伯国家利益发挥重要作用。对于属于英法"委任统治"的外约旦、伊拉克、黎巴嫩和叙利亚来说，是否参加筹备联合国的旧金山会议，是当时其国家的独立地位能否得到国际社会承认的重要标志。1945年2月，英美苏在雅尔塔召开会议，商定"只有在3月1日前向轴心国宣战的国家才有资格加入联合国"。① 根据这一规定，埃及、沙特获得参加旧金山联合国会议的资格，黎巴嫩和叙利亚却被排除在外。这一事态对阿拉伯国家极为不利，因为战胜法西斯轴心国家的同盟国正在探讨如何处理战败国原殖民地或尚未独立的地区和国家，建立战后世界秩序。如果曾受到维希法国统治的黎巴嫩和叙利亚此次未能成功参加旧金山会议，那么法国在两国的殖民统治很可能长期化与"合法化"。法国当时也积极推动，希望重新恢复其在黎巴嫩和叙利亚的统治。

所幸的是，1945年3月22日，阿盟的成立改变了阿拉伯国家面临的不利局面。其一，黎巴嫩和叙利亚是阿盟的创始成员国，这意味着两国具有法理意义上的独立地位。因为根据《阿盟宪章》，只有独立的阿拉伯国家才可加入阿盟。其二，阿拉伯国家通过阿盟协调立场，统一行动，多方联动，成功说服英美同意黎巴嫩和叙利亚参加旧金山会议。伊拉克两任前总理向英国康沃利斯大使说道："不邀请他们参加旧金山会议将在中东被视为对新成立的阿盟的冒犯。"② 埃及驻华盛顿官员也向美国国务院进行交涉，沙特国王则在与罗斯福（Roosevelt）会面时直接向美国总

---

① Stefanie Wichhart, "The Formation of the Arab League and the United Nations, 1944-5," *Journal of Contemporary History*, Vol. 54, No. 2, 2019, p. 338.

② Stefanie Wichhart, "The Formation of the Arab League and the United Nations, 1944-5," *Journal of Contemporary History*, Vol. 54, No. 2, 2019, p. 341.

统提出此事。阿拉伯国家的努力终见成效，3 月 27 日，黎巴嫩和叙利亚收到了参加旧金山会议的通知。对此，叙利亚总理说道："《阿盟宪章》和旧金山会议的邀请函最终使叙利亚具有独立国家身份。"[1]

正是阿盟和阿拉伯国家的及时运作使得黎巴嫩和叙利亚得以参加联合国创建大会，两国避免了可能被划为法国托管地的命运。在参加旧金山会议的 50 个国家中，中东国家有 7 个（埃及、伊拉克、黎巴嫩、沙特、叙利亚、伊朗、土耳其），其中阿拉伯国家就有 5 个，占所有参会国的 1/10，占 32 个参会的全球南方国家的 1/7 多。[2] 这是阿盟的巨大胜利，充分证明了阿拉伯国家可以通过地区安排以集体身份在国际舞台上最大限度地维护自身利益。

可以看到，阿盟带来的是一种共同体感，它是阿拉伯世界走向进步和现代的重要标志。它使得阿拉伯国家能够拧成一股绳，得以在国际社会中占有一席之地。在二战后国际新秩序初步建立之时，阿盟的一个重大意义在于，它是处于帝国主义不同程度控制下的小国维护独立的有力武器，为像叙利亚、黎巴嫩这样的弱国竖起一道屏障，使其国家主权不受世界大国的威胁。阿盟对联合国灵活的战略计划及其公共外交不仅是阿拉伯国家应对大国强权政治的重要方式，还是它们重塑地区、国际环境和维护自身利益的重要抓手。[3]

第二，帮助阿拉伯国家反对殖民主义，实现独立和解放。二战结束后，阿拉伯国家面临的首要问题是摆脱殖民统治，获得民族解放和国家独立。阿盟理事会通过召开会议、发布决议、提请联合国裁决等方式，为阿拉伯国家的解放和独立发挥重要作用。这鲜明地体现在阿盟支持北非国家反对法国殖民统治上。

关于利比亚问题，1945 年 9 月 28 日，阿盟向在伦敦召开会议的苏、

---

[1] Stefanie Wichhart, "The Formation of the Arab League and the United Nations, 1944–5," *Journal of Contemporary History*, Vol. 54, No. 2, 2019, p. 341.

[2] Thomas G. Weiss and Pallavi Roy, "The UN and the Global South, 1945 and 2015: Past as Prelude?" *Third World Quarterly*, Vol. 37, No. 7, 2016, p. 1148.

[3] Stefanie Wichhart, "The Formation of the Arab League and the United Nations, 1944–5," *Journal of Contemporary History*, Vol. 54, No. 2, 2019, pp. 340, 343, 345.

美、英、法、中五国外长会议提出外交照会，要求实现利比亚独立和统一。但英、美、苏三国对的黎波里和昔兰尼加的归属存在异议，要求召开联合国大会并调查该地区民意。对此，阿盟理事会通过决议，指出的黎波里和昔兰尼加是阿拉伯地区不可分割的一部分。当 1949 年 4 月 7 日联合国审议利比亚问题时，阿盟积极进行外交运作，使得利比亚地区代表获得了参会资格。11 月 21 日，由昔兰尼加、的黎波里和费赞三部分组成的利比亚最终获得联合国关于其独立的决议。[①]

关于摩洛哥和突尼斯问题，1948 年以来，阿盟理事会不仅通过决议支持两国反对法国殖民统治，还多次主动请求联合国大会审议两国独立的问题。1956 年，摩洛哥和突尼斯独立。[②] 但是法国军队拒绝从突尼斯比塞大（Bizerta）海军基地撤军。对此，阿盟于 1961 年 7 月 20 日召开理事会会议，一致同意通过了支持突尼斯反对法国殖民主义斗争的决议。在阿盟理事会和秘书长的坚决支持下，法国最终承认突尼斯对比塞大的主权，法军于 1961 年 9 月 29 日从比塞大海军基地撤出。[③]

在阿尔及利亚反对法国殖民统治的过程中，阿盟更是给予巨大支持。早在 1955 年，阿盟理事会就开始研究阿尔及利亚问题，要求北约国家确保北约军队不随法国介入阿尔及利亚解放战争。阿盟持续关注阿尔及利亚独立事业并为阿尔及利亚提供经济和军事援助。1956 年 4 月 12 日，阿盟理事会将阿尔及利亚问题上诉至联合国安理会。[④] 总之，在当时的国际环境下，阿盟是去殖民化运动中的重要力量。它充分利用联合国的平台，在维护阿拉伯国家独立、主权和国家利益方面与大国据理力争。与

---

① Boutros Boutros-Ghali, "The League of Arab States and North Africa," in Yassin El-Ayouty and Hugh C. Brooks (eds.), *Africa and International Organization*, The Hague: Martinus Nijtinus, 1974, pp. 169-172.

② Boutros Boutros-Ghali, "The League of Arab States and North Africa," in Yassin El-Ayouty and Hugh C. Brooks (eds.), *Africa and International Organization*, The Hague: Martinus Nijtinus, 1974, pp. 172-175.

③ Hussein A. Hassouna, *The League of Arab States and Regional Disputes: A Study of Middle East Conflicts*, New York: Oceana Publications, 1975, pp. 141-152.

④ Muhammad Khalil, *The Arab States and the Arab League: A Documentary Record*, Beirut: Khayats, 1962, pp. 157-159.

此同时，各阿拉伯国家一致行动反对殖民统治，坚决维护阿拉伯国家的主权和独立，也从另一个侧面增强了阿盟作为阿拉伯国家地区组织的影响力。

第三，全力维护阿拉伯统一战线，在美苏冷战中维持一定的独立性。二战结束后，国际形势发生巨大变化，美苏由战时盟友变为"冷战"敌人。对阿拉伯国家来说，避免卷入美苏冷战一方面可以在国际舞台上获得更大的活动空间，另一方面可以同时获得两个超级大国的理解和帮助。

首先，阿盟敢于反对西方大国对中东事务的安排。1950 年 5 月 25 日，英美法宣称为"制止阿拉伯国家和以色列爆发新的战争，保卫该地区乃至整个世界的和平与安全"，通过了《近东武器运输三方宣言》①。阿盟敏锐地观察到该宣言隐含的对阿拉伯国家利益和安全的危害，即该宣言看似公允，但实际上限制了阿拉伯国家进一步采购武器，增强国防实力。从体量上来说，以色列是一个小国，而阿拉伯国家大得多，将一个相对较大国家的防御层级拉至与小国一致，这实际上对较大国家是不公平的。因此，阿盟做出强烈反应。1950 年 6 月 21 日，阿盟理事会大力谴责英美法居心不良，并且指出，"阿拉伯国家有权获得武器来进行合法防御，保卫国家安全。需要多少武器，只能由阿拉伯国家根据人口规模、领土大小和国境线长短来自行决定"②。

其次，阿盟强烈反对伊拉克加入《巴格达条约》。在伊拉克宣布签署伊土防御条约后，一方面阿盟秘书长哈苏纳谴责该条约违背《阿盟宪章》和集体安全条约，与各国国家官员进行会谈，凝聚阿拉伯国家的共识，力促各阿拉伯国家不得加入有外国加入的条约③；另一方面，阿盟

---

① 该宣言规定，相关国家不得将从三国运来的武器用于任何侵略行动，若任何国家准备跨过边界或停火线，三国将根据其作为联合国成员应尽的义务在联合国内外立即采取行动阻止以上非法行动。参见 Robert W. Stookey, *America and the Middle East: An Uneasy Encounter*, New York: John Wiley & Sons, 1975, pp. 130–131。

② Robert W. Stookey, *America and the Middle East: An Uneasy Encounter*, New York: John Wiley & Sons, 1975, pp. 130–131.

③ Tawfig Y. Hasou, *The Struggle for the Arab World: Egypt's Nasser and the Arab League*, London: KPI, 1985, pp. 73–75.

积极配合纳赛尔，强烈批判伊拉克与英国等国缔结防御条约，充分利用新闻广播来调动伊拉克国内不满努里的阿拉伯民族主义者，这最终促使伊拉克发生军事政变，巴格达条约组织崩溃。

最后，阿盟协助阿拉伯国家利用美苏冷战，逐步削弱英法殖民统治。1956 年 3 月，约旦国王侯赛因解除了英国人格拉布（Glubb）阿拉伯军团司令的职务，将英国军官赶出约旦，夺回军队的指挥权，获得真正意义上的独立。苏伊士运河战争对英法在中东的殖民统治给予致命打击。1958 年，阿盟还成功地使联合国采纳了阿盟的提案，妥善地解决了黎巴嫩内战问题。美国军队最终撤离，英国也从约旦撤军，黎巴嫩顺利地完成了权力过渡，并与阿拉伯联合共和国恢复友好关系。[①]

总之，冷战爆发以来，阿盟对伊拉克的施压和对阿拉伯国家的统一协调使得阿拉伯国家在美苏冷战期间能够维持一定独立性，并逐步结束了英法殖民统治，获得更大的自主性。尽管在这期间阿拉伯国家保守阵营和激进阵营存在激烈争端，激进阵营内部也矛盾重重，但是在面对美苏集团时，阿盟最大限度地维护了阿拉伯国家的团结和合作，使阿拉伯国家不倒向东西阵营的任何一方，避免了阿拉伯国家争端的国际化。

第四，构筑反以统一阵线。巴以问题是中东问题的核心，也是关系阿盟发展的重大议题。以色列宣布在巴勒斯坦地区建国以来，阿盟在国际舞台上为巴勒斯坦人发声，坚决维护巴勒斯坦阿拉伯人的正当利益。在难民问题上，阿盟与联合国近东巴勒斯坦难民救济和工程处合作，密切关注难民和流离失所者的人权和安全问题。1952 年，阿盟通过决议，要求各阿拉伯国家与联合国近东巴勒斯坦难民救济和工程处合作。[②] 此外，阿盟还持续推动着巴勒斯坦实体机构的建立。在政治方面，1948 年 7 月，阿盟成立全巴勒斯坦政府（Government of All-Palestine），使得巴勒斯坦阿拉伯人有了自己的代表机构，可以直接向国际社会发声。1964

---

① Tawfig Y. Hasou, *The Struggle for the Arab World*：*Egypt's Nasser and the Arab League*, London：KPI, 1985, pp. 101–104.

② Hussein A. Hassouna, *The League of Arab States and Regional Disputes*：*A Study of Middle East Conflicts*, New York：Oceana Publications, 1975, p. 262.

年，阿盟在开罗峰会上决定由巴解组织作为巴勒斯坦的合法代表。

在经济层面，阿盟依托其人口和庞大的市场，采用多种经济手段打击犹太复国主义者和以色列。1951 年，阿盟在大马士革成立专门机构——中央抵制办公室（Central Boycott Office）。该办公室负责抵制以色列和与以色列存在经济联系或支持以色列的非以色列人。阿盟秘书长任最高管理者。[①] 阿盟还以石油禁运为手段向国际社会施压。在第四次中东战争中，阿拉伯国家分工协作，埃及和叙利亚负责在前线冲锋陷阵，以沙特为首的产油国则发起石油禁运。1973 年 11 月，阿盟阿尔及尔峰会通过决议，表示除非以色列从被占的阿拉伯领土上撤出，巴勒斯坦人民权利得到保障，否则将继续使用石油武器。阿拉伯国家之后将石油禁运扩展至所有支持以色列的国家。[②]

在军事层面，阿盟通过建立集体安全体系来应对以色列的威胁。1950 年，阿盟通过《阿拉伯联盟国家间联合防御和经济合作条约》，成立了共同防御理事会和常务军事委员会（Permanent Military Commission），建立了一套相对成熟的针对以色列的集体安全体系。1964 年，阿拉伯国家领导人在开罗峰会上进一步完善了集体安全体系，就建立阿拉伯联合指挥和委派联合指挥总司令达成共识。[③]

综上，1945~1979 年，阿盟在帮助阿拉伯国家反对殖民主义，获得民族解放和国家独立中发挥了巨大作用。在联合国舞台上，阿盟整合了内部分歧众多的阿拉伯国家，发出阿拉伯国家的集体声音，为维护阿拉伯整体利益发挥作用。在冷战期间，尽管阿拉伯国家最终在 1964 年后分别滑入美、苏两大阵营，但阿盟通过响应奉行不结盟和中立外交政策的埃及，将阿拉伯国家卷入冷战的时间由 1955 年向后推迟了近 10 年，使得阿拉伯国家在此期间得以进一步摆脱原殖民国家的束缚。1958 年阿拉

---

① Martin A. Weiss, "Arab League Boycott of Israel," CRS Report for Congress, April 19, 2006, p. 1.

② Hussein A. Hassouna, *The League of Arab States and Regional Disputes: A Study of Middle East Conflicts*, New York: Oceana Publications, 1975, pp. 269-276.

③ Hussein A. Hassouna, *The League of Arab States and Regional Disputes: A Study of Middle East Conflicts*, New York: Oceana Publications, 1975, pp. 281-283.

伯联合共和国（1958~1961年埃及与叙利亚合并，称为阿拉伯联合共和国，简称"阿联"）成立，阿拉伯统一首次从理论变为现实。伊拉克和约旦也结成联盟，成立了阿拉伯联邦。虽然阿拉伯联合共和国和阿拉伯联邦相互对抗，但它们都是实现阿拉伯统一的重要尝试。① 在巴勒斯坦和以色列问题上，阿盟采用政治、经济和军事等多种手段，尽最大努力向国际社会阐明阿拉伯国家的立场，从而极大地促进阿拉伯国家间的合作，维护巴勒斯坦的利益。

　　虽然阿拉伯国家由于政治理念不同，对国际局势的看法不同以及竞相争夺领导权而关系紧张，甚至"革命"阵营和"保守"阵营间一度出现所谓的"阿拉伯冷战"，激进的"革命"政权之间也不乏矛盾冲突，但阿盟始终能使阿拉伯国家间的问题在阿拉伯范围内解决，通过协调各国立场最终使争端化解。当埃及和沙特在也门鏖战之时，阿盟密集召开的三届峰会为两国当面对话和坦诚交流创造了良好条件，有效地缓和了地区局势。各阿拉伯国家的领导人最终签订了《阿拉伯团结条约》（Arab Solidarity Pact），承诺不再彼此干预各国内部事务，放弃针对他国的宣传运动。②

　　在某种程度上，矛盾重重的阿拉伯国家对"真理"越辩越明。它们在必要时通过阿盟来克服分歧，而阿盟在这一期间并未因为成员国分歧而衰弱，反而进行制度创新，建立了集体安全制度和阿盟峰会制度。1973年十月战争更显示出阿拉伯国家团结一致的强大力量。但随着埃及与以色列签订和平条约而被阿盟开除，阿盟由此陷入停滞。

二　阿盟的停滞不前阶段（1979~1990年）

　　1978年，阿盟在巴格达峰会上作出开除埃及成员国身份的决定，这是阿拉伯世界面临的重大灾难，也是阿盟面对的首个重大挫折。一方面，阿拉伯民族主义的衰落导致阿盟失去原先可以凝聚阿拉伯国家的思想基

---

① Robert W. Stookey, *America and the Middle East: An Uneasy Encounter*, New York: John Wiley & Sons, 1975, p. 153.

② Robert W. Stookey, *America and the Middle East: An Uneasy Encounter*, New York: John Wiley & Sons, 1975, pp. 198-199.

础，阿盟不再能够将各阿拉伯国家统一在阿拉伯民族主义的旗帜之下；另一方面，埃及长期以来是阿拉伯世界的"领头羊"，在重大事件上起着主心骨的作用，但是埃及被开除后，阿拉伯世界陷入"群龙无首"或"多中心"的困境。没有哪个国家具有纳赛尔埃及时那样的综合国力，试图主导阿拉伯世界的国家各自都存在致命弱点。领导者的缺乏导致阿盟协调的难度大幅增加，阿盟不再能够引导阿拉伯国家就某一议题达成共识。阿盟的停滞主要表现在以下几个方面。

第一，整个20世纪80年代，阿拉伯国家之间彼此敌对，冲突不断。1975年至1989年黎巴嫩内战期间，黎巴嫩的基督徒、德鲁兹人和穆斯林相互仇杀，叙利亚打击巴解组织，伊拉克资助的黎巴嫩基督徒反击叙利亚，阿拉伯国家和以色列在黎巴嫩领土上开战，而阿盟的斡旋调解难见成效。阿拉伯核心地区和边缘地区冲突不断。伊拉克库尔德人发起抗议运动，南也门、苏丹和索马里陷入内部冲突，利比亚和乍得发生边界冲突，等等。① 阿拉伯地区秩序瓦解，陷入自助体系。此外，阿盟"一致同意"通过的80%的决议几乎都未被执行。在这种情况下，各国甚至不愿向阿盟缴纳会费。至80年代中期，即使是最富裕的阿拉伯国家，也不愿为阿盟提供更多资金（1986年的预算是3300万美元）。②

第二，阿拉伯国家之间因对伊朗的立场不同而出现分化。1980年9月22日，两伊战争爆发。阿拉伯国家并未如对以色列那样形成统一战线，反而分裂为两大阵营，其中伊拉克、埃及、北也门、约旦、沙特和其他海湾阿拉伯国家组成了对抗伊朗的"温和派"联盟，而叙利亚与伊朗结成联盟，利比亚、南也门和阿尔及利亚组成"坚定阵线"（Steadfastness Front），它们支持叙伊联盟。阿拉伯国家支持非阿拉伯国家打击阿拉伯国家，这在阿拉伯世界首次出现。而阿盟却无法使相互对

① Farah Dakhlallah, "The League of Arab States and Regional Security: Towards an Arab Security," *British Journal of Middle Eastern Studies*, Vol. 39, No. 3, 2012, pp.406-407.
② Ghassan Salamé, "Inter-Arab Politics: The Return of Geography," in William B. Quandt (ed.), *The Middle East: Ten Years After Camp David*, Washington, D. C.: The Brokkings Institution, 1988, pp.340-341.

峙的两大阵营进行当面沟通。

1984 年 3 月 14 日，阿拉伯国家外长紧急会议在巴格达召开，但叙利亚和利比亚拒绝参加会议，阿尔及利亚、突尼斯和黎巴嫩仅派较低级别官员出席。可见，阿拉伯国家之间对伊朗和两伊战争的分歧巨大，难以调和。[1] 尽管 1985 年 8 月在卡萨布兰卡召开的特别峰会重申，阿拉伯国家有责任履行阿拉伯共同防御条约[2]，但是叙利亚仍然坚定地站在伊朗一边。

伊朗成为继以色列之后导致阿拉伯国家分化的另一外部力量，阿拉伯国家支持非阿拉伯国家与另一阿拉伯国家作战，打开了阿拉伯国家与外部势力合作或依赖外部势力攻打阿拉伯国家的"潘多拉魔盒"。这进一步解构了阿拉伯民族主义，使得地区秩序朝着更全面的权力碎片化的方向演进。[3] 即使阿拉伯国家在 1987 年召开的安曼峰会上多次重申阿拉伯团结的重要性，叙利亚在得到海湾产油国增加对它的经济援助的承诺后缓和了对伊拉克的态度，但阿拉伯国家间的兄弟情谊和共同的民族意识已不再能弥合阿拉伯国家的争端，阿盟陷入了难以调停阿拉伯国家争端的困局。

第三，次地区组织的成立，在一定程度上增加了阿盟统一协调的难度，其与阿盟部分功能的重叠也弱化了阿盟的作用。20 世纪 80 年代，阿拉伯世界先后建立了三个次地区组织。1981 年，以沙特为首的海湾阿拉伯国家成立海湾阿拉伯国家合作委员会；1989 年 2 月 16 日，埃及、伊拉克、约旦和北也门在巴格达宣布成立阿拉伯合作委员会（Arab Cooperation Council）；1989 年 2 月 17 日，位于北非的 5 个阿拉伯国

---

① Bruce Maddy-Weitzman, "Inter-Arab Relations," in Haim Shaked and Daniel Dishon (eds.), *Middle East Contemporary Survey Volumn* Ⅷ：*1983 - 84*, The Dayan Center for Middle Eastern and African Studies, Tel Aviv University, 1986, p. 133.

② Arab League, "Final Communique of the Extraordinary Summit Conference of Arab States Held at Casablanca from 7 to 9 August 1985," The United Nations, https：//www.un.org/ unispal/document/auto-insert-177380/, accessed：2020-11-11.

③ Raymond Hinnebusch, *The International Politics of the Middle East*, Manchester：Manchester University Press, 2003, p. 200.

家——阿尔及利亚、利比亚、突尼斯、摩洛哥和毛里塔尼亚宣布成立阿拉伯马格里布联盟（Arab Maghreb Union）。

次地区组织的成立对阿盟产生重大影响，阿拉伯次地区认同更加强化，阿拉伯世界的差异性也更加凸显。海合会和马格里布联盟成员国各自依据和其他阿拉伯国家相比更为接近的地理位置、密切的社会经济联系和相似的发展历史而结成共同体，反过来，共同体的形成也进一步强化了次地区国家的次地区认同。当然，次地区组织的成立对当地国家是有益的，它们可以大幅减少在各种不同意识形态或错综复杂的国家利益面前进行烦琐的辩论和讨价还价所需要的时间，但是对阿盟来说，地区认同和次地区共同体意识的加强，意味着阿盟原先在政治协调、促进经济和社会发展上的职能被部分剥离出来。甚至在部分议题上，阿盟和次地区组织是竞争关系。因此，20 世纪 90 年代以后，面对次地区组织成立和集团化趋势逐渐加强的现实，阿盟也着手改革，尝试进行转型，探索更能发挥作用的方式。

三 阿盟的衰颓沉沦阶段（1990~2000年）

海湾危机是阿盟发展历程中的重大转折点，阿盟不仅未能调解伊拉克和科威特危机，反而出现沙特允许美国在其国内驻军来打击伊拉克的情况，这意味着阿拉伯体系的分裂和"阿拉伯人解决阿拉伯问题"和"阿拉伯方案"的结束。如果说 1979 年阿盟开除埃及，以及两伊战争期间以叙利亚为首的阿拉伯国家支持伊朗，导致阿拉伯世界的初步分裂和阿盟的停滞，那么伊拉克入侵科威特以及埃及等阿拉伯国家加入美国领导的联军打击伊拉克，意味着阿拉伯体系的分化，以及在阿拉伯的历史舞台上阿拉伯民族主义秩序的衰亡。此后，非阿拉伯的地区和国际势力不断深入阿拉伯体系，阿盟也难以在国际场合统一阿拉伯世界的声音，化解内部矛盾，从而不断走向衰弱。

其一，阿拉伯世界再度陷入四分五裂，美国成为海湾阿拉伯国家的安全提供者，阿盟在地区事务中逐渐边缘化。围绕对美国的不同立场，阿拉伯世界分裂为两大集团。其中一方是由海合会国家与埃及组成的亲美集团，另一方是由伊拉克、利比亚和叙利亚组成的反美集团。事实上，阿拉伯国家也曾于 1991 年 3 月 6 日通过签署《大马士革宣言》来建立新的"阿拉伯秩序"，埃及和叙利亚为沙特等海湾产油国提供军事安全保护，而产油国则为埃及和叙利亚设立 150 亿美元的经济发展基金，为其提供经济援助。[①] 但阿拉伯国家"6+2"合作安全计划最终未能落实，沙特等海合会国家选择由美国及其他西方国家为其提供安全保护。[②] 在这之后，美国成为影响阿拉伯世界的最大外部因素。

在美国的主导和影响下，阿拉伯民族和地区秩序的界限越来越模糊，阿拉伯世界出现"内部地区集团化"和"外部渗透"两大趋势。一方面，海湾战争结束后，集体化和次区域化得到巩固。海合会成为阿拉伯世界一个具有集体安全和利益的共同体。海合会国家在诸多事务上的决策和选择更多从海湾地区利益出发而不是阿拉伯世界利益。[③] 另一方面，周边的非阿拉伯国家伊朗加强对阿拉伯世界的渗透。比如，伊朗努力在黎巴嫩扩大其影响力。在这一复杂的地区和国际形势下，阿盟走向衰弱和边缘化。

其二，在阿以冲突问题上，阿盟不再是引领者和规则制定者，美国成为和平进程的主导者。巴勒斯坦问题事关阿拉伯民族的核心利益，是"阿拉伯团结王冠上的一颗明珠"。1948 年以色列成立以来，阿盟主导着阿拉伯国家对以色列的行为准则，它在 1967 年喀土穆峰会上确立"三不"原则，甚至在埃及与以色列签订和平条约后，对埃及进行严厉惩罚，取消其成员国资格。然而，海湾战争结束后，不仅阿盟主导制定对以政策的原则被打破，约旦与以色列建立外交关系，巴解组织也开始与以色列进行双边谈判，更重要的是，美国成为阿以和平进程的主导者，阿盟被排除在外。

美国在与苏联磋商并取得苏联对阿以和平谈判的支持后，便主持召开马德里和会。而长期以来一直代表阿拉伯国家立场的阿盟被直接架空。

---

① Joe Stork, "The Gulf War and the Arab World," *World Policy Journal*, Vol. 8, No. 2, 1991, p. 372.

② "The GCC: Alliance Politics," *Whitehall Papers*, Vol. 20, No. 1, 1993, p. 35.

③ Yezid Sayigh, "The Gulf Crisis: Why the Arab Regional Order Failed," *International Affairs*, Vol. 67, No. 3, 1991, p. 503.

1992 年，由美国和俄罗斯在莫斯科联合举行的多边会议上，俄罗斯、美国及其盟友分别负责一个事关中东地区和平与发展的领域①，却唯独没有为中东地区唯一的地区组织阿盟留下丝毫空间，使其成为中东多边合作的一部分。

此外，阿拉伯国家也放弃通过阿盟来处理与以色列的关系。在马德里和会召开之前，巴解组织曾希望召开阿盟峰会，但这遭到了埃及的拒绝，最后仅召开外长会议。② 海湾战争结束后，阿盟仅于 1996 年在开罗召开一次谴责恐怖主义和激进主义的峰会。这意味着阿拉伯国家调整策略，它们对阿盟的需求减小。

四 阿盟的改革与转型阶段（2000年至今）

在经历黯淡甚至"黑暗"的 20 世纪 90 年代后，进入 21 世纪的阿盟因应时代的发展与需要，引入了许多新的议题，并且在成员国的支持下提出了一系列改革方案。

第一，对机制和制度进行了重大改革，阿盟确定了峰会的制度化和常规化，并取得了重要成果。2000 年，第二次巴勒斯坦"大起义"（Intifadah）爆发后，阿盟在开罗召开紧急峰会。此次峰会作出了一个重要决定，即为了在国际场合更好地展现阿拉伯国家的共同立场，维护阿盟作为阿拉伯民族主义代表性组织的角色，决定每年定期召开峰会，使阿盟峰会制度化。③ 2005 年，阿尔及尔峰会宣布于该年 11 月正式成立阿

---

① 美国和俄罗斯负责中东的武器控制和地区安全问题（Arms Control and Regional Security, ACRS），欧盟负责地区经济发展问题（Regional Economic Development, REDWG），日本负责环境问题（Environment, EWG），加拿大负责难民问题（Refugees），美国负责水资源问题（Water Resources, WWG）。参见 Dalia Dassa Kaye, *Beyond the Handshake: Multilateral Cooperation in the Arab Israeli Peace Process, 1991-1996*, New York: Columbia University Press, 2001, pp. XIII-XIV。

② Avraham Sela, *The Decline of the Arab-Israeli Conflict: Middle East Politics and the Quest for Regional Order*, Albany: State University of New York Press, 1998, p.334.

③ The United Nations, "Letter Dated 23 October 2000 from the Permanent Representative of Egypt to the United Nations Addressed to the Secretary-General," http://www.mideastweb.org/arab_summit_2000.htm, accessed: 2020-09-10.

拉伯和平与安全理事会①，并宣布建立阿拉伯议会。在此次峰会上，阿盟还首次对宪章和决策机制进行改革，提出"在不能取得共识时，阿盟理事会将根据'三分之二多数'原则作出决定"②，这有利于提升阿盟的决策效率。

在安全方面，2003 年美国发动伊拉克战争又促使阿拉伯国家对阿盟进行更深入的改革。2004 年，在突尼斯召开的峰会可视为是阿盟的转折点，此次峰会确定了阿盟改革的基本方案。此次峰会制定了一套全面的改革方案，既包括成立阿拉伯人权委员会来执行《阿拉伯人权宪章》，从公民社会参与、教育、经济、信息技术等方面促进阿拉伯国家的现代化，消除贫困，还包括促进宗教对话、与联合国等国际社会合作打击恐怖主义。③ 随着国际社会对安全问题认识的加深，阿盟也将非传统安全问题纳入考虑之中。2011 年在沙姆谢伊赫（Sharm El-Sheikh）召开的经济和社会发展峰会上，阿盟秘书长阿姆鲁·穆萨（Amru Moussa）指出："已不能用传统思维来理解阿拉伯民族安全，它还应该包括粮食安全、水资源安全和环境安全。此外，阿拉伯民族安全意味着个人在一个和平与没有恐惧的环境中，具有尊严地生活。"④ 2015 年 3 月在沙姆谢伊赫峰会上，阿盟峰会原则上采纳了埃及提出的建立阿拉伯联合军队来解决阿拉伯国家面临的安全问题。⑤

---

① Fady Y. Abusidu Ghoul, "Why Has the Arab League Failed As a Regional Security Organization? An Analysis of the Arab League's Conditions of Emergence, Characteristics and the Internal and External Challenges that Defined and Redefined Its Regional Security Role," Doctoral Dissertation, University of Bradford, 2012, p. 84.

② Lucie Kröning, *The Arab League and the Arab Spring: Strategic Reconfiguration in Response to New Security Challenges*, Master Thesis, Institut d'Etudes Politiques de Paris, May 2013, pp. 23-24.

③ League of Arab States, "Tunis Declaration Issued at the 16th Session of the Arab Summit, Tunis, May 22 - 23, 2004," https://www2.ohchr.org/english/law/compilation_democracy/league.htm, accessed: 2020-09-10.

④ Lucie Kröning, *The Arab League and the Arab Spring: Strategic Reconfiguration in Response to New Security Challenges*, Master Thesis, Institut d'Etudes Politiques de Paris, May 2013, p. 31.

⑤ Hesham Youssef, *Lessons from the Arab Awakening*, International IDEA Discussion Paper, No. 15, 2016, p. 25.

在经济社会、妇女和青年事务方面，2001 年，阿盟成立了阿拉伯妇女组织（Arab Women Organization），其宗旨是提升妇女在各个方面的能力，使其意识到她们在发展过程中发挥着与男性一样重要的作用，并且促进各阿拉伯国家提高妇女权利。阿盟早在 1987 年就成立了青年与运动部长理事会，不过，该理事会主要关注运动方面而在与青年切身利益相关的方面关注较少。[1]

第二，加强和扩大与其他国家和国际组织的合作关系。"2004 年 9 月 14 日，阿盟与中国在埃及开罗召开首届部长级会议，成立'中国-阿拉伯国家合作论坛'，签署了《中国-阿拉伯国家合作论坛宣言》和《中国-阿拉伯国家合作论坛行动计划》。"[2] "'中阿合作论坛'成为加强中阿合作关系的重要平台以及中阿集体对话与合作的新机制。"[3] 阿盟还与非盟、欧盟以及伊斯兰会议组织保持密切的合作关系。2018 年，在第 30 届非盟首脑会议开幕式上，阿盟秘书长盖特（Gheit）表示，将致力于与非盟在和平与安全事务上加强合作，共同打击恐怖主义。他说道："如今，阿拉伯世界和非洲共同面临地区局势紧张和不稳定等问题，我们有责任共同努力，尽己所能，以互补方式应对挑战并解决危机。"[4] 2019 年 2 月 25 日，阿盟-欧盟首届峰会在埃及的沙姆沙伊赫召开。"由于面对许多相同的挑战、相似的危机以及不稳定的地缘政治环境，双方领导人致力于制定一项应对危机和管控冲突的合作议程，制定多边解决方案，并希望在能源安全、技术和可持续发展等领域共同协作。"[5]

---

[1] Hesham Youssef, *Lessons from the Arab Awakening*, International IDEA Discussion Paper, No. 15, 2016, p. 28.

[2] 霍娜、王波：《李肇星：中国-阿拉伯国家合作论坛将正式启动》，新华网，2004 年 9 月 13 日，http://www.xinhuanet.com//newscenter/2004 - 09/13/content _ 1976700. htm，最后访问时间：2021 年 2 月 27 日。

[3] 姚匡乙：《阿拉伯国家的变革与中阿关系的发展》，《国际问题研究》2005 年第 3 期。

[4] 陈晨、王守宝：《阿盟期待与非盟在和平与安全事务上加强合作》，新华网，2018 年 1 月 29 日，http://www.xinhuanet.com/2018-01/29/c_ 1122329976. htm，最后访问时间：2021 年 1 月 25 日。

[5] 郑思远：《阿盟-欧盟峰会落幕 双方愿加强合作应对挑战》，新华网，2019 年 2 月 26 日，http://www.xinhuanet.com/world/2019-02/26/c_ 1124161836. htm，最后访问时间：2021 年 1 月 25 日。

　　第三，"阿拉伯之春"爆发后，阿盟表现活跃，试图向成员国施加压力，重塑其冲突调解者和管理者的形象。1990 年以来，阿盟在政治安全问题上长期处于边缘化地位，因此"阿拉伯之春"的爆发成为阿盟彰显其存在和扩大影响力的重要契机。在利比亚，鉴于利比亚内乱引发的人道主义危机日益加重，阿盟首先暂停了利比亚的成员国资格，然后促请联合国采取行动在利比亚设立"禁飞区"，以保护利比亚平民免受袭击，向利比亚提供人道主义等援助。在叙利亚，阿盟吸取了西方国家利用阿盟来使其推翻卡扎菲政权具有合法性的教训，主张在"阿拉伯框架"内解决叙利亚危机。阿盟首先通过制裁向叙利亚政府施压，使叙利亚政府同意阿盟派遣观察团；然后，在斡旋成效微小的情况下，阿盟态度日趋强硬，要求巴沙尔交权，并将成员国资格授予叙利亚反对派"全国联盟"；最后，面对巴沙尔毫不妥协的情况，阿盟才将叙利亚问题提交联合国。[①] 可以看到，阿盟在此次危机中一改之前软弱无力的状态，突破了原先一直奉行的不干预成员国内政原则和主权原则，积极地介入成员国的内部事务，甚至试图引导成员国的政治走向。此外，阿盟还打破"协商一致"原则，采用少数服从多数的原则，强化其组织功能，探索建立一个表达阿拉伯民众声音的超国家组织。

　　不过，阿盟借助"阿拉伯之春"带来的新形势所做的尝试最终以失败而告终，阿盟在利比亚和叙利亚采取的行动不仅未能实现其保护阿拉伯民众的初衷，还导致两国长期处于内部动乱之中，陷入了"代理人战争"。由于国际权力结构的变化和美国实行战略收缩，中东地区地缘政治竞争日益激烈，以色列、土耳其、伊朗在阿拉伯世界的渗透以及阿拉伯国家正处于传统社会向现代社会转型的加速期和徘徊期[②]，错综复杂的地区和国际环境使得阿盟的奋发与转型之路尤为艰难。总的来说，海湾战争结束以来，由于美国独揽霸权和埃及、海合会国家等温和阿拉伯国家对美国的追随，阿盟总体上处于一种边缘化和衰退的状态。当美国向阿拉伯国家如伊拉克施加其强烈

---

① 程星原、孙冉：《阿拉伯国家联盟地区影响力上升评析》，《国际研究参考》2013 年第 6 期。

② 唐志超：《中东乱局的根源及影响》，《当代世界》2020 年第 3 期。

的国家意志时，阿盟无能为力。不过，21 世纪以来，在美国关注度相对较低以及与美国国际战略关联不大的领域，阿盟的治理也表现出了一抹亮色。

第三节　阿盟安全治理的法理依据、主体及方式

维护阿拉伯国家的团结与合作，解决成员国间的争端是阿盟安全治理的主要目的。尽管阿盟是世界上最早成立的区域性组织之一，它成立的时间比联合国成立时间早约 7 个月，当时可以参考和借鉴的对象有限，但是在 1945 年 3 月 22 日签署的《阿盟宪章》，对阿盟的安全治理做出了明文规定。随着 1948 年阿以战争爆发，阿拉伯国家面临严峻的战争威胁，因此 1950 年签署了《阿拉伯联盟国家间联合防御和经济合作条约》（以下简称《共同防御条约》），为阿盟的集体安全治理奠定了法律基础。阿盟安全治理还得到《联合国宪章》条款的支持。

一　阿盟安全治理的法理依据

国际法是国际社会的基本制度，形成一套共有规定和法则是国际社会得以存在的前提条件。[1] 马丁·怀特（Martin Wight）对国际法和国际社会的关系进行了阐释，他指出，"能够证明国际社会存在的最基本的证据就是国际法的存在"[2]。"无规矩不成方圆"，为了建立国际法，国家需要建立一套能够执行法律规定和满足道德标准的制度架构。无论一个体系由何种行为体构成（国家，俱乐部，经济或政治组织，或者个人），它们都需要一套管理它们之间的"社会"互动的基本法则。[3] 反过来，国际法为国家提供了行为准则，

---

[1] Dennis R. Schmidt, "Institutionalising Morality: The UN Security Council and the Fundamental Norms of the International Legal Order," in Tonny Brems Knudsen and Cornelia Navari (eds.), *International Organization in the Anarchical Society: The Institutional Structure of World Order*, New York: Palgrave Macmillan, 2019, p. 100.

[2] Martin Wight, *Power Politics*, edited by Hedley Bull and Carsten Holbraad, Leicester: Leicester University Press, 1978, p. 107.

[3] Dennis R. Schmidt, "Institutionalising Morality: The UN Security Council and the Fundamental Norms of the International Legal Order," in Tonny Brems Knudsen and Cornelia Navari (eds.), *International Organization in the Anarchical Society: The Institutional Structure of World Order*, New York: Palgrave Macmillan, 2019, p. 102.

有利于维护国家间秩序。全球性和地区性国际组织作为国际体系中的一部分，也在特定的法则范围内进行活动。就阿盟而言，《阿盟宪章》、《共同防御条约》和《联合国宪章》是阿盟安全治理的三大法律依据。

（一）《阿盟宪章》是阿盟安全治理的首要法律依据

《阿盟宪章》第 2 条指出，联盟的宗旨是使成员国间的关系更密切，协调各成员国间的政治活动，保卫成员国的独立和主权，以及全面考虑阿拉伯国家的事务和权益。《阿盟宪章》的总原则是坚持促进争端方实现和解，"解决两个或两个以上成员国间的争端不得诉诸武力"。《阿盟宪章》第 5 条、第 6 条和第 7 条明确规定了阿盟解决成员国间或成员国与非成员国间争端的原则、方式以及表决制度。这三条对理事会在何种争端应该采取何种措施进行了规定。它主要分为以下三种情况。第一，当争端不涉及一国的独立、主权或领土完整，而且争执双方请求理事会解决争端时，理事会的决议必须遵守。在这一情况下，争端方不参加理事会的审议和决议。第二，当两个成员国间或一成员国与另一国家间发生可能导致战争的争端时，理事会应尽力使争端方取得和解，有关仲裁和调解的决议应取决于多数。第三，当一国侵略某一成员国，或对某一成员国有侵略的威胁时，受攻击或受威胁的一方应要求理事会立即召开会议。理事会负责制定相关措施来击退侵略者，其制定的决议应取得一致同意方可生效。若侵略者为成员国，则该成员国的投票不计算在内。2005 年，阿盟峰会通过了改革宪章和修订表决机制的决议，"一致同意"表决机制被替换成了"若在未能达成共识的情况下，实行三分之二多数表决制度"。①

（二）《共同防御条约》是阿盟集体安全治理的法律基础

1950 年，为了更好地协调军事行动，维护阿拉伯国家集体利益，阿拉伯国家缔结了《阿拉伯联盟国家间联合防御和经济合作条约》②。《共

---

① The Charter of Arab League, Article 2, 5, 6, and 7.

② 《阿拉伯联盟国家间联合防御和经济合作条约》包括两大内容：其一，为保护成员国的领土完整、独立和安全而进行军事合作与联合防御；其二，为了提高阿拉伯国家的生活水平，促进阿拉伯国家在经济和自然资源开发方面的合作。本书主要探讨的是阿盟的安全治理，未涉及经济方面，因此为行文方便，将《阿拉伯联盟国家间联合防御和经济合作条约》简称为《共同防御条约》。

同防御条约》是阿拉伯国家实现共同防御和维持和平与安全的有力保障。根据《共同防御条约》第 2 条，任何针对缔约国中的任何一国或多国或它们的武装部队发动任何武装侵略行动，都被视为对全体缔约国的侵略。缔约国应根据自卫权利保证不迟延地单独或集体地援助被侵略国，并立即采取包括使用武力的一切有效步骤来击退侵略者，恢复和平与安全。《共同防御条约》为了切实履行和贯彻上述义务，还规定设立由缔约国陆军参谋长组成的常务军事委员会，来草拟有关联合防御及其实施计划。此外，《共同防御条约》还规定，成立在阿拉伯国家联盟理事会监管之下的联合防御理事会，联合防御理事会由缔约国外交部长和国防部长或其代表组成。联合防御理事会实行"三分之二多数"的表决制度，由"三分之二多数"通过的决议对全体缔约国有约束力。①

（三）《联合国宪章》赋予了阿盟进行安全治理的合法权利

《联合国宪章》是联合国维护世界和平与安全的基本法则。《联合国宪章》第 7 章第 33 条指出，对于任何危及国际和平与安全的争端，争端当事国应尽先进行谈判、调查、调停、和解、公断、司法解决，可以利用区域机关或区域办法。其第 8 章对联合国与地区组织在维护国际和平与安全中的职责做出了详细规定。根据第 8 章第 52 条，不得排除区域办法或区域机关根据联合国的宗旨和原则来参与维护国际和平及安全。缔结区域机关或采取区域办法的联合国会员国，在将地方争端提交给理事会以前，应依照区域办法，或由区域机关，实现和平解决。对于依区域办法或区域机关寻求和平解决地方争端的行为，不论它是由相关国家自主发动的，还是受到安理会的委托，安理会都应鼓励其发展。②

冷战结束后，地区组织在协助安理会维护国际和平与安全上的角色和作用越来越受到关注。③ 联合国布特罗斯·布特罗斯-加利（Boutros Boutros-Ghali）秘书长在 1992 年应邀给安理会呈交的《和平议程：预防

---

① The Joint Defense and Economic Cooperation Treaty Between the States of the Arab League, Article 1, 2, 3, 4, 5 and 6.

② 《联合国宪章》第 7 章第 33 条，第 8 章第 52 条。

③ Gary Wilson, *The United Nations and Collective Security*, London: Routledge, 2014, p. 189.

性外交、缔造和平与维持和平》报告中提出："在这个充满机遇的新时代，受到《联合国宪章》第 8 章相关条例约束的地区安排或机构，能在坚持《联合国宪章》与原则的基础上发挥更大作用。在很多事件中，地区安排或机构可在该报告提到的预防性外交、缔造和平、维护和平以及在冲突后构建和平环境中发挥其潜能。根据《联合国宪章》，安理会是维护国际和平与安全的主要机构，但是地区组织与联合国的合作，不仅可以减轻安理会的负担，还有助于增强地区组织对国际事务的参与感，强化与国际社会的共识，促进国际社会的民主化。安理会应该授权特定的地区安排或组织带头解决出现在其区域内的危机。"[①]

可见，联合国鼓励区域组织在《联合国宪章》的宗旨和原则下参与解决地方争端，确认了地区组织在和平解决其成员国之间的争端时负有主要责任，这为阿盟解决争端和进行安全治理提供了清晰的国际法依据。加利秘书长对地区组织作用的高度重视也间接地为阿盟的安全治理提供外部支持。

二　阿盟安全治理的主体

根据《阿盟宪章》、《共同防御条约》、《阿盟理事会内部规则》以及《阿盟秘书处内部规则》，阿盟安全治理的主要机构有部长（外长）理事会[②]（下文简称"外长理事会"）、首脑理事会和秘书处。

[①]　Boutros Boutros-Ghali, "An Agenda for Peace: Preventive Diplomacy, Peacemaking and Peace-keeping," Report of the Secretary-General Pursuant to the Statement Adopted by the Summit Meeting of the Security Council on 31 January 1992, A/47/277-S/24111, June 17, 1992.

[②]　根据《阿盟理事会内部规则》第 2 条，理事会分为三个层级：（1）首脑理事会，由成员国国王、元首和亲王或他们在峰会上的代表组成；（2）部长（外长）理事会，由成员国外长或他们的代表组成；（3）常驻代表理事会，由成员国驻阿盟总部开罗的常驻代表组成。第 5 条规定，每年 3 月在开罗举行首脑理事会例会，如果需要或者某成员国或秘书长提出要求并经 2/3 成员国批准，举行特别首脑会议。每个成员国派遣 1 名代表参加（三个层级的）理事会，每个成员国不管人口多少，均只有 1 个投票权。为更好区分不同层级理事会，本书把主要负责解决争端的部长（外长）理事会简称为"外长理事会"。

（一）外长理事会是阿盟安全治理的决策机构和执行机构

外长理事会由成员国外长或他们的代表组成，每个成员国派遣 1 名代表参加理事会，每个成员国不管人口多少，均只有 1 个投票权。外长理事会负责和平解决成员国之间的争端，保护成员国免受外部侵略，协调阿盟与其他地区组织的工作。[①]

外长理事会负责审议涉及成员国的国际争端。这些争端可以分为三类。其一，成员国之间发生的不涉及国家独立、主权和领土完整的争端。若争端双方诉诸外长理事会解决二者之间的分歧，那么外长理事会的决议具有强制力，必须执行。争端方不参与外长理事会决议的讨论与制定。其二，若成员国之间或成员国与非成员国之间爆发有可能导致战争发生的争端，外长理事会应进行斡旋和调解，使争端双方和解。仲裁和调解的决定采取多数票通过的方式。其三，若出现非成员国侵略或威胁侵略成员国的情况，外长理事会应在被侵略国家或被威胁国家的要求下立即召开会议；外长理事会应采取一致同意的方式来决定采取必要措施，制止侵略行为。

针对不同类型的争端或冲突，阿盟外长理事会采取不同的决策制度。在处理成员国受到侵略，以及决定是否进行仲裁和调解等实质性事务时，外长理事会的决策机制比较严格。根据《阿盟宪章》第 7 条，当出现他国侵略成员国的情况时，外长理事会的决议应采取"一致同意"的原则，但实施侵略国家的票数不计算在内；在决定取消某一成员国的资格时，也需要采取"一致同意"的投票原则，但预计被取消成员国资格的国家的票数不计算在内。此外，在涉及有关仲裁和调解的决议时，只需"简单多数"的票数即可通过决议。"一致同意"通过的决议对全体成员有效，"多数同意"通过的决议仅对投票支持的国家有效。

外长理事会的决议由各下属委员会负责起草。其中最重要的是 1946 年 11 月建立的由成员国常驻阿盟总部代表组成的政治委员会，它负责定期磋商政治事务。1950 年 4 月 30 日，阿拉伯国家吸取第一次中东战争惨

---

① Cris E. Toffolo, *The Arab League*, New York: Chelser House Publisher, 2008, pp. 47–48.

败的教训，为了更好地协调行动，避免在战场上陷入被动局面①，外长理事会通过了《阿拉伯联盟国家间联合防御和经济合作条约》，进一步明确了成员国应对共同威胁的规则。该条约还规定成立由缔约国外长和防长或其代表组成的联合防御理事会。经 2/3 多数通过的决议对全体缔约国具有拘束力。

（二）首脑理事会是阿盟安全治理的最高权力机构

首脑理事会由阿盟各成员国国家元首、政府首脑或其代表及阿盟秘书长组成，每年 3 月举行一次例会，会议一般为期两天。当阿拉伯世界发生重大事件时，也可应成员国要求召开特别首脑理事会。根据 2000 年峰会宣言的规定，阿拉伯国家按照阿拉伯字母顺序依次担任首脑理事会的轮值主席国。②

尽管阿拉伯国家首脑理事会直至 1964 年才正式创立，但是 1945 年阿盟成立以来，参加外长理事会的各阿拉伯国家代表对各国领导人负责，在会议上表达的是各国最高领导人的意见，因此阿拉伯国家领导人实际上扮演着外长理事会的"幕后"领导角色。换言之，阿拉伯国家首脑理事会是外长理事会的领导机构。其中一个鲜明的例子就是，沙特、苏丹、叙利亚、伊拉克、埃及、黎巴嫩等 9 国首脑早在 1956 年就在贝鲁特举行会议，并发布了《阿拉伯九国首脑贝鲁特会议公报》。③ 1964 年后，首脑理事会作为最高权威机构的不成文规则正式确定下来。

就安全治理而言，首脑理事会发挥着以下两个作用。第一，首脑会议使得各阿拉伯国家首脑齐聚一堂，这为阿拉伯国家直接进行磋商和对话，解决分歧，建立共识和统一立场创造了条件。1964 年首脑峰会即为纳赛尔和费萨尔当面沟通和讨论也门内战问题提供便利。第二，首脑会议有利于提升阿盟的决策效率。当阿拉伯世界发生重大紧急事件时，参

---

① 阿拉伯国家由于缺乏协调，在巴勒斯坦战争中惨败。因此，阿拉伯国家吸取教训，签署《阿拉伯联盟国家间联合防御和经济合作条约》以更好地进行合作，维护集体安全。
② "The Question of Palestine," The United Nations, https：//www. un. org/unispal/document/auto-insert-182199/, accessed：2020-11-16.
③ 钟冬编《中东问题八十年》，新华出版社，1984，第 608~610 页。

加外长理事会的各国代表需要向本国领导人汇报和请示，按照各国领导人的意志行事，这将耗费一定的时间，很可能导致解决问题的时机错失，而各国首脑直接会面有利于降低沟通成本，提升紧急事件的决策效率。

需要指出的是，首脑理事会通过的决定或宣言通常只是一种政治表态，不具有法律效力。不过，这种政治表态对外长理事会开展工作发挥着指导作用。也就是说，首脑理事会作出的决定需要外长理事会来具体执行，外长理事会则根据首脑理事会达成的原则或共识来部署工作。就安全治理的具体职能和实际效果而言，首脑理事会和外长理事会相得益彰，相互支持。

总的来说，阿盟首脑理事会是对阿盟原有机制的一种有益补充，它对外长理事会起着领导作用。首脑理事会通过的决定不涉及具体的执行程序，而是确定一个大致方向，发挥政治引领作用，外长理事会则负责执行和落实首脑理事会的决定。在具体执行细节上，外长理事会具有最终权限。简而言之，首脑理事会解决的是方向性问题，外长理事会解决的是具体操作问题。

（三）秘书长是阿盟安全治理的重要角色

秘书长是阿盟秘书处履职尽责的关键人物，在阿盟的组织结构中地位突出。秘书长具有内、外两种职能：第一种是对内职能，即负责执行理事会的决议、提供政策建议，在成员国之间进行调解；第二种是对外职能，秘书长原则上是阿盟的发言人，在国际场合是阿盟的外交代表，也是负责与联合国进行沟通和交流的联络官。[1]

根据《阿盟宪章》、《阿盟秘书处内部规则》和《阿盟理事会内部规则》，秘书长具有一定程度的政治自主性，可以对外长理事会的决策发挥一定政治影响力。

首先，根据《阿盟理事会内部规则》第 10 条第 1 款，秘书长参加理事会[2]及其委员会的会议，经理事会主席同意，秘书长或其助理可以在

---

[1] Robert W. Macdonald, *The League of Arab States: A Study of the Dynamics of Regional Organization*, Princeton: Princeton University Press, 1965, p. 146.

[2] 此处的理事会指的是外长理事会。

任何时候就理事会研究的问题向理事会提交报告或声明。[1] 第 10 条第 2 款规定，秘书长可就将导致成员国之间或成员国与其他国家之间关系恶化的任何问题，提请理事会或成员国审议。可见，第 10 条实际上赋予秘书长动议权，即他可以根据自己的观察和判断，把可能威胁国际和平与安全的任何事项提请理事会讨论，发表自己的看法。这是一项具有重大政治意义的职能。

其次，秘书长还可以在理事会会议正式召开前 3 周，要求将十分重要和紧急的事项或重要问题列入理事会讨论的议程之中，并拟定相关文件。成员国及其他相关方会在会议正式召开前 10 天，就增补议程及其文件进行沟通和交流。[2] 因此，秘书长在确定紧急事项纳入议程及文件草拟中，拥有优先权。

最后，"秘书长向理事会提送阿盟年度工作报告也成为其发挥政治影响力、影响国际和平与安全问题解决的途径之一"[3]。秘书长负责制定理事会会议议程，指导秘书处各部门对某一问题进行细致研究并提出相应建议，事实上也是秘书长影响理事会决议的一种方式。这在于，秘书长作为秘书处的最高行政长官，几乎掌握了各阿拉伯国家对某一事务立场或态度的信息，他可以利用其对信息的充分了解有针对性地制定一些政策，并在这一过程中充分发挥其主动性。比如，1954 年秘书处发布报告，建议将如何对待在以色列的阿拉伯人这一问题提交联合国处理，秘书处这一建议最终得到政治委员会批准。[4]

当成员国之间以及成员国与非成员国之间发生争端时，秘书长是主要的调解者。由于《阿盟宪章》对外长理事会调解成员国争端的程序没有明确和具体的规定，理事会也未设立执行决议的机构，因此外长理事

---

[1]　《阿盟理事会内部规则》第 12 条第 2 款。

[2]　《阿盟理事会内部规则》第 9 条第 3 款。

[3]　赵军：《阿盟集体安全机制的理论与实证研究》，硕士学位论文，上海外国语大学，2007，第 32 页。

[4]　Robert W. Macdonald, *The League of Arab States: A Study of the Dynamics of Regional Organization*, Princeton: Princeton University Press, 1965, pp. 154-155.

会不得不授予秘书长广泛的自由裁量权，使其承担斡旋冲突、解决争端以及维持和平的责任。在一定程度上，秘书长的斡旋和调解技巧决定了争端的和平解决，直接影响着阿盟安全治理的绩效。

总的来说，秘书长可以在外长理事会以及调解冲突时充分发挥其政治主动性。"各国普遍认识到，国际政治需要一个立场中立的能扮演调解者的代理人，而且在大多数情况下，只能由个人而不是委员会或组织充当这一角色……在更多时候，委员会的主要功能是调查事实和提交解决方案，而委员会直接参与调解的效果往往不佳。"[1]

综上，阿盟外长理事会是阿盟安全治理的执行机构和阿盟做出相关决议的决策机构，首脑理事会是阿盟安全治理的领导机构和最高权力机构，秘书长是阿盟进行安全治理的重要角色，三者共同构成阿盟安全治理的主体。

三 阿盟安全治理的策略与手段

地区组织是地区安全治理的重要提供者。尽管安全治理可从不同角度来进行界定，但对它的定义大多包括如下因素：齐心协力（Concerted Efforts）、协商管理（Coordinated Management）、不同类型的权威机构和行为体（私人和公共的）、用来管理/解决冲突的正式和非正式的安全及共同目标。地区组织的安全治理政策包括四个方面：第一，保险政策（Assurance Policies），即为实现战后重建和重树信心而做出的一系列努力；第二，预防政策（Prevention Policies），即通过建立或维持国内、地区或国际机制的运转来预防冲突，减少国际无政府状态下产生的不良影响；第三，保护政策（Protection Policies），即执行保护地区社会免受外部威胁的传统功能；第四，强制政策（Compellence Policies），即履行解决冲突的职责，尤其是维持和平和执行和平的功能。安全治理包括制度构建和解决冲突这两个职能，通常使用被动的（Persuasive）和强制的（Coercive）这两种安

---

① Mark W. Zacher, "The Secretary-General and the United Nations' Function of Peaceful Settlement," *International Organization*, Vol. 20, No. 4, 1966, pp. 728-729.

全治理手段，其中被动的手段包括经济、政治和外交（Economic,
Political and Diplomatic）手段，强制性的手段包括军事干预（Military
Intervention）。① 从以上有关安全治理的政策及职能来看，冲突管理是安
全治理的重要方面。

因此，探讨阿盟的安全治理策略可以从冲突管理的策略着手，这也符
合正处于国家构建中的国家的需要。这在于，对于大部分位于"全球南
方"的发展中国家来说，实现国家整合是其重要使命，它们"即使努力促
进功能性合作和安全合作，也不愿放弃国家主权"。② "这一新威斯特伐利
亚场景（Neo-Westphalian Scenario）意味着或者通过改革和增加联合国的
能力，或者通过建立强有力的以安全为导向的军事结构，来使国家间体
系保持其基本形式。"③ 也就是说，正处于国家构建和发展之中的国家所
需要的安全治理的主要内容不是实现超国家的一体化，而是解决冲突，
以维护其国家主权和权益。以此推之，对于由发展中国家组成的地区组
织而言，其安全治理的主要职责之一是管理冲突和解决争端，为成员国
创造一个和平与安全的地区环境。

此外，从合法性角度来说，《联合国宪章》对地区组织参与解决争
端也做出了规定。《联合国宪章》第8章第52条指出，"将地方争端提交

---

① Emil Kirchner and James Sperling, *EU Security Governance*, Manchester: Manchester
University Press, 2007, pp. 13-15.

② Emil J. Kirchner and Roberto Domínguez, *The Security Governance of Regional Organizations*,
London: Routledge, 2011, pp. 8-9.

③ 北约恩·赫特纳（Björn Hettne）认为可把世界秩序分为前威斯特伐利亚式的（Pre-
Westphalianism）、新威斯特伐利亚式的（Neo-Westphalianism）和后威斯特伐利亚式的
（Post-Westphalianism）。前威斯特伐利亚式的世界秩序又称"中世纪的"（Medievalism），
它指的是民族国家的作用急剧衰减，其总特征是权威下移至地方、社会团体，超
国家的治理尚处于萌芽之中。新威斯特伐利亚式的世界秩序指的是，国家间体系
是世界秩序的基本形式。无论国际格局是美国主导的单极格局，还是由地区大国
构成的多极格局，这一世界秩序类似于19世纪的"欧洲协调"，它将是一个充满
暴力的世界，发展的需求将从属于对安全的需求。后威斯特伐利亚式的世界秩序
意味着政治权力从国家转移到地区和全球性机构，超国家机构获得更大的权力。
基于全球正义和全球道德的主权的跨国化将具有高度合法性。参见 Björn Hettne,
"Development and Security: Origins and Future," *Security Dialogue*, Vol. 14, No. 1, 2010,
pp. 44-47。

安全理事会以前，应依该项区域办法，或由该项区域机关，力求和平解决；安全理事会对于依区域办法或由区域机关而求地方争端之和平解决，不论其系由关系国主动，或由安全理事会提交者，应鼓励其发展"①。这说明，解决争端和管理地区冲突是阿盟作为地区组织应该肩负的责任，它得到了联合国的授权和鼓励。更重要的是，"由于地区组织对冲突和争端方更加熟悉，它们能够更高效地预测到可能爆发的冲突，将有限的组织资源用于阻止和调解冲突"②。总的来说，地区组织肩负着调解冲突的责任，解决和管理冲突又是当前处于国家构建和发展之中的国家对安全治理的内在要求之一，因此，阿盟作为安全治理的重要一方，它进行安全治理实践的主要方面就是管理冲突和解决争端。

那么，阿盟具有哪些用以管理冲突的手段或策略呢？这需要研究冲突管理的一般实践。在国际冲突管理中，第三方使用的冲突管理策略多种多样（见表1-1），从口头劝说和斡旋到仲裁、审判、部署和平部队和执行管理责任（如监督选举或提供人道主义援助）。③ 这些策略同时使用还是只使用其中一种策略，不同的策略选择，均对安全治理绩效产生影响。值得指出的是，如果使用强制性干预手段，如军事干预和经济制裁，参与斡旋的第三方将可能成为冲突的一方，这将使其不再具有第三方的身份。④

阿盟具有三种冲突管理策略，即仲裁、斡旋和集体安全。根据《阿盟宪章》第5、第6、第7条，阿盟成员国不得诉诸武力解决争端。当两国争端不涉及一国独立、主权或领土完整时且由任意一方提请理事会解决

---

① 《联合国宪章》，联合国官网，https：//www.un.org/zh/sections/un-charter/chapter-viii/index.html，最后访问时间：2020年6月30日。
② Holley E. Hansen and Stephen C. Nemeth，"IO Mediation of Interstate Conflicts：Moving Beyond the Global Versus Regional Dichotomy," *The Journal of Conflict Resolution*，Vol. 52，No. 2，2008，p. 298.
③ Andrew P. Owsiak，"Conflict Management Trajectories in Militarized Interstate Disputes：A Conceptual Framework and Theoretical Foundations," *International Studies Review*，Vol. 16，No. 1，2014，p. 52.
④ Andrew P. Owsiak，"Conflict Management Trajectories in Militarized Interstate Disputes：A Conceptual Framework and Theoretical Foundations," *International Studies Review*，Vol. 16，No. 1，2014，p. 57.

表 1-1 冲突管理策略分类及管理成本

具体的冲突管理策略	冲突管理大类	相对管理成本
呼吁或要求停火 呼吁或要求协商 呼吁或要求撤军 为协商提供便利条件 主动提出斡旋协商	口头劝说	低
查询/实况调查 提供谈判场所但不介入 谈判 斡旋 调解	斡旋	中低
仲裁 司法解决 刑事法庭	法律方式	中等
临时托管 人道主义援助 公民投票/监督或监管选举 界定/划分边界 确认/检查裁军军队复原援助	行政方式	中高
设立军事观察员 预防性维和(preventive peacekeeping) 介入维和(interpositionary peacekeeping) 人道主义保护 监督/查证复员 清理/扫除地雷	和平行动	高

资料来源：Andrew P. Owsiak, "Conflict Management Trajectories in Militarized Interstate Disputes: A Conceptual Framework and Theoretical Foundations," *International Studies Review*, Vol. 16, No. 1, 2014, p. 54。

争端，理事会的决议必须执行。理事会还应在可能爆发战争的成员国之间或成员国与第三国之间进行斡旋，以使冲突方达成和解。理事会作出的有关仲裁和斡旋的决定应由大多数成员国通过。当一国受到另一国侵略或侵略威胁，受到侵略或侵略威胁的国家可要求理事会立即召开会议，且理事会为制止侵略所做出的决定必须经由"成员国一致同意"通过，若侵略者为成员国，那么它的投票不被计入一致表决内。由此可见,《阿盟宪章》规定了两种成本不高的冲突管理策略,即斡旋和仲裁。此外,1950 年阿盟理事会通过的《共同防御条约》提出了集体安全的冲突管理策略,任何针对一个或多个缔约国的武装侵略就是对所有成员国的侵略,为了自卫,各国应毫不迟疑地集体支援受到侵略的国家,采用包括武力在内的一切必要步骤来打败侵略者,恢复和平与安全。[①] 不过,在已有宪章和条约规定下,阿盟冲突管理的三种方式都存在一定的局限性。

(一) 仲裁

《阿盟宪章》有关仲裁的规定不明确而且缺乏执行仲裁裁决书的司法机构。仲裁是国际争端的法律解决方法之一,仲裁一般指的是专业律师根据法律做出裁决。由于通过和平方式解决成员国之间的争端是阿盟的重要目标和功能,阿盟创始成员国很早就对仲裁进行过深入讨论。1944 年 9 月阿拉伯会议预备委员会 (Preparatory Committee of the Plenary Arab Conference) 召开之时,就对争端的解决进行系列讨论。然而,各创始国家除了愿意让渡主权来实现阿拉伯统一的叙利亚和支持通过制定强制制裁的方式来和平解决争端的埃及和沙特外,约旦和伊拉克、黎巴嫩都不希望其国家主权受到削弱,其行动受到限制,反对制定强制性的仲裁条款,它们认为通过建立一套完善详尽的法律程序和司法机构,基于法则来解决争端是不现实的。[②]

对此,各国不得不相互妥协。这最终导致通过建立阿拉伯法庭来进行强制仲裁的建议被搁置下来,各国仅在《阿盟宪章》第 19 条强调了未来建立法庭和修改宪章的必要性。这表明,阿盟的仲裁既没有法庭机构的支撑,其效力也不是强制性的和全面的。尽管宪章提到了仲裁,但它存在固有缺陷,如伊斯特瓦·波加尼 (Istvan S. Pogany) 所指出的,"向阿盟理事会这样一个政治机构诉诸仲裁可能导致其决定最终由外交官或

---

① "Joint Defense and Economic Cooperation Treaty Between the States of the Arab League," *Middle East Journal*, Vol. 6, No. 2, 1952, pp. 238-240.

② Ezzeldin Foda, *The Projected Arab Court of Justice: A Study in Regional Jurisdiction with Specific Reference to the Muslim Law of Nations*, The Hague: Martinus Nijhoff, 1957, pp. 7-8.

政治家而不是律师做出，其依据的原则不是法律而是正义或公正原则"①。换言之，阿盟的仲裁更多基于人为的道德评判和主观判断，这难免会导致仲裁的公信力遭到削弱。而且《阿盟宪章》第7条还规定，无论是理事会"一致同意"通过的决议还是"三分之二多数"通过的决议，都由成员国根据各自国内法执行，这在相当程度上削弱了阿盟决议的约束力和有效性。

就仲裁而言，阿盟理事会是一个由各个成员国代表构成的政治性机构，它不是由具有法律专业知识的法官构成，也不具有就某一事件进行审判的司法职能，因此，从法律程序和理论上看，阿盟理事会作出的仲裁决定应该是根据仲裁法庭或某司法机构作出的决定而向理事会各成员国代表宣布仲裁结果。也就是说，阿盟理事会具有仲裁宣布权，而没有裁决权。正式司法机构（阿拉伯法庭）的缺位导致阿盟无法通过法律程序和司法规则对争端做出司法裁决，阿盟的仲裁实际上"有名无实"，这对阿盟和平解决争端和促进政治一体化产生了不可低估的负面影响。

另外，《阿盟宪章》第5条规定只有在不涉及国家独立、主权或领土完整的争端上才可要求仲裁，却未就何种争端是与国家独立、主权和领土完整相关做出任何具体规定。它首先面临的一个问题是，由于理事会不能就仲裁保留条款做出裁定，成员国可以自行决定某一争端是否关涉国家主权、独立或领土完整，具有先期判定权的各成员国可以"钻空子"，能够在仲裁决定未出台之前就拒绝通过仲裁解决争端。② 另一个问题是，阿拉伯国家制定仲裁限制条件的本意是最大限度维护自身主权独立，但由殖民国家划分边界的阿拉伯国家之间存在诸多边界领土争端，不得将与主权有关问题诉诸理事会仲裁的条款反而使阿拉伯国家难以处理对其国家主权独

---

① Istvan S. Pogany, *The Arab League and Peacemaking in the Lebanon*, New York: St. Martin Press, 1987, p. 12.

② Ezzeldin Foda, "The Peaceful Settlement of Disputes Within The League of Arab States," in *The Projected Arab Court of Justice: A Study in Regional Jurisdiction with Specific Reference to the Muslim Law of Nations*, The Hague: Martinus Nijhoff, 1957, p. 29.

立和领土完整造成最大威胁的争端。比如 1946 年，叙利亚驻理事会代表申请对约旦建立大叙利亚一事进行仲裁，但这遭到约旦的否决。[①] 在仲裁解决成员国争端时，阿盟未被赋予绕过成员国的强制仲裁权，而只能在成员国请求下在有限范围内进行仲裁，这种仲裁属于自愿仲裁。它实际上在很大程度上限制了阿盟的仲裁能力，成员国反而具有决定是否诉诸仲裁的自主权。

（二）斡旋

斡旋是阿盟使用最频繁的解决争端的方式。与仲裁不同，斡旋实际上是一种希望为处于争端的当事国和解创造有利条件的调解行为。斡旋者提出的建议可能被接受也可能被修改。理事会斡旋的目的是调和当事国之间的利益分歧，在平等的基础上为当事方寻找一个能让双方满意的解决方案。在解决争端过程中，理事会为争端方创造进行直接谈判的条件，它的斡旋对争端的解决具有重要作用。[②] 因此当陷于争端中的阿拉伯国家不愿向国际法庭或理事会提起仲裁时，他们将诉诸非司法的斡旋、和解和外交协商。

从斡旋本身来看，斡旋是自愿的和非强制性的，不会产生强制的司法效力。对担心国家权益受到他国制约的阿拉伯国家来说，斡旋是比较理想的争端解决方式，它既可以为冲突方提供调解和缓冲的平台，也不会对各方产生强制性的压力，因此，斡旋是阿盟应用较多的冲突管理策略，能有效地调和各方利益。根据《阿盟宪章》第 5 条，理事会应对威胁发动战争的两个成员国或成员国与第三国之间进行斡旋，使其达成和解。相比宪章对仲裁的规定，宪章赋予理事会更大的斡旋权力。理事会不需要成员国或其他国家的请求或赞同，即可直接就可能爆发战争的冲突进行斡旋，而且斡旋的决定只需大多数成员国通过即可。

但是，阿盟的斡旋仍然存在局限性。宪章只提到理事会具有解决争端的职责，却未制定特定的斡旋机制或者是用来和平解决争端的机制，也没

---

① Ezzeldin Foda, "The Peaceful Settlement of Disputes Within The League of Arab States," in *The Projected Arab Court of Justice: A Study in Regional Jurisdiction with Specific Reference to the Muslim Law of Nations*, The Hague: Martinus Nijhoff, 1957, pp. 32–33.

② Ezzeldin Foda, "The Peaceful Settlement of Disputes Within The League of Arab States," in *The Projected Arab Court of Justice: A Study in Regional Jurisdiction with Specific Reference to the Muslim Law of Nations*, The Hague: Martinus Nijhoff, 1957, pp. 55–56.

有指明秘书长或单个成员国在解决争端中可能扮演的角色和发挥的作用。事实上，阿盟秘书长在调解争端和斡旋冲突中发挥了非常灵活有效的作用。另外，由于斡旋的自愿性质，阿盟的斡旋能否成功还在于争端当事国是否愿意接受斡旋。这意味着，在没有完善和成熟的机制下，阿盟的斡旋绩效高度取决于秘书长和相关斡旋者的个人能力以及争端的复杂程度。

（三）集体安全

集体安全是阿盟用来解决争端的第三种策略。《阿盟宪章》第6条规定，"如果发生某国侵略或威胁侵略成员国的情况，受到袭击或侵略威胁的国家可以请求理事会立即召开会议。理事会通过的有关制止侵略的必要措施的决议应该获得一致同意，如果侵略者为成员国，那么它的投票不计算在内"。1948年，由于阿盟未能有效阻止以色列建国以及阿拉伯国家在与以色列的战争中惨败，阿拉伯国家和阿盟制定并通过《共同防御条约》，建立了集体安全体系，并对集体安全做出详细规定。根据这个条约，阿拉伯国家成立了常务军事委员会，以便统一协调成员国的武装部队，制定共同防御政策，提升应对武装侵略的能力。此外，该条约最重要的一点是修正了《阿盟宪章》中所提出的"一致同意"决策机制，其第6条规定由缔约国外长和防长组成的共同防御理事会以"三分之二多数"通过的决议对全体缔约国有约束力，这一新决策机制的制定有利于提高阿盟的危机反应能力和执行能力。

不过，阿盟集体安全的冲突解决策略仍然存在一些缺陷。第一，如上所述，集体安全即意味着诉诸武力或威胁使用武力，以便制止冲突或侵略。一旦启动集体安全，成员国在武装冲突爆发之时便可以立即确定进攻者并抵抗任何潜在的进攻者。集体安全要有效地发挥作用，各成员国必须就冲突中的侵略者达成共识。如果成员国因分别支持冲突一方而形成两个或多个竞争性团体，那么它们之间的意见分歧将导致集体安全无法执行或者是冲突升级。① 然而，《共同防御条约》相关条款恰好存在指

---

① Paul F. Diehl and Joseph Lepgold（eds.），*Regional Conflict Management*，Maryland：Rowman & Littlefield Publishers，2003，pp. 43-45.

代不明确的问题。《阿盟宪章》第 2 条规定，任何针对一个或多个缔约国的武装侵略活动都被视为对所有缔约国的侵略，缔约国有权单独或集体采取包括武力在内的一切可能的方式来抵抗侵略，以恢复安全与和平。但是，该条约并未对侵略和侵略行为的特征进行界定，何种情形应被视为侵略需要成员国开会讨论才能确定，这在相当程度上限制了阿盟的快速反应。正如马克·宾法礼所说："《阿盟宪章》未清晰界定'侵略'的含义，因此几乎阿盟成立以来产生的所有地区争端和冲突都被成员国称为'侵略'，阿盟也按照'侵略'的标准来处理争端，这导致每个决议通过之前都要经历长期而纷繁的共识构建过程。"① 此外，《阿盟宪章》第 1 条规定，成员国有义务以和平方式来解决各种国际争端，但是这一条款也存在指定不明的缺陷。它未指明应用何种体系或何种确切的方式来解决争端，这导致处于争端的国家通常自行选择解决争端的方式，如协商、提供谈判场所但不介入谈判、斡旋、调解或向国际法庭或阿盟理事会提请仲裁等。② 第二，采取有效的军事行动需要具备的第一个要素是阿盟内部大国的支持，第二个要素是制定执行集体安全行动的规则、程序并建立合适的官僚机构负责执行。③ 然而对于阿盟这一地区组织来说，集体安全面临着结构性缺陷，它没有切实执行集体安全的硬件条件。例如，阿盟没有自己的军队。

小　结

　　综上，阿盟的成立是阿拉伯民族主义兴起和阿拉伯国家协商的自然结果。在 70 多年的发展历程中，随着阿拉伯民族主义衰落和国家主义兴

---

① Marco Pinfari, "Nothing but Failure? The Arab League and the Gulf Cooperation Council as Mediators in Middle Eastern Conflicts," Working Paper at Crisis States Research Centre, No. 2, March 2009, p. 3.

② Ezzeldin Foda, "The Peaceful Settlement of Disputes Within The League of Arab States," in *The Projected Arab Court of Justice: A Study in Regional Jurisdiction with Specific Reference to the Muslim Law of Nations*, The Hague: Martinus Nijhoff, 1957, p. 24.

③ Paul F. Diehl and Joseph Lepgold (eds.), *Regional Conflict Management*, Maryland: Rowman & Littlefield Publishers, 2003, p. 47.

起，尤其是失去埃及这一大国的支持，阿盟由发展的高峰迅速陷入停滞并跌入低谷，但阿盟并未失去前进的动力。进入 21 世纪，阿盟面对新的国际局势和地区政治环境，积极调整和改革，不断积蓄能量。阿盟的发展是波浪式的，它既经历过辉煌时刻，也曾困顿不堪。20 世纪 90 年代，由于阿拉伯国家的分裂，阿盟坠入谷底。然而，穆萨于 2000 年担任阿盟秘书长后，开启了大幅度的改革和创新，为阿盟打开了一个全新的局面。中阿合作论坛就是在穆萨任期内创立的。尽管"阿拉伯之春"以来，由于国际格局和地区局势的深刻变动，阿盟再次陷入困境，但是未来随着危机结束，阿盟可望走出窘境。

在地区安全治理上，《阿盟宪章》和《共同防御条约》对解决争端作出了明确规定，这为阿盟介入争端管理、管控冲突提供了法律依据。联合国也鼓励阿盟参与安全治理，《联合国宪章》第 8 章第 52 条赋予了阿盟进行安全治理的合法权利。首脑理事会、外长理事会以及秘书长是阿盟安全治理的三大主体，其中秘书长的斡旋调停在阿盟的安全治理中具有突出作用。仲裁、斡旋和集体安全是阿盟安全治理的三大方式。不过由于阿盟的仲裁是自愿的，没有成立专门的仲裁机构，也由于阿拉伯国家很少向阿盟寻求仲裁，阿盟在安全治理的实践中采取的主要手段是斡旋和集体安全。

第二章

阿盟对阿拉伯国家内战的斡旋

大部分阿拉伯国家是英国和法国等殖民列强在一战后"分而治之"和"人为制造"的产物。拿着笔和尺子的殖民统治者在地图上随意地划定了阿拉伯国家的边界，阿拉伯世界的原有社会生态被打破重组，历史上往来密切的阿拉伯地区被分裂为多个阿拉伯国家，其中一些阿拉伯国家存在多个族群和教派。阿拉伯世界民族和国家的错置，导致阿拉伯国家一方面极易受到外部渗透和干预，另一方面国家内部整合难度加大，十分脆弱。当面临共同的外来侵略时，阿拉伯民族主义和阿拉伯集体认同能够凝聚四分五裂的阿拉伯国家的力量；而当外部威胁减小，阿拉伯国家便陷入权力斗争和"零和游戏"，国家内部不同族群和教派之间的矛盾犹如随时可能爆发的火山，具有不同政治理念和意识形态的党派或派别为争夺国家统治权而"手足相残"。"阿拉伯国家间政治具有很高程度的'消极'相互依赖（的特征），这意味着阿拉伯国家对可能改变阿拉伯权力平衡的内外政策既敏感又易受其伤害。"[1] 自阿拉伯国家体系形成以来，不少阿拉伯国家内部动荡不安，频繁发生争夺统治权力的冲突。

尽管《阿盟宪章》确定了"国家主权"和"不干涉内政"的原则，也未明确指出阿盟负有处理国家内部战争的责任，但由于阿拉伯国家内战和内部冲突极易外溢，威胁阿拉伯世界的安全、和平与整体利益，阿盟在事实上为维护阿拉伯世界的稳定，经常介入、斡旋调停阿拉伯国家

---

[1] Avraham Sela, *The Decline of the Arab-Israeli Conflict: Middle East Politics and the Quest for Regional Order*, Albany: State University of New York Press, 1998, pp. 11–12.

内战。因此，内战是阿盟安全治理面临的主要问题。它在阿拉伯国家的内战中灵活运用事实调查、秘书长斡旋等手段，充分发挥着协调和斡旋调停的作用。

第一节　部分成功：阿盟对也门内战（1962~1970年）的斡旋

1962 年 9 月 26 日，不满也门王室统治的"自由军官组织"发动军事政变，推翻了伊玛目穆哈迈德·巴德尔（Mohammed al-Badr）政权，宣布成立阿拉伯也门共和国（Yemen Arab Republic），阿卜杜拉·萨拉勒（Abdullah al-Sallal）就任总统。逃往北部山区的巴德尔及其他王室成员向沙特和英国求援，曾被前任国王艾哈迈德任命为也门常驻联合国代表的哈桑（Hassan）王子（巴德尔的叔叔）也迅速从纽约赶回，在沙特和也门交界地带建立流亡政府，支持巴德尔的反攻行动。[①] 萨拉勒总统则向埃及寻求军事援助，接受苏联军事顾问的帮助。共和政权和君主派争夺政治权力的也门内战爆发。

面对有外部大国介入且夹杂着激烈的地区与国际地缘政治博弈的也门内战，美国肯尼迪总统和联合国先后进行调停斡旋，试图让埃及和沙特及其各自支持的共和政权以及王室反对派停战讲和。但是，美国和联合国的调停最终都以失败告终。晚于美国和联合国介入也门内战的阿盟却成为调停也门内战的主角，并在斡旋调解中取得了部分成功。

一　阿盟的斡旋调停

也门爆发政变两天后，阿盟秘书长哈苏纳就同时接到也门王室流亡政府和萨拉勒共和政府要求召开理事会议来讨论也门政府合法代表问题的请求。叙利亚、突尼斯等国家也希望阿盟为解决冲突作出努力。但秘

---

① Guy Arnold, *Wars in the Third World Since 1945*, London：Bloomsbury Publishing, 1995, pp. 455-456.

书长哈苏纳以时机不成熟为由，建议延迟讨论也门问题。① 直到 1963 年 3 月，阿盟才正式承认萨拉勒政权，接受萨拉勒政权为也门的合法代表。同年 9 月 19 日，在也门驻阿盟代表的呼吁下，阿盟召开理事会，并在理事会上通过决议，敦促所有成员国积极响应也门的要求，为也门的发展提供一切必要的援助，在国际舞台上与也门站在同一阵线。理事会委托理事会主席和秘书长与相关国家进行接触，完成帮助也门恢复和平的任务。② 自此，阿盟正式介入调停也门内战。

得到理事会授权和指示后，秘书长哈苏纳和其他阿盟官员在开罗组成"和平使团"（Peace Mission）。"和平使团"开始在也门内战各相关方之间进行穿梭调停，以实现美国总统肯尼迪和联合国驻也门监察团未能完成的停战促和任务。阿盟的斡旋分为三个阶段，即：了解介入也门内战各相关国家的想法，向其传达阿盟理事会的决议；安排召开阿盟峰会，为各国领导人当面交流看法创造机会，协助埃及和沙特，指导也门王室武装和共和政权召开哈拉德（Haradh）会议；喀土穆峰会后，建立"三方和平委员会"，提出埃及和沙特定期从也门撤军。

（一）与相关阿拉伯国家会谈

得到理事会授权后，阿盟秘书长哈苏纳率领"和平使团"对多个阿拉伯国家进行访问，成功与相关国家建立了广泛接触。

第一，"和平使团"动员中立国家充分发挥其调停作用。1963 年 9 月 24 日，"和平使团"到达贝鲁特，与立场中立的黎巴嫩总理拉希德·卡拉米（Rashid Karami）进行商议，使团表示希望卡拉米总理利用他的影响力来说服沙特、约旦等阿拉伯国家接受和谈的建议。③

第二，阿盟秘书长哈苏纳及"和平使团"与直接介入也门内战的阿

---

① Tawfig Y. Hasou, *The Struggle for the Arab World: Egypt's Nasser and the Arab League*, London: KPI, 1985, p. 139.

② Hussein A. Hassouna, *The League of Arab States and Regional Disputes: A Study of Middle East Conflicts*, New York: Oceana Publications, 1975, pp. 184–185.

③ Sirag G. Zamzami, "The Origins of the League of the Arab States and Its Activities Within the Member States, 1942–1970," Doctoral Dessertations, University Microfilms International, 1978, p. 503.

拉伯国家进行会谈，充分了解各方的立场和关切。1963 年 9 月 25 日，在结束对黎巴嫩的访问后，使团到达沙特阿拉伯的塔伊夫。哈苏纳秘书长及其他使团成员与费萨尔亲王及其他沙特官员进行了四轮会谈。他们向费萨尔通报了两次理事会议正式通过的决议，尤其是充分吸取与会也门代表意见而提出的第二个决议。也门代表在该决议中提出，也门希望与邻国建立正常关系，希望沙特和也门能够尽最大努力结束两国边境地带的紧张局势。费萨尔向使团表示，沙特愿意与阿拉伯兄弟国家恢复正常的外交关系，促进阿拉伯团结，愿与任何致力阿拉伯团结的国家合作。沙特还希望使团能够使介入也门内战的其他相关方（意指埃及）响应也门人民的关切，维护也门人民的利益。[1] 费萨尔向使团保证"沙特军队不会越过也门边界"，但是（其他国家）有必要"结束对阿拉伯兄弟国家的宣传活动"。[2] 阿盟"和平使团"访问活动结束后，沙特政府发布了一份官方通告："沙特欢迎旨在促进阿拉伯团结的调解活动，沙特将为实现这一目标而积极合作。沙特致力维护也门人民的利益，同时，也希望使团能促使其他阿拉伯国家作出和沙特一样的承诺。"[3]

1963 年 10 月 1 日，阿盟"和平使团"前往约旦，与侯赛因国王及其政府官员进行会谈。与之前约旦代表在理事会上对理事会承认共和政权为也门合法代表持保守态度不同，侯赛因国王对使团表示，"约旦已改变之前的立场，约旦将停止对君主派的所有援助，不久后将承认也门共和国，并与其重启外交关系。约旦已不再是也门内战的参与方"。和沙特一样，约旦也强调"其他阿拉伯国家有必要停止在新闻广播中攻击他国"。

① Tawfig Y. Hasou, *The Struggle for the Arab World*: *Egypt's Nasser and the Arab League*, London: KPI, 1985, pp. 143-144.

② Sirag G. Zamzami, "The Origins of the League of the Arab States and Its Activities Within the Member States, 1942-1970," Doctoral Dessertations, University Microfilms International, 1978, p. 503.

③ Sirag G. Zamzami, "The Origins of the League of the Arab States and Its Activities Within the Member States, 1942-1970," Doctoral Dessertations, University Microfilms International, 1978, p. 504.

1963 年 10 月 6 日，"和平使团"到达也门萨那。9 日，哈苏纳秘书长和使团成员与萨拉勒在塔伊兹进行会谈，双方探讨了理事会决议。使团成员还向也门萨拉勒总统及政府官员通报其与约旦和沙特政府的会谈结果。获知沙特和约旦的友好表态后，也门政府对阿盟理事会的调停能力表示高度赞赏。为表示感激，也门特地发布了一份感谢使团调停的官方文件，赞赏约旦和沙特的积极表态，重申其致力巩固阿拉伯团结，与阿拉伯兄弟国家实现关系正常化。阿盟自身也对调停成功抱有极大的希望。阿盟秘书长助理赛义德·纳法尔（Sayyid Nofal）说道："受命前往约旦、沙特和也门进行斡旋的阿盟使团，有希望使各方重建之前的'正常'（即友好）关系。"① 在此次访问也门的过程中，使团没有会见任何君主派人士。

随后，使团返回开罗，与埃及外交部长交流看法。埃及外交部长告知使团，埃及已经根据脱离接触协议逐渐从也门撤军，希望其他相关方也切实履行协议。②

经过穿梭调停，阿盟秘书长和"和平使团"充分了解了各方的关切和立场，并在各国之间传递信息。这使冲突各方能够知晓彼此的意图和底线，为各国接下来进行实际谈判创造了有利条件和良好氛围。尽管在使团结束多轮穿梭斡旋后，埃及和沙特都没有从也门实际撤军，也门内战仍在继续，但约旦已经宣布不再介入也门内战。约旦的退出一定程度上使得也门内战的复杂程度降低。

（二）安排召开首脑理事会，为各国领导人面对面磋商创造机会

阿盟第一轮斡旋调停结束后，沙特和埃及并未履行撤军的口头承诺，反而为了在战场取得更多筹码，加大了对抗力度。在君主派采取"乡村、部落包围城市，避免与埃及正规军正面作战"的游击战术后，埃及在也

---

① Sirag G. Zamzami, "The Origins of the League of the Arab States and Its Activities Within the Member States, 1942-1970," Doctoral Dessertations, University Microfilms International, 1978, pp. 505-506.

② Hussein A. Hassouna, *The League of Arab States and Regional Disputes: A Study of Middle East Conflicts*, New York: Oceana Publications, 1975, pp. 185-186.

门的军事行动遭受重大挫折。① 这使纳赛尔萌生了从也门撤出埃及军队的想法。于是，纳赛尔利用当时引发各个阿拉伯国家极大担忧的以色列修改约旦河道的问题，呼吁阿拉伯国家召开会议，统一制定对以色列的政策。这为纳赛尔在会议中与沙特商议结束在也门的战争提供了一个良好契机。

1963 年 12 月 24 日，纳赛尔指示埃及外交部长向阿盟秘书长发出一封信函，希望阿盟主持召开阿拉伯首脑会议，探讨以色列改变约旦河道的问题。接到信件后，秘书长哈苏纳向所有成员国发出参加峰会的邀请函，积极组织筹划召开会议。1964 年 1 月 13 日，第一届阿盟峰会在开罗如期举行。整个会议全程弥漫着和解与谅解的气氛。约旦侯赛因国王抵达开罗几个小时后，纳赛尔就与其会面，并很快宣布两国恢复外交关系。埃及新闻报刊停止在舆论上攻击约旦，约旦则向埃及承诺不再参与任何反对埃及的行动。更重要的是，纳赛尔和沙特国王在会议上建立了友好对话关系，两位元首表示努力促进也门内战实现政治解决。此外，伊拉克总理阿里夫（Arif）和阿尔及利亚总统本·贝拉（Ben Bella）也在纳赛尔和费萨尔之间进行积极斡旋，他们最后成功地策划了由埃及副总统和沙特费萨尔王储当面进行对话的利雅得会议。②

第一届阿盟峰会发表声明："各国的国王与国家元首一致同意解决一切分歧，消除阿拉伯世界中不和谐的声音，并停止一切（敌对）宣传运动；巩固阿拉伯各兄弟国家间的关系，复兴集体合作的计划，并击退威胁着所有阿拉伯人的咄咄逼人的犹太复国主义阴谋家。"③ 这项原则的确立表明阿拉伯民族团结的精神仍然是推动阿拉伯国家捐弃前嫌、携手合

① 1963 年 9 月至 1964 年 1 月，有 2585 名埃及共和政权士兵死亡，30 辆坦克和 19 辆装甲车被摧毁。新年伊始，君主派就和具有更高级军事装备的埃及形成对峙局面。君主派的攻势迫使共和政权军队后撤，萨那和荷台达的交通被中断，萨那成为"围城"。参见 Asher Orkaby, *Beyond the Arab Cold War: The International History of the Yemen Civil War, 1962-68*, New York: Oxford University Press, 2017, p.76。

② Alan W. Horton, "The Arab Summit of January 1964: Some Observations on Inter-Arab Relations," *Northeast Africa Series*, Vol. 6, No. 1, 1964, pp.197-199.

③ 钟冬编《中东问题八十年》，新华出版社，1984，第 611 页。

作的重要动力,停止宣传运动为沙特和埃及关系的改善奠定了基础。另外,自从纳赛尔因1961年阿联解体而表态抵制阿盟,阿盟受到重挫,而此次峰会的召开使得阿盟的影响力得以恢复。正如一些观察员评论道:"让所有阿拉伯国家首脑齐聚一堂,意味着阿盟威望的回归。"一位阿盟高级官员也认为:"纳赛尔呼吁召开峰会将使阿盟重回黄金时代。"[1] 第一届阿盟峰会召开的意义在于:第一,它使纳赛尔改变了对沙特和约旦的敌视态度,埃及和沙特的关系得以改善,两国开始认真地探讨就也门事务达成和解协议[2];第二,其他成员国能够在阿盟这一场所各尽所能地劝和促谈,为随后埃及和沙特的直接接触打下基础。第一届阿盟峰会结束后,也门内战各方和谈取得重大进展。1964年3月初,埃及副总统阿明率代表团访问利雅得,并与费萨尔王储和沙特官员举行会谈。会谈结束后,双方发布联合声明,宣布两国恢复外交关系,共同表态支持也门的完全独立。7月22日,约旦政府宣布承认阿拉伯也门共和国。[3]

不过,与第一次秘书长和"和平使团"结束调停后的情况类似,埃及和沙特再次在也门重启战端。1964年4月23日,为了扭转由于君主派的强势进攻而不断恶化的战场形势,纳赛尔仓促地访问也门,并宣布将埃及在也门的驻兵增至3.6万人,向君主派发动夏季攻势。[4] 纳赛尔增兵也门实际上是为未来的外交谈判增加筹码。[5] 纳赛尔再次利用于1964年9月在亚历山大召开的第二届阿盟峰会的机会,与费萨尔达成协议,二者同意"为了和平解决也门问题,将全力合作,在相关方之间进行调解,

---

① Tawfig Y. Hasou, *The Struggle for the Arab World: Egypt's Nasser and the Arab League*, London: KPI, 1985, pp. 146-147.

② Malcolm H. Kerr, *The Arab Cold War: Gamal Abd AL-Nasir and His Rivals, 1958-1970*, Third Edition, New York: Oxford University Press, 1971, p. 101.

③ Hussein A. Hassouna, *The League of Arab States and Regional Disputes: A Study of Middle East Conflicts*, New York: Oceana Publications, 1975, p. 187.

④ Asher Orkaby, *Beyond the Arab Cold War: The International History of the Yemen Civil War, 1962-68*, New York: Oxford University Press, 2017, p. 78.

⑤ 纳赛尔认为只有先在战场上取得胜利,再诉诸外交手段,才能使埃及处于一个更加有利的地位,也门共和政权也才能在占领更多领土的情况下实现停火。

直至也门局势稳定"。①

随着埃及和沙特达成和解，也门共和政权和君主派也于 1964 年 10 月 30 日在苏丹的埃尔科维特（Erkowit）进行和平谈判。但也门内战双方的和谈以失败告终，沙特和埃及在也门的对峙也随之升级。直到 1965 年 7 月，埃及和沙特才在约旦、科威特、阿尔及利亚等国家的居间调停下重启谈判。纳赛尔和费萨尔最终签署《吉达条约》，同意结束在也门的战争，其中沙特结束对君主派的军事经济援助，埃及从也门撤军。纳赛尔和费萨尔还请求阿盟对君主派和共和派的和谈进行监督。② 然而，埃及和沙特在哈拉德召开的和谈会议再次以失败告终。又由于沙特准备与伊朗组建反对阿拉伯民族主义的伊斯兰联盟以及英国宣布从亚丁撤军，纳赛尔有意增加在也门的军事部署。至此，1964 年第一届阿盟峰会以来阿拉伯国家之间形成的友好氛围消失殆尽。

在阿盟调停也门内战的第二阶段，阿盟发挥了一种桥梁纽带作用，为势不两立的沙特和埃及提供了可以直接进行对话的平台，这有利于双方进行坦率真诚的交流，避免误判。此外，阿盟还为其他阿拉伯国家在沙特和埃及之间进行斡旋调停创造机会。1965 年埃及和沙特关系的缓和与《吉达条约》的签订是阿拉伯国家调解的结果。尽管埃及和沙特在也门的战争打打停停，停停打打，停火协议屡遭破坏，但是阿盟始终是双方尤其是纳赛尔比较看重的一个缓冲平台，所谓"战争是政治的延续"，当双方的战争陷入僵局，希望实现政治和解时，阿盟是埃及与沙特进行对话谈判、缓和紧张关系的最好选择。

（三）阿盟成立"三方和平委员会"，监督君主派和共和派停战

埃及和沙特的战争意志决定了也门内战的进程。1966 年，由于沙特邀请伊朗参加伊斯兰峰会，埃及对沙特愈加不满，指责沙特支持君主派，甚至在

---

① Hussein A. Hassouna, *The League of Arab States and Regional Disputes*: *A Study of Middle East Conflicts*, New York: Oceana Publications, 1975, pp. 187-188.

② Nahla Yassine-Hamdan and Frederic S. Pearson, *Arab Approaches to Conflict Resolution*: *Mediation*, *Negotiation and Settlement of Political Disputes*, London: Routledge, 2014, p. 116.

战场上对君主派和共和派异见分子使用毒气弹。即使约旦和沙特呼吁"搁置分歧，召开峰会以讨论至关重要的巴勒斯坦问题"，纳赛尔仍然坚持暂停举办第五届阿盟峰会。沙特和埃及的和解以及也门内战的结束遥遥无期。直至1967年6月，埃及在第三次中东战争中惨败，埃及的西奈半岛沦陷敌手，纳赛尔才痛下决心，退出也门战争。而为了"优雅而不失体面地"退出，阿盟成为纳赛尔实现这一目的最为有效的工具。

1967年8月28日，阿拉伯国家首脑在喀土穆召开峰会。纳赛尔和费萨尔在此次峰会上达成了解决也门战争的协议。即使萨拉勒反对《喀土穆协议》，此次协议仍得到了切实履行。12月，埃及军队从也门完全撤出。阿盟还设立了由苏丹总理、伊拉克和摩洛哥外长组成的"三方和平委员会"，该委员会负责促进也门君主派与共和派达成和解，成立包括也门各个派系的新政府。"三方和平委员会"成员访问了贝鲁特，并在利雅得和也门王室流亡政府会面后，前往也门。但由于共和派和君主派之间的分歧，"三方和平委员会"未能完成促和任务。

君主派和共和派之间的战争又持续了近两年。至1969年7月，沙特停止支持君主派。最后在沙特的支持下，1970年，君主派和共和派终于在吉达召开的伊斯兰会议上达成结束内战的协议，长达8年的也门内战由此结束。[①]

从阿盟这一阶段的表现来看，阿盟继续为埃及和沙特缓和关系、达成和解提供平台，但是阿盟"三方和平委员会"在也门君主派和共和派之间的斡旋却未成功。

综上，阿盟对也门内战的调解分为三个阶段。在第一个阶段，阿盟的穿梭调停取得了一定成效，缓和了紧张的局势，最重要的是约旦结束了对君主派的支持，约旦与也门恢复外交关系。在第二个阶段，阿盟为纳赛尔和费萨尔的直接谈判提供了平台，也为其他阿拉伯国家在埃及和沙特之间进行斡旋创造了条件。在第三个阶段，纳赛尔和沙特在阿盟峰会上达成和解，但阿盟却未能促使也门君主派和共和派停战。总的来看，

---

① Tawfig Y. Hasou, *The Struggle for the Arab World: Egypt's Nasser and the Arab League*, London: KPI, 1985, p.154.

阿盟的斡旋和调停在一定程度上发挥了黏合剂的作用，为也门内战的结束作出了重要贡献，其斡旋取得了部分成功。

二　阿盟斡旋取得部分成功的原因

也门内战自 1962 年爆发，就受到地区国家和全球大国以及联合国的关注。也门战争极其复杂，它既是一场共和制与君主制的意识形态战争，也是一场夹杂着埃及和沙特两个地区大国权力之争的"代理人战争"，它还牵涉英国殖民主义以及美苏冷战争夺。美国肯尼迪总统在埃及和沙特之间进行斡旋调停，希望通过成功调停使埃及这一地区大国在美苏冷战中投向美国的怀抱，取得对苏联的战略优势。联合国也为履行其维护地区和平与安全的责任而向也门派出观察团，监督埃及和沙特停止介入内战。然而，美国和联合国的调解行动最终都以失败告终。

与美国和联合国的调停行动相比，尽管阿盟介入也门内战的时间较晚，在调停斡旋过程中也屡遭挫败，但是阿盟对埃及和沙特最终实现和解功不可没。若以美国和联合国失败的斡旋行动为参照，阿盟的表现可圈可点。阿盟斡旋能够取得部分成功首先得益于阿盟介入也门内战的时机比较成熟，其次是其他阿拉伯国家积极参与调解活动，最后是阿拉伯民族认同和阿拉伯民族团结精神的积极作用。

（一）较为成熟的介入时机

斡旋时机是斡旋取得成功的重要因素。研究国际冲突管理的著名学者雅各布·贝尔科维奇（Jacob Bercovitch）等人认为，"成熟的时机"对于成功解决极为棘手的冲突至关重要。成熟的时机指的是冲突方发现持续对抗的代价太高而希望达成协议。[1] 争端双方的战争意志及其对于持续战争所需成本与收益的评估，一定程度上决定着战争的发展趋向。因此，选择合适的时机进行斡旋对解决冲突事半功倍。对此，阿盟秘书长哈苏纳具有清晰和敏锐的判断力。

---

[1] Jacob Bercovitch and S. Ayse Kadayifci, "Conflict Management and the Israeli-Palestinian Conflict: The Importance of Capturing the 'Right Moment'," *Asia-Pacific Review*, Vol. 9, No. 2, 2002, p. 116.

第一，阿盟选择了一个风险较小的时间点来介入也门内战。哈苏纳秘书长在也门内战爆发后拒绝讨论也门在阿盟的合法代表问题。美国在1962年12月20日即承认阿拉伯也门共和国，而阿盟直至1963年3月才正式承认萨拉勒政权，接受萨拉勒政权为也门的合法代表。这体现了阿盟秘书长和理事会的审慎态度，在美苏乃至联合国大会承认阿拉伯也门共和国后才接纳萨拉勒政权是一种风险更小、代价更低的权宜之计。

第二，阿盟充分吸取了美国和联合国斡旋失败的教训。美国总统肯尼迪派遣前大使埃尔斯沃思·邦克（Ellsworth Bunker）在埃及和沙特之间进行斡旋，联合国则提出"脱离接触协议"[1]，并成立联合国驻也门监察团以监督埃及和沙特履行协议。然而，美国和联合国的斡旋行动存在严重缺陷，即二者没有认识到也门内战的复杂性以及埃及和沙特在也门进行直接冲突的深层次原因。二者的斡旋调停方案仅让埃及和沙特脱离接触和实现和解，而未触及埃及和沙特之间的深层次矛盾，这难免会导致二者的调停以失败告终。洞悉局势的阿盟并不寄希望于在埃及和沙特之间进行直接斡旋就一劳永逸地实现也门内战的和平解决，而是采取缓和的斡旋策略，在约旦、沙特和埃及之间扮演通信人角色，并鼓励其他阿拉伯国家参与调停。阿盟秘书长哈苏纳深刻认识到，埃及和沙特在也门存在重大利益冲突，因此只有等到一方具有停战意愿时，斡旋才可能发挥作用。当纳赛尔在1963年12月24日向阿盟秘书长提出召开峰会时，阿盟秘书长哈苏纳意识到"机会来了"，因此立即予以响应，向所有成员国发出召开首脑会议的邀请函。之后，阿盟充分发挥其平台作用，为埃及和沙特提供交流和谈判的场所。

需要指出的是，在冲突管理和安全治理中，并非只有深度介入和具有强制力的直接斡旋才能促进争端和平解决。采取何种斡旋方式需要具体情况具体分析。就也门内战而言，它表面上是共和派和君主派的内部权力之

---

[1] 根据"脱离接触协议"：沙特应停止对君主派的所有援助，禁止君主派使用沙特领土进行反对也门共和国的活动；埃及尽快从也门撤离所有军队，不得报复在该协议达成之前支持君主派的所有相关方，结束对沙特的进攻行动；在沙特和也门边界设立20公里的非军事区，禁止任何武装部队或军事装备进入该区；将派遣公正的观察员在该地区观察脱离接触情况，并监督沙特停止支援和埃及撤军的整体情况。参见郭宝华《中东国家通史：也门卷》，商务印书馆，2004，第185页。

争，但实际上它是以埃及和沙特为首进行的"阿拉伯冷战"的延伸。寄希望于通过一次性斡旋或用一个方案便一劳永逸地停止也门内战、解决也门问题，显然不太现实。从成本和收益的角度来看，纳赛尔不可能在巨大战争开支的情况下，"两手空空地"从也门撤军。尽管为也门战争耗费的巨大人力和物力已使埃及不堪重负，埃及也在考虑如何在也门减损、止损，但是为了维护埃及大国的形象、尊严和最大限度增加谈判筹码，埃及不得不选择继续留在也门与君主派作战。而面对埃及的步步紧逼及对王室政权的进攻，沙特也不可能后撤或主动"示弱求和"。因此，只有等到埃及在第三次中东战争中遭到惨败，无力再在也门与沙特持续对抗时，也门战争的解决才会比较顺利。从这个角度来看，也门内战本身的复杂性决定了阿盟会采取缓和的斡旋策略，在沙特和埃及之间充当中间人，并在两国表现出和解意愿时积极配合，为他们的和谈创造条件。

（二）阿盟鼓励阿拉伯国家积极调解和主动作为

也门内战是阿拉伯地区最复杂的冲突之一。也门内战爆发时，阿拉伯世界处于激烈的意识形态对抗中，大多数阿拉伯国家或者加入以埃及为首的主张泛阿拉伯主义的共和制阵营，或者加入以沙特为首的保守的君主制阵营。仅有黎巴嫩、苏丹、科威特保持中立，在两大阵营之间不选边站队。① 阿盟秘书长哈苏纳对阿拉伯世界的两极博弈洞若观火。因此，在阿盟正式开启斡旋调停活动时，哈苏纳秘书长率领"和平使团"最先访问和进行沟通的国家不是在也门短兵相接的沙特和埃及，而是远离硝烟弥漫的战场、处于阿拉伯世界北端的黎巴嫩。在贝鲁特停留的一天时间里，哈苏纳秘书长邀请黎巴嫩参与调停，向黎巴嫩表达了希望对方充分利用其中立立场来充当中间人，在埃及和沙特之间劝和促谈。

阿盟还成功地促使约旦转变立场。在表态支持共和政权和停止介入也门内战后，约旦摇身一变，转而成为调解人，积极参与斡旋活动。此

---

① Mark W. Zacher, "The Arab League and Inter-Arab Conflicts," in *International Conflicts and Collective Security, 1946 - 1977: The United Nations, Organization of American States, Organization of African Unity, and Arab League*, New York & London: Praeger, 1979, p. 169.

外，阿盟为阿尔及利亚等其他阿拉伯国家发挥调解作用创造机会。在第一届阿盟峰会召开期间，阿尔及利亚和伊拉克总统扮演了调解者的角色。他们努力让沙特和埃及恢复关系，并致力说服沙特承认也门共和国。他们指出，沙特若停止援助君主派，埃及军队将撤出也门。[1]

在阿盟峰会之外，阿拉伯国家持续坚持劝和促谈，为埃及和沙特关系的缓和发挥了重要作用。1965 年，当埃及和沙特在也门对抗升级，也门局势急剧恶化之时，约旦侯赛因国王和阿尔及利亚总统先后展开政治斡旋行动。1965 年 6 月 14 日，侯赛因国王向纳赛尔和费萨尔写信，提议成立由共和派和王室共同组成的联合政府，该联合政府将执政至全民公投举行之日。在此期间，将成立阿拉伯和平部队来取代部署在也门的埃及军队。之后，阿尔及利亚总统本·贝拉派特使前往萨那、开罗和巴格达进行斡旋。侯赛因国王后来也亲自率领团队访问利雅得，与费萨尔国王进行对话。约旦和阿尔及利亚的斡旋调解最终促使埃及和沙特于 8 月 24 日在吉达签订《吉达协议》。[2] 吉达会议的召开是也门内战的转折点，标志着也门内战进入到一个新的阶段。除叙利亚外，参加第四届阿盟峰会的其他阿拉伯国家都对沙特和埃及签订《吉达协议》表示赞赏和欢迎。[3] 当 1966 年由于哈拉德和谈会议失败，也门战火重启时，科威特埃米尔再次将埃及和沙特带上谈判桌。埃及代表和沙特政府代表在科威特经过谈判后，签署了由科威特政府起草的和平计划。

在漫长的也门 8 年内战中，阿拉伯国家的调解对埃及和沙特结束在也门的对抗，最终实现和解具有重要意义。尽管埃及和沙特签订的和平协议或达成的共识屡次遭到撕毁，但是阿拉伯国家的居间调停加速了两国的和解，为埃及和沙特的相互妥协提供了政治空间。阿盟的鼓励和为各国参与斡旋创造了机会，无疑对埃及和沙特缓和关系大有裨益。

---

① Hussein A. Hassouna, *The League of Arab States and Regional Disputes：A Study of Middle East Conflicts*, New York：Oceana Publications, 1975, p. 186.

② Hussein A. Hassouna, *The League of Arab States and Regional Disputes：A Study of Middle East Conflicts*, New York：Oceana Publications, 1975, pp. 188–190.

③ Tawfig Y. Hasou, *The Struggle for the Arab World：Egypt's Nasser and the Arab League*, London：KPI, 1985, p. 151.

（三）阿拉伯民族团结精神的黏合剂作用

阿盟能够在也门内战的斡旋中取得部分成功，阿拉伯民族主义和阿拉伯民族团结这一精神力量的作用不可忽视。尽管埃及和沙特在当时相互攻讦、针锋相对，在政治制度和意识形态上彼此敌对，但同属于阿拉伯民族的身份认知成为两国关系缓和的润滑剂，阿拉伯民族团结的情感和阿拉伯兄弟手足情谊，促使这两个阿拉伯大国走上谈判桌，最终握手言和。可以看到，抵制以色列占领阿拉伯领土和损害阿拉伯人利益的共同愿望一再将埃及与沙特从战场上带回了谈判桌，使两国能够暂时搁置分歧，并共同展现出合作的意愿。

在阿盟秘书长哈苏纳和"和平使团"访问沙特时，费萨尔就说道："希望结束对阿拉伯兄弟国家的新闻宣传运动"，沙特在其发布的官方声明中提到"欢迎一切旨在促进阿拉伯团结和恢复阿拉伯兄弟国家正常关系的调解活动"。[①] 约旦、也门在其官方声明中也提到"感谢阿盟为巩固阿拉伯团结和促使阿拉伯国家恢复关系所作出的所有努力"。1964 年，共同应对以色列改变约旦河河道问题的美好初衷让所有存在分歧的阿拉伯国家集聚一堂，阿拉伯民族团结和共御外侮的精神再度彰显，和解的气氛贯穿整个开罗峰会会场。其间，纳赛尔一改之前猛烈抨击君主制国家的立场，埃及和沙特以及约旦恢复外交关系。之后，埃及代表团访问了沙特，就结束也门战争的问题与费萨尔及沙特政府官员进行了深入的探讨。因以色列改变河道问题而召开的第二届阿盟峰会和第三届阿盟峰会也促使埃及和沙特进行直接沟通和当面对话。

此外，正是阿拉伯民族主义精神和团结意识的存在，约旦、伊拉克、阿尔及利亚、科威特等阿拉伯国家坚持不懈地在埃及和沙特之间奔走，积极斡旋调停，竭力促和劝谈。《吉达条约》的签订就是约旦和科威特等国家持续不断居间调停的结果。

总的来说，当埃及和沙特在也门兵戎相见，战火纷飞之时，阿拉伯

---

① Tawfig Y. Hasou, *The Struggle for the Arab World: Egypt's Nasser and the Arab League*, London: KPI, 1985, p. 144.

人团结一致对抗以色列这一外敌的民族精神有效地缓和了紧张的局势，使得埃及和沙特能够弥合争端，实现一定程度的政治妥协。

综上，阿盟在也门的斡旋调解取得了部分成功。其中合适成熟的时机、鼓励其他阿拉伯国家积极进行劝和促谈，以及阿拉伯民族团结精神是重要因素。与美国和联合国的斡旋相比，阿盟的斡旋有其鲜明的特色，阿盟对地区局势和地区格局的认知更加深刻，对也门内战发展趋向的把握更为准确，阿盟在斡旋过程中善于调动一切能够缓和关系的力量。阿盟的亮点之处在于，它能够使针锋相对的两国坐在一起探讨解决方案，展现阿拉伯团结的精神力量。

不过，也门内战结束的最主要因素是埃及在 1967 年"六五战争"中的惨败，埃及不得不结束在也门的军事行动。阿盟仅是争端方释放讲和信号和体面地进行和解的重要工具。正如中东问题著名学者马尔科姆·科尔（Malcolm H. Kerr）所指出的，"阿盟总是在成员国希望达成协议时充当最有力的工具，它还偶尔成为一国向另一国施压的平台，但是阿盟要发挥作用，总是需要各成员国的合作意愿成为主流"①。从根本上讲，阿盟能成功斡旋冲突，主要取决于争端方的战争意志。介入调解的时机至关重要，一个合适成熟的时机将更容易地说服争端方减小冲突规模，达成政治妥协。此外，阿盟在也门内战中的斡旋还说明调解是艰难曲折和变化不定的，不能寄希望于采取强硬措施一次性调停冲突，而是应该根据局势的变化适时地更改调解策略，顺势而为，为争端方的和解创造最佳条件。

第二节　失败：阿盟对叙利亚内战
（2011年以来）的斡旋

叙利亚是古代闪米特文明的重要发源地，其古代文明可以追溯至公元前 2000 年的腓尼基时代。叙利亚的首都大马士革堪称"人间的天堂"

---

① Malcolm H. Kerr, *The Arab Cold War*: *Gamal Abd AL-Nasir and His Rivals*: *1958 – 1970*, Third Edition, New York: Oxford University, 1971, pp. 96–97.

"地上的花园"。在悠久的历史长河中，多种文明在此交汇融合，形成了兼具传统与现代的独特性。在帝国主义国家向中东殖民的时代，叙利亚成为阿拉伯民族文化觉醒的沃土，是阿拉伯民族主义思想产生的核心地区。阿拉伯民族国家体系建立以来，叙利亚长期是与埃及并重的地区大国，对地区事务具有重要的话语权。

然而，2011 年，"阿拉伯之春"席卷西亚北非地区，造成多个阿拉伯国家陷入长期动乱和血腥内战，叙利亚即在其中。在这场政治动乱中，阿盟一改 20 世纪 90 年代以来在地区冲突中低调无为的姿态，主动高调地介入利比亚和叙利亚内战。在利比亚，阿盟史无前例地以保护平民为由，请求联合国在利比亚设立"禁飞区"。然而，始料未及的是，试图在此轮战乱冲突中以强势介入来提升影响力的阿盟却成为北约和部分阿拉伯国家的利用对象。北约和这些阿拉伯国家故意曲解阿盟和联合国决议，粗暴地对利比亚进行军事干涉，颠覆了卡扎菲政权。利比亚由此陷入民不聊生、战乱频繁和严重的人道主义灾难中。鉴于此，当叙利亚政治危机爆发时，阿盟最初坚持在"阿拉伯框架"内解决冲突，通过民族对话实现政治解决，但阿盟最终在沙特等国家施压下重蹈覆辙，要求叙利亚巴沙尔政权下台，完全偏袒反对派。由于偏离中立立场，得不到信任，阿盟的斡旋最后以失败告终，其在地区的威信和影响力遭到严重削弱。

一　阿盟的斡旋

（一）第一阶段：审慎介入

2011 年 3 月 15 日，叙利亚爆发大规模反政府抗议运动。巴沙尔派遣安全部队进行镇压，逮捕部分反政府人士，示威者则要求释放政治犯，进行政治改革，给予人民更多权利和自由。双方的相互指责和攻击导致危机升级，自 2011 年 1 月以来共造成 9000 多人伤亡。[①] 与阿盟对利比亚

---

① Maya Bhardwaj, "Development of Conflict in Arab Spring Libya and Syria: From Revolution to Civil War," *The Washington University International Review*, Vol. 1, Spring 2012, p. 84, http://pages. wustl. edu/files/pages/imce/migration/wuir_ spring_ 2012, accessed: 2020 - 09 - 20.

危机的迅速、强硬反应不同，自3月叙利亚危机爆发直至8月，阿盟一直比较谨慎，总体保持审慎介入的态度。

阿盟强调应该在"阿拉伯框架"内解决叙利亚问题，希望巴沙尔政权通过政治改革来实现叙利亚危机的政治解决。即使经历秘书长换届，阿盟的这一主张仍未有大的变动。2011年7月3日，新一届秘书长纳比勒·阿拉比（Nabil al-Arabi）一上任便亲自前往叙利亚大马士革与叙利亚总统巴沙尔进行交谈。阿拉比表示，希望叙利亚进行政治改革，尊重民众的言论自由与和平集会自由。3月以来，阿盟仅是表明自己的态度，并未召开理事会或首脑会议来讨论叙利亚问题。直至8月27日，阿盟才召开特别外长会首次正式讨论叙利亚危机。在此次会议结束后，阿盟的态度变得强硬一些，但仍坚持"阿拉伯方案"和政治解决的总体方针。

那么，5个多月时间都未召开会议讨论叙利亚问题的阿盟，为何在8月27日召开特别外长会呢？这主要是三个方面的压力导致的。

第一，美国、英国及欧盟国家的舆论施压。2011年8月18日，美国率先指控巴沙尔镇压抗议者，声称镇压抗议者的巴沙尔政权已经失去了统治合法性。美国一方面对巴沙尔政权进行经济制裁，禁止叙利亚与美国进行石油和天然气交易，冻结巴沙尔政府在美国的所有资产，另一方面要求巴沙尔辞职下台。[1] 同日，欧盟也发表报告谴责叙利亚政府，该报告指出："叙利亚领导人未能听从欧盟和包括其邻国在内的国际社会的忠告，仍然血腥镇压抗议者。违背改革承诺的叙利亚总统已不可信。欧盟认为，巴沙尔已经完全丧失合法性，巴沙尔应该下台。"[2] 与此同时，英国也表态支持欧盟对巴沙尔政权施行更加严厉的制裁，英国声称："我们英国、法国和德国三国认为，使用军队残暴镇压国民的巴沙尔总统已经丧失了合法性，

---

[1] The White House President Barack Obama, "Statement by President Obama on the Situation in Syria," August 18, 2011, https://obamawhitehouse.archives.gov/the-press-office/2011/08/18/statement-president-obama-situation-syria, accessed: 2020-10-03.

[2] European Union, "Declaration by the Hign Representative, Catherine Ashton, on Behalf of the European Union on EU Action Following the Escalation of Violent Repression in Syria," 13488/1/11 REV 1, PRESSE 282, Bussels, August 18, 2011, https://www.consilium.europa.eu/uedocs/cms_Data/docs/pressdata/en/cfsp/124393.pdf, accessed: 2020-10-03.

他没有资格继续领导叙利亚。我们呼吁他面对叙利亚人民反对其统治的现实，为了叙利亚人民的利益下台。"① 英国、美国和欧盟国家以"人民的名义"公开发表要求巴沙尔下台的声明在国际社会营造了巴沙尔政权"不合法"的舆论氛围和话语霸权，这无形中给阿盟带来了巨大的压力。

第二，沙特等一些阿拉伯国家谴责叙利亚巴沙尔政权，撤离驻叙利亚大使。继欧美国家发布要求巴沙尔下台的声明后，以沙特为首的海湾阿拉伯国家打破以往 5 个月的相对沉默，开始发声谴责巴沙尔政权。比如，沙特阿拉伯阿卜杜拉国王说道："叙利亚应该停止运转其杀人机器，尽早着手改革。叙利亚要么自己作出明智选择，要么陷入旋涡。"② 其后，沙特和卡塔尔撤出了驻叙利亚大使。巴林和科威特大使随后也从叙利亚撤出。

第三，联合国人权理事会通过由美国提出的决议案，谴责叙利亚政府对和平示威者使用暴力，要求叙利亚展开调查。该机构不仅发布报告揭露叙利亚武装部队和安全警察镇压示威活动的"事实"，还要求叙利亚政府勿过度使用武力，停止"侵犯人权和人们的经济、社会与文化权利"。更重要的是，联合国人权事务高级专员请求联合国安理会解决叙利亚"过度使用武力"和"侵犯人权"的问题，并准备向国际刑事法庭控告叙利亚政府，要求阿盟采取有力行动保护叙利亚人权。③

在来自美欧国家、成员国以及联合国人权机构的三方面压力下，阿盟在低调和静默 5 个月后，于 2011 年 8 月 27 日，召开了首次正式讨论叙利亚危机的特别外长会。但在此次会议上，阿盟仍然坚持解决叙利亚

① "Joint UK, French and German Statement on Syria," UK Prime Minister's Office, August 18, 2011, https://www.gov.uk/government/news/joint－uk－french－and－german－statement－on－syria, accessed: 2020-10-03.

② Adrian Blomfield, "Syria Unrest: Saudi Arabia Calls on 'Killing Machine' to Stop," The Telegraph, August 8, 2011, https://www.telegraph.co.uk/news/worldnews/middleeast/syria/8687912/Syria－unrest－Saudi－Arabia－calls－on－killing－machine－to－stop.html, accessed: 2020-10-03.

③ Human Rights Council, "Report of the United Nations High Commissioner for Human Rights on the Situation of Human Rights in the Syrian Arab Republic," Human Rights Situations that Require the Council's Attention, A/HRC/18/53, September 15, 2011, pp.24-25, https://www.ohchr.org/Documents/countries/SY/Syria_Report_2011-08-17, accessed: 2020-10-03.

危机的"阿拉伯方案"。阿盟的态度可从其发布的包括 13 项内容的倡议中看到。阿盟倡议指出:"阿拉伯国家将努力解决叙利亚危机。同时将维护叙利亚的安全、稳定、统一和领土完整,避免发生任何直接或间接的外国干预,为改革创造一个安全的环境。"[1]

为使阿盟倡议得到落实,阿拉比秘书长先后两次前往大马士革与巴沙尔政权对话。第一次是在会议结束后,第二次是在 9 月 10 日。阿拉比向巴沙尔郑重表示,他反对任何外部势力干预叙利亚内部事务。[2] 2011年 9 月 13 日,阿盟发表第二份关于叙利亚问题的声明,仍然是呼吁叙利亚进行政治对话,指出一旦实现停火,阿盟即向叙利亚派遣高级代表。[3] 总的来看,阿盟始终未如美欧国家及沙特等阿拉伯国家所愿,将巴沙尔政权界定为唯一的"暴力加害者"。在阿盟看来,叙利业出现危机和人员伤亡,巴沙尔政权和反对派都有责任,要避免悲剧升级,只能在"阿拉伯框架"内通过政治对话来实现。

但是,沙特和卡塔尔并不认可阿盟的这一立场。为使阿盟改变立场,两国开始向其他阿拉伯国家游说,以尽可能拉拢更多的阿拉伯国家来增强其在阿盟的声势,从而获得更多筹码来促使阿盟取消叙利亚参加阿盟

---

[1] Arab League, *Arab Initiative to Resolve the Syrian Crisis*, August 27, 2011. 这 13 点倡议如下:①叙利亚政府立即停止针对平民的暴力活动,从各大城市撤出武装部队,防止教派暴力和军事干预;②对所有在冲突中受伤的受害者进行补偿;③释放在此次危机中被抓捕的政治犯或普通民众;④叙利亚总统发布政治改革方案,承诺建立多党制政治体制,加快推进改革进程,2014 年前完成由所有合格候选人参加的总统选举,并在其后结束现任总统任期;⑤军队不再介入政治和平民生活,负责保障改革的顺利进行;⑥总统和反对派代表在平等的基础上重新进行政治接触,双方共同支持进行多元民主政治改革,以维护叙利亚国家利益为基础进行的民族对话将能确保政治制度的和平转型、避免暴力、教派主义和外国干预;⑦复兴党举行全国例行大会,接受实行选举制的多元民主改革,在法律和平等的基础上与其他各派系进行合作;⑧阿盟在叙利亚总统的邀请下,负责促进叙利亚政府和反对派的民族对话;⑨组成由总理领导的过渡民族统一政府,该政府的职责是在 2011 年底前,在叙利亚法官和国际观察者的监督下,举行多元、自由和公正的议会选举;⑩议会多数党主席根据法律负责组成新一届政府;⑪议会选举产生后,宣布起草一部新的民主宪法,并将该宪法提交全民公决;⑫确定一个执行倡议的时间表;⑬建议一个由阿拉伯国家组成的监管倡议执行的机构。

[2] Müjge küçükkeleş, "Arab League's Syrian Policy," *SETA Policy Brief*, April 2012, p. 9.

[3] Lucie Kröning, "The Arab League and the Arab Spring: Strategic Reconfiguration in Response to New Security Challenges," Institut d'Etudes Politiques de Paris, May 2013, pp. 62–63.

会议的资格，在叙利亚代表缺席的情况下召开非正式会议。此外，阿拉伯议会和多个人权机构也要求 9 月底即暂停叙利亚的成员国资格。由此可见，阿盟当时面临着很大的压力。

不过，在与沙特及卡塔尔的此轮博弈中，阿盟理事会顶住了重重压力，没有完全采纳沙特提出的中止叙利亚成员国资格的方案，而是提出折中方案。该方案包括两方面内容：第一，巴沙尔停止暴力镇压活动，并在 15 天内与反对派力量进行对话；第二，建立由卡塔尔领导，阿尔及利亚、苏丹、阿曼和埃及代表以及阿拉比秘书长组成的叙利亚问题委员会，该委员会负责引导叙利亚政府和反对派实现和解、进行合作。[①]

综上，2011 年 3 月中旬叙利亚危机爆发后，阿盟总体比较审慎，坚持采取居间斡旋、力促和解的策略，希望在"阿拉伯框架"内，通过巴沙尔政权和抗议者的政治对话来解决叙利亚危机。阿盟采取这一策略，既是因为叙利亚是阿盟的创始成员国，是阿盟的三大支柱之一，也是由于阿盟充分吸取在利比亚危机中的教训，不愿再被北约利用，成为北约推翻阿拉伯国家政权的"帮凶"。然而，随着欧美国家以及沙特等阿拉伯国家的施压逐步升级，阿盟逐渐改变对叙利亚巴沙尔政权的态度，变得强硬起来。

（二）第二阶段：从居间调停到直接施压

可以说，在第一阶段的博弈中，阿盟态度明确，基本维护了自身的政策主张。它明确反对外部干预，坚持政治对话解决叙利亚危机，反对将责任单方面归咎于巴沙尔政权。但是随着来自成员国的压力逐渐增大，以及巴沙尔对阿盟缺乏足够的信任，阿盟的政治和解计划没有效果。阿盟最终将矛头指向巴沙尔，完全偏向反对派，成为沙特等国家推行其政策的工具。在第二阶段，阿盟对叙利亚的政策逐渐变得强硬，从在叙利亚政府和反对派之间进行斡旋调停，到制裁叙利亚政府，直至中止叙利亚成员国资格。

第一，阿盟提出和平计划，主导调停叙利亚政府和反对派之间的冲突。

---

① Lucie Kröning, "The Arab League and the Arab Spring: Strategic Reconfiguration in Response to New Security Challenges," Institut d'Etudes Politiques de Paris, May 2013, p. 63.

2011 年 10 月 26 日，阿盟叙利亚问题委员会代表前往大马士革向巴沙尔传达阿盟特别外长会议的决定，并要求叙利亚政府与阿盟叙利亚问题委员会协同努力，共同解决问题。阿拉比说道："希望叙利亚政府同意阿盟的倡议，开始进行真正的改革。"[①] 针对阿盟的折中方案，叙利亚政府的态度比较积极，承诺将与阿盟叙利亚问题委员会合作解决危机，但叙利亚反对派却表示反对。由 40 个反对派组织组成的叙利亚革命总委员会（Syrian Revolution General Commission）声明："阿拉伯人不要过多地参与针对我们的流血冲突。除非巴沙尔辞职并接受审讯，否则我们不接受任何和谈。"[②]

由于反对派的不配合，阿盟的折中方案失败了，叙利亚政府军和反对派的武装冲突持续进行，并造成多人伤亡。这立即引来英国和美国的关注。英国向国际社会发布政府军杀害平民的信息，美国参议院甚至请求联合国以反人类罪将巴沙尔总统上诉至国际刑事法院。为避免英美操控国际舆论，2011 年 10 月 30 日，阿盟又提出一项新的调解方案，即"阿拉伯行动计划"。该计划敦促叙利亚停止暴力、释放政治犯、与反对派进行公开对话、允许观察员和国际媒体进入叙利亚。[③] 当日，叙利亚政府即在卡塔尔召开的会议上接受了阿盟的行动计划，并于 11 月 2 日签署该行动计划。11 月 3 日，阿拉比会见了叙利亚全国委员会（反对派），向其通报了"阿拉伯行动计划"。[④]

这个计划提出来容易，执行起来却困难重重。一方面，叙利亚政府尽管签订了"阿拉伯行动计划"，但对阿拉比的斡旋仍然不信任。叙政府认为阿盟已成为卡塔尔和沙特用来推翻巴沙尔总统的工具。另一方面，叙利亚全国委员会也谴责"阿拉伯行动计划"，认为巴沙尔政府没有诚

---

① "Arab League Holds 'Frank and Friendly' Talks with Assad," Al Arabiya, October 26, 2011, https://www.alarabiya.net/articles/2011/10/26/173742.html#, accessed: 2020-10-04.

② "Arab League Holds 'Frank and Friendly' Talks with Assad," Middle East Online, October 27, 2011, https://meo.news/en/arab-league-holds-frank-talks-assad, accessed: 2020-10-04.

③ Lucie Kröning, "The Arab League and the Arab Spring: Strategic Reconfiguration in Response to New Security Challenges," Institut d'Etudes Politiques de Paris, May 2013, p.63.

④ Müjge küçükkeleş, "Arab League's Syrian Policy," SETA Policy Brief, April 2012, p.7.

意来与其进行政治对话。① 当冲突两方都缺乏充足的对话与和解意愿时，斡旋调解自然难以发挥作用，甚至会出现中断。

最终，阿盟提出的"阿拉伯行动计划"很快被抛弃了。叙利亚巴沙尔政府军和反对派的冲突再起，造成了100多名抗议者死亡，这引起约旦、沙特等阿拉伯国家的强烈谴责。它们指斥叙利亚政府违反和平计划，要求阿盟对叙利亚进行制裁，取消其成员国资格。约旦国王阿卜杜拉首先公开提出取消叙利亚成员国资格的方案，他在回答BBC的电视采访时说道："如果我是巴沙尔，我宁愿下台……如果巴沙尔是为叙利亚国家利益思考的话，他应该下台。他下台可以为叙利亚开启一个新的未来，叙利亚乱局将得到平息，国家将实现稳定。"②

在两次促和调解行动失败后，面对来自成员国的公开质疑和强势要求，阿盟最终改变了对叙利亚的调停政策，从斡旋调停转向制裁叙利亚巴沙尔政权。

第二，阿盟对叙利亚进行制裁，取消叙利亚成员国资格。2011年11月12日，阿盟在开罗总部召开紧急外长会议，会议决定于16日中止叙利亚会员国资格，对叙利亚政府实施政治和经济制裁，呼吁成员国撤离各自驻叙利亚大使，还威胁叙利亚政府若不执行之前签署的"阿拉伯和平行动计划"和同意阿盟向叙利亚派遣观察团，将承认由反对派组成的叙利亚全国委员会。阿盟给予叙利亚政府3天时间来结束对抗议者的暴力镇压，巴沙尔或者在3天后宣布辞职或者被中止成员国资格。③ 阿盟19个成员国对这一决定进行投票，黎巴嫩和也门投反对票，伊拉克弃

---

① Magnus Lundgren, "Mediation in Syria: Initiatives, Strategies, and Obstacles, 2011 – 2016," *Comtemporary Security Policy*, Vol. 37, No. 2, 2016, p. 3.

② Liz Sly, "King of Jordan Suggests Syrian President al-Assad Step Down," The Washington Post, November 14, 2011, https://www.denverpost.com/2011/11/14/king-of-jordan-suggests-syrian-president-al-assad-step-down/, accessed: 2020-10-04.

③ "Arab League Decides to Suspend Syria: Syrian Ambassador Denounces Move as Illegal after Regional Bloc Demands 'Total Implementation' of Arab Plan," Al Jazeera, November 13, 2011, https://www.aljazeera.com/news/2011/11/13/arab-league-decides-to-suspend-syria, accessed: 2020-10-04.

权，这一决议最终还是获得了通过。

至此，阿盟完全采纳沙特等国的意见，放弃了之前一直坚持的促和原则，将叙利亚危机升级的责任推给叙利亚政府一方，向巴沙尔政权进行单方面施压，即使阿盟表示取消叙利亚成员国资格不是目的，是希望通过采取这一强硬手段来迫使叙利亚政府执行"阿拉伯和平行动计划"。阿盟秘书长阿拉比在记者会上声称："阿盟致力于政治解决叙利亚危机，所采取的措施的目的是让叙利亚停止暴力，实施阿盟提出的和平倡议。阿盟当天的会议没有讨论在叙利亚设立禁飞区或要求外部干预等议题。"[①] 但是，阿盟严厉的制裁措施明显地使自己偏向反对派，没有和之前那样提出"反对派也应该为此次冲突承担相应责任"，而是以经济制裁和中止会员国资格等来威胁巴沙尔政府与反对派进行单方面妥协。

叙利亚政府不可能赞同这样一个带有明显立场和偏见的调解方案。叙利亚外交部部长艾哈迈德·优素福（Ahmad Yusaf）指责阿盟及其成员国制定的这一政策与阿拉伯利益相悖。阿拉伯媒体，尤其是半岛电视台成了反叙利亚巴沙尔政权宣传的集散地。[②] 不过，不得不承认，尽管阿盟此次提出的方案立场偏颇、有失公允，但阿盟强硬的经济制裁[③]确实具有一定成效，达到了让叙利亚巴沙尔政权妥协和低头的目的。其原因在于，加上之前美国和欧盟的经济制裁，叙利亚原本陷入困境的经济更加恶化，其国内发生恶性通货膨胀，经济濒临崩溃，又由于冲突持续升级，叙利亚政府最后不得不签署"阿拉伯和平协定"，同意阿盟派遣观察团进入叙利亚。

---

① 《阿盟决定中止叙利亚的阿盟成员国资格》，中新网，2011 年 11 月 13 日，https://www.chinanews.com/gj/2011/11-13/3456232.shtml，最后访问时间：2020 年 10 月 4 日。

② Lucie Kröning, "The Arab League and the Arab Spring: Strategic Reconfiguration in Response to New Security Challenges," Institut d'Etudes Politiques de Paris, May 2013, pp. 63-64.

③ 其中包括向数名叙利亚官员发布旅行禁令，冻结叙利亚政府在其他阿拉伯国家的资产，禁止各阿拉伯国家与叙利亚中央银行进行交易，各阿拉伯国家不得与叙利亚政府进行商业贸易。参见 Müjge Küçükkeleş, "Arab League's Syrian Policy," *SETA Policy Brief*, April 2012, p. 8.

第三，阿盟派出观察团，监察叙利亚执行"阿拉伯和平计划"的情况。2011 年 12 月 19 日，叙利亚和阿盟签署和平协定（即阿盟理事会第 7439 号决议）。该和平协定旨在要求叙利亚政府结束暴力行动，释放被捕者，撤出所有部署在城市和居民区的军队，以保护叙利亚民众。该决议还授权阿盟成立由来自各阿拉伯国家和非政府人权组织的民事和军事专家组成的观察团。[①] 第二天，阿盟理事会发表声明，继续强调阿盟的行动不是外部干预，该声明指出："为了实现保护所有手无寸铁民众的目的，为了维护叙利亚的安全、统一，为了避免外国干预阿拉伯行动计划的执行，叙利亚政府需要完全遵守协定。"[②] 阿盟理事会发表这一声明具有三方面含义：第一，这份声明主要是为其行动寻找合法性和立论依据；第二，要求叙利亚政府单方面完全遵守协定；第三，在反对外国干预问题上，阿盟有其鲜明的态度，这是由于阿盟对利比亚发生的悲剧心有余悸，不希望在叙利亚重蹈覆辙，让悲剧再次上演。

2011 年 12 月 20 日，阿盟理事会任命来自苏丹的穆罕迈德·艾哈迈德·穆斯塔法·达比（Muhammad Ahmad Mustafa al-Dabi）为观察团主席。22 日，阿盟秘书长助理萨米尔·亚扎尔率领的观察团先遣队抵达叙利亚。达比在经过与秘书长阿拉比商议观察团相关事宜后，也于 24 日率领观察团到达叙利亚。[③] 阿盟观察团得到叙利亚政府的认可和欢迎，叙利亚政府承诺完全配合观察团，将克服一切困难，为观察团提供后勤和安全保障。之后，阿盟观察团被分为 15 组，在叙利亚 20 个城市和地区开展有关交火和冲突的实情调查活动。

经过调查走访，观察团如实记录了其观察到的五个方面内容。其一，政府军在霍姆斯和哈马确有暴力行为，政府军与武装组织交火。但在观

---

① Zeynep Şahīn Mencütek, "The 'Rebirth' of a Dead Organization? Questioning the Role of the Arab League in the 'Arab Uprisings' Process," *Journal of International Affairs*, Vol. 19, No. 2, 2014, p. 99.

② Lucie Kröning, "The Arab League and the Arab Spring: Strategic Reconfiguration in Response to New Security Challenges," Institut d'Etudes Politiques de Paris, May 2013, p. 65.

③ 《阿盟观察团将于 26 日赴叙利亚》，央视网，http://news.cntv.cn/20111226/103765.shtml? eefyj3，最后访问时间：2020 年 10 月 5 日。

察团的说服下，政府军撤出了部分军事装备，冲突降级，局势缓和下来。与此同时，观察团也看到反对派对政府军和平民发动暴力袭击，造成政府军官兵伤亡。一些武装组织还使用穿甲弹。更重要的是，观察团发现，许多有关叙利亚冲突的新闻报道并未实际发生，而是虚假编造的，媒体夸大了人员伤亡的数字。其二，叙利亚安全部队并未阻止和平示威游行。其三，叙利亚政府释放了 2011 年 3 月 15 日以来因参加抗议活动而被拘押的 5152 人。其四，政府军正从出现抗议和游行示威的居民区撤出军队。其五，国际新闻媒体已被允许在叙利亚全境自由行动。

观察团指出，尽管作为叙利亚危机焦点的霍姆斯的情况比较糟糕，但是并未看到什么令人毛骨悚然的景象。在有关侵犯人权和民众伤亡的问题上，观察团指出，除了曾进行镇压的叙利亚政府应对其负责外，一些武装团体组织也应为冲突升级和平民伤亡负责。比如，叙利亚自由军袭击政府警察机构、石油管道以及装载石油的车辆，还暗杀新闻媒体记者等。一些地区武装冲突的发生以及一些平民无辜伤亡并非政府军单方面的进攻，而是政府军为抵御部分武装团体的进攻而采取的自卫防御行动。在叙利亚民意方面，观察团经过访谈和调研发现，叙利亚民众即使遭受镇压和不公，也向观察团表示不希望外国干预叙利亚，他们认为应由阿拉伯人自己在"阿拉伯框架"内通过斡旋来实现危机的和平解决。①

可以看到，根据观察团的调查报告，叙利亚政府比较切实地执行了"阿拉伯和平行动计划"。观察团指出"阿拉伯和平行动计划"存在的缺陷，即"阿拉伯和平行动计划"没有列出一些发动暴力袭击的组织团体。观察团认为，要解决叙利亚危机，最重要的是让各方停止暴力，允许观察团进行充分调查，只有这样才能将叙利亚危机纳入政治解决进程。② 据此，观察团建议延长观察团任期。

---

① League of Arab States Observer Mission to Syria, "Report of the Head of the League of Arab States Observer Mission to Syria for the Period from 24 December 2011 to 18 January 2012," 259.12D, January 12, 2012.

② League of Arab States Observer Mission to Syria, "Report of the Head of the League of Arab States Observer Mission to Syria for the Period from 24 December 2011 to 18 January 2012," 259.12D, January 12, 2012.

　　然而，观察团的报告却遭到质疑。其一，观察团主席达比备受争议。这在于他曾介入达尔富尔危机，被一些国家指责在达尔富尔危机中"侵犯人权"。一些人认为，曾涉嫌"侵犯人权"的人没有资格领导观察团在叙利亚调查叙政府保护人权和平民的情况。[1]　其二，观察团的公正性和客观性遭到质疑。人权组织呼吁阿拉伯观察员撤出叙利亚。阿拉伯议会主席和以卡塔尔为首的海湾国家也质疑观察团的可信程度。比如，卡塔尔总理说道："阿盟观察员犯了'一些错误'。根据联合国数据，2011年3月以来已经有5000多人死亡，巴沙尔·阿萨德总统的任务是停止杀戮。尽管观察员已经竭尽全力，但他们没有任何经验，只能观察而不能停止杀戮。我们需要经验丰富的联合国介入进来。"[2]　叙利亚全国委员会主席伯翰·加利昂（Burhan Ghalioun）也呼吁阿盟请求联合国安理会来处理叙利亚危机。[3]

　　当然，观察团在叙利亚的调查行动确实存在一些问题，即观察团成员完全依靠叙利亚政府提供安全和交通、通信等后勤保障，他们的调查也主要在热点地区进行。[4]　为此，针对种种质疑，阿盟采取的策略是，一方面谴责叙利亚政府没有完全执行"阿拉伯和平行动计划"，另一方面决定延长观察团调查期限，并向叙利亚派遣更多的观察员。[5]

　　不过，卡塔尔和沙特反对阿盟将观察团任期延长1个月，并撤出了派往叙利亚的观察员。随后，其他海合会国家也撤出了各自派出的观察员。在沙特等海合会国家的威胁下，阿盟对叙利亚采取了更加强硬的立场。2012年1月22日，阿盟提出了一份由阿盟理事会轮值主席国卡塔尔

---

① Müjge Küçükkeleş, "Arab League's Syrian Policy," *SETA Policy Brief*, April 2012, p. 10.

② "Qatar PM: Arab League Mission Made 'Mistakes' in Syria," Middle East Online, January 5, 2011, https://middle-east-online.com/en/qatar-pm-arab-league-mission-made-mistakes-syria, accessed: 2020-10-05.

③ "Head of Syrian Monitors Reports Homs Is Calm but Calls for further Inquiry," Al Arabiya, December 28, 2011, https://www.alarabiya.net/articles/2011/12/28/184952.html, accessed: 2022-10-05.

④ Zeynep şah İn Mencütek, "The 'Rebirth' of a Dead Organization? Questioning the Role of the Arab League in the 'Arab Uprisings' Process," *Perceptions*, Vol. 19, No. 2, 2014, p. 99.

⑤ Müjge Küçükkeleş, "Arab League's Syrian Policy," *SETA Policy Brief*, April 2012, p. 11.

起草，得到海合会大力支持的和平计划，该计划明确要求巴沙尔移交权力，组建民族联合政府，民族联合政府成立 3 个月内，举行选举，建立多党民主政治体制。1 月 28 日，在种种质疑声中，阿盟观察团在叙利亚的追踪调查最终被迫停止。[①]

至此，阿盟主导的在"阿拉伯框架"内解决叙利亚危机的方案以失败告终。在海合会国家的压力下，阿拉比秘书长写信给联合国秘书长，要求联合国安理会讨论叙利亚局势，与阿盟共同执行阿盟提出的和平计划。阿盟驻英国、法国等西方国家的办事处也与这些国家合作起草将要提交给联合国的决议草案。随着阿盟提出了要求巴沙尔移交权力的和平计划，并将这一计划提交联合国裁决，叙利亚危机被阿盟主动"国际化"，大国的介入使得叙利亚危机最后成为一场旷日持久的"代理人战争"。

（三）第三阶段：阿盟与联合国联合斡旋

阿盟要求巴沙尔移交权力，将叙利亚问题提交联合国安理会讨论与处理，一方面是海合会国家的压力，另一方面是阿盟自身没有维和部队，希望和联合国联合组建维和部队，以监督叙利亚停火。阿盟和联合国联合主导了三次斡旋和解行动。

第一，安南的调解。2012 年 2 月 23 日，安南（Annan）被任命为联合国-阿盟叙利亚危机联合特使。已经退休多年的联合国前秘书长安南应召出马，随即展开了广泛的磋商。他首先在联合国总部与各国代表会面，然后访问了埃及、卡塔尔和土耳其，3 月还在大马士革和巴沙尔以及反对派分别进行会谈。在了解叙利亚内外部的态度和诉求后，安南提出了六点和平计划，以结束叙利亚暴力冲突和内部政治争端、促进叙利亚危机的和平解决。六点和平计划的主要内容如下。①叙利亚承诺与特使合作，在"一个具有包容性的由叙利亚人主导的政治和解进程中，解决叙利亚人民的合法关切"。②叙利亚承诺停止战斗，并立即停止在人口稠密

---

① Magnus Lundgren, "Mediation in Syria: Initiatives, Strategies, and Obstacles, 2011-2016," *Comtemporary Security Policy*, Vol. 37, No. 2, 2016, p. 3.

区进行部队调动和使用重型武器。联合国负责监管叙利亚执行以上行动，同时说服反对派采取同样的行动。③叙利亚接受并执行每天两小时的"人道主义暂停"，以便于人道主义援助和疏散伤员。④叙利亚承诺更快、更大规模地释放被任意拘捕者，毫不拖延地提供拘押这些人的所有地点的清单。⑤叙利亚承诺确保新闻记者在叙利亚全境的通行自由，不制定针对他们的"歧视性"签证政策。⑥叙利亚承诺尊重人民的集会自由与举行和平示威的权利。①

安南的外交调停取得了一定成效，其六点和平计划得到了巴沙尔政权和反对派的同意。2012年4月12日清晨，双方实现停火。为了维持停火，4月21日，安理会通过第2043号决议，决定建立由300名非武装观察员组成的联合国叙利亚监督团，在叙利亚执行为期90天的监督任务。②然而，好景不长，双方很快又陷入冲突之中。5月25日，胡拉镇发生的暴力袭击事件造成至少108名平民死亡，其中49人是儿童，局势进一步恶化。③6月初，反对派撤销停火的承诺。

安南认识到，仅仅在叙利亚实现停火不足以解决叙利亚危机，还需要大国和相关国家协调立场，真正支持停火。2012年6月30日，安理会5个常任理事国以及与叙利亚危机相关的国家组成叙利亚"问题行动小组"，在日内瓦召开叙利亚"问题行动小组"外长会议。除5个安理会常任理事国外，土耳其、伊拉克、科威特、卡塔尔外长出席会议，联合国秘书长潘基文、阿盟秘书长阿拉比、欧盟外交与安全政策高级代表凯瑟琳·阿什顿（Catherine Ashton）也受邀出席会议。④叙利亚政府、叙利亚反对派、伊朗和沙特未被邀请参加会议。会议通过了日内瓦公报，该

---

① "Kofi Annan's Six-Point Peace Proposal for Syria," The National, March 22, 2012, https://www.thenational.ae/world/mena/kofi-annan-s-six-point-peace-proposal-for-syria-1.397762, accessed: 2020-10-05.

② Mervat Rishmawi, "The League of Arab States in the Wake of the 'Arab Spring'," p.59.

③ 杨子岩:《透视叙利亚危机:安南"六点和平计划"死了吗?》，搜狐网，2012年6月5日，http://news.sohu.com/20120605/n344769460.shtml，最后访问时间:2020年10月5日。

④ 姜铁英:《叙利亚政府欢迎"日内瓦"共识》，环球网，2012年7月5日，https://world.huanqiu.com/article/9CaKrnJw6cW，最后访问时间:2020年10月5日。

公报确定了解决叙利亚危机的基本方案，即在尊重叙利亚主权、独立、统一和领土完整的基础上，建立真正民主、多元、包容的政治体制。各方真诚地进行合作，结束一切形式的武装暴力，按照六点和平计划切实推动和平对话，为政治过渡规定清晰的步骤，按照确定的时间表实现危机的政治解决。①

日内瓦公报与阿盟 1 月提出的和平行动计划不同，它指出叙利亚危机的政治解决需要叙利亚政府和反对派的真诚对话和共同协作，反对派应该提高一致性并能确保派出有效和有代表性的对话者。因此，从立场上来说，日内瓦公报是中立的，并没有像阿盟那样将巴沙尔政权置于对立面，将巴沙尔移交权力视为解决危机的必要条件。不过，巴沙尔政权的去留问题恰好是叙利亚冲突的核心和焦点问题，避而不谈这一问题可以使各方达成协议，但在具体执行过程中仍然绕不过这一话题。由于美国和俄罗斯在巴沙尔政权去留问题上的严重分歧，以及叙利亚政府和反对派无意遵守规则，叙利亚和平进程陷入僵局。2012 年 8 月 2 日，安南宣布辞去特使职务，不再担任该职。

第二，拉赫达尔·卜拉希米的斡旋。阿尔及利亚高级外交官拉赫达尔·卜拉希米（Lakhdar Brahimi）曾在解决黎巴嫩、阿富汗等危机中积累了丰富的冲突解决和斡旋经验。2012 年 8 月 17 日，卜拉希米继安南之后，担任联合国-阿盟叙利亚危机联合特使。他采取了更加谨慎和协商的斡旋策略，不断地强调"结束这场毁灭性的冲突不可能通过军事手段，只有通过政治手段。政治解决的基础是日内瓦公报"，试图使叙利亚政府和反对派相信冲突已陷入僵局。② 10 月 20 日，卜拉希米前往叙利亚分别与巴沙尔和反对派会面，提议双方在 26 日聚礼日开始为期 4 天的停火，为政治解决危机创造条件。卜拉希米还先后访问了沙特、土耳其、伊拉

---

① 《2012 年 7 月 5 日秘书长给大会主席和安全理事会主席的同文信》，联合国文件，A/66/865-S/2012/522，联合国官网，2012 年 7 月 6 日，https：//peacemaker. un. org/sites/peacemaker. un. org/files/SY _ 120630 _ Final% 20Communique% 20of% 20the% 20Action% 20Group% 20for% 20Syria% 20% 28chinese% 29. pdf，最后访问时间：2020 年 10 月 5 日。

② Raymond Hinnebusch and I. William Zartman，"UN Mediation in the Syrian Crisis：From Kofi Annan to Lakhdar Brahimi，" International Peace Institute，March 2016，p. 13.

克、埃及、黎巴嫩和约旦，获得了这些国家对停火协议的支持。阿盟、联合国、美国也表示支持停火协议。但是，叙利亚当局和反对派的冲突很快重启。

之后，卜拉希米从叙利亚国内、地区和国际三个层面分别展开斡旋行动。首先，卜拉希米与反对派武装组织、公民社会组织、民族流亡团结组织等众多叙利亚国内外的反对派组织建立联系，竭尽全力使其统一立场。其次，卜拉希米与各反对派的幕后支持者，如沙特、卡塔尔和土耳其进行会谈，希望它们能够对反对派施压影响，使其遵守停火协议。最后，卜拉希米在美国和俄罗斯之间进行磋商，努力促使这两个大国按照日内瓦公报执行全面过渡计划。2012 年 12 月 9 日至 2013 年 1 月 11 日，他努力推动美国和俄罗斯在日内瓦会议上达成召开和平会议的共识。[1]

卜拉希米面临诸多困难，除了叙利亚反对派自身分为近百个组织集团，难以统一立场与巴沙尔政权进行磋商外，其中最大的困难是关于巴沙尔政权的去留问题。在整个斡旋过程中，卜拉希米总体上坚持安南的方针，避而不谈巴沙尔政权去留问题。如果卜拉希米表示不准备按照阿盟议程行事，不要求巴沙尔下台，沙特与土耳其就会拒绝合作。美国和俄罗斯也在巴沙尔总统的去留问题上针锋相对。

经过一年多的斡旋，2014 年 1 月，第二次日内瓦会议举行，此次会议旨在使反对派和叙利亚政府根据停火路线图执行日内瓦公报，建立过渡政府。第二次日内瓦会议具有重大意义，它是美国和俄罗斯合作的结果，也是叙利亚政府和反对派首次面对面进行会谈。然而，日内瓦第二次会议未能成功结束冲突，反而在 9 天的会议期间，有近 2000 人死亡。5 月，卜拉希米无奈地宣布辞职。[2]

第三，斯塔凡·德米斯图拉的斡旋。斯塔凡·德米斯图拉（Staffan de Mistura）鉴于安南和卜拉希米的经验，不再追求全面和自上而下的停

---

① Raymond Hinnebusch and I. William Zartman, "UN Mediation in the Syrian Crisis: From Kofi Annan to Lakhdar Brahimi," International Peace Institute, March 2016, pp. 13-15.

② Pinar Akpinar, "The Limits of Mediation in the Arab Spring: The Case of Syria," *Third World Quarterly*, Vol. 37, No. 12, 2016, p. 9.

火的目标,而采取了在特定地区实现有限停火的斡旋策略。他选择阿勒颇来作为促进叙利亚政权和反对派停火的试验地,希望能够推动双方建立互信。不过,阿勒颇停火倡议也无济于事。①

2014 年,随着"伊斯兰国"在叙利亚和伊拉克攻城略地,势力不断壮大,打击恐怖主义成为相关国家的首要关注事项。这推动各方重新开展外交谈判,2015 年 4 月,德米斯图拉邀请叙利亚内战各方参加日内瓦和平会议。但是反对派认为他偏袒巴沙尔·阿萨德,抵制此次和平会议。② 直至 2015 年 10 月,他才促使 20 多个国家(包括联合国安理会成员国)和相关国际组织组成叙利亚国际支持小组,并在日内瓦召开会议。此次会议在日内瓦公报的基础上,提出了一项新的和平计划,即由德米斯图拉主导,召开以实现停火为目的的正式的政治和谈,建立一套"可信的、具有包容性的和非教派的"的治理体系,这项和平计划还在联合国安理会以决议的形式获得了通过。

2016 年 2 月,叙利亚国际支持小组在德国慕尼黑召开会议。叙利亚国际支持小组提出的一项全国范围内的"停止敌对行动"的建议得到了美国和俄罗斯的支持,两国在 2 月 22 日签署联合声明,该建议还在联合国安理会获得了通过。叙利亚政府和 40 多个反对派组织同意进行政治和谈,停止军事袭击,允许人道主义救援队伍通行。俄罗斯和美国联合管理协议执行情况,对违反协议者进行评估,并依规对违规者进行军事处罚。此次停火产生了良好效果。叙利亚大部分地区的枪声已经消失,停火之后一个月叙利亚死亡人数是 2011 年 11 月以来最低的。③

通过比较安南、卜拉希米和德米斯图拉的斡旋调停策略,三者的策略具有延续性,后二者推动停火和政治和解进程的基础是安南任特使时期达成的日内瓦公报。而德米斯图拉能暂时成功地推动停火的最重要因

---

① Magnus Lundgren, "Mediation in Syria: Initiatives, Strategies, and Obstacles, 2011 - 2016," *Comtemporary Security Policy*, Vol. 37, No. 2, 2016, p. 5.

② Pinar Akpinar, "The Limits of Mediation in the Arab Spring: The Case of Syria," *Third World Quarterly*, Vol. 37, No. 12, 2016, p. 8.

③ Magnus Lundgren, "Mediation in Syria: Initiatives, Strategies, and Obstacles, 2011 - 2016," *Comtemporary Security Policy*, Vol. 37, No. 2, 2016, p. 6.

素，是在"伊斯兰国"兴起的新形势下，美国和俄罗斯各自让步，一起合作来促成叙利亚停火，以打击势头猛进的恐怖主义。但是，至今为止，叙利亚仍然处于武装冲突和内战之中。从这个角度来看，即使联合国先后邀请具有丰富斡旋调停经验的三位特使来进行调解，提出多项方案，召开多次国际会议，但是仍只能促使叙利亚内战各方实现最低限度的停火，而未能实现叙利亚内战的最终解决。曾在斡旋伊拉克武器核查危机、非洲战乱等方面取得突出成就，获得诺贝尔和平奖的联合国前秘书长安南，也在叙利亚内战中斡旋无果而无奈辞职。这表明，叙利亚内战极其复杂，要实现成功斡旋调停，并非一朝一夕之事。

二　阿盟斡旋策略变更及失败的原因

2011 年 3 月叙利亚内战爆发后，阿盟最初保持审慎，坚持在"阿拉伯框架"中实现叙利亚内战的政治解决。但随着以美国为首的西方国家以及沙特、卡塔尔等海合会国家施加的压力越来越大，阿盟对叙利亚内战的政策逐渐脱离政治和解的轨道，由斡旋调停变为强硬的直接施压。在观察团被迫中止在叙利亚的调查活动后，阿盟将叙利亚问题提交联合国，与联合国"合作"继续调停叙利亚内战。其实，既然与联合国"合作"，阿盟就失去了主导权。阿盟和联合国的"联合斡旋"同样遭遇失败，叙利亚内战之火继续燃烧。

那么，为何使用多种调停手段的阿盟未能获得成功呢？这需要回到阿盟的本质属性上来看，即阿盟本质上是政府间区域性组织，它是成员国协商的论坛，不具有超国家权力，它在地区和平中发挥的作用很大程度上取决于其成员国的意愿，以及成员国对其调解能力的信任。而获得成员国信任需要两个基本条件：第一，斡旋者的公正性和独立性；第二，斡旋者掌握的可对冲突方施加影响的物质和观念资源。然而，阿盟在斡旋叙利亚内战的过程中逐渐丧失公正性和独立性，并且缺乏相应的资源，这导致阿盟从起初能够获得叙利亚政府认可到完全不被冲突双方信任，阿盟的斡旋调解以失败告终。

若进一步追根溯源，将叙利亚内战置于当时的历史情境和地区环境中考察，笔者发现导致阿盟丧失公正性和调解资源匮乏的因素有三点。首先，也是其中最重要的因素是阿拉伯世界内部权力平衡的变化，海湾阿拉伯国家几乎"一方独大"，主导了阿盟的政策走向。偏袒于一方的阿盟不可能在斡旋中取得冲突另一方的信任，进而使各方接受调解方案。其次，全球大国和中东地区大国对叙利亚内战的介入导致叙利亚局势错综复杂，这使得调解叙利亚内战事实上已经超出了阿盟的能力范围。最后，阿拉伯民族主义的式微导致阿拉伯国家不再从民族团结的角度看待叙利亚内战，并尽其所能在叙利亚劝和促谈。此外，由于西方"人权、自由、民主"思想的话语霸权，阿盟无法跳出西方预设的对叙利亚巴沙尔政权的道德"审判"陷阱，这导致阿盟亦步亦趋，画地自限，丧失主动地位。

（一）阿拉伯世界内部权力失衡，海合会国家主导阿盟政策走向

埃及、叙利亚、沙特和伊拉克是阿拉伯国家体系中的 4 个主要国家。它们是阿盟的主要力量，共同塑造了阿拉伯国家之间的交往规则，并在减少阿拉伯国家之间的冲突中发挥重要作用。[1] 美国 2003 年入侵伊拉克，推翻萨达姆政权后，埃及、叙利亚和沙特成为阿拉伯国家体系的三大支柱。这三个国家构成一个相对稳定的三角，各自在尼罗河流域、新月地带以及海湾地区发挥核心作用。然而这一比较稳定的三角关系在"阿拉伯之春"中遭到破坏，阿拉伯世界的权力重心进一步向海湾阿拉伯国家倾斜。

其一，埃及力量的衰退导致沙特在地区事务中的影响力扩大。"阿拉伯之春"爆发以来，埃及政局持续动荡，经济受到严重冲击。深陷政治和经济危机的埃及为获得沙特的经济援助和政治支持，其在地区政策上尽力配合沙特。即使埃及支持政治解决叙利亚内战，并对叙政府军打击恐怖主义高度赞扬[2]，但自身实力衰退的埃及并不能对沙特支持反对派

---

[1]　Avraham Sela, "The Vicissitudes of the Arab States System: From Its Emergence to the Arab Spring," *India Quarterly*, Vol. 73, No. 2, 2017, pp. 152–153.

[2]　AP and Toi Staff, "Egypt Leader Voices Support for Syrian President's Military," The Times of Israel, November 23, 2016, https://www.timesofisrael.com/egypt–leader–voices–support-for-syrian-presidents-military/, accessed: 2020-01-25.

和要求巴沙尔下台的叙利亚政策产生实质性影响。长期以来在阿盟占主导地位的埃及的衰落致使阿盟内部没有国家能对沙特为首的海合会国家形成约束和制衡，海合会国家在阿盟"一家独大"。

其二，陷入内乱的叙利亚更加脆弱，难以承受来自沙特的巨大压力。在埃及、沙特和叙利亚的三角关系中，埃及由于自身受困，需要沙特的帮助，这事实上增强了沙特的影响力，而深陷动乱泥潭的叙利亚又从另一方面突出了沙特在三国权力结构中的比重。"两负一正"的局势下，以沙特为首的海合会国家在阿盟具有绝对优势和话语权。让局势更加复杂的是，由于伊朗和叙利亚的特殊关系以及沙特对伊朗权力扩张的担忧，沙特将叙利亚巴沙尔政权视为"眼中钉、肉中刺"，欲"拔之而后快"。由此，在"一方独大"的沙特等海合会国家的施压下，阿盟对叙利亚的斡旋逐渐偏离独立和中立、公正的轨道，而这样的阿盟无法获得巴沙尔政权的信任甚至谅解，使其接受调解。从这个角度来说，阿盟斡旋失败是阿盟内部权力失衡的产物。

（二）西方国家及土耳其的施压与干涉

叙利亚是阿拉伯民族主义的摇篮，长期以来致力反对外国侵略和殖民主义。尤其是复兴党执掌叙利亚政权以来，叙利亚成为阿拉伯世界中反对美国及其西方盟友的中坚力量。西方国家则将叙利亚视为重点打击对象。"9·11"事件后，美国一方面在全球发起反恐战争，其中叙利亚自 2001 年一直被列为"支持恐怖主义的国家"[①]，另一方面发起"大中东民主计划"，全力推动该地区的民主改造运动。"阿拉伯之春"的发生被以美国为首的西方国家视为推动敌对的激进阿拉伯国家实现政权更迭，接受西方 20 世纪 80 年代以来竭力推行的新自由主义国际秩序的绝佳时机，翘首以盼"阿拉伯之春"能带来丰硕的"民主"果实。因此，当叙利亚出现抗议运动时，西方国家欢欣鼓舞。美国、英国、德国等西方国家纷纷发表声明，要求叙利亚政府停止对平民的镇压和巴沙尔下台，公

---

① 《美国发布报告将 7 国列为所谓"支持恐怖主义国家"》，搜狐网，2002 年 5 月 22 日，http：//news. sohu. com/97/08/news201010897. shtml，最后访问时间：2020 年 10 月 26 日。

然偏袒叙利亚反对派，对反对派伤害平民的暴行视而不见。

尽管西方国家未直接要求阿盟对叙利亚进行制裁，但由于其强大的舆论操纵能力，它们事实上给正欲提升地区影响力的阿盟施加巨大的国际舆论压力。此外，西方国家还与阿拉伯世界内部敌对叙利亚的沙特等国家里应外合，从内外两方面共同对阿盟施加巨大的压力。同时，英美国家还积极推动联合国介入叙利亚内战。这在后期阿盟将叙利亚问题提交联合国中发挥了重要影响力。

土耳其自认为是"自由阿拉伯精神之地"，积极支持阿拉伯世界的"民主革命"，推广"新土耳其模式"，竭力充当伊斯兰世界的领导角色。① 在叙利亚民众抗议活动兴起之时，土耳其便与巴沙尔政府进行会谈，声称为叙利亚实行改革提供帮助和土耳其的经验，以造福叙利亚人民。② 之后，土耳其对叙利亚的态度日趋强硬，颇有一番"教师爷"和"大家长"的意味。2011 年 8 月 6 日，土耳其发出强硬警告，土耳其总理埃尔多安表示："我们的耐心已经达到极限。我们不能对叙利亚的局势变化视而不见。下一步行动将取决于叙当局的回应。"③ 8 月 10 日，埃尔多安再次指责"叙利亚把枪口对准本国人民"，并敦促"叙利亚停止暴力活动，并在 10~15 天采取改革措施"。④

相比土耳其的积极强硬表态，阿盟直到 2011 年 8 月 27 日才首次召开会议讨论叙利亚问题，并且阿盟并未将叙利亚当局认定为叙利亚乱局的唯一责任方。一个非阿拉伯国家甚至比由阿拉伯国家组成的阿盟更早

① 唐志超：《秩序、意识形态和模式之转换——中东剧变以来的地区政治发展》，《西亚非洲》2020 年第 5 期。

② 拱振喜：《土耳其表示支持叙利亚为稳定局势采取的改革措施》，国际在线，2011 年 4 月 6 日，http://news.cri.cn/gb/27824/2011/04/06/2225s3209935.htm，最后访问时间：2020 年 10 月 26 日。

③ 《国际社会持续施压，叙利亚重申改革决心》，中国新闻网，2011 年 8 月 7 日，http://www.chinanews.com/gj/2011/08-07/3239530.shtml，最后访问时间：2020 年 10 月 26 日。

④ 《土耳其总理促叙利亚终止暴力推进改革》，新浪网，2011 年 8 月 11 日，http://news.sina.com.cn/o/2011-08-11/091722972938.shtml，最后访问时间：2020 年 10 月 26 日。

对叙利亚局势作出系列"指教式"反应，可以想见，土耳其的强硬表态给阿盟带来了一定压力，为阿盟之后对叙利亚政策的转变起了推波助澜的作用。

（三）阿拉伯民族主义的式微

阿盟是阿拉伯民族主义发展的产物，同时阿盟又推动阿拉伯民族主义进一步发展，将阿拉伯团结合作付诸实践，在反对外部侵略和促进阿拉伯国家的独立和解放中发挥着举足轻重的作用。正如著名学者法耶兹·萨耶格（Fayez A. Sayegh）所说："如果没有阿盟，各阿拉伯主要国家将在发展道路上各自为政……当获得独立的阿拉伯国家进入现代社会时，阿盟的成立有助于保持阿拉伯民族统一，确保阿拉伯国家实现政治统一的可能性。尽管阿盟没有实权，也不代表阿拉伯民族实现了统一，但是它及时抵御了任何旨在分裂阿拉伯世界的企图（主要指西方殖民国家），为阿拉伯国家留下了实现统一的政治理想。"[1] 然而，随着阿拉伯国家在1967年第三次中东战争中惨败，以及埃及与以色列签订和平条约，阿拉伯民族主义逐渐衰退，国家民族主义上升为主流的政治观念。

这导致阿盟的影响力和号召力遭到了削弱，各成员国更多地追逐国家利益。而这形成一个恶性循环，由于阿盟不再能够满足成员国国家利益需求，阿拉伯国家不愿将更多精力放在加强阿盟的能力建设上，反过来，逐渐老化和退居次要地位的阿盟就愈加不能服务成员国。由此，从影响阿盟能力的观念资源来看，阿拉伯民族主义的式微使得阿盟的影响力和调解能力大幅下降。

此外，在阿拉伯民族主义这一主导意识形态衰落后，阿盟未能提出一种新的可增强阿拉伯国家凝聚力的思想观念，这为西方"自由、民主和人权"思想的传播提供了机会。阿盟也逐渐受到西方国家这套话语体系的影响，将民主和人权作为重要的现代社会组织原则和未来发展导向。

---

[1] Fayez A. Sayegh, *Arab Unity: Hope and Fulfillment*, New York: The Devin-Adair Company, 1958, pp. 139-140.

阿盟在叙利亚内战中一反其历来奉行的维护成员国主权和不干涉内政原则，唯西方马首是瞻，闻声而起舞，允许乃至呼吁地区大国和世界大国为保护人权而干预和介入叙利亚内政。[①]

事实上，阿盟具有展现其新政治理念，引领阿拉伯国家改革以开启新征程的雄心壮志，但是阿盟匆匆忙忙、囫囵吞枣地照搬西方"人权高于主权""保护的责任"等新潮而脱离阿拉伯实际的自由主义口号，在未对其进行细致甄别的情况下盲目地运用到叙利亚内战之中，反而导致局势更加混乱，给叙利亚人民造成更大的伤害。

综上，在叙利亚危机中，阿盟的斡旋调停主要集中在 2012 年 2 月以前。在阿盟将叙利亚问题提交给联合国安理会，与联合国联合处理后，阿盟在叙利亚内战中的角色实际上被边缘化了。更重要的是，阿盟完全屈服于沙特、卡塔尔这样的海湾阿拉伯国家，纵容叙利亚反对派，无端地要求叙利亚合法政权下台，这使得阿盟完全偏离了斡旋调解的正常轨道，从居间斡旋的第三方，变成支持叙利亚反对派的争端方。阿盟从最初的谨慎表态到直接向巴沙尔政权施压，乃至在 2013 年峰会上授予叙利亚反对派成员国资格，其倾向性越来越明显，可以说在错误的道路上越走越远。这是因为，埃及衰颓，阿盟其对叙利亚政策几乎完全由海合会国家主导。更严重的是，在叙利亚危机中，阿盟还突破了长期以来奉行的不干涉成员国内政的原则，强硬地要求叙利亚巴沙尔总统移交权力。然而，重新活跃起来和试图在地区事务中发挥更大作用的阿盟即使使用经济、政治制裁等多种施压手段，也无法迫使巴沙尔政权屈服，叙利亚内战的终止遥遥无期。相反，无奈的阿盟把斡旋的接力棒交给联合国，主动沦为边缘者。这与 20 世纪 60 年代也门内战期间阿盟锲而不舍，最终借助于 1967 年第三次中东战争形成的有利时机，协助结束也门内战，形成了鲜明对比。

阿盟斡旋叙利亚内战失败的主要原因在于偏离了公正和独立。其中

---

① 陈丽蓉：《西方消解阿拉伯国家主权的理论、实践及影响》，《国际研究参考》2020 年第 6 期。

以沙特为首的海合会国家的施压，西方国家与土耳其的干涉以及阿拉伯民族主义的式微导致阿盟在此次斡旋调解中违背其初衷，将叙利亚内战推向"国际化"，丧失了政治解决的时机，致使叙利亚局势更加复杂。阿盟斡旋失败并非"机制失败"，而是以上多种因素共同作用的结果。其中最有力的例证是，阿盟在此次叙利亚内战中不可谓不强势，它在决策机制上打破了"一致同意"原则，并突破"不干涉内政"原则，但是阿盟对叙利亚的斡旋调解仍以失败告终。故此，"机制失败论"可休矣！

小　结

国家内部冲突是当前对国际和平、安全与人权的主要威胁。对于阿盟来说，国内武装冲突或内战将是其未来安全治理的核心议题。从1990年至2016年，世界范围内共发生了95次武装冲突，其中87次是国内武装冲突，仅有8次是国家间冲突。2015年至2016年间爆发的16次冲突全部是国内冲突。国内冲突不仅导致人力和物质资源的巨大损失，还削弱了国家第一时间解决导致冲突爆发的根源的能力。在叙利亚内战中，伤亡人数大约230万人，占叙利亚总人口数的10%。至2015年，叙利亚一半人口沦为难民或流离失所者。叙利亚内战引发二战后世界上规模最大的人口被迫迁移浪潮。叙利亚的基础设施遭到了严重破坏，一半人口生活在贫困之中（叙利亚战前贫困率仅为13%）。入学率也从战前的100%，猛然下降至13%。在也门，1400万人接受国际人道主义援助，60%的人口处于贫困之中，2/3的儿童营养不良，国内生产总值下降了42%。伊拉克和利比亚均为石油输出国，但是情况也不乐观。伊拉克5个儿童里有2个"面临死亡、受伤、性暴力和被诱使加入极端组织的威胁"。利比亚社会四分五裂，其国内生产总值与战前相比下降了一半，约有20%人口面临粮食危机。整个阿拉伯地区有3.1亿名难民和流离失所者，并且比起冲突爆发前，成为难民的可能性增加了

30 倍。①

那么，应该如何通过斡旋和调停来使冲突降级、减少损失呢？无论是冷战时期的也门内战还是当今的叙利亚内战，外部大国的介入都是影响阿盟斡旋成效的重要因素。大国的一致和共识是阿盟能够推动冲突降级和停火的必要条件。内战冲突双方的和谈意愿以及预期一致性也是决定阿盟功效的重要因素。斡旋的成功和内战的结束必须有这两个因素共同发挥作用。因此，叙利亚内战持续至今，实际上是大国矛盾尚未得到解决的结果。

对于阿盟来说，要成功斡旋冷战以来的内战冲突，难度愈来愈高。

第一，内战冲突不仅仅受到阿拉伯国家之间权力平衡的影响，还牵涉地区非阿拉伯大国，带有什叶派和逊尼派教派冲突的色彩。阿盟对叙利亚斡旋策略的巨大转变是沙特等海合会国家施压的结果。在沙特等国家看来，巴沙尔政权是伊朗在中东扩大影响力和势力范围的关键一环，因此，在让巴沙尔政权下台这一点上没有任何缓和的余地。此外，包括传统大国埃及在内的多个阿拉伯国家正处于动荡和经济困境之中，无力调和海合会国家的极端立场。因此，在叙利亚危机中，阿拉伯世界出现了一些阿拉伯国家向阿盟施压，让阿盟对作为阿盟创始国以及阿拉伯民族主义发源地的叙利亚进行制裁，中止叙利亚成员国资格的现象。在阿拉伯国家权力失衡的情况下，阿盟由海合会国家主导，它的斡旋调停最终体现的是海合会国家的利益，而不是全体阿拉伯国家的利益。由于立场的偏袒，阿盟不可能在此次叙利亚内战中发挥有效作用。

第二，不干预成员国内政和尊重国家主权是《阿盟宪章》的重要准则，然而，2011 年以来，阿盟以人身安全和人道主义保护为由，打破了这一原则。不干预内政和人权保护这一对很难调和的矛盾影响着阿盟作用的发挥。阿盟不但促请联合国在利比亚建立"禁飞区"，还要求叙利亚巴沙尔当局移交权力，这是阿盟首次让外部力量介入成员国内部事务，

---

① Economic and Social Commission for Western Asia of United Nations, "Arab Governance Report III Institutional Development in Post-Conflict Settings: Towards Peaceful, Inclusive Societies and Accountable Institutions," 2018, p. 3.

对一国当局提出权力更迭的要求。当然，阿盟采取的这些措施是阿盟内部海合会国家主导的结果，但是也不能忽视阿盟秘书长以及 20 世纪 90 年代以来阿盟主权和民族安全观念变化的影响。随着苏联解体和美苏冷战结束，由于西方的鼓吹，"人的安全"、人权和人道主义干预的观念在国际社会中广泛传播，此类观念强调"国家主权不及保护人权和阻止种族屠杀重要""不干涉主权国家内政是有限度的，而非绝对原则"。① 正着手改革和走向现代化的阿盟接受了人权的规范，在 1994 年通过了《阿拉伯人权宪章》。

20 世纪 90 年代之前，阿盟关注的是民族的统一和民族国家的安全与主权，但在这之后，人的安全和人道主义或者以一种被动的由英美等西方国家强加的方式，或者以一种主动适用的方式成为阿盟的议题之一。自然，强调保护人权，追求人的权利和自由无可厚非，它也是新时代进步的表现。阿盟秘书长阿姆鲁·穆萨和阿拉比最初对利比亚和叙利亚危机的立场和关注都具有"保护平民"的美好初衷。阿盟呼吁建立"禁飞区"或要求政权更迭等行为破坏了不干预成员国内政和维护国家主权的原则，是阿盟被西方"新的安全观"绑架的结果。从表面上看，阿盟为实现"人道主义保护"而采取的强硬措施，似乎预示着历经多年低谷的阿盟重新活跃起来了，但阿盟采取的系列操作的实际效果却事与愿违。

这不得不让人产生疑问，即在未来的内战冲突中，阿盟还应不应该坚持不干预内政原则，是强调民族国家主权安全还是人的安全？事实上，阿盟向叙利亚派遣观察团调查事实，监督停火是解决上述矛盾的正确路径。但是，阿盟后来在海合会国家的压力下，完全偏向于反对派，丢失了斡旋调停者最重要的中立和公正品质，阿盟也由此成为调解叙利亚危机的局外人。本书认为，阿盟将来在应对此类问题时，需要首先厘清思路，在民族国家安全和人的安全中找到一个平衡点。

---

① 黄仁伟、刘杰：《国家主权新论》，时事出版社，2004，第 91~98 页。

第三章

阿盟与阿拉伯国家的集体安全治理

　　集体安全是处于无政府状态中的国家用来阻止战争与侵略行为发生的重要手段。[①] 最理想的集体安全是"世界上所有国家联合一致，打击任何试图通过随意地使用武力来挑战现有秩序的国家，从而为世界上的所有国家提供安全。对任何（发动侵略的）侵略者进行集体制裁是得到法律支持的集体安全的义务"。[②] "在一个理想的集体安全组织中，成员国具有高度一致的利益，国家间对抗和权力政治将能够有效地得到消除。只有在抵御侵略时，才会出现平衡行为（Balancing Behaviors）。"[③]

　　厄内斯特·哈斯（Ernst Haas）对集体安全进行了一个较为清晰的定义："集体安全是政府间组织采取的限制成员国互相使用武力的措施。它

[①] 国际政治学者认为有两种方式可以缓解霍布斯（Hobbs）所说的世界无政府状态、降低激烈的竞争和战争发生的可能性，它们分别是世界政府和集体安全。世界政府负责集中管理国际政治，国家把对制定对外政策的权力移交给世界中央政府。参见 Charles A. Kupchan and Clifford A. Kupchan, "Concerts, Collective Security, and the Future of Europe," *International Security*, Vol. 16, No. 1, 1991, p. 118。尽管 19 世纪欧洲建立的"欧洲协调"和权力平衡维持了一段时间的和平，但它未能解决战争与和平问题，因此，第一次世界大战后，战胜国提出了集体安全的设想，并通过国际联盟这一机制确保集体安全的落实。联合国延续了国际联盟的集体安全思想。

[②] Inis L. Claude, *Power and International Relations*, New York: Random House, 1962, pp. 110, 168.

[③] Charles A. Kupchan and Clifford A. Kupchan, "Concerts, Collective Security, and the Future of Europe," *International Security*, Vol. 16, No. 1, 1991, pp. 119–129.

规定了处理侵略行为的规范和程序，引导成员国搁置敌对行为的规范和程序，以及以'和平解决争端'为标杆的规范和程序。"① 最早将集体安全付诸实践的是国际联盟，集体安全最初指的是一种"普适的全球性安全机制"。② 联合国延续了国际联盟的集体安全机制，它是当今世界最大的集体安全组织。随着许多地区组织自 20 世纪 40 年代尤其是二战后相继成立，集体安全也从联合国框架下"普适的全球性安全机制"发展为"地区化的安全机制"。众多地区组织缔结了集体安全条约，它们可以在没有联合国安理会授权的情况下，"对违反（组织协定的）国家使用经济制裁，授权向可能带来冲突的成员国发起调查，在其国内收集信息"③。

集体安全不同于防御性的联盟，防御性联盟把非成员国视为假想敌，它的主要任务是阻止敌对的非成员国对其一个或多个成员国发动武装侵略。集体安全不预设某一特定的假想敌，无论是否其成员，只要袭击或侵略其某个成员，便可视为对全体成员的威胁，集体安全组织可对发动袭击或侵略的国家采取经济制裁或武力反击的行动。总的来说，集体安全既是维护和平与安全的全球性或地区性机制，也是一种解决争端和阻止冲突爆发的手段。

对于阿拉伯国家间的争端和冲突，阿盟坚持和平解决的原则，《阿盟宪章》和《阿拉伯联盟国家间联合防御和经济合作条约》对这一首要原则作出明确规定。《阿盟宪章》第 5 条规定："解决两个或两个以上会员国间的争端不得诉诸武力。"《共同防御条约》第 1 条规定："缔约国在致力维持和稳定和平与安全方面，确认以和平方法解决国际争端的意愿，

---

① Ernst Haas, "Collective Security Postulates the Institutionalization of the Lawful Use of Force in the International Community," in Cyril E. Black and Richard A. Falk (eds.), *The Future of the International Legal Order Vol.* 1, *Trends and Patterns*, Princeton: Princeton University Press, 1969, p. 225.

② 郑先武：《非洲集体安全机制的创新与困境》，《社会科学》2011 年第 6 期。

③ Ademola Abass, *Regional Organizations and the Development of Collective Security: Beyond Chapter VIII of the UN Charter*, Oxford: Hart Publishing, 2004, p. 114.

无论此项争端有关缔约国彼此间的关系或与其他国家的关系。"①

在和平解决争端的总原则之外,阿盟提出了仲裁、调解和集体安全三种解决冲突的策略,并对不同策略制定了不同的表决制度。《阿盟宪章》第 5 条规定"有关仲裁和调解的决议采取'多数投票'表决制",《共同防御条约》规定"联合防御理事会经三分之二多数通过的决议应对全体缔约国有拘束力"。② 根据《共同防御条约》第 2 条,阿盟指明了各国应该遵守的义务,即"缔约国认为对它们中的任何一国或若干国或对它们的武装部队的任何武装侵略行动,系针对全体缔约国。因此,依据自卫权利它们保证不迟延地单独或集体地援助被侵略的一国或若干国,并立即单独或集体地采取包括使用武力的一切有效步骤以击退侵略和恢复和平与安全"。③

已有对于阿盟解决冲突的研究并未对阿盟使用的各种解决冲突的策略进行明确区分和分类,并且将阿盟的安全治理和冲突管理大致等同于调解和斡旋。尽管调解是阿盟运用最多的解决冲突的策略,它在化解阿拉伯国家间争端中也发挥着重要作用,如 1958 年苏丹和埃及领土争端、1963 年摩洛哥和阿尔及利亚领土争端等,但实际上,调解只是阿盟用来解决冲突的方式之一。就阿盟集体安全而言,大多数学者将其默认为用来解决阿拉伯国家和以色列冲突的手段。然而,集体安全不仅是阿盟处理阿拉伯国家间冲突的重要方式,它在化解可能爆发的战争中也具有突出作用,其中 1961 年至 1963 年伊拉克和科威特的冲突就是如此。

不过,集体安全策略的成功应用是昙花一现,阿盟的集体安全机制在 1990 年伊拉克和科威特冲突以及海湾战争中彻底失效。针对两个成员国在不同阶段发生的冲突,阿盟在介入后产生的效果截然相反。其中缘由,值得对这两次冲突进行全面和细致的对比研究,从而深刻揭示阿盟安全治理的限制性因素,探索阿盟安全治理的发展规律。

---

① 钟冬编《中东问题八十年》,新华出版社,1984,第 604~605 页。
② 钟冬编《中东问题八十年》,新华出版社,1984,第 599~604 页。
③ 钟冬编《中东问题八十年》,新华出版社,1984,第 604 页。

第一节　成功范例：阿盟与伊科冲突
（1961~1963年）的解决

1961年6月19日，科威特摆脱英国殖民统治，宣布独立。然而，伊拉克却以科威特历史上属于奥斯曼帝国巴士拉省为由，否认科威特的独立，认为科威特是伊拉克领土的一部分。在科威特宣布独立6天后，伊拉克总理卡塞姆（Qasim）通过广播正式对科威特提出主权要求，任命科威特谢赫为加一姆·木卡姆①（Qaim Maqam），并威胁使用武力来兼并科威特。次日，伊拉克向各国驻伊拉克大使发布通告，对其主张广而宣之。② 面对伊拉克的武力威胁，6月30日，科威特谢赫阿卜杜拉·萨利姆·萨巴赫（Abdullah al-Salim al-Sabah）根据与英国签订的新条约，邀请英国军队进入科威特以保护科威特的独立和安全。与此同时，科威特还向沙特国王提出军事援助的请求。③

英国还策动科威特提请联合国安理会介入，召开紧急会议来讨论伊拉克威胁其独立与主权的问题，让联合国向伊拉克施加压力。在伊拉克和科威特危机升级和军事冲突一触即发和两国危机呈现"国际化"趋势的紧张局势下，阿盟秘书长和理事会积极介入。阿盟及时、有效地运作使两国平静下来，理事会通过了要求英国军队撤出和向科威特派驻阿拉伯安全部队的决议，伊拉克和科威特争端最终得到成功化解。

---

① 加一姆·木卡姆是"代理州长"的意思，它是由奥斯曼帝国巴格达州长米德哈特（Midhat）帕夏在1871年授予科威特谢赫的头衔。该头衔只具有象征意义，科威特谢赫接受这一头衔意味着他"承认奥斯曼帝国的监管"。但1年后，随着米德哈特被解除职务，对科威特的监管再次回到之前无效的状态。参见 A. H. H. Abidi， "Origins and Dimensions of the Iraqi Claim over Kuwait，" *India International Centre Quarterly*，Vol. 18，No. 1，1991，p. 130。

② A. H. H. Abidi， "Origins and Dimensions of the Iraqi Claim Over Kuwait，" *India International Centre Quarterly*，Vol. 18，No. 1，1991，p. 134.

③ S. Shamir Hasan， "Britain and the Iraq-Kuwait Dispute，" *Proceedings of the India History Congress*，Vol. 56，1995，p. 887.

一 阿盟的调解与集体安全的应用

早在 1961 年 6 月 27 日，沙特就向阿盟施压，要求召开理事会，讨论接纳科威特入会的问题。但阿盟秘书长哈苏纳深谙其中的利害关系，坚持希望给予他一些时间，使他能够充分发挥其调解作用，缓和紧张的局势。

（一）哈苏纳秘书长访问伊拉克、科威特和沙特

地区国家和国际社会的承认是一个国家的主权和独立地位得到认可的重要条件。科威特在宣布独立的第二天（即 6 月 20 日），便向阿盟提出了入会请求。科威特这一举动至关重要，因为集体安全的启动需要该国为缔约国。虽然当时科威特还不是阿盟的正式会员国，但阿盟可借此启动科威特的入会程序，为阿盟的介入创造法律条件。因此，7 月 1 日，在英国军队进驻科威特之际，阿盟秘书长哈苏纳东奔西走，紧急前往伊拉克、科威特和沙特三国，并在返回开罗后与阿拉伯联合共和国磋商，了解各方的诉求，调查事实，竭力使各方冷静下来，让三国不要诉诸武力，以和平方式解决争端。

在伊拉克，哈苏纳与伊拉克总理卡塞姆及外交部长等官员会面，讨论伊拉克和科威特局势。哈苏纳秘书长说道："当前巴勒斯坦、阿尔及利亚和阿曼事务正处于关键的节点上，阿拉伯世界正面临着虎视眈眈的殖民主义和犹太复国主义的威胁，阿拉伯国家应该维持团结，统一立场，将精力用于对付外部威胁之上。"[1] 哈苏纳秘书长还对伊拉克提出 4 点期望：第一，伊拉克发布一份不诉诸武力解决此次争端的官方声明；第二，和平解决造成伊拉克和科威特关系紧张的一切因素；第三，支持科威特的独立，接纳它加入阿盟而不是排斥它；第四，避免外国介入，尤其是英国，不能让危机国际化。对此，伊拉克政府也阐明了它的 6 点看法：第一，坚持伊拉克对科威特的"合法权力"；第二，科威特和英国签订

---

[1] Sirag G. Zamzami, "The Origins of the League of the Arab States and Its Activities Within the Member States, 1942 – 1970," Doctoral Dessertations, University Microfilms International, 1978, p. 468.

的新条约对伊拉克的主权和安全构成了潜在威胁；第三，愿意通过和平方式解决争端；第四，在英国军队撤出之前，拒绝与科威特官员谈判；第五，反对科威特加入国际组织，尤其是阿盟；第六，有兴趣加强伊拉克与阿拉伯国家以及阿盟的关系。[1] 哈苏纳秘书长的努力初见成效。7月3日，伊拉克外交部发言人正式宣布，"伊拉克决定使用和平方式来维护伊拉克的固有权益"[2]。尽管伊拉克仍然坚持对科威特的主权，但是它承诺不使用武力解决争端，这避免了两国爆发战争且局势升级。

得到伊拉克"不使用武力，寻求和平方式解决争端"的官方承诺后，1961年7月4日，哈苏纳秘书长前往科威特。他向科威特政府表达了对科威特要求英国军队入驻的担忧，阿拉伯国家可以采取联合行动，以确保科威特的独立和领土完整。科威特政府对此表示：第一，邀请英国军队部署是迫不得已，因为伊拉克政府在科威特宣布独立后咄咄逼人，试图兼并科威特，而且没有有效的可替代的阿拉伯方案；第二，如果伊拉克政府承诺仅通过和平方式解决争端，科威特愿意与伊拉克进行谈判；第三，阿盟理事会召开紧急会议，接纳科威特，并帮助科威特加入联合国；第四，建议秘书长与沙特官员讨论此次危机。[3]

1961年7月5日，哈苏纳秘书长前往沙特，沙特国王向哈苏纳阐明了自己的立场：第一，沙特对化解伊拉克与科威特和沙特的矛盾饶有兴趣；第二，愿与所有阿拉伯国家，尤其是阿联合作解决冲突；第三，关注以色列即将带来的威胁；第四，在要求科威特取消对英国军队的邀请前，确保科威特的独立和领土完整；第五，召开阿盟理事会，接纳科威特加入阿盟，并帮助它加入联合国，鼓励阿盟成员国与科威特互派外交

① Ahmed Ali Salem, "International Relations Theories and International Organizations: Realism, Constructivism, and Collective Security in the League of Arab States," Doctoral Dissertations, University of Illinois at Urbana-Champaign, 2006, p. 156.

② Sirag G. Zamzami, "The Origins of the League of the Arab States and Its Activities Within the Member States, 1942–1970," Doctoral Dessertations, University Microfilms International, 1978, p. 468.

③ Ahmed Ali Salem, "International Relations Theories and International Organizations: Realism, Constructivism, and Collective Security in the League of Arab States," Doctoral Dissertations, University of Illinois at Urbana-Champaign, 2006, pp. 156–157.

大使。① 次日，秘书长哈苏纳返回阿盟总部后，还与阿联交流，了解阿联的立场。

当哈苏纳秘书长还在伊拉克和科威特等国密集协调时，1961 年 7 月 3 日，沙特再次请求阿盟安排召开部长级（外长）理事会，讨论科威特加入阿盟的问题。迫于沙特的压力和黎巴嫩希望召开会议的请求，7 月 4 日，阿盟理事会紧急会议在开罗召开，正式讨论接纳科威特加入阿盟的事项。不过，此次会议未达成任何协议，为了等待哈苏纳秘书长协调的结果，理事会决定延迟至 7 月 12 日召开会议。② 在了解四个主要国家的立场后，哈苏纳秘书长向政治委员会报告了情况，提请召开理事会，讨论应对方案。他对四国的协调和事实调查为其后理事会的召开以及主要议题的设置发挥了巨大作用。

（二）阿盟理事会通过第 1777 号决议，接纳科威特为成员国

阿盟理事会对危机的处理分为两个阶段：第一个阶段是讨论科威特加入阿盟的问题；第二个阶段是提出解决伊拉克和科威特危机的方案。经过 7 月 12 日和 7 月 20 日召开的两次会议，阿盟理事会通过第 1777 号决议，决定创建阿拉伯安全部队，替换已部署在科威特的英国军队。伊拉克和科威特的危机最终得到了和平解决。

第一，对科威特加入阿盟的讨论。1961 年 7 月 12 日，阿盟政治委员会召开。此次会议的主题是讨论科威特加入联盟的问题。秘书长哈苏纳首先向委员会汇报了他对伊拉克、科威特、沙特、阿联访问和磋商的结果。根据《阿盟宪章》第 1 条，"独立的阿拉伯国家有权加入阿盟"，因此科威特是否"独立"成为阿拉伯国家争论的焦点。伊拉克代表强烈反对科威特加入阿盟，认为科威特并未获得独立，科威特与英国缔结的新条约实际上延长了英国对科威特的"保护"。在会议召开的第二天，即 7 月 13 日，伊

---

① Ahmed Ali Salem, "International Relations Theories and International Organizations: Realism, Constructivism, and Collective Security in the League of Arab States," Doctoral Dissertations, University of Illionis at Urbana-Champaign, 2006, p. 157.

② Elie Podeh, "'Suez in Reverse': The Arab Response to the Iraqi Bid for Kuwait, 1961−63," *Diplomacy & Statecraft*, Vol. 14, No. 1, 2003, p. 108.

拉克威胁称，如果阿盟承认科威特独立，允许科威特加入，那么阿盟将从内部分裂。但沙特和阿联代表认为科威特已经摆脱英国殖民统治获得独立，它有权加入阿盟。摩洛哥代表也表示欢迎科威特加入阿盟。[①]

阿拉伯国家明白，使英国军队撤出科威特是当务之急。科威特也十分清楚包括阿联在内其他阿拉伯国家关注的焦点，因此，科威特以备忘录的形式向委员会呈交了一份其政府于 7 月 7 日发布的声明。该声明表示，只要满足以下两个条件中的一个，科威特将立即要求英国军队撤离：其一，卡塞姆放弃兼并科威特，同时承认科威特的独立，并向阿盟和联合国安理会通报其决定；其二，成立阿拉伯安全部队，取代部署在科威特的英国军队，维护科威特的独立，使其不受侵略。[②]

对于科威特这一提议，沙特和阿联表示支持，认为应该立即接纳科威特，并向科威特派遣阿拉伯安全部队。但伊拉克代表离开会场以示其坚决反对的态度。政治委员会由此陷入僵局。在争执不休的情况下，摩洛哥代表作为会议主席，向委员会提交了一份经由突尼斯修改的草案。草案要点如下："阿盟理事会已对科威特申请加入阿盟一事进行了讨论，综合考虑了各国代表的意见，摩洛哥代表拟提出以下几点原则。第一，科威特向英国提出撤军请求。第二，伊拉克承诺不使用武力兼并科威特。第三，阿拉伯国家需做到以下几点：①欢迎科威特成为阿盟成员国；②帮助科威特加入联合国；③根据科威特 7 月 12 日向政治委员会提交的备忘录，切实保障科威特的独立；④支持科威特根据《阿盟宪章》的规定满足其国民的愿望，与其他阿拉伯国家实现统一或建立联邦。"[③] 该草案还请求休会几天，推迟至 7 月 20 日再进行表决，这为各国代表向各国政

---

① Sirag G. Zamzami, "The Origins of the League of the Arab States and Its Activities Within the Member States, 1942 – 1970," Doctoral Dessertations, University Microfilms International, 1978, pp. 475–482.

② Sirag G. Zamzami, "The Origins of the League of the Arab States and Its Activities Within the Member States, 1942 – 1970," Doctoral Dessertations, University Microfilms International, 1978, pp. 477–478.

③ Hussein A. Hassouna, *The League of Arab States and Regional Disputes: A Study of Middle East Conflicts*, New York: Oceana Publications, 1975, pp. 100–101.

府汇报情况以及向各国政府征求意见预留了足够的时间。

第二，召开理事会，正式接纳科威特为阿盟成员国，授权秘书长解决争端。1961 年 7 月 20 日，阿盟部长级（外长）理事会召开。尽管伊拉克反对接纳科威特加入阿盟，但是包括沙特和阿联在内的大多数国家支持科威特加入，阿盟坚决地站在科威特一边，决定接纳科威特。在伊拉克缺席的情况下，参会的其他 9 个国家一致同意 7 月 13 日得到政治委员会赞同的决议，理事会通过了第 1777 号决议。[①]

第 1777 号决议的主要内容有：科威特政府尽快要求英国军队撤出，伊拉克政府不得使用武力兼并科威特，阿盟将支持科威特在宪章规定下与其他阿拉伯国家实现统一或建立联邦；阿盟欢迎科威特成为其成员国，阿盟将帮助科威特加入联合国；阿拉伯国家将应科威特的请求，为科威特的独立提供有效帮助，理事会授权秘书长采取必要措施来执行决议。[②]

相比由摩洛哥代表提出且得到政治委员会赞同的提案，7 月 20 日通过的第 1777 号决议更加具体和精细。前者仅仅阐明了解决争端的大致原则，而后者指明了执行前述原则的必要措施，它直接委派秘书长制定政策，来执行维护科威特独立的任务。阿盟接纳科威特为其会员国是阿盟采取措施维护科威特独立的前提条件，也为之后阿盟创建阿拉伯安全部队和启动集体安全条约提供了法律基础。

（三）哈苏纳秘书长筹备和创建阿拉伯安全部队

理事会通过决议后，秘书长哈苏纳立即与各阿拉伯国家领导人接触，与他们商量建立阿拉伯安全部队的问题。建立阿拉伯安全部队的法律条件在《阿盟宪章》第 6 条和《共同防御条约》第 2 条均有明确规定。其中《阿盟宪章》第 6 条指出："当一国侵略某一会员国，或对某一会员国有侵略的威胁时，受攻击或受威胁的一方得要求理事会立即召开会议。理事会

① Sirag G. Zamzami, "The Origins of the League of the Arab States and Its Activities Within the Member States, 1942 – 1970," Doctoral Dessertations, University Microfilms International, 1978, p. 483.

② Sirag G. Zamzami, "The Origins of the League of the Arab States and Its Activities Within the Member States, 1942 – 1970," Doctoral Dessertations, University Microfilms International, 1978, pp. 483 – 484.

应决定采取必要措施以击退侵略者，其决议应取得一致同意。如某一会员国实行侵略，则该国之投票不得计算在一致表决内。"《共同防御条约》第2条和第4条指出："缔约国可以单独或集体地采取包括使用武力的一切有效步骤以击退侵略和恢复和平即安全。缔约国为充分履行和有效贯彻相关义务，应在巩固和协调他们的武装部队方面进行合作，并按照各自的资源和需要参加单独或集体防御措施的准备，以击退侵略者。"[①]

1961年7月22日，阿盟秘书长哈苏纳接到了科威特要求英国撤出军队和邀请阿盟部署其组建的阿拉伯安全部队的通告。哈苏纳经过与各阿拉伯国家磋商，阿盟军事委员会在24日起草了一份组建阿拉伯安全部队的备忘录。该备忘录指出，沙特将派出四支分遣队，约旦、也门、摩洛哥和突尼斯各派出两支分遣队，阿联负责军队的技术和管理工作。由阿盟军事委员会常务主席艾哈迈德·哈利姆·伊玛（Ahmad Halim al-Imam）将军和秘书长政治事务助理赛义德·纳法勒（Sayyid Nawfal）领导的代表团负责访问沙特和科威特，并与两国敲定派遣阿拉伯安全部队的所有细节[②]，为阿拉伯安全部队的部署做好军事、政治和经济准备。

1961年8月6日，代表团抵达科威特。6天后，秘书长哈苏纳到达科威特，与科威特埃米尔会面，就阿盟部队的地位以及各种问题达成共识，还与科威特就派遣阿盟部队一事签订协议。8月14日，科威特签署了共同防御条约。秘书长哈苏纳在当天的报告中讲道："我宣布科威特签署了《阿拉伯联盟间联合防御和经济合作条约》。对于科威特要求英国于8月11日撤军，并且英国政府已同意科威特的请求，我倍感欣慰。"[③] 1961年8月15日，哈苏纳秘书长请求召开理事会，向各阿拉伯国家代表通报第1777号决议的执行情况。与此同时，阿盟军事委员会和秘书长政治事务助理组成的代表团还访问了突尼斯、摩洛哥、利比亚、苏丹、约

① 钟冬编《中东问题八十年》，新华出版社，1984，第599、605页。

② Elie Podeh, "'Suez in Reverse': The Arab Response to the Iraqi Bid for Kuwait, 1961-63," *Diplomacy & Statecraft*, Vol. 14, No. 1, 2003, p.112.

③ Sirag G. Zamzami, "The Origins of the League of the Arab States and Its Activities Within the Member States, 1942-1970," Doctoral Dessertations, University Microfilms International, 1978, p.487.

旦、黎巴嫩和阿联，与各国官员就派遣军队问题举行对话。阿盟助理秘书长与阿联、苏丹、约旦和沙特外长签署派遣军队的协议，该协议详细规定了这四国军队的义务、构成、地位以及撤离时间等事宜。[①] 9 月 6日，秘书长哈苏纳决定根据协议，任命沙特分遣队指挥官为阿拉伯安全部队最高指挥官。由此，阿拉伯安全部队的筹建工作正式完成。

1961 年 9 月 10 日，第一支分遣队到达科威特。至 10 月 3 日，所有分遣队部署完毕。10 月 11 日，科威特统治者向秘书长哈苏纳发送电报，宣布英国军队已完全从科威特撤出，邀请哈苏纳秘书长访问科威特。之后，10 月 14 日至 19 日，哈苏纳秘书长视察了部署在科威特的各分队。在哈苏纳秘书长视察期间，纳赛尔于 18 日向科威特统治者写信，决定将阿联军队分批撤出科威特。1962 年 2 月 22 日，约旦和沙特同意弥补因阿联军队撤出而出现的空缺。

由于英国军队撤出，以及来自伊拉克的威胁基本消除，1962 年 12 月 4 日，科威特政府正式向阿盟秘书处提出逐步减小部署在科威特的阿拉伯安全军队规模的请求。不久，沙特和约旦分别于 1963 年 1 月 4 日和 1 月 10 日撤出驻科威特的分遣队。1963 年 2 月 8 日，伊拉克发生军事政变，卡塞姆政权被推翻，新上任的阿里夫与科威特和解，放弃对科威特的主权诉求。1963 年 2 月 12 日，科威特正式向阿盟提出撤离所有驻科威特的军事观察团。1963 年 2 月 19 日，阿拉伯安全部队从科威特全员撤离。伊拉克和科威特恢复友好关系，第一次伊科危机成功解除。

二　阿盟成功解决伊科冲突的原因

伊科冲突的成功解决首先是阿拉伯国家对谁是最大的敌人具有共识，并且能够根据《阿盟宪章》和《共同防御条约》的规定启动集体安全，创建阿拉伯安全部队，威慑伊拉克，使伊拉克不采取过激的行动；其次是哈苏纳秘书长出色的个人斡旋调解技能，提出了"三全其美"地化解

---

① Hussein A. Hassouna, *The League of Arab States and Regional Disputes：A Study of Middle East Conflicts*, New York：Oceana Publications, 1975, p.104.

冲突的方案，这一方案既考虑到伊拉克的需求，也维护了科威特的独立
和领土主权，还使英国军队撤出了科威特，让阿拉伯国家免于受到外国
驻军的威胁；最后是英国势力的衰退为阿拉伯国家摆脱外国干预，自主
处理阿拉伯事务提供了有利条件。

（一）阿拉伯国家坚持在"阿拉伯框架"内和平解决争端

1961 年伊拉克和科威特危机发生后，阿拉伯国家一致反对英国介入
阿拉伯事务，始终坚持在"阿拉伯框架"内和平解决争端。

第一，阿拉伯国家一致认为英国是阿拉伯世界面临的最大威胁。在
联合国这一国际舞台上，阿拉伯国家发出了共同的声明。1961 年 7 月 2
日，联合国安理会召开会议，除科威特外，参会的阿拉伯国家代表不约
而同地要求英国军队撤出科威特。伊拉克代表强烈指责英国将其军队部
署至科威特是一种侵略行为，英国驻军不仅威胁伊拉克的独立和安全，
还严重危及国际和平与地区的安全，要求安理会立即着手清除导致局势
紧张的根源，确保侵略军撤出科威特。阿联代表也指出，阿拉伯世界无
法容忍外国军队的存在，外国军队应该从阿拉伯地区立即撤出。[①]

在阿拉伯世界内部，阿拉伯国家之间即使龃龉不断，但都一致认为，
英国驻军科威特是此次危机加剧的根源，让英国军队撤出科威特是当务
之急。长期以来，伊拉克与埃及争夺地区领导权，两者关系并不融洽。
在此次危机中，埃及《金字塔报》也在其头版刊登了一篇谴责"卡塞姆
导致英帝国主义带着坦克和大炮重返科威特"的文章。[②]兼任《金字塔
报》主编的埃及高官穆罕默德·海卡尔（Muhammad Heikal）甚至嘲讽
道："与苏伊士运河战争时期完全相反，沙特和科威特军队竟然与英国帝
国主义站在同一个战壕里。"[③]纳赛尔总统也严厉指责伊拉克卡塞姆导致
局势恶化，为英国帝国主义在科威特的扩张提供了机会，但是，当时正

---

①　Hussein A. Hassouna, *The League of Arab States and Regional Disputes*：*A Study of Middle East Conflicts*, New York：Oceana Publications, 1975, pp. 95-96.

②　Miriam Joyce, "Preserving the Sheikhdom：London, Washington, Iraq and Kuwait, 1958-61," *Middle Eastern Studies*, Vol. 31, No. 2, 1995, p. 289.

③　Elie Podeh, "'Suez in Reverse'：The Arab Response to the Iraqi Bid for Kuwait, 1961-63," *Diplomacy & Statecraft*, Vol. 14, No. 1, 2003, p. 108.

因叙利亚要求退出阿联而焦头烂额的纳赛尔并未像 20 世纪 50 年代那样借机猛烈攻击伊拉克，以此恢复其因阿拉伯统一事业受挫而不断下滑的威望，而是把火力和矛头直指英国。埃及还向阿盟提出了一个要求英国军队尽早撤出科威特的方案。[①]

与此同时，沙特也认为阿拉伯国家在伊科冲突中统一立场有利于抑制英国在该地区的影响力，因此沙特与埃及站在同一阵营，积极支持阿盟的调解。[②] 阿盟政治委员会和理事会的讨论同样聚焦于由英国军队入驻科威特可能带来的殖民主义威胁。当阿盟秘书长哈苏纳对各国进行调解时，避免英国可能带来的军事威胁是他说服各国缓和局势和实现争端和平解决的主要依据。

第二，阿拉伯国家坚持通过和平方式，使用"阿拉伯方案"来解决伊拉克和科威特危机。首先，伊拉克提出对科威特的主权以来，一直表示愿意以和平方式解决争端。[③] 其次，其他阿拉伯国家也主张通过和平方式，在"阿拉伯框架"内解决伊科危机。阿联驻联合国代表在安理会会议上坚定地表示，"伊拉克和科威特的问题是一个阿拉伯问题"[④]，"两个阿拉伯国家间的争端应该根据阿拉伯原则，在"阿拉伯框架"下解决。阿拉伯人可以自己解决这个争端。"[⑤] 阿联要求英国军队撤出的倡议，得到其他阿拉伯国家驻联合国代表的认可与响应。约旦国王侯赛因也敦促卡塞姆不要使用武力，而应该通过和平方式解决争端。[⑥] 最后，阿

---

① Nahla Yassine-Hamdan and Frederic S. Pearson, *Arab Approaches to Conflict Resolution：Mediation, Negotiation and Settlement of Political Disputes*, London：Routledge, 2014, p. 121.

② Nahla Yassine-Hamdan and Frederic S. Pearson, *Arab Approaches to Conflict Resolution：Mediation, Negotiation and Settlement of Political Disputes*, London：Routledge, 2014, p. 123.

③ Hussein A. Hassouna, *The League of Arab States and Regional Disputes：A Study of Middle East Conflicts*, New York：Oceana Publications, 1975, p. 95.

④ A. H. H. Abidi, "Origins and Dimensions of the Iraqi Claim Over Kuwait," *India International Centre Quarterly*, Vol. 18, No. 1, 1991, p. 135.

⑤ Hussein A. Hassouna, *The League of Arab States and Regional Disputes：A Study of Middle East Conflicts*, New York：Oceana Publications, 1975, p. 96.

⑥ Elie Podeh, "'Suez in Reverse'：The Arab Response to the Iraqi Bid for Kuwait, 1961－63," *Diplomacy & Statecraft*, Vol. 14, No. 1, 2003, p. 107.

拉伯安全部队的创建和部署不仅使英国军队在科威特的要求下撤出，也对伊拉克起到了一定的威慑作用，避免了阿拉伯国家间乃至地区战争的爆发。

究其根本，伊拉克和科威特危机的和平解决是当时阿拉伯国家团结和阿拉伯民族主义意识形态占据主流地位的结果。在 1958 年伊拉克发生军事政变，哈希姆王室的统治被推翻后，伊拉克原有的基于《巴格达条约》的地区安全战略被取消，卡塞姆提出了新的地区政策，即重返阿拉伯大家庭，坚持阿拉伯团结。其他阿拉伯国家对伊拉克的新政策极为欢迎。1961 年 4 月，伊拉克、约旦、黎巴嫩、沙特、阿联和也门的军事首长以及来自利比亚、摩洛哥和苏丹的观察员齐聚开罗，讨论建立阿拉伯共同防御政策的问题。6 月，各国军事首长还在共同防御理事会上讨论制定对以色列的共同政策。他们对实现阿拉伯集体安全充满信心。① 由此可见：保持团结、一致对外是当时阿拉伯国家的主要政策；建立集体安全体系，抵御共同威胁是凝聚各国的核心力量。因此，阿拉伯国家在伊科危机中把主要矛头指向英国，并不把威胁武力兼并科威特的伊拉克视为侵略者，而认为伊拉克和科威特的争端是内部矛盾，可以通过派遣阿拉伯安全军队的方式实现内部解决。在英国军队撤离科威特后，各阿拉伯国家军队也相继撤出，恢复了该地区的和平与稳定。

（二）哈苏纳秘书长出色的斡旋和调解技能

哈苏纳秘书长是伊拉克和科威特危机和平解决的重要因素。在多次局势恶化之时，他利用自己的智慧和出色的协调能力巧妙地化解了冲突，充当了引导局势好转和促使危机和平解决的"助推剂"。

首先，哈苏纳秘书长果敢地请求让他先进行调解。早在 1961 年 6 月 27 日，沙特就请求阿盟召开理事会会议讨论科威特加入阿盟的问题。但哈苏纳秘书长请求给他一些时间，让他先竭尽所能来调解争端。从合法性来看，科威特在其宣布独立后的第二天，即 1961 年 6 月 20 日就向阿盟提出入会请求，因此，即使阿盟理事会尚未正式讨论该议题，但是哈苏纳秘书长认

---

① Robert W. Macdonald, *The League of Arab States: A Study of the Dynamics of Regional Organization*, Princeton: Princeton University Press, 1965, pp. 234–235.

为他有责任对申请入盟的阿拉伯国家进行考察，关注科威特局势的发展，前往科威特和伊拉克调查事实；从个人愿望来看，哈苏纳秘书长希望在"阿拉伯框架"内解决争端，同时哈苏纳也敏锐地观察到阿拉伯国家拥有在"阿拉伯框架"内解决争端和反对英国干预的共同愿望，因此，哈苏纳秘书长将这一点作为调和伊拉克、科威特、沙特和阿联主场的主要着力点；从已有的先例来看，1958 年的黎巴嫩危机就是在联合国调停失败后由阿盟在"阿拉伯框架"内实现和平解决，这给哈苏纳秘书长带来了信心，他认为通过积极介入和调解，就能成功解决伊拉克和科威特的争端。[1]

与此同时，非争端方的其他阿拉伯国家也充分信任哈苏纳秘书长，对哈苏纳的外交斡旋倡议予以支持，直至 1961 年 7 月 4 日才召开政治委员会会议来讨论科威特入会事宜。在哈苏纳秘书长结束对伊拉克、科威特和沙特的访问前，阿拉伯国家均未对伊拉克和科威特两国中的任何一国进行评判，而仅限于讨论科威特加入阿盟的问题，以及坚持在"阿拉伯框架"内和平解决争端的原则。当哈苏纳秘书长于 1961 年 7 月 12 日返回阿盟总部后，各国代表才召开理事会会议。[2] 由此可见，成员国对哈苏纳秘书长工作的支持力度非同一般。

其次，哈苏纳秘书长提出用阿拉伯安全部队取代英国驻军，这既满足了伊拉克提出的英国军队撤离科威特的要求，又维护了科威特的独立。伊拉克卡塞姆政府对哈苏纳缺乏信任，认为他偏向于纳赛尔和科威特，对他能否公正处理此次争端充满疑虑。而科威特深谙当时阿拉伯世界的权力天平倒向纳赛尔一边，它也明白根据 1961 年 6 月 19 日与英国新交换的条约，英国能够在军事上保证科威特的独立。面对这样一种局势，哈苏纳为打消伊拉克的疑虑，同时取得科威特的配合，提出了一个一举两得的建议。这个建议就是，科威特要求英国撤出驻扎在其国内的军队，由阿盟组建的阿

---

[1]　Hussein A. Hassouna, *The League of Arab States and Regional Disputes: A Study of Middle East Conflicts*, New York: Oceana Publications, 1975, pp. 115–116.

[2]　Ahmed Ali Salem, "International Relations Theories and International Organizations: Realism, Constructivism, and Collective Security in the League of Arab States," Doctoral Dissertations, University of Illionis at Urbana-Champaign, 2006, p. 155.

拉伯安全部队来监察伊拉克的举动，维护科威特的独立。①

　　哈苏纳秘书长的这一方案立即得到科威特的赞同和采纳。1961 年 7 月 7 日，科威特政府发布了一份包括要求英国军队撤离在内的两点声明。尽管伊拉克对科威特提出的"伊拉克要承认科威特的独立和主权"这一声明表示反对，但哈苏纳竭力向伊拉克表示，他没有忽视伊拉克的需求。② 事实上，哈苏纳提出的让科威特要求英国撤离的建议确实部分回应了伊拉克对英国军队威胁的指控。从要求英国撤军这个层面来讲，伊拉克当然是哈苏纳所提方案的受益者。

　　更重要的是，其他阿拉伯国家对哈苏纳秘书长的提议以及科威特的两点声明高度认可。摩洛哥在哈苏纳秘书长和科威特提议的基础上，提出了更加顾及伊拉克感受的方案，即支持科威特人民根据自己的意愿与其他阿拉伯国家实现统一或建立联邦。这为伊拉克未来与科威特建立统一国家或其他某种形式的联合留下了一定空间，意味着伊拉克可以通过合法的途径实现其目的。1961 年 7 月 20 日，以摩洛哥草案为基本原则的第 1770 号决议在理事会获得一致通过，这为阿拉伯国家在"阿拉伯框架"内解决伊拉克和科威特危机奠定了法律基础。

　　最后，秘书长哈苏纳在阿拉伯安全部队的创建上发挥着指挥和主导作用。阿拉伯安全部队是伊拉克和科威特危机得到解决的关键因素。这在于，阿拉伯安全部队的部署是英国军队撤出科威特的前提条件。对于科威特来说，只有阿拉伯国家承诺派遣军队并组成阿拉伯安全部队，科威特的国家安全才能得到维护，否则科威特会邀请英国军队继续留在科威特。而英军不撤离，伊拉克不可能放低姿态，因为伊拉克和英国的矛盾是敌我矛盾，在这种情况下，伊拉克很可能会以反对英国侵略为借口

---

① Nahla Yassine-Hamdan and Frederic S. Pearson, *Arab Approaches to Conflict Resolution：Mediation，Negotiation and Settlement of Political Disputes*, London：Routledge, 2014, p. 123.

② Nahla Yassine-Hamdan and Frederic S. Pearson, *Arab Approaches to Conflict Resolution：Mediation，Negotiation and Settlement of Political Disputes*, London：Routledge, 2014, pp. 123-125.

而对科威特动用武力。一旦危机升级，伊拉克和科威特出现交火，那么伊科危机就很难得到解决。

秘书长哈苏纳根据理事会第 1770 号决议的授权，解决了派驻阿拉伯安全部队的几大关键问题。第一，在人员配备上，秘书长与各国协商派遣军队的份额，并按照《共同防御条约》的规定，任命派遣军队人数最多的沙特分遣队指挥官为阿拉伯安全部队的总指挥。第二，在军队的资助问题上，秘书长通过与科威特协商，科威特承诺承担阿拉伯安全部队的所有费用，这为阿拉伯安全部队在科威特的活动免除了后顾之忧。第三，在阿拉伯安全部队的机构建制上，秘书长成立了由各国代表组成的阿拉伯安全部队"特别咨询委员会"，来为与阿拉伯安全部队有关的事务提供咨询。秘书长还起草了"阿拉伯安全部队规章"，确定了阿拉伯安全部队的结构、地位和内部的运转程序。第四，秘书长决定设立外交信息交流处，负责在位于科威特的阿拉伯安全部队总部与位于开罗的安全部队执行机构之间传达信息。[①]

此外，尽管阿拉伯安全部队是为了防止伊拉克武力兼并科威特而成立的，但是哈苏纳秘书长并未把伊拉克视为集体安全体系中的侵略者，他着力向驻扎在科威特的阿拉伯安全部队的官兵传达阿拉伯团结的精神和阿拉伯人之间的兄弟情谊。1961 年 10 月 19 日，在应科威特请求来视察阿拉伯安全部队的部署情况的最后一天，哈苏纳在新闻发布会上说："从今天起，你们将负责维护科威特的独立和领土完整。你们的到来已经促使外国军队撤出，你们是以阿拉伯兄弟的身份来到科威特的。记住，你们所在的地方是伊拉克和科威特的边境地带，你们是这两个国家的客人！你们代表着阿拉伯民族，你们的任务是在科威特和伊拉克之间架起一座沟通的桥梁，使两国重启兄弟关系。这两个国家（的人民）都是我们大家亲爱的家人。"[②] 哈苏纳秘书长对阿拉伯安全部队的角色定位使得

---

① Hussein A. Hassouna, *The League of Arab States and Regional Disputes: A Study of Middle East Conflicts*, New York: Oceana Publications, 1975, pp. 104-105.

② Hussein A. Hassouna, *The League of Arab States and Regional Disputes: A Study of Middle East Conflicts*, New York: Oceana Publications, 1975, p. 105.

阿拉伯安全部队具有浓厚的兄弟感情色彩，有利于最大限度地消除伊拉克的顾虑，提升了阿拉伯国家之间的民族和团结意识。

（三）阿盟充分利用英国殖民势力衰退带来的契机

伊拉克和科威特危机能够得到顺利解决，是阿盟充分利用了英国实力的衰退及英国在后殖民时代调整外交政策的契机。科威特是英国石油进口的重要来源地，石油产业是英国财政收入的重要来源。中东已探明石油资源储量占世界已探明石油资源的67%，其中中东一半石油为英国石油公司所有，这些石油公司每年可给英国带来8000万英镑的收入。英国每年从中东进口的石油占其总需求的65%。而科威特石油储量占世界原油储量的20%，科威特石油公司即为在英国注册的公司。[1] 因此，英国在科威特独立后仍与其缔结防御条约，以保护英国的石油通道和经济利益。在科威特发出邀请后，英国迅速派出军队。

然而，在阿拉伯民族主义和反殖民主义兴起的大环境下，尽管英国在科威特实现了军队的快速部署，但由于自身实力在二战后的衰退，英国不得不考虑当时的国际舆论和阿拉伯国家对"阿拉伯方案"的强烈诉求。一方面，伊拉克并未如其声称的那样对科威特采取军事行动，这使有关英国竭力维护其殖民统治的阴谋论层出不穷。美国政府也认为英国夸大了伊拉克对科威特的威胁。[2] 而且英国官员知道，虽然科威特统治者欢迎英国军队驻扎在科威特，但是科威特民众反对英国军队重返科威特。[3] 另一方面，实力衰退的英国希望利用美国来维护其在科威特的利益，但是美国并不愿与英国建立具有实质意义的军事协调与合作计划。美国认为，一旦伊拉克发动袭击，英国对援助科威特负有"绝对义务"，如果美国加入英国的军事行动，苏联将对其展开舆论攻势，指责其为帝国主义。因此，美国仅表示会在联合国支持英

---

① Saki Dockrill, *Britain's Retreat from East of Suez: The Choice between Europe and the World?*, New York: Palgrave Macmillan, 2002, pp. 125-126.

② Helene Von Bismarck, "The Kuwait Crisis of 1961 and Its Consequences for Great Britain's Persian Gulf Policy," *British Scholar*, Vol. 2, No. 1, 2009, p. 82.

③ Miriam Joyce, "Preserving the Sheikhdom: London, Washington, Iraq and Kuwait, 1958-61," *Middle Eastern Studies*, Vol. 31, No. 2, 1995, p. 289.

国的行动。[①]

在这种情况下，"阿盟向科威特派出安全部队正好缓解了英国面临的窘境，英国甚至鼓励科威特申请加入阿盟"[②]。在科威特埃米尔要求英军撤离后，英国借机撤离了驻守在科威特的军队。阿盟也借此成功地实现了其目的，既满足了伊拉克对英国撤军的要求，也通过派驻阿拉伯安全部队消除了科威特对自身安全的担忧。

总之，1961 年伊拉克和科威特危机的妥善解决是阿拉伯国家坚持"阿拉伯方案"、秘书长哈苏纳出色的"穿梭外交"和英国因实力衰退而采取务实的适度干预政策这三个因素综合作用的结果。此次危机是阿盟首次针对成员国采取集体安全策略，这一策略在化解冲突和维护和平方面取得了巨大成功。

第二节　挫败范例：阿盟对第二次伊科危机（1990年）调解的失败

边界和领土问题是横亘在伊拉克和科威特之间的一座大山。在 1961 年至 1963 年爆发的第一次伊拉克和科威特危机中，阿盟秘书长哈苏纳和各阿拉伯国家协力合作，通过启动集体安全机制，最终以派驻阿拉伯安全部队的方式成功解决了危机。但两国边界问题始终没有得到妥善解决，伊拉克对科威特的领土扩张野心也没有消退。20 世纪 70 年代，伊拉克屡次派兵进入科威特领土。1990 年 8 月，经历两伊战争而陷入经济困境的伊拉克再次将视线转向科威特，公然入侵并占领科威特。阿盟在此次危机中虽然进行了多方协调，提出了解决危机的方案，却未能引导局势向好的方向发展。尽管阿盟理事会和峰会通过决议，启动了集体安全机制，但这不仅没有让伊拉克从科威特撤军，反而为美国军队进驻沙特，

---

① Miriam Joyce, "Preserving the Sheikhdom: London, Washington, Iraq and Kuwait, 1958-61," *Middle Eastern Studies*, Vol. 31, No. 2, 1995, pp. 285-287.

② Helene Von Bismarck, "The Kuwait Crisis of 1961 and Its Consequences for Great Britain's Persian Gulf Policy," *British Scholar*, Vol. 2, No. 1, 2009, p. 82.

为伊科危机国际化提供了依据。阿拉伯世界因此更加四分五裂，阿盟也遭受重大挫折，走向低谷。

一　阿盟集体安全策略的失败

对于1990年伊科危机，阿盟的反应比较迟缓，且它主要是埃及、约旦等阿拉伯国家用来表达意见和协商调解方案的平台。阿盟秘书长及阿盟官员基本处于失语状态。阿盟理事会和峰会通过的启动集体安全机制的决议，由于没有负责人进行统筹规划而无法切实执行。伊科危机不可避免地走向升级，随着以美国为首的外部势力的介入，伊科危机发展成为冷战后第一场影响深远的国际战争——海湾战争。阿盟对伊科危机的处理分为两个阶段：第一个阶段是1990年7月16日至8月2日阿拉伯国家的外交斡旋；第二个阶段是1990年8月3日至1991年8月10日阿盟理事会和峰会的集体安全决策。

（一）危机发生前戈立比秘书长和埃及的短暂调停

1990年7月16日，伊拉克外交部部长塔里克·阿齐兹（Tariq Aziz）向位于突尼斯的阿盟总部秘书处递送一封控告科威特和阿联酋"侵略"伊拉克的信件。在信中，阿齐兹指控两国侵占其领土、偷窃其石油以及超额生产石油。第二天，伊拉克总统萨达姆也指控科威特生产的石油超过了欧佩克的配额，致使原油价格下跌，这导致伊拉克减少了140亿美元的财政收入。萨达姆甚至威胁使用武力迫使科威特停止超额生产石油，并要求科威特赔偿120亿美元。1990年7月19日，科威特外交部部长也向阿盟呈交信件，他在信中一一回应了伊拉克的指控，呼吁阿盟进行仲裁。科威特还表示愿意减免伊拉克10亿美元的贷款，以此来补偿伊拉克的财政损失，但是拒绝完全免除伊拉克的战时贷款。[①] 与此同时，科威特还向海合会求援，并派各部部长出使阿盟成员国，寻求支持。伊拉克和科威特危机由此拉开帷幕。阿盟秘书长和阿拉伯国家对伊拉克和科威

---

① A. H. H. Abidi, "Roots and Dimensions of the Border Dispute Between Iraq and Kuwait," *International Studies*, Vol. 28, No. 2, 1991, pp. 139-140.

特展开了密集的外交调停活动。

其一，阿盟秘书长访问科威特和伊拉克，但作用有限。在接到来自伊拉克和科威特两国的申诉后，阿盟秘书长沙兹利·戈立比（Chedli Klibi，1979~1990 年担任第四任秘书长）接连访问科威特和伊拉克。1990 年 7 月 21 日，戈立比秘书长访问科威特。24 日，他又奔赴伊拉克，并在 26 日再次访问科威特。然而，秘书长仅仅充当传达伊拉克和科威特要求的通信员，并未提出任何调解方案。①

其二，埃及的外交调停。在阿盟秘书长戈立比访问科威特和伊拉克期间，埃及总统穆巴拉克发表谈话，对伊拉克和科威特和平解决争端充满信心。1990 年 7 月 23 日，伊拉克加大了对科威特的攻击力度，并开始在科威特边境集结军队。这使得局势骤然紧张起来，沙特法赫德国王、约旦侯赛因国王和埃及穆巴拉克总统试图通过调解来解决冲突。7 月 24 日，穆巴拉克启程访问伊拉克、科威特和沙特三国，并撮合伊拉克和科威特于 7 月 30 日在沙特的吉达召开会议，讨论解决方案。穆巴拉克还宣布他已得到萨达姆的承诺，即萨达姆无意袭击科威特或向两国边界地区增派军队。② 然而，萨达姆为迫使科威特接受其要求，一边释放出对话与和谈的信号，另一边在两国边境大规模集结军队。7 月 27 日，伊拉克调集 10 万名精兵强将，兵分 8 路，虎视眈眈地驻守在两国边境。③

1990 年 7 月 31 日，科威特王储萨阿德·萨巴赫（Saad al-Sabah）和伊拉克革命指挥委员会副主席伊扎特·易卜拉欣（Izzat Ibrahim）在吉达举行会谈。④ 但会谈未取得任何成果，伊拉克代表因不满科威特提出的和谈条件而离开会场，返回伊拉克。随着两国谈判代表在吉达不欢而

---

① Joseph Kostiner, *Conflict and Cooperation in the Gulf Region*, Wiesbaden: VS Verlag für Sozialwissenschaften, 2009, p. 103.

② "Iraq Invasion of Kuwait-International Response," *Keesing's Record of World Events*, Vol. 36, August 1990, p. 37631.

③ Efraim Karsh, *Rethinking the Middle East*, London: Routledge, 2003, p. 84.

④ Janice Gross Stein, "Deterrence and Compellence in the Gulf, 1990 - 91: A Failed or Impossible Task?," *International Security*, Vol. 17, No. 2, 1992, p. 150.

散，实现伊拉克和科威特争端和平解决的良机已经丧失。8月2日，伊拉克大军以迅雷不及掩耳之势，侵略科威特。伊拉克和科威特危机全面失控。

（二）危机发生后约旦的穿梭外交

伊拉克对科威特的迅速入侵，让所有阿拉伯国家都大为震惊，甚至科威特也未料想到伊拉克大军会如此迅猛地攻击自己。因为阿拉伯国家历史上从未有一个国家派兵入侵和吞并另一个阿拉伯兄弟国家。伊拉克出其不意的入侵行为使曾致力调解的埃及和沙特颜面失尽，大失所望。穆巴拉克和法赫德国王认为，伊拉克吞并科威特从根本上改变了阿拉伯国家间的"游戏规则"，阿拉伯体系已经无法依靠之前一直盛行的缓慢而持久的外交来维持运转。因受到萨达姆欺骗而倍感羞辱的穆巴拉克放弃了和平解决争端的希望。法赫德国王也由于伊拉克大兵压境而十分紧张，无意再扮演调停者的角色。[①] 由此，约旦国王侯赛因承担起了斡旋调解的主要责任。

伊拉克入侵科威特当天，沙特法赫德国王就与约旦侯赛因国王通话，他说道："应该敦促萨达姆总统将入侵行为限制在伊拉克和科威特的边界争议地带，直至两国争端得到和平解决。"[②] 作为中间人，侯赛因国王认为在前往巴格达调停之前，必须先和穆巴拉克总统协商意见。于是，侯赛因国王前往亚历山大与穆巴拉克紧急会面。侯赛因与穆巴拉克达成共识，两人皆表示反对外部干预，同意在"阿拉伯框架"内解决冲突。穆巴拉克还敦促侯赛因尽快前往巴格达与萨达姆协商。[③]

与此同时，侯赛因国王还与美国总统布什通话并向其表示，"希望给

① Joseph Kostiner, *Conflict and Cooperation in the Gulf Region*, Wiesbaden: VS Verlag für Sozialwissenschaften, 2009, pp. 107-108.

② Majid Khadduri and Edmund Ghareeb, *War in the Gulf 1990-91: The Iraq-Kuwait Conflict and Its Implications*, New York: Oxford University Press, 1997, p. 127.

③ Mohammed Dakhil Kareem, "The Regional and International Attitude Towards the Iraqi Invasion of Kuwait in 1990," *International Journal of Innovation, Creativity and Change*, Vol. 10, No. 7, 2019, p. 88.

阿拉伯领导人一点时间，让我们内部自行处理"，"请给我们 48 小时!"①
1990 年 8 月 3 日，侯赛因飞往巴格达，会见萨达姆。经过会谈，萨达姆
同意 8 月 5 日在吉达召开小型峰会，讨论在"阿拉伯框架"内解决争
端，他还向侯赛因详述了撤军细节。但萨达姆提出，阿盟不得谴责伊拉
克的行为，否则将不会积极回应沙特法赫德国王、埃及穆巴拉克总统以
及侯赛因国王提出的解决方案。会谈结束后，侯赛因国王怀着喜悦的心
情返回安曼，并告知穆巴拉克称，他的任务已经成功完成，局势已经
扭转。②

然而，1990 年 8 月 3 日，也就是在侯赛因访问伊拉克期间，埃及外
交部与海合会理事会共同发布了一份谴责伊拉克入侵科威特，要求伊拉
克立即从科威特撤军的声明。该声明提出，"伊拉克入侵科威特公然违反
了《阿盟宪章》规定的阿拉伯国家不干预彼此内部事务的原则。在上一
届阿盟峰会上，伊拉克是支持这一原则和深化阿拉伯团结的中坚力量。
鉴于当前的局势，埃及认为应该立即采取以下措施：第一，伊拉克从科
威特撤军；第二，停止使用武力来更迭科威特政权的行为；第三，两国
应该通过和平协商的友好方式来解决二者之间的分歧"③。埃及还警告
称，"对伊拉克闪电般地入侵海湾弱小的邻国深感震惊"，"伊拉克的入
侵举动可能给整个中东带来恶劣影响"④。埃及与海合会的这份强硬声
明，浇灭了侯赛因国王"成功的"巴格达之行点亮的和平解决科伊争端
微弱的希望之光。

---

① Majid Khadduri and Edmund Ghareeb, *War in the Gulf 1990 - 91: The Iraq-Kuwait Conflict and Its Implications*, New York: Oxford University Press, 1997, pp. 127 - 128.

② Mohammed Dakhil Kareem, "The Regional and International Attitude Towards the Iraqi Invasion of Kuwait in 1990," *International Journal of Innovation, Creativity and Change*, Vol. 10, No. 7, 2019, p. 88.

③ Ahmed Ali Salem, "International Relations Theories and International Organizations: Realism, Constructivism, and Collective Security in the League of Arab States," Doctoral Dissertations, University of Illionis at Urbana-Champaign, 2006, p. 200.

④ Dalia Baligh, "Egypt Condemns Iraqi Invasion with PM-Iraq-Kuwait, Bjt," AP News, August 4, 1990, https://apnews.com/article/5c9a3bf307e875fba830e40d0b166b54, accessed: 2020 - 12 - 25.

（三）阿盟召开外长理事会和首脑理事会会议，启动集体安全

在伊拉克入侵科威特当天，许多阿拉伯国家的外长正在开罗参加伊斯兰会议组织的会议。因此，阿盟趁着各国外长皆在开罗之际，在1990年8月3日召开外长理事会紧急会议，讨论伊科危机问题。在会上，大多数阿拉伯国家外长谴责伊拉克的入侵行为，要求伊拉克立即无条件从科威特撤出，宣布将坚持维护阿盟成员国的主权和领土完整。但是，在如何维护科威特的主权和领土完整上，阿拉伯国家之间存在不同看法。以海合会为代表的阿拉伯国家要求成立阿拉伯联合部队来反击伊拉克军队，它们还同意科威特和沙特向美国寻求军事援助。海合会国家外长单独发布了一份声明，该声明提出，反对外国干预不适用于联合国集体安全，阿盟也需要遵从联合国决议。[1] 而也门、利比亚、苏丹、巴解组织等谴责伊拉克对科威特使用武力，呼吁和平解决争端，同时，它们还坚决反对外国干预，要求在"阿拉伯框架"内解决争端。

1990年8月3日晚上6点，阿盟部长级理事会根据《阿盟宪章》第5条和第6条，《共同防御条约》第2条，以及1965年第三届阿盟峰会上通过的《阿拉伯团结条约》的第2条，在"大多数同意"的情况下通过了第5036号决议。该决议包括如下几项内容：第一，谴责伊拉克对科威特的侵略，否认伊拉克入侵行为可能带来的领土变更等影响；第二，谴责因入侵而造成的流血牺牲和财产损失；第三，呼吁伊拉克立即无条件从科威特撤军，恢复1990年8月1日的领土边界现状；第四，恳请各阿拉伯国家领导人考虑召开紧急峰会，讨论此次入侵事件，在兄弟团结精神的引领下，按照已有先例和当前的阿拉伯法律体系，提出一个能使争端双方接受的可持续的调解方案；第五，强调必须严格遵守《阿盟宪章》规定的有关维护成员国的主权和领土完整，各成员国不得使用武力解决彼此的争端，应该尊重各国政治制度，不得采取任何措施改变其他国家的政治制度；第六，严重反对任何外国干预或尝试干预阿拉伯事务；

---

[1] Ann Mosely Lesch, "Contrasting Reactions to the Persian Gulf Crisis: Egypt, Syria, Jordan, and the Palestinians," *Middle East Journal*, Vol. 45, No. 1, 1991, p. 36.

第七，秘书长负责执行此决议，并及时向理事会通报决议执行情况。①

从投票的具体情况来看，包括埃及、叙利亚以及海合会成员国在内的 14 个国家投票支持第 5036 号决议，约旦、毛里塔尼亚、巴解组织、苏丹和也门弃权，伊拉克没有投票权，利比亚外交部长由于未得到其政府指示而没有参与投票。相比海合会单独发布的声明，阿盟理事会通过的第 5036 号决议明确指出反对外国干预，这说明在阿盟理事会上，海合会国家是作出了一定让步的。而约旦等 5 个国家投弃权票而不是反对票，也说明它们"在指明伊拉克为侵略者的问题上犹豫不决，唯恐（通过第 5036 号决议）会给协商解决冲突带来不利影响。它们仍然希望能够在沙特和阿拉伯合作委员会的赞助下，召开吉达会议，使伊拉克和科威特能够进行当面洽谈"。②

然而，阿盟理事会通过的第 5036 号决议并未得到执行。一方面，伊拉克援引《阿盟宪章》第 6 条，"理事会应决定必要措施以击退此项侵略，其决议应取得一致同意。如某一会员国实行侵略，则该国之投票不得计算在一致表决内"，认为第 5036 号决议无效。另一方面，阿盟秘书长戈立比缺乏说服各阿拉伯国家执行决议的高超的外交技能。在处理伊科危机中，不仅埃及、沙特等国家不信任戈立比秘书长的外交斡旋能力，秘书长甚至未能统一阿盟内部官员的意见。阿盟驻联合国常驻代表克劳维斯·马克苏德（Clovis Maksood）在伊拉克入侵科威特当天就在联合国警告外国不得干预阿拉伯冲突，坚持"阿拉伯方案"是唯一的解决方案。③ 这意味着马克苏德对理事会通过的第 5036 号决议并不十分赞同。如此，阿盟内部尚且无法达成一致立场，更不用说采取措施协调各方立

---

① Ahmed Ali Salem, "International Relations Theories and International Organizations: Realism, Constructivism, and Collective Security in the League of Arab States," Doctoral Dissertations, University of Illionis at Urbana-Champaign, 2006, p. 279.

② Ann Mosely Lesch, "Contrasting Reactions to the Persian Gulf Crisis: Egypt, Syria, Jordan, and the Palestinians," *Middle East Journal*, Vol. 45, No. 1, 1991, p. 36.

③ Ahmed Ali Salem, "International Relations Theories and International Organizations: Realism, Constructivism, and Collective Security in the League of Arab States," Doctoral Dissertations, University of Illionis at Urbana-Champaign, 2006, p. 214.

场，说服伊拉克和科威特和平解决争端。

1990 年 8 月 5 日，埃及、沙特、伊拉克和科威特在吉达召开小型峰会，但此次峰会未达成任何协议，以失败告终。① 8 月 6 日，之前一直犹豫不决的沙特法赫德国王最终决定邀请美国军队进入沙特，以帮助沙特抵御伊拉克可能发动的袭击行动。② 沙特的这一举动一定程度上使本已十分紧张的局势进一步恶化。

1990 年 8 月 8 日，伊拉克宣称科威特已经"完全和不可逆转地"被并入伊拉克。③ 伊拉克的这一举动再次让阿拉伯国家惊愕不已。在埃及穆巴拉克总统的呼吁下，阿盟在 8 月 9 日和 10 日召开了为期两天的峰会。在此次峰会上，一些国家建议代表阿盟前往巴格达与萨达姆进行调解与谈判，但这遭到峰会主席穆巴拉克的直接反对，他坚称伊拉克对沙特和其他海湾国家的威胁迫在眉睫。④ 最后，尽管出席峰会的 21 个阿拉伯国家尖锐对立，但此次峰会最终在 12 个国家的投票支持下⑤，通过了第 195 号决议。⑥ 该决议主要包括以下几点：第一，确认阿盟理事会 1990 年 8 月 3 日通过的决议和伊斯兰会议组织 1990 年 8 月 4 日发布的声明；第二，遵守联合国安理会通过的第 660/661 号和第 662 号决议；第三，谴责伊拉克入侵科威特，不承认伊拉克兼并科威特领土，支持科威特采取一切措施恢复其领土；第四，对伊拉克威胁海湾国家深表遗憾，谴责伊拉克在沙特边境动员武装部

---

① John Kifner, "The Iraqi Invasion: Arab's Summit Meeting Off; Iraqi Units in Kuwait Dig in; Europe Bars Baghdad's Oil," *The New York Times*, August 5, 1990, https://www.nytimes.com/1990/08/05/world/iraqi – invasion – arabs – summit – meeting – off – iraqi – units – kuwait-dig-europe-bars.html, accessed: 2020-12-28.

② Joseph Mcmillan, "Saudi Arabia and Iraq: Oil, Religion, and an Enduring Rivalry," US Institute of Peace, 2006, p. 2.

③ "Thirty Years Ago, Iraq Invaded Kuwait," *Arab News*, July 30, 2020, https://www.arabnews.com/node/1712066/middle-east, accessed: 2020-12-28.

④ Clovis Maksoud, "The Arab World's Quandary," *World Policy Journal*, Vol. 8, No. 3, 1991, p. 553.

⑤ 伊拉克、利比亚和巴解组织表示反对，阿尔及利亚和也门弃权，约旦、毛里塔尼亚和苏丹持保留态度，埃及、叙利亚和海合会国家等 12 个国家表态支持。

⑥ "Extraordinary Arab Summit Conference Resolution on the Gulf Crisis 10 August 1990," *Arab Studies Quarterly*, Vol. 13, Nos. 1–2, 1991, pp. 167–168.

队，确认与沙特和海湾阿拉伯国家团结一致，支持沙特和其他海湾阿拉伯国家根据《共同防御条约》第 2 条和《联合国宪章》第 51 条进行合法防御；第五，将接受沙特和其他海湾国家的请求派遣阿拉伯安全部队，以帮助这些国家抵御外部侵略，保护其领土完整。[①]

不过，第 195 号决议获得通过并不意味着它能够得到实施。集体安全机制由机制建设和机制能力两部分组成：机制建设是维持和平与安全的一套程序或框架；机制能力是指机制的有效性和应用能力。[②] 在 1990 年伊科危机中，阿盟峰会启动了集体安全的程序，但是在执行和应用上面临着巨大的障碍。第一，阿拉伯国家对如何解决争端具有严重分歧，使得阿盟无法统筹布局，执行强制措施。约旦、利比亚、也门和巴解组织坚持要求阿拉伯国家组成一个调解小组，在不谴责伊拉克的情况下，成立阿拉伯安全部队来劝服伊拉克和科威特脱离接触，使两国和解。而埃及、叙利亚以及海合会国家则认为进行调解不仅耗时耗力，而且伊拉克可能借此拖延时间，以巩固其在科威特和海湾地区的优势地位。第二，阿盟戈立比秘书长的辞职使得集体安全失去了关键协调者。由于无法调和争端与缓和阿拉伯国家两极对立的局势，深感疲乏和无奈的阿盟秘书长戈立比黯然辞去职务。如此，阿盟自身陷入混乱和"群龙无首"的状态，已经自顾不暇，更不用说来统一协调和执行集体安全了。

更重要的是，在 1990 年 8 月 8 日伊拉克宣布吞并科威特后，美国布什总统向沙特派遣了一支地面部队。[③] 之后，埃及、叙利亚和摩洛哥派兵前往沙特，参加以美国为首的 34 国联军。这意味着"阿拉伯解决方案"的彻底失败，阿拉伯国家已经完全分化为两个截然对立的集团。尽

---

① Talal Z. A. Alazemi, "Kuwaiti Foreign Policy in Light of the Iraqi Invasion, with Particular Reference to Kuwait's Policy Towards Iraq, 1990 - 2010," Doctoral Dissertation, The University of Exeter, 2013, p. 213.

② 周玉渊：《非洲集体安全机制的进展与挑战——从非洲和平安全框架到"2020 年消弭枪声计划"》，《云大地区研究》2020 年第 1 期。

③ Ann Mosely Lesch, "Contrasting Reactions to the Persian Gulf Crisis: Egypt, Syria, Jordan, and the Palestinians," *Middle East Journal*, Vol. 45, No. 1, 1991, pp. 36-37.

管阿盟理事会在 1990 年 8 月 30 日至 31 日召开理事会会议先后通过了第 5038 号、第 5039 号和第 5040 号决议，谴责伊拉克入侵科威特，要求伊拉克保护科威特被占领区民众的生命财产安全，赔偿其损失以及保护在科威特和伊拉克的第三国公民①，但这些决议基本流于形式。因为除了埃及、叙利亚等已经与沙特等海合会国家结成反伊拉克同盟的国家外，利比亚坚决反对这些决议，而以约旦为首的国家则希望通过调解的方式解决争端，拒不参加会议。

阿盟戈立比秘书长辞职后，约旦侯赛因国王承担起了协商调解的责任，为寻求"阿拉伯解决方案"，开展了系列外交活动。然而，已经分崩离析的阿拉伯国家已不可能再统一行动，尤其是埃及等国家以保护沙特的名义进入沙特、加入以美国为首的国际联军，阿盟的集体安全机制尚未执行和应用便已破产。

二 阿盟集体安全失败的原因分析

集体安全是集团内所有成员为维护每一个成员的安全而设立的一种安全保障体系，是防止战争和实现内部和平的一种重要方式。汉斯·摩根索（Hans J. Morgenthau）认为："集体安全的成功实施需要满足以下三个条件：第一，集体体系必须在任何时候都能够聚集到压倒性的优势力量，反对潜在的侵略者和侵略者联盟，使后者永远不敢对集体体系所维护的秩序进行挑战；第二，至少那些能够使它们的联合力量满足前一个条件的国家，必须对它们要保卫的安全具有相同的认识；第三，那些国家必须使它们相互冲突的政治利益服从于共同利益，这种共同利益是从所有成员国的集体防务的角度来定义的。"②需要指出的是，汉斯·摩根索是从国际体系层面来探讨集体安全问题的，而阿盟集体安全是区域性

---

① Elihu Lauterpache, C. J. Greenwood, Marc Weller, and Daniel Bethlehem, *The Kuwait Crisis: Basic Documents*, Vol. 1, Cambridge: Cambridge University Press, 1991, pp. 297-299.

② 〔美〕汉斯·摩根索：《国家间政治：权力斗争与和平》，徐昕、郝望、李保平译，北京大学出版社，2012，第 392 页。

的。从阿盟集体安全机制设立的历史背景及其已有实践来看，阿盟集体安全既有以防御以色列等非阿拉伯国家为主要目的的"同盟"性质，也有防止集团内成员侵略另一成员的集体安全性质。

具体到阿盟的集体安全来说，它的成功与否除了与汉斯·摩根索提出的三个条件有关外，还需考虑到国际体系或域外大国对阿拉伯体系的外在影响。也就是说，国际政治格局的变动和大国的影响是分析阿盟集体安全实施和执行时不可忽视的重要方面。阿盟在1990年伊科危机中实行集体安全的失败是阿拉伯国家缺乏共识、美国等国家不断干涉以及阿盟秘书长领导力匮乏这三个因素共同作用的结果。

（一）阿拉伯国家分裂与缺乏共识

20世纪70年代中期以来，国家民族主义成为阿拉伯国家的主流意识形态。"保持现状和维护国家利益是阿拉伯国家制定外交政策的主要驱动力。"[1] 阿拉伯国家主要关注其国内的事务。进入20世纪80年代，由于石油价格暴跌，曾经在"石油美元"掩盖下而未暴露出来的财政赤字、管理不善、巨大防务开支以及急剧增长的债务问题同时出现，无论是产油国还是通过向产油国输出劳工移民等来赚取丰厚外汇收入的非产油阿拉伯国家，都面临着日益突出的国内安全问题和紧张的社会氛围。[2] 在这一背景下，阿拉伯国家出于国内政治等多种因素的考量而对如何处理伊科危机出现意见分歧，分裂为两大对立的阵营。其中以沙特为首的海合会国家和埃及、叙利亚等国家组成反对伊拉克的多数阵营，约旦、利比亚、也门、巴解组织等组成另一个阵营。这两大阵营在谴责伊拉克、坚持在"阿拉伯框架"内解决伊科危机以及与美国的关系问题上尖锐对立。

第一，在是否谴责伊拉克的入侵行为上发生严重分歧。伊拉克入侵

---

① Ali E. Hillal Dessouki and Bahgat Korany, "Globalization and Arab Foreign Policies: Constraints or Marginalization," in Bahgat Korany and Ali E. Hillal Dessouki, *The Foreign Policies of Arab States: The Challenge of Globalization*, Cairo: The American University in Cairo Press, 2008, p. 48.

② Yezid Sayigh, "The Gulf Crisis: Why the Arab Regional Order Failed," *International Affairs*, Vol. 67, No. 3, 1991, p. 501.

科威特后，沙特和其他弱小的海湾酋长国认为其国家安全受到严重威胁。它们起初寄希望于在"阿拉伯家庭内解决争端"，但是面对军事力量强大的伊拉克以及可能突然发生的侵略行为，它们放弃了耗时耗力的"阿拉伯方案"[1]，通过海合会发布了谴责伊拉克和要求伊拉克立即无条件从科威特撤军的声明。在海合会发布谴责声明后，埃及也改变其支持在"阿拉伯框架"内协调解决争端的立场，迅速加入了以沙特为首的反伊拉克阵营，发布了谴责伊拉克的声明。对于埃及来说，尽管伊拉克入侵科威特不对其国家安全构成直接威胁，但是迫于沙特的压力以及对伊拉克可能借此提升其在地区的政治影响力的忌惮，埃及选择加入了反伊拉克的联盟。此外，长期以来与伊拉克存在嫌隙的叙利亚也为了削弱伊拉克而加入了反伊拉克联盟。

但是，约旦、巴解组织、也门和苏丹等反对谴责伊拉克，坚持通过对话和调解的方式解决争端。萨达姆曾对前来调解的约旦侯赛因国王说道："伊拉克撤军的前提条件是阿拉伯国家不得谴责伊拉克。"[2] 因此侯赛因对伊拉克撤军十分乐观，力争在 8 月 5 日召开小型首脑会议，通过对话和调解的方式在"阿拉伯框架"内解决争端，阿拉法特甚至建议科威特作出更大的让步，以使伊拉克从科威特撤军。[3] 此外，约旦不仅经济高度依赖伊拉克，而且其国内存在支持萨达姆的大批巴勒斯坦人，因此，迫于国内强大的社会舆论压力，约旦坚决要求通过和解方式和在"阿拉伯框架"内解决伊科危机。[4]

伊拉克长期以来将自己塑造成阿拉伯事业的维护者和阿拉伯民族的解放者，坚决反对以色列和美国，支持巴勒斯坦抵抗运动，因此巴解组

① Robert Mabro, *Political Dimensions of the Gulf Crisis*, Oxford Institute for Energy Studies, 1990, p. 14.
② Majid Khadduri and Edmund Ghareeb, *War in the Gulf 1990－91: The Iraq-Kuwait Conflict and Its Implications*, New York: Oxford University Press, 1997, p. 258.
③ Joseph Kostiner, *Conflict and Cooperation in the Gulf Region*, Wiesbaden: VS Verlag für Sozialwissenschaften, 2009, p. 111.
④ Michael N. Barnett, *Dialogues in Arab Politics: Negotiations in Regional Order*, New York: Columbia University Press, 1998, p. 218.

织也反对谴责伊拉克。① 巴解组织还和利比亚提出了一个和平计划，即科威特将从鲁迈拉油田获得的收入作为赔偿款支付给伊拉克，将瓦巴岛（Warbah）以及布比延岛（Bubiyan）让给伊拉克，伊拉克则与科威特划定边界，由利比亚和巴勒斯坦派遣军队来替换进入科威特的伊拉克军队。② "也门长期以来是伊拉克的盟友，它希望伊拉克能牵制其强邻沙特阿拉伯。"③

第二，对美国及其军事干预的看法尖锐对立。1989 年，随着东欧剧变爆发，国际局势发生了巨大变化，大部分阿拉伯国家领导人认为世界将进入美国时代。由于美国和以色列的特殊关系，他们对未来采取何种政策来应对国际格局的变动具有不同意见。埃及和叙利亚领导人认为，阿拉伯人不可能使美国改变其中东政策，因此需要在危机中寻求转机，与美国合作来阻止可能发生的对阿拉伯人不利的情况，尽可能拖延时间直至另一个新的国际政治秩序出现。④ 而约旦和巴勒斯坦领导人却认为美国是以色列的"共谋者"，尤其是大量犹太人向以色列移民，更是加剧了约旦和巴勒斯坦的焦虑感。两国认为当务之急是阿拉伯国家团结一致反对以色列，两国对伊拉克制止以色列和美国的行动抱有极大期待。⑤ 因此，当伊拉克入侵科威特后，阿拉伯国家围绕对美国和是否允许美国干预出现了两种截然不同的态度。

沙特等海合会国家以及埃及、叙利亚放弃在"阿拉伯框架"内解决伊科危机，加入美国为首的国际联军，对伊拉克进行军事施压。1990 年8 月 2 日伊拉克侵入科威特后，埃及穆巴拉克总统和沙特法赫德国王认

① William Cleveland and Martin Bunton, "The Palestinian Uprising and the 1991 Gulf War," p. 481, in William L. Cleveland and Martin Bunton, *A History of the Modern Middle East*, Boulder, CO: Westview Press, 2008.
② Philip Matter, "The PLO and the Gulf Crisis," *Middle East Journal*, Vol. 48, No. 1, 1994, p. 35.
③ 东方晓:《伊拉克入侵科威特后中东政治格局的变化》,《西亚非洲》1990 年第 6 期。
④ Shibley Telhami, "Arab Public Opinion and the Gulf War," *Political Science Quarterly*, Vol. 108, No. 3, 1993, p. 445.
⑤ Shibley Telhami, "Arab Public Opinion and the Gulf War," *Political Science Quarterly*, Vol. 108, No. 3, 1993, pp. 447-448.

为调解解决伊科危机的机会已经丧失，阿拉伯世界的"游戏规则"已经
发生了根本变化，阿拉伯国家体系不再能够按照之前缓慢和持续的外交
来运转。在穆巴拉克看来，无论阿拉伯国家喜欢与否，国际外交斡旋或
军事行动将会取代阿拉伯调解，因此应该与美国进行合作，将伊拉克驱
逐出科威特。[1] 法赫德国王也在获知伊拉克将入侵沙特后，开始质疑约
旦侯赛因国王的调解活动，并将维护其国家安全的希望寄托在美国身上，
邀请美国军队进驻沙特。

约旦、巴解组织和利比亚这一亲伊拉克阵营极力反对外国干预，要
求在"阿拉伯框架"内解决争端。巴解组织认为外国干预将会带来一场
严重损害阿拉伯国家经济和军事利益的毁灭性战争，它将"为以色列和
帝国主义国家控制该地区的财富和命运、消除巴勒斯坦问题和使该地区
巴尔干化而打开大门"。[2] 约旦侯赛因国王一直坚持调解伊拉克和科威特
的争端，奔走于多个阿拉伯国家之间，以按照"阿拉伯方案"来解决伊
科危机。如此，阿拉伯国家可以不受外国干预，防止伊拉克的经济和军
事设施遭到损坏，并且将科威特从危难之中解救出来。侯赛因国王还向
美国布什总统请求给予他劝说伊拉克撤军的时间。[3] 利比亚、也门领导
人也要求在"阿拉伯框架"内解决争端，反对外国干预。他们认为，美
国帝国主义和以色列将借机干预海湾地区。[4]

（二）　美国的战略谋划与施压

美国的战略谋划和施压是导致埃及穆巴拉克总统和沙特法赫德国王
放弃"阿拉伯方案"加入反伊拉克阵营的重要因素。当伊拉克在 1990 年
7 月 16 日指控科威特并威胁使用武力时，埃及穆巴拉克总统和约旦侯赛

---

[1]　Joseph Kostiner, *Conflict and Cooperation in the Gulf Region*, Wiesbaden: VS Verlag für Sozialwissenschaften, 2009, pp. 107–108.

[2]　Philip Matter, "The PLO and the Gulf Crisis," *Middle East Journal*, Vol. 48, No. 1, 1994, p. 35.

[3]　Jamil E. Jreisat and Hanna Y. Freij, "Jordan, the United States, and the Gulf Crisis," *Arab Studies Quarterly*, Vol. 13, Nos. 1–2, 1991, pp. 101, 110.

[4]　Ahmed Ali Salem, "International Relations Theories and International Organizations: Realism, Constructivism, and Collective Security in the League of Arab States," "Doctoral Dissertations, University of Illionis at Urbana-Champaign, 2006, p. 205.

因国王对"以兄弟般的方式"和平解决争端充满信心，开展了系列外交调解活动。沙特也支持外交解决方式，并且在吉达为伊拉克和科威特提供谈判协商的场所。即使至1990年8月2日入侵事件发生，穆巴拉克也在与侯赛因国王筹划召开小型首脑会议，希望说服伊拉克和科威特达成妥协，沙特也没有邀请美国介入。在1990年8月3日的阿盟理事会会议上，各阿拉伯国家尽管在是否谴责伊拉克上存在争端，但在此次理事会会议通过的第5036号决议明确指出了"反对外国干预"。为何在几天后，即8月6日，沙特法赫德国王决定邀请美国军队进驻，埃及、叙利亚和摩洛哥也加入以美国为首的国际联军呢？这是美国战略谋划和施压的结果。

第一，美国对沙特、埃及等阿拉伯国家的拉拢与施压。20世纪80年代末，随着东欧剧变以及苏联实力的削弱，美国成为世界上唯一的超级大国，其称霸全球的权欲空前膨胀。控制海湾的石油是美国称霸世界的基础之一。为确保美国在海湾的石油利益，美国绝不允许伊拉克成为地区霸主。不过，由于美国偏袒以色列以及军事干涉黎巴嫩事务的失败，阿拉伯国家尤其是激进阿拉伯国家的反美主义思想盛行。布什总统上台后，为扩大美国在中东的影响力，一方面努力重新恢复海湾温和国家对它的信任，另一方面积极改善与阿拉伯国家的关系。[①]伊拉克军占领科威特事件的发生给美国提供了一个介入海湾地区的绝佳机遇，但为了避免被指责为"干预"，阿拉伯国家的配合和加入至关重要。因此，美国针对不同阿拉伯国家采取了不同的策略，通过威逼利诱等方式在阿拉伯国家中组建了一个反伊拉克和支持美国军事干预的集团。

首先，美国对沙特的心理攻势与蛊惑。伊拉克军队占领科威特后，沙特惴惴不安，唯恐伊拉克借机入侵沙特。但由于阿拉伯世界浓厚的反美舆论氛围以及沙特在伊斯兰世界的特殊地位，沙特法赫德国王一开始并无意请求美国介入，而是要求"萨达姆将争端限定在伊拉克和科威特

---

① 张士智、赵慧杰：《美国与中东关系史》，中国社会科学出版社，1993，第445~447页。

的领土争议区，直至争端和平解决"。① 也就是说，沙特固然忌惮伊拉克强大的军事力量，但是只要伊拉克不扩大冲突区域，沙特支持通过外交调解的方式在"阿拉伯框架"内解决伊科危机。

　　然而，美国散布了很多有关伊拉克派兵入侵沙特领土的消息，这使得惶恐不安的沙特最终决定邀请美国派驻军队以保护其不受伊拉克的侵犯。在伊拉克入侵科威特后的第二天，五角大楼就警告道："伊拉克已经在接近沙特边界的地带部署了装甲部队，不断向科威特增派兵力，应对可能发生的袭击行动。"② 美国布什总统还派遣国防部部长切尼（Cheney）前往沙特，说服沙特关闭通往伊拉克的石油管道，允许美国使用其海军基地和机场。③ 实际上，萨达姆并不打算攻击沙特及其统治者。1990 年 8 月 4 日，在伊拉克占领科威特南部地区后，萨达姆为了向沙特显示它没有袭击沙特的意图，命令军队驻扎在距离沙特边界 1 公里远的地区。④ 直至沙特决定同意美国军队进驻沙特后，萨达姆才发起了推翻"石油埃米尔"的舆论宣传运动。⑤

　　其次，对埃及和叙利亚的利诱。埃及和叙利亚是对阿拉伯世界具有重要影响力的大国，因此埃及和叙利亚的支持是美国使其军事行动获得理解和具有合法性的重要方面。由于埃及和叙利亚与伊拉克存在竞争关系以及两国也对获得外部经济援助具有强烈的需求，美国对埃及和叙利亚主要采取利诱和拉拢的策略。在埃及和叙利亚分别表示支持美国干预

---

①　Majid Khadduri and Edmund Ghareeb, *War in the Gulf 1990 - 91: The Iraq-Kuwait Conflict and Its Implications*, New York: Oxford University Press, 1997, p. 127.

②　Ahmed Ali Salem, "International Relations Theories and International Organizations: Realism, Constructivism, and Collective Security in the League of Arab States," Doctoral Dissertations, University of Illionis at Urbana-Champaign, 2006, p. 202.

③　Ahmed Ali Salem, "International Relations Theories and International Organizations: Realism, Constructivism, and Collective Security in the League of Arab States," Doctoral Dissertations, University of Illionis at Urbana-Champaign, 2006, p. 203.

④　Kevin M. Woods, *The Mother of All Battles: Saddam Hussein's Strategic Plan for the Persian Gulf War*, Annapolis: Naval Institute Press, 2008, p. 513.

⑤　Andrew J. Bacevich and Efraim Inbar, *The Gulf War of 1991 Reconsidered*, London: Frank Cass Publishers, 2003, p. 30.

并且派兵参加国际联军后，美国免除了埃及 70 亿美元的军事债务，叙利亚也得到了来自沙特和欧洲共同体的丰厚贷款。① 对叙利亚来说，派兵进入沙特加入美国反伊拉克阵营可以使美国将叙利亚从支持恐怖主义的名单中剔除出去，叙利亚还可以获得美国的商业贷款，引进美国先进的科学技术，获得来自欧洲共同体的经济援助。②

最后，对约旦等亲伊拉克国家的施压与打击。约旦等亲伊拉克国家不仅将萨达姆视为反对美国的英雄，还十分赞同萨达姆提出的要求，即伊拉克撤出科威特后，以色列也必须从被占领的巴勒斯坦领土上撤出，叙利亚从黎巴嫩撤离。③ 针对约旦拒绝加入国际联军并质疑美国双重标准的情况，美国直接对侯赛因国王表示不满，谴责侯赛因国王扮演着"维护"萨达姆侵略行为的角色。美国还向沙特法赫德国王施压，让他制止约旦侯赛因国王的行为。④

第二，美国拉拢英国、苏联等其他大国，借助联合国，为其军事干预伊科危机，组建打击伊拉克的国际联军提供合法性支持。

其一，美国联合盟友并说服苏联加入其打击伊拉克的队伍。英国是美国最重要的盟友，它在科威特具有重大的经济利益。作为科威特的前宗主国，英国首相撒切尔对伊拉克军事入侵行为的立场十分强硬，因此撒切尔在危机发生后很快与美国总统布什达成共识，决定合作以重建科威特政府。苏联是联合国安理会常任理事国，它的态度决定了美国能否使其行动获得国际社会认可。冷战期间，苏联在联合国安理会的反对常常使得美国的计划受挫。而在 1990 年，由于苏联在戈尔巴乔夫的统治下，推行所谓的"新思维"外交，积极发展与美国等西方国家的友好关

---

① William Cleveland and Martin Bunton, "The Palestinian Uprising and the 1991 Gulf War," p. 481, in William Cleveland and Martin Bunton, *A History of the Modern Middle East*, Boulder, CO: Westview Press, 2008.

② Ann Mosely Lesch, "Contrasting Reactions to the Persian Gulf Crisis: Egypt, Syria, Jordan, and the Palestinians," *Middle East Journal*, Vol. 45, No. 1, 1991, p. 42.

③ Ann Mosely Lesch, "Contrasting Reactions to the Persian Gulf Crisis: Egypt, Syria, Jordan, and the Palestinians," *Middle East Journal*, Vol. 45, No. 1, 1991, pp. 45-47.

④ Jamil E. Jreisat and Hanna Y. Freij, "Jordan, The United States, And the Gulf Crisis," *Arab Studies Quarterly*, Vol. 13, Nos. 1-2, 1991, pp. 111-112.

系，因此美国轻而易举地取得了苏联的支持。尽管苏联是伊拉克的盟友，与伊拉克签订了联盟条约，但是戈尔巴乔夫以伊拉克未提前告知其入侵计划为由，最终选择加入了美国阵营，试图以此巩固与美国的关系。如此，苏联这一能够决定国际局势的超级大国的加盟使得美国免除了后顾之忧。在伊拉克军队侵入科威特当天，苏联就停止向伊拉克输送武器和军事装备。[①]

此外，为了建立更大范围的反伊拉克"朋友圈"和使中东对美国的反对情绪降到最低，美国还努力争取得到中东大国土耳其和伊朗的支持。伊朗与伊拉克是仇敌，它很乐于看到美国发动打击伊拉克的军事行动。而土耳其与伊拉克存在密切的经济联系，伊拉克的石油出口中转费是土耳其重要的收入来源。因此，美国一方面以经济补偿和世界银行将给土耳其提供10亿美元贷款，另一方面以帮助土耳其加入欧洲共同体为诱饵，使得土耳其成为美国军事干预伊科危机的支持者。[②]

其二，联合国迅速和多次通过的有关伊拉克的决议为美国的军事干预提供了合法依据。在伊拉克入侵科威特当天，即1990年8月2日，联合国安理会就通过了第660号决议，谴责伊拉克的入侵行为，要求伊拉克立即无条件从科威特撤出，并呼吁伊拉克和科威特立即展开谈判以解决分歧。对于伊拉克和科威特久拖不决的边界和石油价格问题，安理会认为应该由两国经过直接谈判或由阿盟协商解决。从第660号决议来看，联合国安理会希望阿拉伯国家和阿盟自行解决争端，但4天后，联合国安理会再次召开会议。

根据《联合国宪章》第52条，安理会鼓励"依区域办法或由区域机关而求地方争端之和平解决"。[③] 而事实上，从1990年8月2日至6日，在

---

① Gary Clyde Hufbauer, Jeffrey J. Schott, Kimberly Ann Elliott and Barbara Oegg, "US and UN v. Iraq (*1990-*: Invasion of Kuwait, Impairment of Military Capability, Destabilization)," Peterson Institute for International Economics, May 2008, https://www.piie.com/commentary/speeches-papers/case-90-1, accessed: 2020-12-28.

② Majid Khadduri and Edmund Ghareeb, *War in the Gulf 1990-91: The Iraq-Kuwait Conflict and Its Implications*, New York: Oxford University Press, 1997, pp.124-125.

③ 《联合国宪章》，联合国官网，https://www.un.org/zh/sections/un-charter/chapter-viii/index.html，最后访问时间：2020年12月28日。

如此短暂的时间内，阿拉伯国家和阿盟很难使伊科危机实现和平解决。联合国安理会如此迅速地召开会议并通过对伊拉克进行经济制裁和禁运的第661 号决议，与美国的积极运作和施压密不可分。在投票表决前，美国代表已事先取得安理会其他 4 个常任理事国代表的同意和支持。美国在危机发生后多方筹划，协调大国立场，因此，在伊拉克代表认为第 661 号决议违背第 660 号决议、也门代表和古巴代表弃权的情况下，第 661 号决议仍获得表决通过。也门代表提出的"决议不能成为干预该地区的借口"和"以阿拉伯的方式和平解决争端"的建议被置之一旁。①

第 661 号决议最重要的一点在于，它提出了"为对抗伊拉克对科威特的武装攻击，有行使单独或集体自卫的自然权利"。② 这为美国派驻军队和进行军事干预提供了合法性。1990 年 8 月 6 日，沙特政府公开要求美国提供军事保护。8 月 8 日，布什签署"沙漠盾牌"计划，美国军队开始进驻沙特。之后，美国组建国际联军，叙利亚、埃及和摩洛哥派兵参加，与海湾六国的军队共同组建阿拉伯联合部队。③ 由此，尽管此时美国未正式对伊拉克进行军事进攻，但伊科危机事实上已经完全脱离"阿拉伯框架"而"国际化"，这意味着阿盟的集体安全策略已经失败。

（三）戈立比秘书长时运不佳，领导力匮乏

集体安全组织的决策能力及执行集体决策水平决定了集体安全的成效。对阿盟来说，其集体安全的应用和实践效果除了受到成员国各自政治利益的契合程度、对侵略者的集体威慑力以及国际体系中大国的影响外，阿盟秘书长是决定集体安全成效的重要因素，因为他是进行穿梭访问，居间调停的关键人物。也就是说，秘书长的个人能力是集体安全得以实现的关键一环，也是决定阿盟执行机制能力的核心要素。而戈立比秘书长领导力的匮乏一定程度上导致 1990 年伊科危机逐渐脱离"阿拉伯

---

① Majid Khadduri and Edmund Ghareeb, *War in the Gulf 1990-91: The Iraq-Kuwait Conflict and Its Implications*, New York: Oxford University Press, 1997, pp. 136-139.

② 联合国安理会决议，《1990 年 8 月 6 日第 661 (1990) 号决议》，文件编号：S/RES/661 (1990)，联合国官网，https://www.un.org/securitycouncil/zh/content/resolutions-adopted-security-council-1990，最后访问时间：2020 年 12 月 29 日。

③ 张士智、赵慧杰:《美国与中东关系史》，中国社会科学出版社，1993，第 450 页。

解决方案"，被多种力量推向国际化，并使阿盟集体安全从属于美国的国际干预，阿拉伯世界更加碎片化。

秘书长戈立比是突尼斯人，在就任阿盟秘书长以前，曾任突尼斯哈比卜·布尔吉巴（Habib Bourguiba）总统的办公室主任，文化部长、信息部长和国家广播电台的负责人。从戈立比秘书长的履历来看，他主要擅长的是新闻媒体和文化业务①，从未涉足过国家的外交事务，缺少与他国打交道的经验。因此，这决定了戈立比在面对复杂的伊科危机时，不能充分发挥阿盟秘书长本应该具有的纵横捭阖和外交斡旋的作用。

更糟糕的是，戈立比秘书长不仅不能充分发挥其主观能动性，还被阿拉伯国家尤其是埃及、沙特等大国忽视。在此次伊科危机中，约旦国王侯赛因取代阿盟秘书长，成为伊拉克和科威特的主要调解人。戈立比秘书长除了在1990年7月末对伊拉克和科威特进行调解外，也没有提出更多的解决方案。当然，这主要是因为埃及等国家对戈立比秘书长的漠视。比如，1990年8月9~10日召开的阿盟峰会是埃及总统穆巴拉克召集的，在峰会召开之前，穆巴拉克甚至没有提前向戈立比秘书长咨询，而是"通过广播宣布召开峰会"。在起草峰会的决议时，阿盟秘书长也没有被提前告知。② 可见，阿盟秘书长作为阿盟这一集体安全组织的最高行政官员，已经完全被架空，阿拉伯大国外交超越了阿盟。是阿盟失败，还是被埃及等阿拉伯大国架空致使阿盟失败？这大有争论空间，而随后的"悲惨"事实是，当时最有影响力的阿拉伯国家埃及、沙特阿拉伯和叙利亚加入美国领导的国际联军，三个阿拉伯大国唯美国马首是瞻，亲手破坏了阿盟的集体安全机制。埃及此后虽然夺回了阿盟秘书长这个宝座，但阿盟在四分五裂的阿拉伯世界陷入衰颓并沉沦。

---

① "Former Secretary-General of the Arab League Chedly Klibi Dies at 94," The Arab Weekly, May 13, 2020, https://thearabweekly.com/former-secretary-general-arab-league-chedly-klibi-dies-94, accessed: 2020-12-30.

② Ahmed Ali Salem, "International Relations Theories and International Organizations: Realism, Constructivism, and Collective Security in the League of Arab States," Doctoral Dissertations, University of Illionis at Urbana-Champaign, 2006, p. 213.

小　结

综上，国家间争端是阿盟安全治理的重要方面，也是阿盟运用集体安全策略的主要对象。1961 年至 1963 年伊科冲突和 1990 年伊科危机是阿盟历史上仅有的两次针对成员国运用集体安全的案例，这一安全治理策略在不同时间段呈现出完全不同的效果。在这两次冲突中，阿盟集体安全机制并未发生任何新的变化。可见，阿盟自身的机制能力不是决定集体安全治理成效的影响因素，阿拉伯国家间的权力政治和国家利益的契合度、国际体系中大国的态度以及阿盟秘书长的个人能力才是决定阿盟执行集体安全的重要因素。

首先，阿拉伯国家构成了一个较为独立的国家体系，这一体系具有一定的自主性。就阿拉伯国家而言，集体安全是使既有秩序得到维持的重要保障。但随着阿拉伯民族主义衰落和国家主义成为阿拉伯国家的主流意识形态，阿拉伯国家对国家安全和政治利益的认知发生了巨大变化。阿拉伯国家根据各自的现实政治利益的需要而形成新的组合，陷入了最大限度维护国家安全和利益的权力政治之中，而集体安全的成功实施，最需要摆脱的就是权力政治。

当然，这并不是说消除权力政治是集体安全得到成功执行的唯一必要条件。因为权力政治不仅是当前国际政治的现实，也是阿拉伯国家体系里最大的现实。如此，对国家安全和集体安全认知的契合度，以及对国家利益和共同利益认知的契合度成为影响集体安全成效的关键。

在 1961 年至 1963 年的伊科危机中，阿拉伯国家对反对英国干涉和在"阿拉伯框架"内解决争端的强烈诉求使得它们能够积极执行集体安全，阿盟能在这一基础上组织派遣军队，使得集体安全机制的效用得到最大程度的发挥。而在 1990 年伊科危机中，由于阿拉伯国家国家利益的严重分歧，它们不仅放弃长期以来一直坚持的在"阿拉伯框架"内解决争端的观念，甚至为最大限度地维护和扩大自己的国家利益而邀请美国进行军事干预，攻打同为阿拉伯兄弟的伊拉克，阿盟集体安全机制被弃置一旁。

其次，阿拉伯国家体系是国际体系的一部分，国际权力格局的变动也会对阿拉伯这一次体系产生影响。从法律角度来说，阿盟的集体安全机制是联合国这一全球普遍性的集体安全机制的一部分。根据《联合国宪章》第 8 章第 52 条的规定，区域组织可以在联合国会员国将区域性争端提交安理会之前，按照区域办法或由区域机关和平解决。安理会也鼓励依区域办法或由区域机关和平解决区域性争端。但一旦阿拉伯国家间的争端被上诉至联合国，就会在一定程度上脱离阿盟的控制范围，使得阿盟无法按照已有的程序在阿拉伯范围内解决争端。相反地，由于美国、苏联等大国的介入，争端的解决变得更加复杂和棘手。尤其是苏联自 20 世纪 80 年代逐渐衰落并在 1991 年解体后，美国成为全球霸主，部分阿拉伯国家对美国采取追随政策，依靠美国维护国家安全，部分阿拉伯国家则奉行激进的反美政策，这使得阿拉伯国家分化加剧，极难就共同利益达成共识。阿盟的集体安全机制由此陷入瘫痪。

最后，阿盟秘书长的衰弱和缺位使得阿盟成为大国集团推行其政策的工具。在 1990 年伊科危机中，阿盟的集体安全机制在埃及和沙特等国家的主导下事实上成为这些国家为其加入美国为首的国际联军和允许国际军事干预的法律依据。这鲜明地表现在，与 1990 年 8 月 3 日阿盟理事会通过的第 5036 号决议相比，8 月 9 日至 10 日在峰会上通过的第 195 号决议删除了"反对外国干预阿拉伯事务"的条款，支持科威特、沙特等海湾阿拉伯国家"采取措施……抵御任何外国侵略"。埃及和叙利亚名义上按照第 195 号决议组建阿拉伯军队，派驻沙特以执行集体安全，但实际上这是为美国军队的进驻提供了合法性。也正因如此，阿盟遭到诸多诟病，不被阿拉伯国家所信任，在处理此次危机失败后，坠入长达 10 年的低谷期。

第四章

阿盟安全治理的特点、
影响因素与挑战

长期以来，和平与安全一直是困扰中东地区的核心问题。世界大国、联合国等多个国际行为体为实现中东的和平与安全而持续不断地进行努力，提出了多种安全治理的方案。这些安全治理方案有的对中东地区的局势稳定起到了正面的积极作用，而另一些采取偏袒立场的安全治理方案则导致中东安全问题愈益严峻和突出。不过，尽管这些安全治理方案的成效不一，但都已得到广泛关注和研究。唯独阿盟的安全治理未得到足够关注。

从理论和实际内涵上来说，安全治理不同于传统的强调大国在维护国际安全中的主导作用，关注军事与政治安全，强调安全关系之间的零和性质，注重通过权力手段甚至是武力手段来实现安全的主张。安全治理强调多元行为体的共同作用，国家是重要的行为体，但不是唯一的安全保障主体，政府间组织、非政府组织甚至公民个人都是安全治理的重要且积极的参与者。安全治理关注来自不同领域的安全威胁，并强调通过谈判、沟通、说服等手段实现共同安全。[①] 从这个角度来看，阿盟作为政府间组织，自 1945 年成立以来，一直是维护阿拉伯民族利益、促进地区和平和进行安全治理的重要力量。在当前错综复杂的安全形势下，深入剖析阿盟安全治理的特点、影响因素和挑战，有利于构建一个以多

---

① 李少军、李开盛等：《国际安全新论》，中国社会科学出版社，2018，第 26~27 页。

边对话与谈判，以及以多元行为体的协商与合作为主要特色的安全治理体系。

第一节 阿盟安全治理的特点及演变

阿盟是一个兼具民族性和国家性的区域性政府间国际组织。与其他区域性政府间组织相比，阿盟有其独特的属性。一方面，对阿拉伯人来说，阿盟是阿拉伯民族大家庭团结一致的重要象征，是阿拉伯人表达自身立场和诉求的重要平台。19世纪，民族主义思想伴随着欧洲殖民扩张传播至中东地区。又由于奥斯曼帝国境内泛突厥主义兴起，阿拉伯人在这一时代背景下也开始重新审视自我身份，萌生出了通过振兴阿拉伯民族来实现阿拉伯地区自治乃至建立自己国家的强烈的民族意识。阿拉伯民族意识的觉醒是阿盟成立的重要驱动力，同时阿盟的成立也是阿拉伯民族运动史上浓墨重彩的一笔。阿盟承载着阿拉伯人实现民族复兴的夙愿。另一方面，在英法"分而治之"的"委任统治"策划下，阿拉伯民族在一战后被人为地分割为多个阿拉伯国家。尽管各国具有共同的阿拉伯民族认同，但单个国家一旦成立便具有一定的自驱力，会围绕国家利益这根指挥棒来在地区政治和世界政治舞台上转动。作为现代民族国家体系的一员，阿拉伯国家具有维护本国国家主权和利益的本能和现实诉求。它们把这一现实需求载入《阿盟宪章》，阿盟也是新生的阿拉伯国家经过协商而成立的来维护现状秩序和权力平衡的重要工具。

民族性和国家性的同时存在既是阿盟区别于其他国家间组织的独特之处，也导致阿盟经常处于一种对民族和国家顾此失彼的撕裂状态。它是阿拉伯统一理想的外在表现，但又无时无刻不屈从于阿拉伯国家间权力政治的现实。又由于阿拉伯世界独特的社会文化，阿盟的安全治理呈现出别具一格的特点。

一 阿盟安全治理的特点

在安全治理方面，各地区组织都在长期实践中形成了自己的特色。

在历经 300 多年大国协调后，欧洲根据现代国际法体系逐渐形成了一套以欧盟的法律法规为基础的复杂且严密的安全治理机制①，欧盟的安全治理呈现出超国家中心主义的多层级、"强"机制和"重"法则程序的鲜明特征。东盟形成了以尊重国家领土主权、不干涉内政、包容共存以及共识与协商为特点的"软"机制、低制度化和"重"规范的对内安全治理模式。② 非盟在非洲和平安全框架下，以非洲集体安全机制为基础，形成了以"非洲问题非洲解决"和"不漠视"为核心，通过建立非洲常备军、非洲和平安全理事会和非洲贤人机制，充分利用本土传统的和平文化，以及高度重视早期预警、预防性外交和解决冲突根源来实现非洲和平与安全的安全治理框架。③ 阿盟的安全治理也有其特点，具体而言，它主要有以下两点：第一，从安全治理的机制和模式来看，阿盟的安全治理没有严格的程序和固定的机制，强调共识和协商；第二，从安全治理的主体和具体执行上来看，阿盟的安全治理是秘书长、阿盟理事会和阿拉伯国家多层联动和共同参与的复合型安全治理。

（一）没有严格的程序和固定的机制，强调共识和协商

第一次世界大战后，获得独立和民族解放的阿拉伯国家相继走上了现代化建设之路，吸纳了许多来自欧洲的现代思想观念，建立了类似于欧洲国家的现代制度，但是传统文化仍然对阿拉伯国家及其关系具有深刻影响。

第一，以血缘关系为基础的部落传统文化的影响。荣誉、尊重长者、服从部落领袖的权威④、宗派"集体主义"和强调忠诚是阿拉伯部落文化的重要元素。对荣誉的高度重视使得不受羞辱和保存"面子"（Face-Saving）成为阿拉伯社会最基本的价值取向。因此，"避免受到羞辱的心

① 朱旭：《欧盟安全治理的机制、政策与挑战》，《南开学报》（哲学社会科学版）2016 年第 6 期。

② 金新、黄凤志：《东盟区域安全治理：模式、历程与前景》，《世界经济与政治论坛》2013 年第 4 期。

③ 周玉渊：《非洲集体安全机制的进展与挑战——从非洲和平安全框架到"2020 消弭枪声计划"》，《云大地区研究》2020 年第 1 期。

④ 〔美〕希提：《阿拉伯通史》（上卷），马坚译，商务印书馆，1990，第 28、29、30 页。

理在阿拉伯社会解决冲突和调解中尤其突出，其目的是鼓励敌方在没有显示不尊重和给其带来耻辱的情况下停止战斗。① 对长者和部落首领的尊重使得阿拉伯社会的调解高度依赖具有较高地位的权威人士，个人与个人之间的对话与交往更加显著和具有说服力，"公开的施压不会发挥作用"②。当然，"血亲复仇"也是阿拉伯部落文化的一部分，但是就安全治理而言，内生于阿拉伯社会的"古老习俗、解决争端的传统与和解对解决冲突发挥着重要作用"。③

第二，以共同体以及和平为核心的伊斯兰文化的影响。"乌玛"是伊斯兰思想体系中最重要的观念之一，它确立了构建伊斯兰宗教共同体的理想和目标，对伊斯兰社会的形成和发展产生了重要影响。④ 穆斯林无论族群、部落或教派，均属于伊斯兰"乌玛"的一部分。"乌玛"强调的是各个不同社会组织和不同社团之间的共识，代表着一种统一的观念。⑤ 和平是伊斯兰教最基本的宗旨和最高理想。先知穆罕默德就是"和平的倡导者、和平外交的忠实执行者和实践者"。⑥ 从安全治理的角度来看，"根据《古兰经》和逊奈对和平理念的概念假设，运用非暴力策略实现社会正义是解读和平的重要视角"⑦。

第三，随着阿拉伯民族主义的兴起，具有共同语言和宗教信仰的阿拉伯人形成了阿拉伯认同。尽管阿拉伯民族在西方殖民国家的人为分割下，被分裂为多个阿拉伯亚民族国家，但实现阿拉伯世界的统一仍是阿

① Benjamin MacQueen, *Political Culture and Conflict Resolution in the Arab World: Lebanon and Algeria*, Victoria: Melbourne University Press, 2009, p. 30.
② Nahla Yassine-Hamdan and Frederic S. Pearson, *Arab Approaches to Conflict Resolution: Mediation, Negotiation and Settlement of Political Disputes*, London: Routledge, 2014, p. 5.
③ Oussama Safa, "Conflict Resolution and Reconciliation in the Arab World: The Work of Civil Society Organizations in Lebanon and Morocco," Berghof Reserch Center for Constructive Conflict Management, July 2007, p. 5.
④ 吴冰冰：《乌玛观念与伊斯兰宗教共同体的构建》，《阿拉伯世界研究》2007年第3期。
⑤ Nahla Yassine-Hamdan and Frederic S. Pearson, *Arab Approaches to Conflict Resolution: Mediation, Negotiation and Settlement of Political Disputes*, London: Routledge, 2014, p. 9.
⑥ 刘月琴：《伊斯兰文化的和平思想》，《当代世界》2009年第9期。
⑦ 周玉佳：《伊斯兰的和平理念：论文化概念的索引性与社会安全》，《西北民族研究》2015年第3期。

拉伯民族主义的重要目标。在阿盟会议上，各阿拉伯国家代表皆互称"阿拉伯兄弟"。在阿拉伯人看来，在"所有阿拉伯人皆为兄弟"的规范下，阿拉伯国际体系不是竞争性的，成员国主权受到的威胁很小，权力平衡不仅没有必要，而且也是非正义的。[①]

由此，在传统部落文化、伊斯兰文化以及阿拉伯民族认同的共同影响下，阿盟成员国倾向于外交协商。[②] 这使得阿拉伯国家做出了兄弟国家友好协商的预设，从而没有就解决争端的许多问题做出详细规定。

首先，尽管《阿盟宪章》和《共同防御条约》制定了处理争端的相关规则，但是没有规定处理争端的程序和具体执行步骤。不以武力解决争端或者说通过和平方式解决争端是阿盟处理成员国争端的主要原则。《阿盟宪章》第5条和第6条提到的解决争端的方式主要有3个。第一，规定了特定争端的解决办法。比如，不涉及一国的独立、主权或领土完整时，而且争端双方请求理事会介入，则理事会的决议有效且必须遵守。在一国侵略某一成员国，或对某一成员国有侵略的威胁时，受攻击或受威胁的一方得要求理事会立即召开会议。理事会负责决定采取必要措施来击退侵略者。第二，明确了理事会的主要职责。理事会应该采取仲裁或调解的方式来调解成员国之间可能导致战争的争端，使其取得和解。此外，理事会有义务采取措施遏制对其成员国的侵略或侵略威胁。第三，确立了对于不同争端的决策机制。在两国发生不涉及领土主权和独立的争端时，理事会发布的仲裁或调解的决议实行"大多数"决策机制。而在有侵略的行为发生时，除去当事国，理事会的决议只有获得"一致同意"才能获得通过。[③]

可以看到，宪章的规定限于理事会是否能够介入，理事会采取的解决争端的方式，以及理事会制定相关决议时的决策机制，而没有提到决

① Barry Buzan and Ana Gonzalez-Pelaez（eds.），*International Society and the Middle East: English School Theory at the Regional Level*，London: Palgrave Macmillan，2009，p. 124.

② Istvan S. Pogany，*The Arab League and Peacemaking in the Lebanon*，New York: St. Martin Press，1987，p. 60.

③ 钟冬编《中东问题八十年》，新华出版社，1984，第599页。

议通过之后，由谁来执行以及执行的具体流程和步骤等问题。① 执行能力与决策能力具有同等重要性，而执行能力的缺失是阿盟在许多争端中无法发挥更大作用的重要原因。

其次，阿盟解决争端时具有高度的灵活性，经常会根据情况的变化而提出新的解决争端方案。不过，从另一个角度来看，这也可以说明阿盟没有严格的程序和"规则意识"。仲裁、调解和集体安全是阿盟处理争端的三大方式。从宪章的规定来说，这三种解决冲突的策略主要应用于成员国遭到另一个或多个成员国的侵略或侵略威胁的情况。对于阿拉伯国家内战，阿盟没有提出具体的解决策略。

然而，没有就如何处理内战作出规定，并不意味着阿拉伯国家不存在内战。事实上，阿拉伯国家经常发生内战。由于阿盟建立在"保卫成员国的独立和主权"以及"不干预成员国内部事务"的基础之上，因此《阿盟宪章》未提及任何处理成员国内战的方式。对于内战，在《阿盟宪章》里唯一可以为阿盟介入找到依据的是宪章第 2 条提出的联盟的宗旨，其中包括"全面考虑阿拉伯国家的事务和利益"。② 这可以理解为，为了维护阿拉伯民族和阿拉伯国家的利益，阿盟可以采取一定措施来制止内战，至于采取何种措施和方案则没有明确的规定。

从已有的阿盟对阿拉伯内战的处理方式来看，调解与斡旋是阿盟采取的主要方式。但在 1975 年爆发的黎巴嫩内战中，阿盟在已有的解决争端的机制和框架之外，又创设了一种新的解决内战的方式，即组建阿拉伯安全部队。就如伊斯特万·波佳尼所说，"（阿盟）理事会对黎巴嫩危机的处理显示了它的实用主义和灵活性"③。事实上，阿盟理事会通过的向黎巴嫩派遣阿拉伯安全部队以使叙利亚军队撤退的决议起初遭到黎巴嫩总统苏莱

---

① 尽管阿盟秘书处内部章程固定，秘书长以阿盟的名义负责执行理事会的决议，但这高度依赖于秘书长的个人能力，具有不稳定性。参见 Hussein A. Hassouna, *The League of Arab States and Regional Disputes*: *A Study of Middle East Conflicts*, New York: Oceana Publications, 1975, p. 372。

② 钟冬编《中东问题八十年》，新华出版社，1984，第 598 页。

③ Istvan S. Pogany, *The Arab League and Peacemaking in the Lebanon*, New York: St. Martin Press, 1987, p. 70。

曼·弗朗吉亚（Suleiman Frangieh）的反对。苏莱曼总统支持叙利亚军队进驻黎巴嫩，反而认为"阿盟理事会通过的派遣军队的决议无效、不具有约束力，而且不应该得到执行"。① 之后在阿盟秘书长马哈茂德·里亚德（Mohmoud Riad）的竭力劝说下，苏莱曼总统才应允阿拉伯安全部队进入。

可见，阿盟在解决争端和冲突时机动性较高，变通性强。一定程度上，这是阿盟创造力的来源。但是这种缺乏固定的严格程序以及规则的安全治理呈现出一定的"随意性"特征，这一方面不利于在特定争端发生时第一时间启动相关机制，另一方面可能使阿盟的反应具有不可预测性。阿盟在某些冲突中反应可能会比较迟缓，从而不能很好地发挥其预防作用和在冲突发生之时抑制冲突的作用。

（二）由理事会、秘书长和阿盟成员国共同参与的复合型安全治理

从具体执行上来看，阿盟的安全治理由理事会、秘书长和阿盟成员国共同参与，具有高复合型的显著特征。

首先，阿盟理事会是权力机构，也是负责处理地区争端的主要责任机构。由于阿盟的主要宗旨是维持成员国间的团结和统一，又由于阿拉伯国家共同的民族认同以及由此带来的阿拉伯国家间特殊的"兄弟"关系，理事会在解决争端时主要采取的是和解、斡旋和调停，而很少进行司法审判②。就阿拉伯国家间争端而言，理事会仅在 1950 年判处约旦兼并巴勒斯坦的行为违反宪章，以及在 1961 年坚决否定伊拉克对科威特的领土诉求。在具体的操作过程中，为了更好地促进争端得到和平解决，理事会通过建立特别委员会，或者委托秘书长来执行相关的调解活动。特别委员会和秘书长有时还被委托进行事实调查（Fact-Finding），以充分了解争端发生的真相以及争端方的诉求。比如，在 1958 年黎巴嫩危机、1962 年也门内战以及 1963 年摩洛哥和阿尔及利亚争端中，委员会就

---

① Istvan S. Pogany, *The Arab League and Peacemaking in the Lebanon*, New York：St. Martin Press, 1987, pp. 75-76.

② 司法审判一般由法院等司法机构做出，由于阿盟没有成立法院，理事会承担起了裁决和宣判的任务。不过，鉴于阿盟的宗旨和阿拉伯国家间的特殊关系，理事会主要通过调解和斡旋的方式解决争端，很少进行司法审判。

进行了事实调查。[①]

其次，秘书长除了根据理事会的授权进行调解和执行相关决议外，还在很多危机中主动进行调停和斡旋，充分发挥自己的主观能动性。由于阿盟缺乏详细和程序化的和平解决争端的机制，阿拉伯地区争端通常由秘书长或其代表运用传统的斡旋、和解或仲裁的方式来处理。"秘书长或其助手经常通过成立调查委员会来发挥其中间调解人的作用。为了规避对其司法和权力的限制，秘书长及其助手通常采用非正式的调解方法。"[②] 在 1961 年爆发的伊科危机中，阿盟秘书长的调停的主观能动性得到充分体现。哈苏纳秘书长力排众议，尤其是不惧沙特的施压，坚持要求给他一些时间，让他在访问伊拉克和科威特以及了解各方诉求后再召开理事会。在 2011 年叙利亚危机中，在阿盟未召开理事会或首脑会议来讨论叙利亚问题前，阿盟秘书长已经与叙利亚巴沙尔总统进行过会谈，试图说服叙利亚通过进行政治改革和满足民众的言论及集会自由来实现国内局势的稳定。

此外，为了降低成员国间冲突的规模和程度，避免成员国因争端而分裂以致影响阿盟的运转，阿盟秘书长还经常进行"静默外交"。在 1962 年也门内战中，哈苏纳秘书长就组建"和平使团"，在也门各方之间进行"穿梭外交"。

最后，阿盟成员国也是阿盟安全治理的重要组成部分。阿盟成员国积极参与冲突管理和安全治理的情况主要表现在以下方面。阿拉伯国家本着阿拉伯团结的精神和对"兄弟"情谊的重视，在争端方之间积极斡旋调停，以使争端得到和平解决。在很多危机和冲突中都可以看到阿拉伯国家元首或高官奔走调停的身影。比如，在 1962 年也门内战中，约旦国王侯赛因和阿尔及利亚总统本·贝拉的斡旋调停最终促使埃及和沙特签订《吉达协议》，使得也门内战迎来冲突降级的转折点。阿拉伯国家的支持和劝和促谈在阿盟理事会以及秘书长之外，为和平解决争端额外

[①] Hussein A. Hassouna, *The League of Arab States and Regional Disputes: A Study of Middle East Conflicts*, New York: Oceana Publications, 1975, pp. 364-368.

[②] Robert W. Macdonald, *The League of Arab States: A Study of the Dynamics of Regional Organization*, Princeton: Princeton University Press, 1965, p. 241.

加上了一道保险。它有助于争端方降低敌对情绪，为阿盟作用的发挥提供了更加广阔的行动空间。

二 冷战结束以来阿盟安全治理的新变化

随着 1989 年东欧剧变及随后的苏联解体，世界格局发生了巨大变化。美国不仅成为冷战的"终结者"和胜利者，还不战而胜，成为没有竞争对手的全球霸主。1991 年，美国借助海湾战争扩大了其在中东的势力，它在中东的地位迅速上升，牢牢地确立了在中东地区的霸主地位。美国还把中东地区作为建立美国模式的世界新秩序的试验田和样板[①]，通过拉拢友好国家和打击任何挑战美国的国家来构建"中东新秩序"。面对这样的全球和地区新局势，部分阿拉伯国家加入美国主导的地区体系，美国成为影响地区安全的最大外部因素，这使得阿盟不得不作出反应，提出新的安全治理方案。

此外，20 世纪 70 年代以来尤其是冷战结束以来，安全研究出现重大变化，除了关注传统的军事-政治安全问题外，还提出了非传统安全的问题，即"由非政治和非军事因素引发，直接影响甚至威胁本国和别国乃至地区与全球发展、稳定和安全的跨国性问题以及与此相应的一种新安全观和新的安全研究领域"[②]。以巴里·布赞（Barry Buzan）为代表的学者提出"延伸安全"，安全指涉的对象从传统现实主义的国家延伸至个人、群体和整个人类。[③] 关注人的安全和人权成为新的国际思潮。不过，阿盟的安全治理理念由此遭受西方侵蚀，反而失去了"主心骨"和传统优势。

（一）积极发展与联合国的关系

由于阿盟未能在 1990 年阻止伊拉克入侵科威特，尤其是未能阻止埃及、沙特、叙利亚等阿拉伯国家加入美国领导的国际联军，"解放科威

---

① 王京烈：《解读中东：理论构建与实证研究》，世界图书出版公司，2011，第 71 页。
② 陆忠伟主编《非传统安全论》，时事出版社，2003，第 49 页。
③ Thomas G. Weiss（ed.），*Beyond UN Subcontracting: Task-Sharing with Regional Security Arrangements and Service-Providing NGOs*，London: Macmillan Press，1998。转引自郑先武《全球化背景下的"安全"：一种概念重构》，《国际论坛》2006 年第 1 期。

特",不满现有局势和埋怨阿盟孱弱不堪的阿盟官员一方面愤而辞去职务,另一方面要求阿盟进行改革,积极发展与联合国的关系,从而实现削弱美国主导的目的。在这种情况下,阿盟的安全治理出现了从拒绝将阿拉伯问题上诉至联合国至主动和联合国合作以共同处理争端的转变。

曾任阿盟常驻联合国观察员和阿盟驻美首席代表克洛维斯·马克苏德认为,"在预防性外交和治理问题上,探索出一种由联合国和阿盟进行合作的新的制度化常态机制极其重要……阿盟可以借助联合国主持召开的国际会议及组织的与阿拉伯地区密切相关的活动,以一种更加可见和明显的方式提升其参与水平"①。他还提出,"为了更好地与联合国合作,阿盟应该直面其弱点。《阿盟宪章》应该进行修改,实行'三分之二多数'决策机制,且在'三分之二多数'决策机制下通过的决议应对全体成员国具有约束力。为了阻止阿拉伯国家之间争端扩大为世界级危机,阿盟应该建立早期预警监管体系,以及由秘书长办公室直接管辖的阿拉伯快速部署部队"②。不过,克洛维斯的建议长期以来未得到认真对待,以致被搁置下来。直至"阿拉伯之春"发生后,阿盟与联合国建立常态合作的计划才得以落实。

2012年,联合国安理会举办了一场以促进安理会和阿盟在和平与安全领域进行合作为主题的高层会议。会后,安理会轮值主席国德国发布主席声明,该声明表达了安理会将采取有力措施促进联合国与阿盟合作的决心,并支持阿盟为中东冲突的和平解决作出共同努力。2016年,安理会与阿盟在开罗召开首届磋商会议,讨论中东和平进程以及索马里、利比亚和叙利亚问题。2018年,联合国秘书长发布了一份支持阿盟提升预防、管理、斡旋和调解以及维和能力的报告。③

---

① Clovis Maksoud, "Diminished Sovereignty, Enhanced Sovereignty: United Nations-Arab League Relations at 50," *Middle East Journal*, Vol. 49, No. 4, 1995, pp. 592-593.

② Clovis Maksoud, "The Arab World's Quandary," *World Policy Journal*, Vol. 8, No. 3, 1991, p. 558.

③ Security Council Report, "Cooperation Between the UN and the League of Arab States: Expected Council Action," June 2019, https://www.securitycouncilreport.org/monthly-forecast/2019-06/cooperation-between-the-un-and-the-league-of-arab-states.php, accessed: 2021-01-13.

（二）对人的安全和人权更加重视

人权是 20 世纪 90 年代以来学术界思索和探讨阿盟改革和发展问题的重要主题。早在 20 世纪六七十年代，阿盟就以人权作为对抗以色列的政治武器，但是并未将人权纳入阿拉伯国家治理体系中。直至 20 世纪 90 年代，随着促进人权、民主、法治和善治成为世界范围内许多地区组织的主要议题，阿盟不得不追随"潮流"，将人权规范引入阿拉伯世界。1994 年 9 月 15日，阿盟理事会采纳了阿拉伯人权常务委员会（Permanent Arab Commission for Human Rights，PACHR）和阿盟法律委员会提出的建议，通过了第 5437号决议，并草拟了《阿拉伯人权宪章》。不过，阿盟草拟的人权宪章遭到国际人权和法律组织的激烈批评。支持此《阿拉伯人权宪章》的阿拉伯国家也仅有少数几个。[1] 全 2004 年，阿盟在人权事务方面取得突破，通过了《阿拉伯人权宪章》。阿盟还建立了阿拉伯人权委员会。[2] 2008 年，该宪章正式生效。至此，阿盟形成了与非洲统一组织/非盟等地区组织类似的机制。不过，《阿拉伯人权宪章》不是对非洲统一组织或非盟人权规章和机制的简单翻版，而是根据阿拉伯国家的特点和需求做出部分调整，形成的"本土化"的人权机制。[3]

"阿拉伯之春"发生后，历来坚持维护成员国主权的阿盟正式把人权原则付诸实践，它以人道主义保护为由要求介入和制裁利比亚和叙利亚。第一，2011 年 3 月 12 日，阿盟理事会以利比亚大规模违反人权为由，通过第 7360 号决议，要求利比亚严格遵守国际人道主义法，并"吁请安全理事会，要承担起责任并采取必要措施，立即对利比亚军用飞机

---

[1] Vera van Hüllen, "Just Leave Us Alone：The Arab League and Human Rights," in T. A. Börzel and V. Van Hüllen（eds.），*Governance Transfer by Regional Organization：Patching Together a Global Script*，London：Palgrave Macmillan，2015，pp. 138–139.

[2] Mervat Rishmawi, "The League of Arab States Human Rights Standards and Mechanisms," Cairo Institute for Human Rights Studies，2013，p. 40.

[3] Vera van Hüllen, "Just Leave Us Alone：The Arab League and Human Rights," in T. A. Börzel and V. Van Hüllen（eds.），*Governance Transfer by Regional Organization：Patching Together a Global Script*，London：Palgrave Macmillan，2015，p. 138.

实施禁飞，并在遭到轰炸的地区建立安全区，以此作为预防措施"。①
8月27日，阿盟将利比亚在阿盟的合法席位授予全国过渡委员会代表，
承认利比亚反对派团体为利比亚合法的最高权威。阿盟这一行动完全背
离了阿盟传统的主权原则和不干预内政原则。② 第二，"人权保护"也是
阿盟理事会介入叙利亚危机的主要说辞。2011年11月12日，阿盟以巴
沙尔政权大规模违反人权为由中止叙利亚的阿盟成员国资格，还呼吁阿
盟成员国召回各自驻叙利亚大使，考虑对叙利亚采取政治和经济制裁。③
尽管黎巴嫩和也门投票反对阿盟决议，伊拉克投弃权票，但阿盟仍通过
了中止叙成员国资格的决议。④ 阿盟还多次向联合国安理会主席写信申
明"叙利亚正规军进行了骇人听闻的大屠杀，对叙利亚人民施暴公然违
反国际人道主义法。应采取必要措施，保护叙利亚平民，追究犯罪和严
重侵犯人权的官员的责任"。⑤

第二节　阿盟安全治理的影响因素

政府间国际组织是安全治理的重要主体。作为区域性国家间组织，
阿盟的安全治理既受到国际体系层面的世界大国的影响，又受到地区层

---

① 联合国安全理事会第 S/2011/137 号文件，《2011 年 3 月 14 日阿拉伯国家联盟常驻联合
国观察员给安全理事会主席的信》，联合国数字图书馆，2011 年 3 月 15 日，第 2 页。

② Raslan Ibrahim, " Primary and Secondary Institutions in Regional International Society:
Sovereignty and the League of Arab States," Chapter 12, in Tonny Brems Knudsen and
Cornelia Navari (eds.), *International Organization in the Anarchical Society: The Institutional
Structure of World Order*, New York: Palgrave Macmillan, 2019, pp. 309-310.

③ 方文军：《阿盟停止叙利亚成员国资格引起叙利亚各界强烈反应》，国际在线，2011 年
11 月 14 日，http://news.cri.cn/gb/27824/2011/11/14/5190s3434907.htm，最后访问
时间：2019 年 11 月 2 日。

④ 《中阿合作论坛，〈阿拉伯国家联盟宪章〉》，中华人民共和国外交部网站，https://
www.fmprc.gov.cn/zalt/chn/gyam/amxz/t1423305.htm，最后访问时间：2019 年 11 月 2 日。

⑤ 联合国安全理事会第 S/2012/385 号文件，《2012 年 5 月 29 日阿拉伯国家联盟常驻联合
国观察员代表团临时代办给安全理事会主席的信》，联合国数字图书馆，2012 年 5 月
31 日，第 2 页。除转递给安理会的这一信件外，还有 2012 年 3 月 8 日递交的第 S/
2012/142 号文件，2012 年 6 月 4 日递交的第 S/2012/394 号文件，2012 年 7 月 17 日递
交的第 S/2012/549 号文件。

面成员国间权力斗争的影响。此外，阿盟自身的决策能力和执行能力也是影响其安全治理成效的重要方面。

一　阿拉伯国家体系的脆弱性和不稳定性是影响阿盟治理绩效的根本因素

国际组织由于"不代表单个国家的党派或社会集体利益，可以成为协调各国间共同利益的重要纽带，它还为协调国家间关系提供一个对话的平台，为国家间交往制定和提供共同的行为规范和准则，成为协调国家间矛盾和冲突的渠道、是国家间合作的一个重要形式"。① 尽管阿盟是由阿拉伯国家组成的区域性国家间组织，但是阿盟也在次地区体系中具有与国际组织类似的作用。同时，与其他区域性国际组织或世界性国际组织一样，阿盟也面临着来自主权国家的束缚和挑战，成为国家间权力斗争的场所或大国争夺地区领导权的工具。而阿拉伯国家体系自身的脆弱性和不稳定性更进一步加大了阿盟实现成功治理的难度系数。

（一）阿拉伯民族国家建构的不完善与权力争夺

大多数阿拉伯国家是在奥斯曼帝国的废墟上成立的，其历史传统中没有国家的概念。但英法帝国主义对阿拉伯民族核心地区（肥沃新月和黎凡特地区）的分割和"分而治之"，使"阿拉伯世界被分裂为在政治和军事上都十分脆弱的系列弱小国家"。② 如此，一个民族多个国家的阿拉伯国家体系被人为地制造出来。但是，民族与国家的不匹配（一族多国）使阿拉伯国家的建构长期以来处于一种复杂纠缠的状态。阿拉伯国家一方面需要利用阿拉伯民族主义来维护其统治合法性，另一方面又要努力塑造对"领土国家"的认同，降低民众对传统的部落、教派、村庄或伊斯兰乌玛的忠诚度。由此，阿拉伯国家陷入了超国家认同和国家认同的矛盾之中。国家建构本来应该努力塑造民众对"领土国家"的认同，但传统忠诚的存在却使得阿拉伯国家不得不借助阿拉伯民族主义来

---

① 张贵洪主编《国际组织与国际关系》，浙江大学出版社，2004，第 20 页。

② Raymond Hinnebusch, *The International Politics of the Middle East*, Manchester: Manchester University Press, 2003, p. 19.

构建现代国家认同。在这层矛盾之外，"一族多国"的国家体系反过来又使得超国家的阿拉伯民族主义成为构建国家认同的障碍。因此，在阿拉伯民族团结和统一的动人话语和美好理想之下，阿拉伯国家之间的权力斗争暗潮涌动。随着阿拉伯国家在不同时期对阿拉伯民族主义和权力政治的重视程度不一样，阿盟在处理争端过程中，其采取的措施和产生的影响表现出了显著的差异性。

第一，对于阿拉伯民族独立自强的共同向往使得阿盟的平台作用得到了较好的发挥。在阿拉伯民族主义盛行时期，尽管阿拉伯国家间存在激烈的权力竞争和猛烈的意识形态攻击，如埃及和君主统治时期的伊拉克在 20 世纪 50 年代的对抗，埃及和沙特在 60 年代甚至在也门大打"代理人战争"，使得"阿拉伯冷战"成为笼罩在阿拉伯世界上空的阴云，埃及和叙利亚也在阿联解体的问题上争执不休，但由于对民族独立和摆脱外部控制的共同期望，"主要阿拉伯国家大多数时间都赞同阿盟的基本目标，选择在阿盟的框架下进行合作。实际上，没有阿盟成员国为达成其个人目标而尝试摧毁这一组织……大部分威胁阿拉伯地区和平的内部冲突都能在其被激化之前，或者通过阿盟理事会的仲裁和调解，或者通过阿盟秘书长的直接介入而得到友好解决"[1]。

可见，阿拉伯民族主义的存在使得阿拉伯国家体系的脆弱性在一定程度上得到了抑制，阿拉伯国家间的权力斗争也能够控制在一定范围内。"即使阿拉伯国家威胁使用武力并且采取小规模军事行动，但是在 1990 年伊拉克入侵科威特以前，大规模战争得以避免。"[2] 1958 年的黎巴嫩危机尽管被上诉至联合国，但阿拉伯国家仍坚持在阿盟框架下解决本土争端的原则。这最终促使黎巴嫩危机在阿盟的事实调查和协调下得到解决。[3] 在 1961 年伊拉克和科威特危机中，阿盟更是通过启动集体安全机

---

[1] Robert W. Macdonald, *The League of Arab States: A Study of the Dynamics of Regional Organization*, Princeton: Princeton University Press, 1965, pp. 283-286.

[2] Benjamin Miller, "Balance of Power or the State-to-Nation Balance: Explaining Middle East War-Propensity," *Security Studies*, Vol. 15, No. 4, 2006, p. 664.

[3] Hussein A. Hassouna, *The League of Arab States and Regional Disputes: A Study of Middle East Conflicts*, New York: Oceana Publications, 1975, p. 81.

制从而让伊拉克从科威特撤军，更重要的是，它使得英国军队也从科威特撤离，确保了阿拉伯国家免于遭到外国的干涉，维护了"阿拉伯问题阿拉伯人解决"的原则。

第二，阿拉伯民族主义的衰退导致阿盟逐渐被阿拉伯国家轻视。阿拉伯民族主义衰退之后，阿拉伯国家之间的情感纽带越来越脆弱，国家主义超越民族认同成为阿拉伯国家在地区交往中的指导原则。赤裸裸的权力争夺和现实主义政治文化使得阿拉伯国家对阿盟的态度趋向功利化，即各国把阿盟当作实现其国家利益的工具。一旦阿盟不再能为其国家利益服务时，阿盟便被弃于一旁，在阿盟框架内协调关系和调解争端的原则也被抛诸脑后。

在 1990 年伊拉克和科威特危机中，沙特、埃及和叙利亚出于维护自身利益的目的，沙特允许美国军队进驻沙特，埃及和叙利亚则派兵参加美国领导的国际联军。阿盟的集体安全在此次危机中遭到重挫。不过，当埃及和沙特等大国对与其利益关系不大的冲突采取支持和平解决的策略或不介入时，阿盟便能在该危机中发挥作用。

总之，阿拉伯民族国家构建的不完善使其一方面诉诸阿拉伯民族主义，另一方面又不得不在已有的碎裂的国家体系中争夺权力。阿盟发挥的作用主要取决于大国对其国家利益的现实政治考量。当阿拉伯民族认同或对民族利益的考虑多于对国家认同以及单个国家利益的考虑时，阿拉伯国家更倾向于合作，阿盟也由此更能发挥其安全治理的作用；而当国家认同或国家权力占据主导要素后，阿拉伯国家之间的团结精神弱化、竞争加剧乃至针锋相对，阿盟安全治理也就陷入低效、衰退或停滞之中。

（二）阿拉伯世界不稳定的权力结构与阿拉伯大国的重要作用

阿拉伯世界大体可以分为三大板块，即由摩洛哥、毛里塔尼亚、阿尔及利亚、利比亚和突尼斯这 5 个北非国家构成的马格里布板块，由伊拉克、约旦、黎巴嫩、叙利亚、巴勒斯坦以及埃及构成的马什里克板块，以及由海湾阿拉伯君主国构成的海湾板块。在这几大板块中，阿拉伯世界的传统重心是在马什里克。凭借"石油财富"的增加，以及"两圣地守护者"的身份，沙特也成为阿拉伯世界中重要的一员。埃及、叙利亚、伊拉克和沙特是阿拉伯世界的 4 个主要国家。这 4 个国家之间关系的变动影响着阿拉伯国家体系的权力结构，也是决定阿盟在安全治理中发挥作用的关键要素。

从结构上来说，阿拉伯国家间的四角关系是一种不稳定的权力结构。由于埃及、叙利亚、伊拉克和沙特这 4 个国家各有各的不足，"能源和资本中心与人口、军事、行政管理能力以及政治号召力中心的分离"①，这 4 个阿拉伯国家经常相互掣肘，长期以来处于一种频繁的变动和分化组合之中。根据各国之间权力关系的动态变化，阿拉伯地区体系大概可分为两个不同阶段，即埃及主导时期和沙特主导时期。在不同时期，由于大国的地区政策以及对地区的领导能力的差异，以及大国集团之间相对权力的不同，阿盟的安全治理呈现出不同的效果。

在埃及主导时期，阿盟的安全治理卓有成效。纳赛尔统治时期，埃及是阿拉伯世界实力最强大的国家。从人口数量上看，当时埃及人口占整个阿拉伯人口的比重超过三成；从文化上看，爱资哈尔大学是阿拉伯和伊斯兰世界的启明灯，埃及的诗人、作家和新闻记者是阿拉伯世界文学和知识的代表，遍布阿拉伯世界的埃及教师承担着培育下一代精英的使命，进入埃及的大学学习是很多阿拉伯知识分子的目标；从埃及在阿盟的地位来看，20 世纪 50 年代晚期，埃及向阿盟缴纳的会费占总会费的 40%~50%，直至 1974 年，在阿盟 253 名常务职员和非常务职员中，162 名是埃及人。② 此外，埃及还借助阿拉伯民族主义获得了广大阿拉伯民众的大力支持。

20 世纪 50 年代，埃及与君主统治下的伊拉克为争夺阿拉伯世界对外关系的规则制定权而展开博弈，但是来自沙特和以阿拉伯民族主义为指导思想的叙利亚的支持使得埃及能够在阿盟获得大多数国家的赞同。通过阿盟这一平台，纳赛尔总统成功地在阿拉伯世界孤立了伊拉克，并说服其他阿拉伯国家不加入巴格达条约组织。③ 之后，尽管埃及先后与

① Ian S. Lustick, "The Absence of Middle Eastern Great Powers: Political 'Backwardness' in Historical Perspective," *International Organization*, Vol. 51, No. 4, 1997, p. 654.

② Bahgat Korany (ed.), *The Changing Middle East: A New Look at Regional Dynamics*, Cairo: The American University in Cairo, 2011, p. 23.

③ Tawfig Y. Hasou, *The Struggle for the Arab World: Egypt's Nasser and the Arab League*, London: KPI, 1985, p. 162.

叙利亚和沙特发生争端，但是埃及强大的国家实力使其能够通过主导阿盟来维护其国家利益。反过来，埃及坚持解决冲突的"阿拉伯方案"，并积极运用阿盟的力量来实现其战略目的，这也使得阿盟由于得到埃及这一大国的支持而能够在解决 1962 年至 1969 年的也门内战以及解决 1961 年至 1963 年的伊科危机中发挥作用。

进入 20 世纪 70 年代中后期，埃及一方面因与以色列的长期作战而实力衰退，另一方面不愿再依托阿拉伯世界，它选择放弃阿拉伯团结，单独与以色列媾和。阿盟以中止埃及成员国资格和将总部搬离开罗来对其进行严厉制裁，但阿盟也由此遭受重挫。阿盟不再能够协调成员国间的争端。在两伊战争中，叙利亚为了与伊拉克争夺"埃及被驱逐后留下的权力真空"[1]，甚至支持非阿拉伯国家的伊朗来与伊拉克作战。"阿拉伯国家在原有矛盾的基础上发生了新的分合离聚的变化，加深和扩大了阿拉伯世界的分裂，从而更难用共同的声音来应对各种挑战。"[2] 伊拉克入侵科威特完全突破了阿拉伯国家间"不使用武力"的原则，阿盟陷入瘫痪。

海湾战争后，伊拉克由于受到美国的制裁和打击成为弱国，沙特成为阿拉伯世界财力雄厚的国家。尽管沙特脆弱的军事力量以及传统的家族君主统治模式，使其无法成为像纳赛尔统治时期的埃及那样引领阿盟，但是沙特和埃及这两个大国的联合使它们成为阿拉伯世界和阿盟的主导者，阿盟的影响力得到了一定程度恢复。比如阿盟参与化解了 2006 年黎巴嫩总统危机。不过，阿盟始终未能恢复其在 1945 年至 20 世纪 70 年代所具有的较高的影响力。[3]

"阿拉伯之春"爆发以来，埃及陷入经济困境和政治动乱，沙特成为阿拉伯世界的"霸主"。沙特通过控制阿盟，来打击与其敌对的阿拉伯和非阿拉伯国家，尤其是伊朗及其阿拉伯盟友叙利亚，试图以此建立

---

① 何志龙：《中东历史与国际关系》，科学出版社，2016，第 138 页。
② 彭树智主编《中东史》，人民出版社，2010，第 445 页。
③ Avraham Sela, "The Vicissitudes of the Arab States System: From Its Emergence to the Arab Spring," *India Quarterly*, Vol. 73, No. 2, 2017, p. 145.

地区霸权。① 从表面上来看，阿盟在沙特等海合会国家的支持下对利比亚和叙利亚危机进行了高效的决策与快速的部署，但是这对阿盟来说反而是一种"负资产"，阿盟在沙特的影响下"海合会化"。然而，沙特空有实力，却未能如纳赛尔统治时期的埃及一样，在阿拉伯世界具有强大的号召力。因此，当阿盟过于偏向沙特时，阿盟的中立性也遭到严重质疑。因为"斡旋是自愿而不是强制性的。如果争端方拒绝斡旋或拒绝特定斡旋者，那么斡旋就不可能发生，更无所谓成功与否"。② 这严重影响了阿盟的调解与斡旋。2009 年，在也门胡塞武装与也门政府爆发的冲突中，阿盟秘书长阿姆鲁·穆萨的斡旋调解便没有得到与沙特敌对的胡塞武装一方的支持。

总的来说，由于强调阿拉伯国家间的协商、自愿合作和在政策制定上的一致同意原则，阿盟在政治事务中的有效性取决于各成员国的意志。③ 当某一成员国具有绝对性优势，并着重运用阿盟来使其他成员国服从其意志和采取其政策时，阿盟将在大国的支持下焕发生机。但由于阿拉伯国家间缺乏一个能长期维持主导地位的大国，各国频繁分化组合，权力结构极不稳定，这使得阿盟难以形成稳定和有序的危机管理方法。正如哈苏纳所指出的，势力强大的成员国深刻地影响着阿盟，一方面，大国的支持有利于阿盟履职尽责，不辱使命，另一方面，大国基于自身国家利益而倡导的政治议程及对阿盟的拉拢利用，容易导致阿盟体系呈现两极化，成员国之间出现集团对抗。当阿盟被认为偏袒权势较大的成员国时，它也就失去了不少成员国的信任和支持。④

---

① Maximilian Felsch, "The Ascent of Saudi Arabia to a Regional Hegemon: The Role of Institutional Power in the League of Arab States," *International Studies*, Vol. 57, No. 2, 2020, p. 133.

② Hesham Youssef, "Mediation and Conflict Resolution in the Arab World: The Role of the Arab League," Institution for Peace Research and Security Policy at the University of Hamburg, OSCE Yearbook, 2013, p. 303.

③ Caesar E. Farah, "The Dilemma of Arab Nationalism," *Die Welt des Islams*, Vol. 8, No. 3, 1963, p. 159.

④ Tawfig Y. Hasou, *The Struggle for the Arab World: Egypt's Nasser and the Arab League*, London: KPI, 1985, pp. 162-171.

二 世界大国的介入与干涉是影响阿盟治理绩效的主要因素

中东地区是亚非欧三大洲的接合部，东西方交往的纽带，世界重要的油气产地，是世界政治、经济、军事中最敏感的地区，历来是大国争夺的重点地区。[①] 19 世纪以来，随着资本主义和帝国主义的扩张，中东不仅成为以西方为核心的经济边缘地带，还被施加了一个十分破碎的西方国际体系。在中东获得民族解放和独立后，西方资本主义继续向中东渗透。[②] 阿拉伯世界是中东地区的重要构成部分，不仅是大国争夺和渗透的重点，甚至是"西方国家世袭的领地"。[③] 对于阿盟来说，世界大国的影响更是不可忽视的。在美国和苏联争霸时期，相对来说，阿盟在地区安全事务上具有较大的自主性，而当美国成为全球霸主后，美国与部分阿拉伯国家的联盟加剧了阿拉伯国家间的分裂，削弱了阿盟的凝聚力和有效性。

（一） 美苏两极平衡为阿盟的运作提供相对宽泛的空间

冷战爆发后，阿拉伯国家是美苏竞相争夺的对象。两个超级大国对阿拉伯国家展开争夺，阿拉伯国家借机在美苏夹缝中求生，最大限度地维护阿拉伯国家间的团结，从而为阿盟调停争端提供了机会。

第一，美苏两极格局使阿拉伯国家内战或国家间争端得到一定程度的控制，为阿盟进行调停与斡旋提供机会。20 世纪 50 年代初，美国致力于在中东建立用以遏制苏联的军事集团。它一边积极筹划建立巴格达条约组织，另一边以停止提供武器和收回援助埃及阿斯旺大坝来威逼利诱埃及纳赛尔政权，要求埃及、叙利亚等阿拉伯国家加入美国领导的国际联军。然而，来自苏联的军事武器以及经济援助使得纳赛尔有足够的底气拒绝美国的阴谋计划，他甚至说服叙利亚、沙特、也门等阿拉伯国

---

① 王京烈：《解读中东：理论构建与实证研究》，世界图书出版公司，2011，第 3 页。

② Raymond Hinnebusch, *The International Politics of the Middle East*, Manchester: Manchester University Press, 2003, p.14.

③ 张士智、赵慧杰：《美国与中东关系史》，中国社会科学出版社，1993，第 178 页。

家采取共同的行动，反对巴格达条约组织。埃及分别与叙利亚、沙特和也门缔结为期 10 年的共同防御条约。[①] 这使得只有伊拉克加入巴格达条约组织，有力地挫败了英美的企图。阿盟秘书长的配合使得纳赛尔成功说服叙利亚、沙特等阿拉伯国家不与外国缔结条约，纳赛尔也向各阿拉伯国家领导人表示其意图是"维护"和"加强"阿盟，执行阿盟集体安全公约。[②] 对于阿盟来说，纳赛尔对阿盟的借重也有利于提升其在阿拉伯世界的地位和影响力。

在 1962 年也门内战中，为与苏联争夺影响力，阻止苏联共产主义的扩张，美国肯尼迪总统不仅拉拢纳赛尔，积极推动沙特和埃及在也门脱离接触，还不顾其盟友英国的利益承认了也门共和国。1967 年 8 月，苏联在看到埃及和沙特的关系日趋紧张后，也催促阿拉伯人召开峰会，来讨论阿拉伯国家的战争与和平问题。[③] 美苏在阿拉伯世界的争夺和相互掣肘在之后为阿拉伯国家和谈和阿盟召开峰会，缓解埃及和沙特的紧张关系创造了条件。

第二，苏联的存在牵制了美国对阿拉伯国家的军事干涉，为阿盟推进安全治理提供了空间。这最显著地表现在 1958 年爆发的黎巴嫩危机上。亲美的夏蒙（Chamoun）当选黎巴嫩总统后，宣布接受艾森豪威尔主义，以"抵制国际共产主义的威胁"和"防止泛阿拉伯主义的颠覆"。黎巴嫩穆斯林领导人强烈反对这种立场，要求夏蒙总统辞职。黎巴嫩内战爆发。对此，美国向夏蒙政府提供武器，"执行'蓝色棒球'行动计划，在第六舰队的 70 艘军舰和 420 架飞机的掩护下，9000 名美国海军陆战队士兵在贝鲁特附近的哈尔迪湾登陆。这是继朝鲜战争后，美国武装力量在海外最大的一次军事行动"[④]。英国政府也派军队进驻约旦。但是，苏联大力支持阿拉伯人民反对外国侵略，并在联合国大会上与美国

---

① 张士智、赵慧杰：《美国与中东关系史》，中国社会科学出版社，1993，第 177~178 页。

② Tawfig Y. Hasou, *The Struggle for the Arab World: Egypt's Nasser and the Arab League*, London: KPI, 1985, p. 84.

③ Joseph Mann, "Yemeni Threat to Saudi Arabia's Internal Security, 1962–1970," *Journal of Arabian Studies*, Vol. 4, No. 1, 2014, p. 58.

④ 张士智、赵慧杰：《美国与中东关系史》，中国社会科学出版社，1993，第 202~203 页。

展开激烈交锋，并提交了一份"呼吁华盛顿和伦敦'毫不拖延地从黎巴嫩和约旦撤出军队'的提案"。[①]

由于苏联的态度强硬，加拿大、哥伦比亚、丹麦、利比里亚、挪威、巴拿马和巴拉圭提出了一个折中方案。不过，在联合国大会上各国仍然未能达成共识，这最终使得解决黎巴嫩内战的主动权转交至阿盟。阿盟秘书长哈苏纳最终成功说服各阿拉伯国家代表同意和遵守阿盟的和解方案。阿盟秘书长在联合国总部与各大国举行会议，向其通报阿拉伯国家达成的协议。阿盟的决议草案最终在联合国大会获得一致通过，黎巴嫩内战得到妥善解决。[②]

可以说，苏联对阿拉伯国家的声援和在联合国对英美的牵制使得英美军事干涉的计划遭受挫败。更重要的是，阿盟借助苏联对美国军事干涉的强烈反对，获得充足的战略空间与转圜余地，确保了解决阿拉伯问题的主动权。如果没有苏联在联合国大会上对美国的约束，很难想象阿盟自主提出的倡议能得到联合国的同意，最终在"阿拉伯框架"内调停黎巴嫩内战。

（二）美国"一超独大"压制了阿盟作用的发挥

20 世纪 70 年代后半期，美国成功使埃及和以色列进行和平谈判，促使埃以双方签订和平条约。美国与埃及关系改善，"埃及成为美国对外军事援助第二大受援国。1980 年 1 月，埃及国防部部长阿里宣布，美国已经成为埃及的最大武器供应国"[③]。与此同时，苏联因不愿及时向埃及提供武器，试图以牺牲埃及利益为代价而与美国实现"军事缓和"，苏联与埃及关系恶化。又由于苏联深陷阿富汗战争，苏联在与美国争夺阿拉伯世界中处于下风。此后，苏联在中东的影响力逐步减弱。随着冷战结束和两极格局瓦解，美国成为世界上唯一的超级大国。对于阿盟来说，

---

① Tawfig Y. Hasou, *The Struggle for the Arab World: Egypt's Nasser and the Arab League*, London: KPI, 1985, p. 101.

② Tawfig Y. Hasou, *The Struggle for the Arab World: Egypt's Nasser and the Arab League*, London: KPI, 1985, pp. 101–103.

③ 杨灏城、江淳：《纳赛尔和萨达特时代的埃及》，商务印书馆，1997，第 347 页。

美国独大及美国在阿拉伯世界构筑的盟友体系深刻地撕裂了阿拉伯国家，使得阿盟地位跌入低谷。

第一，美国建立的盟友体系加剧了阿拉伯国家的分裂，极大地压缩了阿盟的活动空间。"维护和支持以色列，为以色列的生存和安全承担义务和责任，是美国中东政策追求的一个目标，也是美国在中东战略利益的一个体现。"[①] 基于此，美国竭尽全力反对阿拉伯国家建立任何阿拉伯集体制度。[②] 一方面，美国与埃及建立战略合作伙伴关系，对沙特阿拉伯等海湾阿拉伯国家提供军事保护，为其供应军火，巩固盟友关系；另一方面，美国不断树立攻击的靶子，将叙利亚、苏丹等国贴上"支持恐怖主义"的标签，对其进行经济、外交制裁和军事打击。"只要其他阿拉伯国家感到伊拉克、伊朗、叙利亚、苏丹这些'无赖国家'的威胁时，它们就不得不寻求美国的军事援助和政治支持。"[③] 由此，美国通过"拉一派打一派"解构了阿拉伯体系。阿拉伯国家分为亲美和反美两大阵营，相互制约，使得阿盟难以团结阿拉伯国家，组织集体行动。自从埃以签订《戴维营协议》和海合会成立后，阿拉伯国家对美国武器和军事训练的高度依赖，使得阿拉伯国家间的关系从属于美国的战略需要。[④]正是这种依附性导致阿盟在安全方面的自主性不断减小，组织协调能力急剧下降。

在1990年伊拉克入侵科威特危机后，苏联配合美国倡议。部分阿拉伯国家加入美国领导下的地区军事联盟，阿拉伯世界分崩离析，阿盟的集体安全不攻自破，瞬间瓦解。伊拉克和科威特危机最终演变为改变中东地区格局的海湾战争。此后，尽管俄罗斯、日本、欧盟等在中东具有重大利益关切，成为美国在中东的竞争者，但是没有国家能够抗衡美国。比如，"欧洲国家在政治上对阿拉伯国家比较同情，但是它们缺乏平衡美

---

① 余国庆：《大国中东战略的比较研究》，中国社会科学出版社，2013，第10页。

② Michael C. Hudson (ed.), *Middle East Dilemma: The Politics and Economics of Arab Integration*, New York: Columbia University Press, 1999, p. 28.

③ 王联：《中东政治与社会》，北京大学出版社，2009，第394页。

④ Clovis Maksoud, "The Arab World's Quandary," *World Policy Journal*, Vol. 8, No. 3, 1991, pp. 554-555.

国的实力"①。

第二，美国傲慢地无视阿拉伯人和阿盟的要求，强行打压反美的阿拉伯国家，直至滥用武力，使其国力衰退、濒于瓦解。"9·11"事件后，美国在中东展开"反恐战争"和推行"大中东民主计划"。随着美国对伊拉克的军事威胁日益升级，2003年3月1日，阿盟第15届峰会提前在埃及沙姆沙伊赫召开。"阿拉伯各国领导人表示要坚决维护伊拉克和其他阿盟成员国的主权与领土完整，任何阿拉伯国家都不会参与针对阿盟成员国的军事打击，对任何成员国发动战争都被视为对全体阿拉伯国家发动的战争。"② 埃及、叙利亚、沙特等国外长都在阿盟的要求下与美国、伊拉克磋商讨论避免发生战争。然而，2003年3月20日，美国以伊拉克拥有大规模杀伤性武器为借口，绕开联合国对伊拉克发动侵略战争。对此，阿盟助理秘书长接受采访时说道："美国对伊拉克发动战争开创了一个危险的先例。是谁授予美国总统公然干涉其他国家内政的权力？布什的言论是对伊主权的侵犯，是对伊人民的侵犯。"③ 2003年3月24日，阿盟外长理事会通过一项决议，指责美英等联军对伊拉克的行动是一种侵略，违反《联合国宪章》，威胁世界和平，要求美英"立即、无条件地"从伊拉克撤军。④

对于美国发动的伊拉克战争，沙特、埃及等美国盟友都表示强烈反对，阿拉伯国家在伊拉克战争中显现出了高度的一致性。但是，即使阿盟和阿拉伯国家强烈谴责和反对，也阻挡不了美国攻打伊拉克和推翻萨达姆政权的既定步伐。可见，面对世界超级大国美国，阿盟和

① Michael C. Hudson（ed.）, *Middle East Dilemma：The Politics and Economics of Arab Integration*, New York：Columbia University Press, 1999, p. 28.

② 余国庆：《大国中东战略的比较研究》，中国社会科学出版社，2013，第84页。

③ 邵杰：《阿拉伯联盟官员认为美国对伊动武开创危险先例》，东方网，2003年3月20日，http：//www.eastday.com/epublish/gb/paper3/20030320/class000300005/hwz2268.htm，最后访问时间：2021年1月22日。

④ 孙玉ং：《阿盟外长会议通过决议，要求美英立即无条件撤军》，东方网，2003年3月25日，http：//www.eastday.com/epublish/gb/paper3/20030325/class000300005/hwz3889.htm，最后访问时间：2021年1月22日。

阿拉伯国家无力抗衡美国的意志，阿盟的一切方案和计划都化为泡影。这说明，具有世界最强大军事实力的美国是影响阿盟在地区安全事务上发挥作用的最大外部因素，而且这一外部因素已经越来越具有决定作用。

三　阿盟机制的缺陷是影响阿盟治理绩效的次要因素

国际组织的权力"来自缔约国协商后的共同给予，是主权国家的派生物。是否有着健全完善、客观公正的议事规则，决定了国际组织正常活动能否有序、有效地开展起来"。① 毋庸置疑，科学的决策机制和完善的组织机构是国际组织解决问题的一个重要方面。对阿盟来说，阿盟投票与决策机制中存在的不合理性以及组织机构的不完善约束了其运行的实际效果。

第一，决策机制（或称表决制度）是国际组织运转的重要组成部分，也是成员国代表讨论问题并对某一问题有针对性地提出解决方案的重要依据，它在一定程度上决定了组织开展活动和履行职能的效率。阿盟外长理事会是处理争端和解决危机的重要机构。但是《阿盟宪章》第5条、第6条和第7条从决策机制方面对理事会做出诸多限制。比如，对于不涉及独立、主权或领土完整的争端，理事会的决议必须遵守，而对于其他可能导致战争的争端，理事会做出的有关仲裁或调解的决议取决于多数。对于某一会员国侵略另一会员国，或者对某一会员国有侵略意图时，理事会采取的击退侵略的决议应取得除侵略国的一致同意。这意味着，阿盟对涉及侵略等严重损害阿拉伯国家利益的行为时，十分谨慎。

更耐人寻味的是，《阿盟宪章》第7条规定："经一致通过的理事会的决议应对联盟全体会员国有拘束力；由多数票通过的理事会的决议仅对赞成国有拘束力。且上述两种情况中的理事会决议，应依照每一会员国家的基本情况在该国内执行。"这项规定事实上给予每个成员国"一票否决权"，极大地限制了理事会决议的约束力和法律效力，"在阿拉伯

---

① 张贵洪主编《国际组织与国际关系》，浙江大学出版社，2004，第80页。

事务上,阿盟成为最小公约数"①。因此,长期以来,很多学者把阿盟严苛的"一致同意"等表决机制视为导致阿盟不如欧盟、东盟等组织有力的重要因素。例如,马克·扎克(Mark M. Zacher)认为,《阿盟宪章》对阿盟理事会介入解决争端的诸多限制,导致"任何卷入战争或威胁发动战争的冲突都可以被冲突方解释为与国家的'独立、主权和领土完整'有关,从而使得阿盟的决议不具有法律约束力。由于阿盟缺乏'固有和派生的权力',成员国对它们批准通过的任何决议都缺乏坚决的执行意愿"。② 固然,笔者不认同许多学者将阿盟的"一致同意"表决机制看作是导致阿盟"衰弱"和"失败"的主要因素的观点,但"一致同意"表决机制在理论上确实对组织的决策效率产生了影响。

第二,阿盟机构设置的不完善也经常受到诟病。与欧盟、非盟等地区性国家间组织相比,阿盟的组织机构设置相对比较简单,各机构有时存在职能交叉的问题。阿拉伯世界冲突频发,但阿盟长期以来未设立专门解决争端的机构。2002 年,阿盟秘书长阿姆鲁·穆萨提出了建立阿拉伯和平与安全机构的问题。2005 年,在阿姆鲁·穆萨的提议下,阿盟在当年召开的峰会上讨论建立阿拉伯和平与安全理事会(Arab Peace and Security Council)的问题。2005 年 11 月,阿拉伯和平与安全理事会成立,但是该理事会并不具有执行权或直接干预成员国间争端或冲突的权力。③ 马克·宾法礼还提出理事会、政治委员会和首脑会议分工不明晰、功能重叠以及秘书长权力因人而异是阿盟解决争端的能力遭到削弱的重

① Michael Barnett and Etel Solingen, "Designed to Fail or Failure of Design? The Sources and Institutional Effects of the Arab League," p. 192, in A. I. Johnson and A. Acharya (eds.), *Crafting Cooperation: Regional Institutions in Comparative Perspective*, Cambridge: Cambridge University Press, 2007.

② Mark W. Zacher, "The Arab League and Inter-Arab Conflicts," *International Conflicts and Collective Security, 1946 - 1977: The United Nations, Organization of American States, Organization of African Unity, and Arab League*, New York & London: Praeger, 1979, p. 165.

③ Fady Y. Abusidu Ghoul, "Why Has the Arab League Failed as a Regional Security Organization? An Analysis of the Arab League's Conditions of Emergence, Characteristics and the Internal and External Challenges that Defined and Redefined Its Regional Security Role," Doctoral Dissertation, University of Bradford, 2012, pp. 83-84.

要原因。①

　　总的来说，阿盟决策机制和制度设计上的缺陷一定程度上是导致阿盟决策效率低下的重要原因。不过，需要指出的是，阿盟决策机制以及阿盟组织机构的配备完善程度对阿盟解决争端的影响并不是关键性的。如萨拉梅（G. Salamé）所说，"一致同意"原则不是阿盟发挥作用的主要障碍，而是成员国缺乏执行决议的政治意愿。尽管宪章的很多条款模糊不清，但它并不禁止秘书长或理事会采取其他灵活的手段来处理问题。阿盟存在的主要问题既不是官僚机构的问题，也不是宪章或预算的问题，而是自其成立之初就存在的统一理想和阿拉伯国家政治现实的矛盾问题。阿盟的困境是国家主义和民族主义僵局的必然结果。②

　　从阿盟 70 多年以来在处理地区安全事务上的历史经验来看，它对地区争端和冲突管理的成效与其决策机制并不是呈正相关的关系。这与阿拉伯社会固有的强调共识和协商的传统密切相关。在冲突管理中，调解人的作用至关重要。正如一位学者所说，"把地区制度的正式程度及其对国际规范秩序和安全的作用作为评判地区体系'有序'、'失序'还是'冲突'的标准，是存在问题的。（因为）它忽视了非正式和非常规的程序也可以产生'安全机制'，能够管理和维持常规的安全、规则和规范，进行非正式和非权威的'治理'"③。

　　从这个角度来看，与其说阿盟的决策机制存在问题，不如说阿盟秘书长的权限设置、预防性外交以及阿盟的快速反应能力是阿盟需要不断改革和提升的方向。此外，根据笔者在埃及开罗与阿盟前官员的访谈，阿盟决策机制的缺陷并未被认为是导致阿盟近年来影响力下降的首要原

---

① Marco Pinfari, "Nothing but Failure? The Arab League and the Gulf Cooperation Council as Mediators in Middle Eastern Conflicts," Working Paper at Crisis States Research Centre, No. 2, March 2009, p. 18.

② Ghassan Salamé, "Integration in the Arab World: The Institutional Framework," in Giacomo Luciani and Ghassan Salamé (eds.), *The Politics of Arab Integration*, London: Routledge, 1988, p. 278.

③ Avraham Sela, "The Vicissitudes of the Arab States System: From Its Emergence to the Arab Spring," *India Quarterly*, Vol. 73, No. 2, 2017, p. 147.

因，他反而对阿拉伯国家缺乏政治意愿"痛心疾首"。

事实上，在"阿拉伯之春"中，阿盟对利比亚和叙利亚内战的反应不可谓不迅速，立场不可谓不强硬，但是其结果却是阿盟的彻底失败。从本质上来说，阿盟是政府间国际组织，"从功能上，它为其成员提供了在某个或某些特定问题领域预期汇聚的方向，为它们达成协议提供了便利，或者至少为有关国家表达意见和愿望提供了正式的渠道"①。它不具有超国家的权力。更重要的是，由于阿拉伯国家对主权的高度重视，阿盟在很大程度上被视为维护其国家利益的工具。因此，阿盟的决策机制和组织机构从属于阿拉伯国家的利益需要。当能够维护其国家利益且多数国家能达成一致时，阿盟便自动不受已有决策机制的限制，较好地履行其责任。而当成员国不愿让阿盟过度介入时，即使阿盟设立了科学的决策机制，它也无能为力。

第三节　21世纪以来阿盟安全治理面临的挑战

地区组织是参与安全治理的重要主体，但地区组织由于其自身的局限性而在安全治理上面临诸多难题。就阿盟而言，非阿拉伯国家对阿拉伯国家体系的渗透、阿拉伯国家迫切寻求强化国家权威以及共同价值观念的逐步消退严重阻碍了阿盟的安全治理。

一　非阿拉伯国家对阿拉伯国家体系的渗透

阿盟是一个由阿拉伯国家组成的具有民族主义性质的区域性政府间组织，阿拉伯认同是其成立的基础，维护地域性的地区集体认同也是阿盟的主要职责。可以说，"阿盟是维护阿拉伯地区'集体认同安全'的平台"②。然而，随着埃及和以色列媾和，阿拉伯地区局势发生巨大变

---

① 王杰主编《国际机制论》，新华出版社，2002，第 200 页。
② Ibrahim Al-Marashi, "Regional Organizations as Conflict Mediators? The Arab League and Iraq," in Cilja Harders and Matteo Legrenzi (eds.), *Beyond Regionalism? Regional Cooperation, Regionalism and Regionalization in the Middle East*, Hampshire: Ashgate, 2008, p. 140.

化，没有一个阿拉伯国家能够扮演阿拉伯世界的领导者的角色，又由于美国对中东地区的干涉，中东地区的权力平衡被打破。"非阿拉伯世界的地区国家逐渐成为阿拉伯国家内部以及阿拉伯国家之间互动的一部分。"[①] 阿拉伯国家体系逐渐遭到以色列、土耳其和伊朗的渗透，这使得阿盟更加难以解决相互交织和错综复杂的地区安全问题。

（一）以色列对阿拉伯国家的分化与"弱阿"政策

第二次世界大战结束后，面对美国和犹太复国主义的压力，在巴勒斯坦地区进行委任统治的英国束手无策，于 1947 年 4 月 2 日把巴勒斯坦问题提交给联合国。1947 年 11 月 29 日，在美国和苏联的支持下，联合国大会通过了有利于犹太人的巴勒斯坦分治决议。[②] 1948 年 5 月 14 日，以色列宣布根据联合国分治决议建国。但对联合国分治决议极度不满和坚决维护巴勒斯坦完整的埃及等阿拉伯国家拒绝承认以色列。直至 1967 年，以色列大败阿拉伯国家后，阿拉伯国家被迫间接承认以色列在中东存在的事实，以色列由此在中东完成"立国"。1973 年，埃及先发制人地发动十月战争，迫使以色列重新思考阿以冲突，以色列认识到用军事手段不能完全解决安全问题。之后，以色列对阿拉伯国家采取分化政策来削弱阿拉伯世界。

1978 年 9 月埃及和以色列签订《戴维营协议》。1979 年 3 月埃及和以色列签订和平条约，1982 年 4 月，以色列撤出在西奈的军队。以色列通过与当时最强大的阿拉伯国家埃及实现和解后，阿拉伯国家针对以色列的统一立场被打破。进入 20 世纪 90 年代，以色列又与约旦在 1994 年签订和平条约。这是以色列分化阿拉伯国家的第一阶段。

---

① Bahgat Korany, "The Arab World and the New Balance of Power in the New Middle East," in Michael C. Hudson (ed.), *Middle East Dilemma: The Politics and Economics of Arab Integration*, New York: Columbia University Press, 1999, p. 56.

② 联合国第 181 号决议规定，英国对巴勒斯坦的委任统治应于 1948 年 8 月 1 日前结束，在委任统治结束后的两个月内成立阿拉伯国家和犹太独立国家，耶路撒冷国际化。当时，巴勒斯坦的阿拉伯人约有 130 万人，占总人口的 2/3，实际拥有面积占总面积的 93.7%；而犹太人约有 60 万人，占总人口的 1/3，拥有土地仅占总面积的 6%。而分治决议划分给犹太国的土地占总面积的 57%，并且大部分是肥沃的沿海地带。参见彭树智主编《中东史》，人民出版社，2010，第 425 页。

近几年，以色列成功地对阿拉伯国家进行分化。以色列与沙特的关系由秘密接触转向公开接触。2020 年，在美国特朗普政府的撮合下，以色列与阿联酋、巴林、苏丹和摩洛哥实现关系正常化。这是以色列分化阿拉伯国家的第二阶段。

以色列在分化拉拢部分阿拉伯国家的同时，还利用阿拉伯国家的内部矛盾来削弱反对以色列的阿拉伯国家。早在 20 世纪 50 年代，以色列总理本-古里安和参谋长摩西·达扬（Moshe Dayan）就建议：以色列征服利塔尼河以南的黎巴嫩国土，在该地区扶持一名亲以色列的黎巴嫩军官。[1] 以色列利用黎巴嫩国内混乱的局势和错综复杂的宗教族群关系，于 1978 年和 1982 年先后两次大规模入侵黎巴嫩。[2] 尤其是 1982 年，以色列不仅入侵黎巴嫩首都贝鲁特，还在黎巴嫩南部地区建立"安全区"，扶持由基督教民兵组成的南黎巴嫩军（South Lebanese Army，SLA），帮助以色列维持其占领的黎巴嫩南部地区的秩序。直至 2000 年，以色列国防军才从黎巴嫩南部撤离。[3]

在伊拉克，以色列积极支持伊拉克的库尔德人建立独立国家。早在 2014 年，以色列前总统佩雷斯（Shimon Peres）在白宫与奥巴马会面时就说道："没有'大规模的'外国军事干预，'统一'伊拉克是不可能的。"[4] 以色列内塔尼亚胡（Netanyahu）总理也表态支持建立独立的库尔德斯坦国。2016 年 1 月 20 日，以色列司法部部长阿耶莱特·谢克德（Ayelet Shaked）公开呼吁成立独立的库尔德斯坦国，并力促以色列与库

---

① Oren Barak, "Ambiguity and Conflict in Israel-Lebanese Relations," *Israel Studies*, Vol. 15, No. 3, 2010, p. 168.

② Nazir Hussain, "The Israel-Lebanon War and Its Implications for Regional Security," *Policy Perspectives*, Vol. 4, No. 1, 2007, p. 17.

③ Reuven Erlich, "The Road to the Second Lebanon War, 2000-2006: Strategic Changes in Lebanon, the Middle East, and the International Theater," Report Paper at Institute for National Security Studies, 2017, p. 13.

④ Ari Soffer, "Israel Behind and Independent Kurdish State: A Israeli Foreign Minister and President Tell the US to Accept Kurdish Secession, Israel Strengthens Its Ties with the Kurds," Israel National News, June 26, 2014, https://www.israelnationalnews.com/News/News.aspx/182202, accessed: 2021-04-05.

尔德人合作。她说道："我们必须公开呼吁建立库尔德国家，库尔德人是以色列人的伙伴，库尔德人是一个古老的、民主的、热爱和平的从不攻击他国的民族，是时候帮助他们了。"[①] 2016 年，伊拉克库尔德自治区主席兼库尔德民主党（Kurdistan Democratic Party，KDP）主席马苏德·巴尔扎尼（Masoud Barzani）宣称："到了库尔德人通过公投来决定他们自己的命运的时候了。"以色列在伊拉克库尔德自治区的独立公投还未举行之前，就成为最先与库尔德地区升级关系的国家之一，并将这种关系公之于众。[②]

在叙利亚，以色列为阻止伊朗扩张势力，自叙利亚内战爆发以来，以色列数百次越境打击叙利亚境内的伊朗和叙利亚军事驻地，同时袭击叙利亚防空系统，给叙利亚带来了巨大损失。[③] 2019 年，以色列领导人一改之前"只做不说"的行为，开始公开谈论以色列对叙利亚境内伊朗军事目标的袭击行动，并且将这种军事行动扩展至黎巴嫩和伊拉克。2019 年 12 月，以色列国防部承认 2017 年以来已向叙利亚境内发起 200 多次空袭。2020 年 1 月，以色列军事情报局发布安全评估书，该评估书建议，加大对伊朗在叙利亚的军事目标的袭击力度。[④] 进入 2021 年，以色列仍保持对叙利亚的高频袭击。

综上，以色列一方面拉拢温和的阿拉伯国家，另一方面支持阿拉伯国家的民族分离主义运动，频频空袭叙利亚。尽管以色列声称其目的是维护其国家安全，但以色列的国家安全是以阿拉伯世界势力的衰减为保障的，它的分化和"弱阿"政策客观上加剧了阿拉伯国家内部的冲突和

---

① Ekurd Daily, "Israeli Justice Minister Calls for an Independent Kurdish State," Ekurd Daily, January 20, 2016, https: //ekurd. net/israeli – justice – minister – kurdish – state – 2016 – 01 – 20, accessed：2021-04-05.

② Aldo Liga, "Israel and Iraqi Kurds in a Transforming Middle East," Istituto Affari Internazionali, 2016, pp. 3-4.

③ Carmit Valensi, Zvi Magen and Sima Shine, "Israel's Engagement in Syria：Causes and Significance," Institute for National Security Studies, 2018, p. 2.

④ Or Heller, "IDF MID Recommends Increased Attacks Against Iran in Syria," Israel Defense, January 15, 2020, https: //www. israeldefense. co. il/en/node/41630, accessed：2021 – 04-05.

不稳定，进一步削弱了阿拉伯世界的整体力量。

（二）土耳其对阿拉伯国家的干涉

进入 21 世纪，正义与发展党自 2002 年上台执政以来，积极推崇"新奥斯曼主义"，更加关注中东地区，希望通过强调奥斯曼帝国时期的辉煌历史以及土耳其与中东地区其他国家的历史联系，来为土耳其重塑其在（中东）地区的领导地位（无论是在地理上还是在精神归属上）提供依据。[①] 尤其是"阿拉伯之春"爆发以来，土耳其对阿拉伯国家的政策由之前的注重经贸交流和文化输出[②]转向较为强硬的实力政策，屡次介入阿拉伯国家事务，在致力于打造"兼容伊斯兰、民主和自由市场的地区模范"形象[③]的同时，努力主导地区局势的发展和塑造新的地区秩序，充当逊尼派伊斯兰世界的领导者。

第一，土耳其在利比亚大打"代理人战争"，并利用穆兄会来分解阿拉伯国家。它扶持在利比亚崛起的穆兄会势力，支持民族团结政府。由此，利比亚出现了由土耳其和卡塔尔支持的民族团结政府与沙特、埃及和阿联酋等国支持的哈夫塔尔武装激烈作战和争夺国家领导权的混战。在整个阿拉伯世界，针对穆兄会的不同态度，阿拉伯国家结成了亲穆兄会和反穆兄会这两个激烈对抗的阵营。卡塔尔与土耳其的接近及对穆兄会的支持，导致沙特和卡塔尔关系断交，海合会陷入严重危机。

第二，凭借军事力量强势介入叙利亚内战。土耳其援助叙利亚反对派武装，要求巴沙尔政权下台。随着局势升级，土耳其不仅派出地面部

① Gabriela Özel Volfová, "Turkey's Middle Eastern Endeavors: Discourses and Practices of Neo-Ottomanism under the AKP," *Die Welt des Islams*, Vol. 56, Nos. 3-4, 2016, pp. 492, 496.

② 2002 年以来，土耳其与约旦、黎巴嫩、叙利亚、埃及、伊拉克建立良好的经济关系，实行务实的外交政策。土耳其还通过拍摄电视剧，在安曼、巴格达、大马士革、耶路撒冷等建立尤努斯·埃姆雷文化中心（Yunus Emre Cultural Center）来扩大地区影响力。参见 Gabriela Özel Volfová, "Turkey's Middle Eastern Endeavors: Discourses and Practices of Neo-Ottomanism under the AKP," *Die Welt des Islams*, Vol. 56, Nos. 3-4, 2016, pp. 502-504。

③ Gallia Lindenstrauss, "Turkey and the Arab Awakening: The Glass Half Full, the Glass Half Empty," Report Paper at the Part of *Turkey at the Arab Awakening*, Institute for National Security Studies, 2012, p. 57.

队跨境作战，在叙利亚北部建立缓冲区，还相继发起代号为"幼发拉底河盾牌"、"橄榄枝"与"和平之泉"的越境打击叙利亚库尔德武装的行动。①

第三，积极扩展在索马里的影响。索马里自 1990 年巴雷政权垮台以来，一直处于内乱频发的不稳定状态。由于索马里地理位置的重要性，土耳其为扩展其地区影响力，一方面积极调解索马里内部争端，为其提供人道主义援助，另一方面帮助索马里政府培训索马里军人，在索马里加强军事存在。② 2017 年，土耳其在索马里摩加迪沙建立了其最大的海外军事基地。

（三）伊朗对阿拉伯国家内部事务的介入

2003 年美国发动伊拉克战争后，作为阿拉伯世界一强的伊拉克陷入混乱和几近瓦解的状态，而伊朗则利用地缘政治环境的变化，迅速崛起，成为中东地区强国。伊朗利用其对什叶派的宗教影响力，向阿拉伯世界渗透，介入阿拉伯国家内部事务，谋求建立地区霸权。

第一，伊朗对伊拉克、黎巴嫩真主党和巴勒斯坦哈马斯的支持有利于其反对以色列的斗争，但是它给有关阿拉伯国家的民族国家构建带来负面影响。正如著名的伊朗问题专家金良祥所说："伊朗的宗教地缘战略本身具有干涉他国内政的一面，故而对地区安全形势具有破坏性影响。伊朗为伊拉克现政权所提供的各种支持虽一定程度上有助于他们克服政权重建初期的困难，但伊朗对伊拉克政府所施加的影响在客观上也因其助长了伊拉克政权的什叶派倾向，而弱化了其建构包容性更强的伊拉克民族国家的动力，并不利于伊拉克国内各个教派之间的和解。"③

---

① 郑思远、施洋：《"和平之泉"恐难带来和平》，新华社百家号，2019 年 10 月 10 日，https：//baijiahao. baidu. com/s？ id＝1646977449599126194&wfr＝spider&for＝pc，最后访问时间：2021 年 1 月 25 日。

② Moustapha Abdelkerim Idriss, "With Its New African Policy, Turkey Has Won the Confidence of African Leaders. As Erdogan Declared in Gabon in 2013：'Africa Belongs to Africans；We Are not Here for Your Gold'," Anadolu Agency, August 1, 2020, https：//www. aa. com. tr/en/africa/analysis－turkey－africa－partnership－a－development－oriented－approach/1696640, accessed：2021－01－26.

③ 金良祥：《伊朗的宗教地缘战略分析》，《阿拉伯世界研究》2014 年第 1 期。

伊朗与黎巴嫩真主党的密切联系尽管有利于应对来自以色列的军事威胁，但是这也"使其在黎巴嫩国内的政治影响制度化"。[①] 黎巴嫩成为什叶派和逊尼派、伊朗和以色列等多方势力角力的场所，政治危机和战争冲突绵延不绝，国家建设遥不可期。同样，伊朗对哈马斯的支持也加剧了巴勒斯坦的派别冲突，给巴勒斯坦的内部和解带来了不利影响。伊朗对叙利亚巴沙尔政权的支持更是如此。叙利亚是伊朗构建"什叶派新月"宗教地缘战略中必不可少的一环。"阿拉伯之春"爆发以来，伊朗向叙利亚派出军事力量来保卫巴沙尔政权。但是沙特决不能容忍叙利亚和伊朗联合，威胁其国家安全。因此，沙特等海合会国家一方面资助叙利亚反对派，另一方面伙同西方国家要求巴沙尔政权下台，这使得叙利亚成为沙特和伊朗对抗的焦点。

第二，支持阿拉伯国家内部的什叶派反政府力量。由于伊朗地区势力范围和影响力的扩大，阿拉伯国家尤其是海湾阿拉伯国家感到极为不安。一方面，伊朗组建的什叶派地区联盟极大地压缩了逊尼派阿拉伯国家的战略空间；另一方面，沙特、巴林等阿拉伯国家具有一定规模的信奉伊斯兰教什叶派的国民，它们唯恐什叶派力量壮大将威胁其统治。因此，为了遏制什叶派的势力范围进一步扩大，沙特全面遏制和打击叙利亚，采取军事手段帮助巴林王室镇压起义。在也门，2015 年，以沙特为主导的阿拉伯国家组成阿拉伯联军，进入也门打击胡塞武装。这是 1990 年伊拉克入侵科威特以来，首次出现了阿拉伯国家正式派遣军队进入另一个阿拉伯国家打击敌对势力的情况，阿拉伯国家"同室操戈"，愈加倾向通过军事手段来解决问题。这无疑对阿拉伯团结与合作构成巨大伤害。

总之，伊朗为构建地区同盟体系，支持阿拉伯国家内部的什叶派政治力量，打乱了阿拉伯国家原有的政治进程，使得什叶派和逊尼派的教派冲突"国内化"，严重侵蚀了阿拉伯国家的自主治理能力。伊朗与叙

---

① Kayhan Barzegar, "Iran's Foreign Policy Strategy after Saddam," *The Washington Quarterly*, Vol. 33, No. 1, 2010, p. 182.

利亚等阿拉伯国家的联盟极大地削弱了阿拉伯国家体系，加剧了阿拉伯国家的分裂。

二　阿拉伯国家利益和价值观的多元化

从 1945 年至纳赛尔离世，摆脱殖民统治，实现民族解放和获得国家独立是这一时期阿拉伯国家的主旋律。至 20 世纪 70 年代，阿拉伯国家基本获得独立，阿盟在这一阶段的历史任务成功完成。在这之后，进一步巩固国家政权和推进国家建设成为阿拉伯国家和阿盟的新使命。但是，由于阿拉伯民族主义的衰退以及阿拉伯民族主义与国家利益的内在矛盾，新的更加适应时代需求和国家需要的地方民族主义兴起，而阿拉伯民族主义的蓬勃发展又是阿盟得以成立和发展的重要动力，因此，在这一新的历史发展阶段，阿盟面临着调和阿拉伯民族利益和国家利益以及如何应对阿拉伯国家利益和价值观多元化的问题。也就是说，在阿盟发展历程中的前半期，其主要任务是处理阿拉伯国家体系和外部世界的矛盾，而当前，阿盟面临的主要问题是如何处理成员国发展与建设需求的内部矛盾。

（一）难以调和的国家利益

国家利益的冲突一直存在于阿拉伯国家的互动关系中，也是阿盟成立以来一直面临的严峻问题。但在阿拉伯国家成立的初期阶段，阿拉伯民族主义可以"增加现行政权统治的合法性"，"淡化阶级冲突、强化共同利益的意识形态宣传是维护现行统治秩序的有效工具"[①]。因此，阿拉伯民族主义在此时发挥了一种黏合剂的作用，能够在一定程度上缓和阿拉伯国家之间的利益冲突。"阿拉伯国家间的冲突比起其他地区国家的冲突，军事化的可能性更低。根据阿卜杜勒 - 萨拉姆（Abdel-Salam）的统计，1945~1990 年，许多大型冲突（45%）都以宣传战的方式进行，只有 9% 的冲突使用了军事手段。1990 年伊拉克入侵科威特是

---

① 田文林：《困顿与突围：变化世界中的中东政治》，社会科学文献出版社，2016，第 14 页。

一个例外而不是阿拉伯国家间冲突的常态。"[1]

　　然而，"在阿拉伯各国纷纷独立、现代民族国家的政治格局基本成形的情况下，地方民族主义远胜过阿拉伯民族主义，各国都将自身的国家利益摆在首位"[2]。比如，对沙特、阿联酋等国家来说，以色列并不对其构成威胁，伊朗才是其面临的大敌，以色列反而是其合作对抗伊朗的盟友。因此，阿联酋、巴林分别与以色列建立全面外交关系，沙特也与以色列私下保持良好关系。而对叙利亚来说，伊朗是其盟友，伊朗的支持对巴沙尔政权的存续具有重要作用。而占领戈兰高地并宣称吞并戈兰高地的以色列是叙利亚的主要仇敌。巴勒斯坦也对与以色列维持友好关系或建立外交关系的沙特、阿联酋、巴林等国家进行谴责，甚至有巴勒斯坦领导人声称它们"背叛"了阿拉伯事业和巴勒斯坦人民。

　　就阿拉伯国家间的关系而言，阿拉伯国家对各自国家利益的追求而互相对抗。在利比亚，沙特和埃及支持哈夫塔尔武装组织，而卡塔尔则伙同土耳其支持与穆兄会关系密切的民族团结政府。为了维护自身的国家利益，一些阿拉伯国家不惜与非阿拉伯国家结盟来打击与其敌对的阿拉伯国家，而阿拉伯国家复杂的宗教族群关系又进一步使利益纠纷复杂化。

　　更加重要的是，阿拉伯国家正处于民族国家构建的重要阶段。民族国家构建包含两个方面：一个是民族构建；另一个是国家构建。"国家建设的成功关键在于并行发生的民族建设……国家建设是指创建有形的机构——军队、警察、官僚体系和政府部门等。民族建设是创建民族认同，让人们对之忠心耿耿，以取代对部落、村庄、地区和种族的效忠。与国家建设相比，民族建设需要创建无形的东西，如民族传统、符号、共享的历史记忆和共同的文化参考。"[3] 具体到阿拉伯国家，这种民族建设是

---

[1] Bahgat Korany, "The Arab World and the New Balance of Power in the New Middle East," in Michael C. Hudson (ed.), *Middle East Dilemma: The Politics and Economics of Arab Integration*, New York: Columbia University Press, 1999, p.57.

[2] 王联：《中东政治与社会》，北京大学出版社，2009，第61页。

[3] 〔美〕弗朗西斯·福山：《政治秩序与政治衰败：从工业革命到民主全球化》，毛俊杰译，广西师范大学出版社，2015，第163页。

构建一种基于本国的本土传统和符号的国家民族认同。"现代国家构建的首要内容是强化国家强制能力。而强化国家强制能力的根本在于建立一个统一的主权，垄断国家内全部暴力的合法使用。"① 对于正处于民族国家构建之中的阿拉伯国家来说，强化国家权威，加强中央集权是其构建现代民族国家必须经历的发展阶段。从最早建立民族国家的西方欧洲国家的历史经验来看，国家至上是其用来反对传统的神圣罗马帝国权威和树立中央权威的理论基础。被称为"现代国家制度之父"的法国黎塞留（Richelieu）提出了国家至上的观念，并为了法国的利益义无反顾地付诸实施。②

因此，在民族国家构建这一特定的历史发展阶段，阿拉伯国家关注的是巩固国家权力和维护国家利益。它们不愿向阿盟过渡权力，使阿盟像欧盟一样具有超国家权力。在很大程度上，阿盟是阿拉伯国家用来维护其国家利益的工具。"利益的一致程度决定了对外政策的协调程度"③，而难以调和的国家利益使得阿拉伯国家之间矛盾重重，阿盟也由此无法发挥更大的作用。

（二）统一的价值观念的匮乏

20 世纪 70 年代后期以来，阿拉伯民族主义消退，跨国的伊斯兰认同以及部落、宗派等次国家认同发展迅速。另外，"从民族解放到国家建设的主题转换，众多阿拉伯国家面临着前所未有的秩序动荡和价值迷茫"④。外部环境和社会思潮的变化，国家历史任务的转变，凡此种种导致阿拉伯国家出现多种意识形态，价值观混乱不堪。长期以来以阿拉伯民族主义作为号召力来源的阿盟也自然而然地陷于困境。

第一，主权与人权的冲突。自从以政治统一为主要目的的阿拉伯民族主义不再受到推崇，阿拉伯国家就主权规范这一"游戏规则"达成

① 申林、梁伟：《强化国家能力与规范国家权力：现代国家构建的双重使命》，《云南行政学院学报》2015 年第 3 期。
② 〔美〕亨利·基辛格：《大外交》，顾淑馨、林添贵译，海南出版社，2012，第 43~44 页。
③ 王京烈：《解读中东：理论构建与实证研究》，世界图书出版公司，2011，第 327 页。
④ 田文林：《困顿与突围：变化世界中的中东政治》，社会科学文献出版社，2016，第 18 页。

共识。尽管阿拉伯国家间的对抗和冲突持续存在，但是国家与民族对抗的致命问题已经消失，并促进了地区秩序的形成。① 然而，随着西方国家竭力向阿拉伯世界输出其人权、民主和自由价值观，一些阿拉伯国家知识分子和青年接受西方人权、民主价值观念，成为 2011 年"阿拉伯之春"爆发的助推者，部分阿拉伯国家则为谋取国家利益和地区霸权而利用西方"人权"话语来干涉其他阿拉伯国家。② 阿盟也以利比亚大规模违反人权为由取消利比亚的成员国资格。"阿盟的决定反映了其从社会连带主义来理解主权，而不是像之前那样从多元主义③的视角来看待主权。阿盟是促进这一变革的驱动力，它将新的连带主义式的主权实践引入了多元的阿拉伯国家间社会。"④

在一定程度上，阿盟采取的这种新的价值取向符合了普通大众维护其权利和改善其生活的需求。但是，阿盟在对人权保护的具体实践过程中奉行双重标准。比如，阿盟强烈谴责叙利亚和利比亚镇压民众抗议，侵犯人权，而对沙特在也门空袭导致的严重的人道主义灾难视而不见。也门是世界上人道主义危机最严重的国家之一。至 2017 年 12 月，也门

① Michael N. Barnett, "Sovereignty, Nationalism, and Regional Order in the Arab States System," *International Organization*, Vol. 49, No. 3, 1995, p. 480.

② 陈丽蓉：《西方消解阿拉伯国家主权的理论、实践及影响》，《国际研究参考》2020 年第 6 期。

③ 多元主义和社会连带主义是国际关系理论英国学派的两种主要概念和研究方法取向。多元主义强调国际社会中单个国家的功能，将国家主权原则视为国际社会稳定的基础。多元主义最明显的特征是将国家而非个人作为分析单元，认为不同的国家有不同的利益和价值，强调国家主权的重要性及道德信念实践、文化的多样性和价值的相对性，认为国际社会中的权利和义务属于主权国家，个人仅有所在国家所赋予的权利。社会连带主义认为，国际社会是由个人组成的人类共同体，人类社会正义是第一位的，人权的重要性高于一切，国家之所以存在就是为了保护个人的权利。当代国际社会的范畴不仅仅在于维持国家间的秩序，而应该更广，国家既有权利也有义务进行干预以避免人道主义灾难。参见刘波、黄昭宇《英国学派多元主义与社会连带主义论争：一种比较视角》，《国际观察》2009 年第 1 期。

④ Raslan Ibrahim, "Primary and Secondary Institutions in Regional International Society: Sovereignty and the League of Arab States," Chapter 12, in Tonny Brems Knudsen and Cornelia Navari (eds.), *International Organization in the Anarchical Society: The Institutional Structure of World Order*, New York: Palgrave Macmillan, 2019, p. 310.

约 2/3 的人口（2070 万人）需要人道主义援助，这一比例比起 2014 年增加 20%。有 730 万名也门人面临严重的粮食危机。一些人道主义援助机构已认定也门的粮食安全情况不断恶化。[1]可见，在现实主义的地区政治环境中，阿盟成了大国利用的工具。尽管它希望引进国际社会 20 世纪 90 年代以来兴起的"人权"和"保护的责任"的规范，试图把社会连带主义式的主权加诸多元主义的国际社会中，但是它又不得不"面对成员国属于威权主义政权的现实，威斯特伐利亚主权更有利于维护成员国的利益及统治政权的生存"。[2]

总的来说，"阿拉伯之春"爆发以来，阿盟在维护主权和不干涉内政的原则之外，引进了新的人权规范，希望这一新的规范能够成为整合阿拉伯国家的新兴力量。然而，受到成员国利益、地区权力分配以及世界大国的限制，阿盟在践行新的价值准则的过程中不可避免地出现了"双重标准"的情况，它不仅没有维护"人的权利"，履行好"保护的责任"，反而被部分国家利用，致使也门、利比亚和叙利亚等国出现严重的人道主义危机。

第二，身份政治的兴起。阿拉伯世界的民族、宗教构成十分复杂。阿拉伯民族主义的影响力下降后，泛伊斯兰主义及其衍生的教派认同，以及次国家的族群认同兴起。

其一，伊斯兰主义思潮在阿拉伯国家的蔓延，加剧了阿拉伯国家间的分化。1979 年，伊朗在取得伊斯兰革命胜利后，开始对外输出"伊斯兰革命"。在伊朗的支持和鼓动下，沙特、伊拉克、巴林等阿拉伯国家的什叶派发起了大规模的反政府运动。受到伊朗扩张威胁的沙特等阿拉伯国家由此对由什叶派掌握政权的阿拉伯国家或具有强大势力的什叶派集团十分忌惮，对其采取了打击和对抗的政策。

---

① Giulio Coppi, "The Humanitarian Crisis in Yemen: Beyond the Man-Made Disaster," International Peace Institute, January 2018, p. 6.

② Raslan Ibrahim, "Primary and Secondary Institutions in Regional International Society: Sovereignty and the League of Arab States," Chapter 12, in Tonny Brems Knudsen and Cornelia Navari (eds.), *International Organization in the Anarchical Society: The Institutional Structure of World Order*, New York: Palgrave Macmillan, 2019, p. 313.

比如，沙特将叙利亚巴沙尔政权视为"眼中钉、肉中刺"，趁叙利亚陷入内战之际，联合西方国家，大力扶持叙反对派力量，竭力推翻巴沙尔政权。在 2006 年黎以战争中，沙特公开谴责真主党的行动"不负责任"，挑起了战争，并呼吁真主党自己解决由它挑起的战争，警告真主党要"区分合法的抵抗和不计后果的冒险行动"。之后，埃及总统穆巴拉克和约旦国王阿卜杜拉二世也支持沙特的说法，认为真主党的行动是"冒险的""不负责任的"，"对抗升级并不利于阿拉伯事业的发展"①。可见，什叶派伊斯兰势力的兴起及"显性化"，极大地冲淡了阿拉伯国家的民族认同，促使主要阿拉伯国家更加倾向于从宗教角度而不是民族角度来看待地区事务。这对以阿拉伯认同为基础的阿盟来说，无疑是巨大的打击。

其二，族群认同的兴起，使得阿拉伯国家的民族国家整合面临更大的障碍。库尔德问题是阿盟需要面对的最严峻的族群问题。以伊拉克为例，萨达姆政权被推翻后，2005 年，库尔德爱国联盟主席塔拉巴尼（Talabani）当选伊拉克总统。之后在 2006 年和 2010 年的选举中，塔拉巴尼再次当选总统。② 库尔德人进入伊拉克统治集团并在其中占据重要职位的现实使阿盟和其他阿拉伯国家十分担忧，唯恐伊拉克的阿拉伯属性被改变。因此，阿盟以由美国任命的伊拉克管理委员会缺乏合法性为由，迟迟不愿在伊拉克开设办事处。直到 2005 年 10 月，阿盟与伊拉克的关系得到了改善。阿盟向伊拉克首次派出访问团，呼吁伊拉克在阿盟的主导下开启民族和解进程。不过，由于伊拉克国家认同的削弱和库尔德认同、什叶派认同的强化，库尔德人和什叶派也对阿盟这一泛阿拉伯组织持有怀疑态度，质疑阿盟是否能扮演一个公正的调解者角色。③ 可见，族群认同的兴起使得阿盟的安全治理面临一个新的问题，即如何在

---

① Farah Dakhlalla, "The Arab League in Lebanon: 2005 – 2008," *Cambridge Review of International Affairs*, Vol. 25, No. 1, 2012, pp. 64–65.

② 唐志超：《中东库尔德民族问题透视》，社会科学文献出版社，2013，第 168~169 页。

③ Ibrahim al-Marashi, "Regional Organizations as Conflict Mediators? The Arab League and Iraq," in Cilja Harders and Matteo Legrenzi, *Beyond Regionalism? Regional Cooperation, Regionalism and Regionalization in the Middle East*, Hampshire: Ashgate, 2008, p. 139.

维护其阿拉伯民族性的同时，发挥其冲突管理和调解的作用。

普遍主义原则和选择性原则是国际组织在会籍问题上的两种原则。区域性、封闭性国际组织由于自身的特点在会籍问题上多采取选择性原则。① 阿盟采取了选择性原则，它将自身定位为阿拉伯国家构成的阿拉伯人的组织。然而，阿拉伯国家内部族群多元，更由于 20 世纪 90 年代以来阿拉伯国家族群问题日益凸显，阿盟的这种民族主义定位使其在处理阿拉伯国家政权和族群冲突时陷入困境。

小　结

总体而言，阿盟被塑造成一个由独立的阿拉伯国家构成的松散的地区组织，它存在的合理性就是它可以被用来巩固和维护现状，实现成员国之间的权力平衡。② 但是，随着地区和国际环境的变化，以及阿拉伯民族主义的衰落，阿盟需要面对的问题越来越多。从思想观念来说，阿拉伯民族主义的影响力下降之后，阿盟效仿非盟，也关注起具有较高关注度的人权和民主等问题，尽可能迎合青年人的要求。但是，阿拉伯国家政权并不支持这一新的议题。"阿拉伯之春"爆发后，阿盟提出的人道主义保护反而成为沙特等海湾阿拉伯国家利用的工具。因此，当共同的价值规范消失后，之前能够弥合争端和分歧的纽带断裂，阿盟的影响力由此不断下降，它至今没有找到一种新的可以再次凝聚阿拉伯国家的价值观念。正如著名学者孙德刚等所提出的，"阿拉伯世界长期未能形成妥善解决内部分歧的规范，也未能就未来民族统一的方式进行充分讨论，其整合阿拉伯国家的力量缺乏先进的制度和创新手段"③。

---

① 张贵洪主编《国际组织与国际关系》，浙江大学出版社，2004，第 67 页。
② Avraham Sela, "The Vicissitudes of the Arab States System: From Its Emergence to the Arab Spring," *India Quarterly*, Vol. 73, No. 2, 2017, p. 150.
③ 孙德刚、韩睿鼎：《百年未有之大变局下的阿拉伯民族主义兴衰》，《当代世界》2021 年第 1 期。

从成员国的政治意愿来说，由于以海湾阿拉伯国家为主的一些国家实行亲西方外交，依赖美国来维护其国家安全，因此，它们对以阿盟来维护其安全的预期不高。此外，埃及、叙利亚和沙特曾经是中东地区三个重要的国家，它们或者单独地或者共同地管理阿拉伯事务，能对整个地区发挥重要的政治影响。[①] 而"阿拉伯之春"爆发后，埃及陷入经济困境，叙利亚则一直处于战乱之中。阿拉伯国家正日益分裂，并有"去阿拉伯化"的趋势。比如，什叶派在黎巴嫩和伊拉克的影响不断增大，叙利亚由信奉什叶派的阿拉维派的政权主导，"'远'在马格里布的阿拉伯国家则日益在非洲国家、中东国家和阿拉伯国家三种身份之间徘徊，也有远离中东动荡旋涡的'脱阿入非'的趋势"[②]。这些新情况的出现致使阿盟在处理地区安全事务时面临一个更加复杂和困难的局面。

---

① Ibrahim G. Aoudé, "Conflict Over Oil and Gas in the Mediterranean: Israeli Expansionism in Lebanon," *Arab Studies Quarterly*, Vol. 41, No. 1, 2019, p. 96.

② 唐志超：《身份危机与中东大变局》，《世界知识》2018 年第 24 期。

第五章

百年变局下中东局势变化
与阿盟安全治理的改进

中东地处"三洲五海"交界之地，是东西方的交通要道，蕴藏着丰富的油气资源，是世界重要的石油产地。该地区是大国争夺和干涉的重要对象，也是世界政治、经济、军事格局中最敏感，全球安全局势最复杂的地区之一。在西方发达国家主导的国际体系中，位于"边缘地带"的中东国家长期遭受外部势力的控制和干涉，域外大国不仅限制了中东国家自主发展的空间，还为其自主探索发展道路设置了重重障碍。由于外部大国的推波助澜，中东地区领土争端、民族矛盾、教派纷争频发，大多数中东国家的国家安全面临着来自内外部的双重安全挑战，因此，它们高度关注国家安全，将维护国家安全作为国家的优先发展事项。[1]在安全"高敏感性"，国家构建不完善和"脆弱"的情况下，阿盟的安全治理尤为困难。

随着世界百年未有之大变局加速演进，世界大国之间的力量对比发生深刻变化，发展中国家集体崛起，尤其是中国的崛起，改变了世界力量格局，使得国际格局加速演变，国际秩序正在深刻重塑，世界朝着多极化方向发展。中国致力于推动构建更加公平合理、合作共赢的世界体系，其提出的许多主张和倡议，为解决中东安全问题提供了新思维，注入了新动力，也为阿盟提升安全治理能力创造了有利条件。

---

[1] Oren Barak and Dan Miodownik, "Military Autonomy and Balancing in Political Crises: Lessons From the Middel East," *Armed Forces & Society*, Vol. 47, No. 1, 2021, p. 127.

第一节　百年变局下中东地区局势的演变

百年大变局下，尤其是俄乌冲突爆发后，传统大国和新兴大国之间的矛盾上升，大国矛盾上升为全球主要矛盾。由于大国战略竞争的着力点发生变化，美国、俄罗斯、欧盟国家等对中东的军事投入相对减少，对中东事务的干预程度相对降低，中东地区一定程度上得以避免成为竞争的中心和"暴风眼"，这为中东国家实现战略自主提供了重要机遇。也正是在这一时代背景的深刻作用下，中东地区安全局势出现新的变化。

一　阿拉伯国家关系修复

2010 年底，一场始发于突尼斯的社会抗议运动迅速波及扩散至整个中东地区。埃及、阿尔及利亚、也门、约旦、利比亚、巴林、阿曼、沙特、科威特、叙利亚、苏丹和伊拉克等国爆发了不同程度的反政府抗议活动。阿拉伯传统大国和共和制国家陷入规模更大、冲击烈度更强的内乱冲突中，"阿拉伯之春"重新激活了 20 世纪五六十年代存在于阿拉伯国家之间的"阿拉伯冷战"。长期存在意识形态差异和致力于争夺阿拉伯世界领导权的阿拉伯国家出现了新的分化组合，以沙特为首的海湾阿拉伯国家大力介入叙利亚、利比亚等国内部冲突，这不仅使阿拉伯世界的碎片化程度加剧，还导致阿拉伯国家在中东的整体实力下降，引发地区非阿拉伯国家的介入和干预，进一步恶化了阿拉伯国家之间的关系。

"阿拉伯之春"爆发后，传统共和制大国埃及、叙利亚、利比亚等爆发动乱，伊拉克处于美国的控制和占领下，阿拉伯世界的权力平衡倾向于保守的君主制国家。深陷内部动荡，国内安全形势严峻的埃及为获得经济等支持，进一步加强与以沙特为首的海湾阿拉伯君主国的联系。沙特和其他海合会国家还尝试将阿拉伯世界另两个传统保守的君主制国家摩洛哥和约旦吸纳进海合会，以增强阿拉伯君主国的实力。[1] 由此，

---

[1] Curtis Ryan, "The New Arab Cold War and the Struggle for Syria," *Middle East Report*, No. 262, 2012, p. 29.

阿拉伯国家之间的权力格局呈现"君主强、共和弱"的新特点。在这种情况下，曾与君主制国家进行激烈竞争的叙利亚和利比亚等国承受了来自其他阿拉伯国家的巨大战略压力。

2011 年，利比亚发生内部武装冲突后，沙特、卡塔尔等海湾阿拉伯国家积极倡议在利比亚设立"禁飞区"，直接派战机参加北约领导的军事轰炸行动，合作推翻了共同的敌人卡扎菲。随着叙利亚发生动乱，沙特与卡塔尔等海合会国家再次联合，推动阿盟对叙利亚实施制裁，中止叙利亚成员国资格，不仅在舆论上要求巴沙尔政权下台，还支持叙利亚反对派，试图以军事手段颠覆巴沙尔政权。沙特、卡塔尔等阿拉伯国家对叙利亚巴沙尔政权的极限压制，反过来促使巴沙尔政权寻求伊朗的帮助，加强与伊朗的盟友关系。因而，阿拉伯君主制国家尽管借助"阿拉伯之春"带来的动荡打击了其竞争者，却进一步将叙利亚等国推向中东地区非阿拉伯大国的怀抱，加剧了阿拉伯世界的分裂。

此外，阿拉伯君主国内部同样因激烈的权力争夺而出现裂痕。这种矛盾集中体现在沙特和卡塔尔身上。由于边界冲突和 1996 年沙特、巴林、阿联酋等海湾邻国支持（卡塔尔的）未遂军事政变，卡塔尔开始思考沙特的威胁，对沙特秉持更加警惕的态度。[①] 又由于具有大国雄心的卡塔尔不仅试图通过支持伊斯兰主义运动（即穆兄会），实现外交转型，增强与沙特竞争的力量，还与伊朗维持比较友好的关系，希望既平衡沙特，又在美国和伊朗矛盾急剧上升之时获取经济利益[②]，这最终导致2017 年 6 月 5 日沙特联合阿联酋、巴林等国家对卡塔尔进行封锁，中断与卡塔尔的外交关系。可见，"阿拉伯之春"爆发后，不仅阿拉伯君主制国家与共和制国家的矛盾持续存在，君主制国家之间也出现裂痕，阿拉伯世界的对立、分化比"阿拉伯冷战"时期更加严重。

2020 年，新冠疫情在全球大规模扩散，油价因需求减少而大幅下跌，这给依赖石油收入的沙特等国带来了巨大的经济压力。与此同时，

---

① 吴冰冰：《卡塔尔外交政策的基本要素研究》，《新丝路学刊》2019 年第 2 期。

② Allen J. Fromherz, *Qatar: A Modern History*, Washington, D. C.: Georgetown University Press, 2017, pp. 99-100.

卡塔尔由于受到封锁，也承受着巨大的经济损失。双方认识到断交危机已使双方遭受沉重的代价，因而结束对立，握手言和成为双方的共识和共同需求。① 2021 年 1 月 5 日，沙特、阿联酋、巴林和埃及在沙特举行的欧拉（Al Ula）峰会上发布《欧拉宣言》，宣布重启与卡塔尔的关系，呼吁加强海合会国家的团结与合作，共同应对伊朗的威胁。② 这标志着断交危机告一段落，海合会内部的分裂得到部分弥合。以沙特与卡塔尔和解为重要节点，和解与友好的气氛被推及至整个阿拉伯世界。

其一，沙特和卡塔尔的关系缓和迅速带动埃及恢复与卡塔尔的关系。2021 年 5 月，卡塔尔外交大臣穆罕默德·阿卜杜拉合曼·阿勒·萨尼（Mohammed Abdul Rahman Al Thani）访问埃及并会见埃及总统阿卜杜勒·法塔赫·塞西（Abdel Fattah al-Sisi），埃及和卡塔尔因卡塔尔支持穆兄会而断绝的关系得到了修复。卡塔尔和埃及还在 2022 年 3 月达成了向埃及投资 50 亿美元的协议。③

其二，阿盟内部最尖锐的叙利亚问题以及由此而引发的成员国之间的对立逐渐得到了缓解。阿联酋率先与叙利亚改善关系。2021 年 10 月，阿联酋外长到访叙利亚并与叙利亚总统巴沙尔会面，释放出两国关系正常化的信号。2022 年 3 月，巴沙尔访问阿联酋，实现了自叙利亚危机爆发以来首次对阿拉伯国家的访问。进入 2023 年，阿拉伯国家与叙利亚的"破冰"进入快车道。2023 年 4 月 12 日，叙利亚外长 12 年来首次访问沙特，为其后叙利亚与多个阿拉伯国家大和解以及叙利亚重返阿盟大家庭奠定了重要基础。

---

① Mohammed Alragawi, "What's Behind Saudi Arabia – Qatar Reconciliation?," Anadolu Agency, May 1, 2021, https://www.aa.com.tr/en/analysis/whats-behind-saudi-arabia-qatar-reconciliation/2099374, accessed: 2023-06-25.

② Tuqa Khalid, "Full Transcript of ALULa GCC Summit Declaration: Bolstering Gulf Unity," Al Arabiya, January 5, 2021, https://english.alarabiya.net/News/gulf/2021/01/06/Full-transcript-of-AlUla-GCC-Summit-Declaration-Bolstering-Gulf-unity, accessed: 2023-06-25.

③ Shehata Al-Arabi, "How Far Can the Reconciliations in the Region May Stand?," Strategiecs Think Tank, June 2, 2022, https://strategiecs.com/en/analyses/how-far-can-the-reconciliations-in-the-region-may-stand, accessed: 2023-06-25.

2023 年 5 月 1 日，约旦、沙特、伊拉克、埃及和叙利亚外长在约旦首都安曼举行会谈，强调将解决叙利亚危机列为优先事项。5 月 7 日，阿盟同意恢复叙利亚的阿盟成员国资格[①]，阿盟外长级特别会议重申"根据《阿盟宪章》及其原则，维护叙利亚主权、领土完整、稳定和区域完整性的承诺"。阿盟秘书长盖特当天还表示，将允许叙利亚总统巴沙尔参加 5 月 19 日在沙特召开的阿盟峰会，指出解决叙利亚问题尽管任重道远，但那是阿拉伯国家的共同利益所在。[②] 随着叙利亚重新"入群"，获得参加阿盟峰会资格，阿拉伯国家之间最严峻的断层线得到了修复，有利于缓和紧张的地区局势，推动阿拉伯国家加强团结自强和战略自主，推动中东地区的和平与发展。

二　沙特与伊朗关系改善

沙特和伊朗分别是中东主要的逊尼派和什叶派国家，是中东地区的两个传统大国，两国关系的发展变化对中东地区局势的变动具有重要影响。事实上，两国在 20 世纪 60 年代之前一直维持着密切友好的合作关系，直至 1979 年伊朗伊斯兰革命后，两国关系开始恶化，走向对抗。

这在于，伊朗伊斯兰共和国成立后，伊朗宗教领袖霍梅尼（Khomeini）对外主张输出伊斯兰革命，猛烈抨击以沙特为代表的海湾君主制政权，煽动沙特民众推翻"非法的"沙特王权，导致沙伊关系迅速恶化。[③]

对于沙特来说，其以"宗教立国"，长期以来以"两圣地监护者"和"伊斯兰世界领袖"自居，伊朗是与其争夺宗教领导权的对手。此外，沙特以及巴林、伊拉克、叙利亚和黎巴嫩居住着大量什叶派穆斯林，伊朗逐步推动构建的"什叶派新月"地带，不仅使沙特王室的政权安全受到威胁，还将对沙特形成包围圈，危及其国家安全。2003 年，美国发

---

① 张全：《叙利亚重返阿盟，中东和解再掀高潮》，《解放日报》2023 年 5 月 9 日，第 7 版。

② 蔺紫鸥、肖天祎：《叙利亚重返阿盟　中东和解迎来高潮》，《光明日报》2023 年 5 月 10 日，第 12 版。

③ 韩小婷：《伊拉克战争后沙特与伊朗关系探析》，《阿拉伯世界研究》2018 年第 4 期。

动伊拉克战争，推翻了逊尼派主政的萨达姆政权，什叶派通过全国大选走上政治舞台，这进一步增加了以沙特为首逊尼派国家的忧虑和不安全感。2004年，约旦国王阿卜杜拉二世（Abdullah II）提出，从贝鲁特到波斯湾的"什叶派新月"地带正在兴起。①

更严峻的是，2005年6月5日，伊朗最高宗教领袖大阿亚图拉哈梅内伊（Khamenei）在霍梅尼逝世16周年纪念日时公开引用"什叶派新月"的术语，称其努力构建的"什叶派新月"是对其继承霍梅尼遗志的证明。② 与此同时，伊朗还大力支持黎巴嫩真主党和巴勒斯坦哈马斯组织，竭力打造其反以、反美和为伊斯兰世界及穆斯林兄弟的合法权益而斗争的形象。这对沙特构成巨大的舆论和战略压力。

"阿拉伯之春"爆发后，什叶派力量活跃起来，伊朗在中东地区的影响力进一步上升。

其一，阿拉伯国家抗议运动的兴起，为什叶派通过民主抗争的方式改变现有政治权力结构提供了契机。包括伊朗在内，什叶派穆斯林约占海湾地区总人数的70%。其中巴林信奉什叶派的人数占总人数的70%，科威特信奉什叶派的人数占总人数的35%，沙特信奉什叶派的人数占总人数的7%。③ 2011年，巴林的什叶派举行抗议示威游行，要求给予其平等的公民权利，建立具有包容性的宪政君主制，增加什叶派在议会的代表席位。什叶派抗议者在未能实现与哈利法（Khalifa）政权进行公开对话的目标后，游行至哈利法王宫所在区域④，涌上巴林首都麦纳麦街头，并在麦纳麦市中心的珍珠广场聚集。这使沙特等海湾阿拉伯国家担忧什叶派抗议运动会波及扩散至本国，形成地区联动的抗议浪潮，威胁海湾

① Kayhan Barzegar, "Iran and The Shiite Crescent: Myths and Realities," *Brown Journal of World Affairs*, Vol. 15, No. 1, 2008, p. 87.
② Academic Accelerator, "Introduction to Shia Crescent," Shia Crescent: The Most Up-to-Date Encyclopedia, News, Review & Research.
③ Laurence Louër, *Transnational Shia Politics: Religious and Political Networks in the Gulf*, London: Hurst, 2008, pp. 6-7.
④ Molly Patterson, "The Shi'a Spring: Shi'a Resisitance and the Arab Spring Movement in the GCC States," *Journal of Islamic and Middle East Multidisciplinary Studies*, Vol. 4, No. 1, 2015, pp. 9-12.

各国君主政权的统治。

其二，什叶派组织成为夺取国家政权的重要力量。也门与沙特南部接壤，被视为沙特的"后院"。"阿拉伯之春"爆发后，2012年，也门前总统萨利赫（Saleh）在沙特的说服下下台，副总统哈迪（Hadi）在海合会推动建立的过渡政府中接任总统。借助也门局势的变动，属于什叶派的也门胡塞（Houthis）武装势力迅速壮大，于2014年攻占也门首都萨那（Sana'a），哈迪政府被迫逃往沙特。在沙特看来，属于什叶派的胡塞武装得到了伊朗的支持，接受胡塞武装对也门的统治无异于允许在其南部边境出现一个与其敌对的邻国，这将使其在与伊朗的竞争中陷入绝对劣势。[1] 沙特王室的一位亲信说道，"十多年来，面对伊朗对阿拉伯事务的干预，沙特一直保持沉默，胡塞武装攻占萨那和夺取政权的行为让沙特王室勃然大怒，伊朗介入也门跨越了沙特的最后一道红线"[2]。因此，2015年3月，沙特以哈迪政府邀请和2009年《利雅得宣言》为由，组织阿拉伯联军对胡塞武装实施名为"果断风暴"的军事打击行动。[3]

其三，沙特国内什叶派的示威游行和改革要求使沙特政权将其视为威胁。社会抗议运动在其他阿拉伯国家兴起后，沙特的什叶派不仅支持出现在巴林的抗议运动，还在国内发起反政府抗议示威运动，试图借助"阿拉伯之春"来争取更多的政治和经济权利。为了应对抗议浪潮，沙特一方面动用石油美元来平息风波，另一方面指控参与和组织抗议运动的主要人物犯恐怖主义罪行，对其进行逮捕和判处死刑。2014年，沙特著名什叶派宗教人士尼姆尔·阿尔尼姆尔（Nimr al-Nimr）被判处死刑。这引起伊朗多位著名宗教人士联名致信，要求释放尼姆尔。然而，沙特不为所动。随着尼姆尔于2016年1月2日被处决，伊朗国内掀起激烈的

---

[1] Kali Robinson, "Yemen's Tragedy: War, Stalemate, and Suffering," Council on Foreign Relations, May 1, 2023, https://www.cfr.org/backgrounder/yemen-crisis, accessed: 2023-06-27.

[2] Taylor Luck, "What's Behind Saudi Arabia's New Muscularity," The Chirstian Science Monitor, May 14, 2015, https://www.csmonitor.com/World/Middle-East/2015/0514/What-s-behind-Saudi-Arabia-s-new-muscularity, accessed: 2023-06-27.

[3] 韩小婷：《伊拉克战争后沙特与伊朗关系探析》，《阿拉伯世界研究》2018年第4期。

抗议浪潮，一些抗议人士包围冲击了沙特驻伊朗大使馆。尽管时任伊朗总统鲁哈尼（Rouhani）谴责冲击沙特驻伊朗大使馆的行为"是完全非法的"，但怒火难消的沙特于 1 月 3 日宣布与伊朗断交，并切断了与伊朗的交通和贸易往来。[①] 阿联酋、约旦、巴林、科威特和埃及也紧随其后，降低与伊朗的交往等级或切断与伊朗的往来。

"阿拉伯之春"使原本已部分倾向伊朗的权力格局更加偏向伊朗。与阿拉伯国家陷入内乱和动荡相比，伊朗通过什叶派打入阿拉伯世界内部，以伊朗—伊拉克—黎巴嫩真主党—叙利亚—也门胡塞武装为轴心的"什叶派新月"地带逐渐成形，对以沙特为首的阿拉伯逊尼派构成严重的战略压迫。为了抗衡势力不断扩大的伊朗，遏制潜在的威胁，维护领导地位，沙特将叙利亚作为不能丢失的战略焦点，投入大量资源与伊朗在叙利亚开展"代理人战争"。沙特还将伊朗停止支持胡塞武装作为其与伊朗进行对话和缓解冲突的前提条件。[②]

直至进入 2020 年，沙特和伊朗才开始接触。其中伊拉克借助其特殊身份曾在 2020 年至 2022 年，多次邀请两国代表团前往巴格达进行会谈，竭力缓和沙特和伊朗之间剑拔弩张的关系。伊拉克的调解行动为双方阐明立场和关切提供重要契机，也为中国的成功调解创造了有利条件。2023 年 3 月 10 日，在中国的斡旋下，积怨已久的沙特和伊朗最终达成和解。[③] 沙特和伊朗的和解引发中东"和解潮"，树立了中东的和平、安全和稳定的典范。

---

① "Winter Is Coming: Iran, Saudi Arabia, and the Execution of Nimr al-Nimr," Centre for Geopolitics & Security in Realism Studies, http://cgsrs.org/publications/44, accessed: 2023-06-27.

② Yasmine Farouk, "Riyadh's Motivations Behind the Saudi-Iran Deal," Carnegie Endowment for International Peace, March 30, 2023, https://carnegieendowment.org/posts/2023/03/riyadhs-motivations-behind-the-saudi-iran-deal? lang=en, accessed: 2023-06-27.

③ Heiko Wimmen, Dina Esfandiary, Anna Jacobs and David Wood, "The Impact of the Saudi-Iranian Rapprochement on Middle East Conflicts," International Crisis Group, April 19, 2023, https://www.crisisgroup.org/middle-east-north-africa/gulf-and-arabian-peninsula/iran-saudi-arabia/impact-saudi-iranian, accessed: 2023-06-27.

三 阿拉伯国家与土耳其恢复对话合作

第一次世界大战结束前,阿拉伯国家所在的地区和土耳其共同属于奥斯曼帝国管辖的区域。奥斯曼帝国解体后,阿拉伯民族获得了解放,成立了多个阿拉伯国家。作为奥斯曼帝国的主要继承者,土耳其共和国建立后,放弃了在阿拉伯和中亚地区的野心,决心成为西方阵营的一部分,奉行"脱亚入欧"的外交政策。

2002 年埃尔多安(Erdogan)领导正义与发展党上台后,由于"入盟"屡屡失败,从而调整了追随西方的外交路线,加强与中东周边国家的关系,实行"零问题"睦邻外交政策,希望通过维持周边地区的稳定,以维护自身安全和利益。[1] 阿拉伯国家发生剧变后,土耳其认为"土耳其时刻"到来了[2],其面临着提升国际影响力的重大机遇。因而,土耳其一改之前奉行的实用主义"零问题"外交政策,开始积极介入中东地区事务,向中东地区输出"土耳其模式"[3],推行强势外交和"新奥斯曼主义",试图利用地区乱局扩大势力范围。

第一,介入叙利亚内战,扶植反政府力量。2011 年 3 月叙利亚内战爆发后,土耳其认为巴沙尔·阿萨德必然下台,其情报部门甚至预测巴沙尔将在 6 个月之内离开叙利亚。土耳其总统埃尔多安不仅要求巴沙尔听从他的建议下台,还提出派顾问帮助叙利亚修改宪法,起草政党法规,为举行民主选举做准备。在遭到巴沙尔严词拒绝后,土耳其转而支持叙利亚反对派,为其提供武器和技术援助,以推翻巴沙尔政权。

然而,巴沙尔政权在俄罗斯和伊朗的支持和帮助下度过了危机,摆脱了被武力推翻的命运。土耳其肆意干涉叙利亚,扶植反对派,致使"伊斯兰国"对其国家安全产生威胁,同时得到美国支持的叙利亚库尔

---

[1] 昝涛:《从巴格达到伊斯坦布尔:历史视野下的中东大变局》,中信出版集团,2022,第 331 页。

[2] Suat Kiniklioglue, "What Does Turkey Want in Syira and Why?," DCAF-STRATIM Paper Series, 2016, p. 1.

[3] 曾向红、张峻溯:《"帝国怀旧"、地缘政治机会与土耳其外交的转折》,《外交评论》(外交学院学报)2022 年第 2 期。

德人逐步壮大，间接增强了被土耳其定性为恐怖组织的库尔德工人党的力量。此外，300 多万名叙利亚难民涌入土耳其，对土耳其的社会经济产生了巨大影响。这使得土耳其不得不调整对叙利亚的立场和政策，即从寻求巴沙尔政权下台转为将主要力量集中在叙利亚与土耳其接壤的北部地区，并努力寻求成为 "阿斯塔纳进程" 的重要参与者和担保国之一[①]，增强其对叙利亚问题的话语权。

第二，支持埃及、利比亚等国的穆兄会组织，和卡塔尔合作打造 "穆兄会联盟"，与沙特展开对地区领导权的竞争。卡塔尔和土耳其被视为伊斯兰世界现代化的模板，其中具有大国野心，奉行 "小国大外交"，多年来在阿拉伯世界充当冲突调解者的卡塔尔希望通过与土耳其发展关系，来防范沙特及其盟友（阿联酋、巴林、埃及等）。土耳其则认为卡塔尔是其得以参与地区事务的战略立足点[②]，与卡塔尔合作，可以帮助其成为中东地区和伊斯兰教逊尼派的领导者，尤其是卡塔尔拥有阿拉伯世界最重要，影响力遍及全球的卡塔尔半岛电视台。由于高度交叉融合的地缘政治目标，土耳其和卡塔尔展开了密切的合作，成为彼此实用的伙伴，其中穆兄会是二者合作与实现各自战略目的的重要抓手。

在埃及，穆巴拉克政权垮台后，卡塔尔和土耳其支持穆兄会夺取和执掌埃及政权。2013 年，塞西领导的军方推翻属于埃及穆兄会的穆尔西（Morsi）政权后，土耳其多次声援穆尔西，称塞西逮捕穆尔西和其他穆兄会成员是侵犯人权的，拒绝承认塞西政权为合法政权[③]，并给逃亡的埃及穆兄会成员及其家人提供庇护。这导致埃及和土耳其关系迅速恶化，两国在 2013 年底分别召回驻对方国家的大使，双边关系降至代办级。

---

① 昝涛：《从巴格达到伊斯坦布尔：历史视野下的中东大变局》，中信出版集团，2022，第 335~336 页。

② Mustafa Yetim and İsmail Numan Telci, "Another 'Third Way' to Narrate the Existing Alliances in the Middle East: Turkey-Qatar, Saudi Arabia-UAE, and Iran-Syria," *Journal of Balkan and Near Eastern Studies*, Vol. 25, No. 3, 2023, p. 7.

③ Ragip Soylu, "Turkey: Officals Deny Arrest of 34 Muslim Brotherhood Members," Middle East Eye, October 31, 2022, https://www.middleeasteye.net/news/turkey - officials - deny-arrest-34-muslim-brotherhood-members, accessed: 2023-06-27.

在利比亚，土耳其支持具有穆兄会背景的利比亚民族团结政府（Government of National Accord）。[①] 2019 年 4 月，分别受到沙特和土耳其支持的"利比亚国民军"（Libya National Army）和民族团结政府发生激烈战斗。为了支持民族团结政府，土耳其议会甚至在 2020 年 1 月 2 日，批准军事干预利比亚，决定分三批将 2000 名士兵派遣至利比亚。[②] 在土耳其的帮助下，民族团结政府快速实现了军事胜利，给哈利法·哈夫塔尔（Khalifa Haftar）领导的"利比亚国民军"造成重创。[③]

而这遭到与利比亚相邻的埃及严重不满。埃及一方面担心民族团结政府和土耳其支持的民兵组织可能会使埃及面临恐怖主义的威胁，另一方面担忧土耳其势力的直接介入会削弱埃及、沙特和阿联酋建立的反土耳其联合势力，危及塞西政权。因而，埃及和土耳其的关系迅速恶化。2020 年 1 月 30 日，阿盟召开部长级紧急会议讨论土耳其决议军事介入利比亚的议题，并通过决议"呼吁禁止'外国势力'（土耳其）干预利比亚局势"。[④]

可见，土耳其在"新奥斯曼主义"和强势外交理念的主导下，与周边国家关系交恶，其外交也从"零问题外交"变为"零朋友外交"。土耳其四面出击，不仅消耗了大量资源，国内经济局势不容乐观，还使其面临着被排除出新兴的地区秩序的局面。其一，希腊、以色列和塞浦路斯签署了旨在绕过土耳其，将东地中海天然气输送至希腊的《东地中海天然气管道协议》。其二，埃及、以色列、塞浦路斯、希腊、意大利、约

---

① 陈丽蓉：《穆斯林兄弟会与沙特关系的演变及影响》，《阿拉伯世界研究》2021 年第 1 期。

② Ioannis Th. Mazis and Markos I. Troulis, "Turkey's Political Influence in Libya and the Weaponization of the Muslim Brotherhood," Dado Center Journal (Internet), 2021, https://www.idf.il/en/mini-sites/dado-center/research/turkey-s-political-influence-in-libya-and-the-weaponization-of-the-muslim-brotherhood/, accessed: 2023-06-28.

③ Tarek Megerisi, "It's Turkey's Libya Now," European Council on Foreign Relations, May 20, 2020, https://ecfr.eu/article/commentary_its_turkeys_libya_now/, accessed: 2023-06-28.

④ 王金岩：《利比亚战后乱局中的外部干预》，《现代国际关系》2020 年第 3 期。

旦和巴勒斯坦联合设立东地中海天然气论坛，并将总部设在埃及首都开罗。① 东地中海天然气论坛的设立表明，地区国家试图以国家集团的形式对抗在地区事务上"咄咄逼人"的土耳其，这促使土耳其调整其进攻性外交战略。

2021 年，土耳其和埃及关系出现融冰现象。该年 5 月，土耳其外交部代表前往开罗就双边争端问题展开对话，9 月召开第二轮对话。双方尽管在这两轮对话中没有恢复外交关系，但在缓和利比亚军事行动以及限制土耳其对穆兄会的支持上达成共识。2023 年 7 月 4 日，土耳其和埃及外交部宣布恢复大使级外交关系。同时，土耳其与沙特和阿联酋的双边关系也明显改善。2021 年 5 月，土耳其外交部部长达武特奥卢（Mevltoglu）访问沙特，2022 年 4 月，土耳其总统埃尔多安访问沙特。土耳其和阿联酋的关系也出现了回暖，2021 年 11 月，阿联酋总统穆罕默德·本·扎耶德（Mohammed bin Zayed）访问土耳其。2022 年 2 月，埃尔多安实现了对阿联酋的回访。② 2023 年 7 月 17 日，土耳其总统埃尔多安访问海湾三国，分别是沙特、卡塔尔和阿联酋，这标志着土耳其和沙特正式和解，同时土耳其与卡塔尔的传统友谊得到进一步提升。③

综上，"阿拉伯之春"爆发以来，阿拉伯国家之间、阿拉伯国家和地区非阿拉伯国家之间的关系经历了从恶化到缓和、对话与合作的演变。从 2020 年开始，历经十年动乱的中东地区局势出现向暖趋势，阿拉伯国家和地区非阿拉伯国家关系的改善为阿拉伯国家之间和阿拉伯国家内部的和解创造了有利条件。其中沙特和土耳其关系的改善推动了沙特与卡塔尔的讲和，沙特和伊朗握手言和对地区国家通过对话协商化解矛盾作

① Hasan Yönten and Robert A. Denemark, "Turkish Foreign Policy in Middle East and North Africa Under the AKP: An Empirical Analysis," *Turkish Studies*, Vol. 24, No. 5, 2023, p.5.

② Shehata Al-Arabi, "How Far Can the Reconciliations in the Region May Stand?," Strategiecs Think Tank, June 2, 2022, https://strategiecs.com/en/analyses/how-far-can-the-reconciliations-in-the-region-may-stand, accessed: 2023-06-25.

③ 杨卓英、董晶晶、印梅梅：《土总统访问海湾三国　中东和解势头不减》，国际在线，2023 年 7 月 20 日，https://news.cri.cn/baidunews-eco/20230720/ad99d55a-577b-7450-c68c-f8c0d957adfe.html，最后访问时间：2023 年 6 月 25 日。

出重要示范，直接推动了也门危机的缓和，对伊拉克、黎巴嫩和叙利亚问题的解决带来了积极影响，还促进了阿盟成员国内部及其与非阿盟成员国之间的和解与团结。

可以看到，此轮和解潮具有一个突出的特点，即"外围的"和解带动了"内部的"和解，这一方面说明外部力量对阿拉伯世界发展态势的重要影响，另一方面说明阿拉伯世界是地区多组矛盾的受力点，其内部争端呈现为"外力主导性"，其中海湾阿拉伯国家对矛盾的发展趋向起着重要作用。因而，对于阿盟及其安全治理来说，找准外部力量的聚焦点，因势利导地运用好外部力量，重点把握海湾阿拉伯国家的动向，可以有的放矢地制定策略，增强阿拉伯国家的凝聚力，从而更好地提升安全治理能力，维护阿拉伯国家的整体利益。

第二节　中东走向和解的动因

国际体系层次、地区层次和国内层次是分析地区和国际局势演变以及国家行为变化的三个方面。这三个层次紧密相连，任何一个层次分析的缺失都会导致分析结果出现偏差。就国际体系层次和国内层次而言，"单纯从国际体系层次进行分析的理论总的来看很吸引人，但是它们'在实际存在的反常现象和理论的局限性的共同压力下很容易变得无能为力'，以至于这种单一层次分析（国际体系层次）不得不让位于两个结合起来的分析层次（国际体系层次和国内层次）"①。另外，在当今的国际体系和权力格局中，几乎每个地区体系都有世界大国的渗入，因此增加对地区层次的分析有助于更清晰地剖析推动地区局势演变的内外部动力。

具体到中东地区，如前文所述，对地区层次的分析直接表现为地区国家走向缓和的多组现象，其具有"阿拉伯国家和非阿拉伯国家的和解带动阿拉伯国家内部和解"的鲜明特征，但仅仅分析现象，不能充分揭

---

① 〔美〕詹姆斯·多尔蒂，小罗伯特·普法尔茨格拉夫：《争论中的国际关系理论》，阎学通、陈寒溪等译，世界知识出版社，2003，第634页。

示导致地区层次出现此种趋势和发展动向的原因，因此还需考察国际体系层次和国内层次。本书对国际体系层次的分析聚焦于大国的中东战略，对国内层次的分析集中探究中东国家政治经济环境的变化。

一 大国中东战略的调整与变化

中东具有地缘"脆弱性"，是大国权力竞争和干涉的热点地区，对国际权力结构的变动高度敏感。冷战后，俄罗斯在中东的影响力急剧萎缩，美国通过海湾战争在中东地区"立威"，成为中东地区唯一居于主导地位的大国。2001年"9·11"事件促使美国将全球战略重心锁定在中东，并将"反恐战争"和"武力输出民主"作为重塑中东秩序的两大战略手段。[①] 然而，美国在接连发动阿富汗战争和伊拉克战争后，不仅没有实现其预期目标，反而极大地消耗了其国力，使其软硬实力严重受损。2008年金融危机爆发，美国经济发展和霸主地位面临前所未有的压力，奥巴马面对布什政府遗留的外交"赤字"，一方面改变重军事武力的外交风格，强调巩固与传统盟友的多边合作，另一方面在中东奉行总体超脱策略，从中东撤军，减少在中东的军事投入，实现战略收缩，将全球战略的中心转移至亚太地区[②]，保证"亚太再平衡"战略的推进。

特朗普当选美国总统后，将对外战略重心放在与大国（俄罗斯、中东）的竞争上，以"美国优先"为处理对外关系的准则，奉行"有原则的现实主义"，注重军力，致力于在中东打造"阿拉伯北约"，推动阿以和解，退出伊朗核协议，对伊朗实行极限施压。特朗普政府具有反建制、反传统的鲜明特点，但特朗普的中东政策却在战略上与奥巴马的中东政策有一定的继承性，即反对大规模卷入中东地区冲突，主张实施"战略收缩"，以最小的成本维护美国在中东的最大影响力。[③] 特朗普在致力于提高美国军事实力的同时，努力避免或退出那些给美国带来巨大军事支

---

① 田文林：《国际权力体系的三大类型变迁及对中东的影响》，《国别和区域研究》2020年第1期。

② 孙德刚：《奥巴马政府应对中东剧变的政策调整》，《国际关系研究》2014年第2期。

③ 孙德刚：《美国中东政策的演变：从特朗普到拜登》，《美国问题研究》2022年第2期。

出的无休止的战争，如阿富汗战争。[①] 2020 年 2 月 29 日，特朗普政府兑现竞选总统时作出的承诺，与塔利班在卡塔尔多哈签署协议，表示美国将在 2021 年 5 月 1 日以前将所有驻阿富汗美军全部撤出。[②] 此外，特朗普还提出尽快从伊拉克撤出所有美国军队，其在白宫与伊拉克总理穆斯塔法·卡迪米（Mustafa al-Kadhimi）会晤时说道，"我们期待我们不必待在那儿（伊拉克）的那一天的到来"[③]。总之，特朗政府希望在中东维持其主导权和影响力，反对任何其他世界大国垄断中东事务，同时延续战略回缩，寄希望于盟友冲锋陷阵，不愿在中东投入资源，以免陷入战争的泥潭。

2021 年 1 月，拜登（Biden）当选美国总统上任后，在中东地区采取了一系列新措施。

第一，聚焦于结束战争。拜登总统延续了奥巴马和特朗普两任总统奉行的使美国从中东地区冲突中"脱身"的政策。在叙利亚，尽管美国在叙利亚东北部保留了小规模军队，与库尔德人领导的叙利亚民主军保持合作，但拜登政府不愿大规模军事介入。此外，由于叙利亚巴沙尔政权已站稳脚跟，美国不再将推动叙利亚巴沙尔政权下台作为首要事务，转而接受通过政治方式解决叙利亚问题的方案。美国试图在这个过程中借机增强对叙利亚反政府组织参与政治进程的支持力度，提高美国的地位和影响。[④] 在也门，拜登宣布："停止支持沙特领导的联军在也门展开

---

① James Franklin Jeffrey, "The Trump Foreign Policy Legacy in the Middle East," *Transatlantic Policy Quarterly*, Vol. 19, No. 4, 2021, pp. 12–13.

② Terry Gross, "Trump's Deal to End War in Afghanistan Leaves Biden with 'A Terrible Situation'," NPR News, March 4, 2021, https://www.npr.org/2021/03/04/973604904/trumps-deal-to-end-war-in-afghanistan-leaves-biden-with-a-terrible-situation, accessed: 2023-06-29.

③ Matthew Lee and Lolita C. Baldor, "Trump Reaffirms Plan to Withdraw All US Troops From Iraq," AP News, August 21, 2020, https://apnews.com/article/virus-outbreak-middle-east-politics-35581f7ecfed0bbea789ee47e1658929, accessed: 2023-06-29.

④ Khalil Al-Anani, Yara M. Asi and Amal Ghazal (eds.), "The Biden Administration and the Middle East in 2023," Arab Center Washington D.C., January 4, 2023, https://arabcenterdc.org/resource/the-biden-administration-and-the-middle-east-in-2023/, accessed: 2023-06-29.

的进攻性军事行动，包括对沙特等国的军售；支持联合国主导的停火与和平倡议；任命资深外交官蒂姆·伦德金（Tim Lenderking）为也门事务特使。"[1] "撤销特朗普对胡塞武装'恐怖组织'的认定，支持外交解决也门危机。"[2] 在阿富汗，2021 年 5 月，拜登政府正式从阿富汗撤军，并于 8 月 31 日前结束在阿富汗持续近 20 年的军事任务。

第二，重启伊核谈判。拜登政府认为，中东形势稳定与否的关键在于伊朗，只要伊朗不激进，中东就不会大乱，美国就能避免被迫投入资源，进而更好维护自身地区利益。因此，拜登政府上台伊始便通过欧洲间接与伊朗开启谈判和对话。[3]

第三，推行价值观外交，关注"民主"和"人权"问题。拜登不仅在竞选时声称沙特是"贱民国家"，拜登政府还发布一份情报，指责沙特王储穆罕默德·本·萨勒曼（Mohammad bin Salman）是谋杀贾马尔·卡舒吉（Jamal Khashoggi）的主使，披露了一份认为沙特参与"9·11"事件的报告。为了显示美国长期以来打造的"民主捍卫者"和"人权卫道士"的传统形象，拜登政府提出不再向沙特提供用于也门战争的精确制导导弹，并扬言拒绝与沙特王储萨勒曼展开对话沟通。[4]

可以看到，从奥巴马、特朗普到拜登，尽管美国历届总统对中东政策的侧重点不同，甚至部分政策完全相反，但那些不同或完全相反的政策都仅是战术层面的不同和变动。事实上，从战略角度来看，从奥巴马开始，无论是"离经叛道"的特朗普，还是强调传统价值观，走"传统"路线的拜登，其中东政策都以减小美国在中东的资源投入与消耗，同时保持美国

① Sultan Alamer, " Biden and the War in Yemen: The Larger Context of the Shifts in the American Position," Carnegie Endowment for International Peace, April 14, 2021, https://carnegieendowment.org/sada/84326, accessed: 2023-06-29.

② Annelle R. Sheline, Bruce Riedel, " Biden's Broken Promise on Yemen," Brookings, September 16, 2021, https://www.brookings.edu/articles/bidens - broken - promise - on - yemen/, accessed: 2023-06-29.

③ 董漫远：《拜登政府中东政策调整与中东形势新特征》，《世界知识》2022 年第 5 期。

④ Hesham Alghannam and Mohammad Yaghi, " Biden's Trip to Saudi Arabia: Successes and Failures," Carnegie Endowment for International Peace, August 11, 2022, https://carnegieendowment.org/sada/87662, accessed: 2023-06-30.

影响力和主导权为目的，以战略收缩和重心转移为发展趋向。

在美国实行战略收缩之时，俄罗斯自叙利亚战争以来对中东地区的关注度上升，其在中东的地位得到了加强。2015 年 9 月 30 日，在叙利亚局势趋紧之时，俄罗斯借助打击"伊斯兰国"，派兵强势介入，对叙利亚境内极端组织"伊斯兰国"进行大规模空袭，遏制了叙利亚反政府武装，有效地扭转了叙利亚战局，帮助叙利亚政府稳定了国内的动荡局面。这是阿富汗战争以来，俄罗斯在境外开展的规模最大的一次军事行动，它为俄罗斯赢得了战略主动，也增强了俄罗斯在中东地区的影响力。

2015 年 7 月，土耳其发生军事政变，俄罗斯出手帮助土耳其总统埃尔多安成功躲避政变，之后，俄土关系迅速升温。此外，通过在叙利亚问题上与伊朗合作，俄罗斯与中东地区两个大国维持了友好关系。俄罗斯与土耳其和伊朗合作建立了有关叙利亚问题的"阿斯塔纳机制"，获得了持续介入中东事务的支点，在中东地区的影响力大幅提升。这使得"沙特、以色列等国家在地区安全问题上，不得不与俄罗斯保持密切接触，埃及、阿联酋等国也主动与俄罗斯扩大合作"。①

总体而言，冷战结束以来，美国在中东地区事务中占主导地位，美国总统的变更及其政策的变化是影响中东地区国家之间关系的主要因素。随着美国战略重心转移，逐渐减少在中东的资源投入，美国在中东的盟友对美国的不信任感加剧，对美国的可靠程度产生疑虑。在这种背景下，美国的阿拉伯盟友开始在美国之外积极寻求维护自身安全的方法和策略。与此同时，美国的战略收缩客观上扩大了地区国家的自主空间和战略自主性。

更重要的是，俄罗斯重返中东及其自身较为强大的军事力量为中东国家提供了除美国之外的第二选择，使其具有与美国进行谈判与"讨价还价"的资本。比如，在拜登宣布停止向沙特提供用于也门的武器，并就人权问题指责沙特后，沙特于 2021 年 8 月 24 日参加了在俄罗斯莫斯科举办的第 7 届国际军事技术论坛（International Military-Technical Forum），与俄

---

① 吴冰冰：《中东地区的大国博弈、地缘战略竞争与战略格局》，《外交评论》（外交学院学报）2018 年第 5 期。

罗斯签订了军事合作协议。① 这意味着沙特可以在美国之外，寻求安全合作对象。总之，美国和俄罗斯"一退一进""一负一正"，对中东国家逐渐走出美国打造的国家集团间对抗，实现和解带来了希望。

二 中东国家经济形势严峻

经济低迷和民生艰难是"阿拉伯之春"发生的重要原因。剧烈的社会抗议运动并未改变原有的经济形势，反而使中东动荡长期化和常态化，不仅多国爆发内战冲突，出现严重的人道主义危机，还导致多国经济陷入低迷、停滞或持续衰退。"乱则思稳""穷则思变"，严峻的经济形势促使中东国家反思其内外政策，寻求化解政治经济安全困境的药方，其中走向缓和与和解就是中东国家探索走出战乱泥潭的方法和路径之一。

第一，内战冲突给阿拉伯国家的经济、基础设施等造成严重摧残。根据世界银行统计，在人口方面，截至 2021 年，战争导致叙利亚人口比战前减少了 18%，降至 1750 万人，国内流离失所人数达到 670 万人，是世界上流离失所人数最多的国家。战争导致叙利亚 35 万多人丧生，1340 万人需要人道主义援助，其中 590 万人处于极度需要援助的状态之中。截至 2022 年 1 月，叙利亚基础设施、农业、水、电等方面遭受的损失约为 87 亿至 114 亿美元。2011 年以前，叙利亚是一个经济快速发展，年平均经济增速达 4.3% 的中低收入国家，而至 2019 年，叙利亚的国内生产总值缩水 52%。由于持续不断的冲突以及新冠疫情，叙利亚的经济状况在 2020 年之后更加恶化。②

也门在长期的战乱中成为世界上人道主义危机最严重的国家之一。根据联合国难民署（United Nations High Commissioner for Refugees,

---

① Mark N. Katz, "Saudi Arabia Is Trying to Make America Jealous With Its Budding Russia Ties," Atlantic Council, August 27, 2021, https：//www.atlanticcouncil.org/blogs/menasource/saudi-arabia-is-trying-to-make-america-jealous-with-its-budding-russia-ties/, accessed：2023-06-30.

② Joy Fares Aoun, "Syria：Joint Damage Assessment of Selected Cities（English, Arabic）," World Bank Group, December 1, 2022, http：//documents.worldbank.org/curated/en/099173502272397116/P172171027e9070310b52e09ce3ad7393cc, accessed：2023-06-30.

UNHCR）的报告，截至 2022 年 6 月，也门 80% 的人口生活在贫困线以下，超过 2340 万人（占总人口 73%）依赖人道主义援助，790 万人处于极度需要援助的状态之中，有 430 万人流离失所，其中 79% 的流离失所者是妇女和儿童，380 万人的口粮高度短缺。[1] 根据世界银行估算，从 2011 年至 2022 年，也门国内生产总值下降达 50%。战火摧毁了也门 1/3 的住房、学校、医院、供水和卫生设施。[2]

除了叙利亚和也门，利比亚以及陷入战乱长达 20 年的伊拉克同样面临着严重的人道主义危机，国内基础设施被战火摧毁，满目疮痍。更重要的是，叙利亚等国的危机具有外溢效应，对邻国和地区其他国家的安全和社会经济发展产生较为严重的负面影响。

其一，2014 年，极端组织"伊斯兰国"在叙利亚和伊拉克横空出世，宣布建国，不仅对中东国家的领土完整、社会稳定和人民生命财产安全带来巨大威胁，还在非洲、南亚等全球范围内扩张，开展恐怖活动。尽管"伊斯兰国"的兴起是历史、宗教等多种因素共同作用的结果，但 2003 年美国发动伊拉克战争，推翻萨达姆政权，伊拉克出现权力真空，是其得以发展蔓延的关键原因。"阿拉伯之春"爆发后，中东多国陷入动荡，尤其是叙利亚内战爆发后国际社会在叙利亚问题上的严重分歧，导致大批极端分子趁机兴风作浪，"伊斯兰国"借机在叙利亚和伊拉克异军突起[3]，对中东地区以及世界的和平与安全构成严重威胁。

其二，持续不断的战乱引发难民危机，对难民接收国带来了沉重的经济负担。叙利亚在危机爆发后，成为世界主要的难民输出国。从叙利亚逃离的 540 万名难民中，有 365 万名难民前往土耳其，使土耳其成为叙利亚难民的最大接收。黎巴嫩是叙利亚难民的第二大接收国，在黎

---

① "Yemen Fact Sheet, June 2022," reliefweb, June 30, 2022, https：//reliefweb. int/ report/yemen/yemen-fact-sheet-june-2022, accessed：2023-07-01.

② "Yemen Country Economic Memorandum：Glimmers of Hope in Dark Times-2023［EN/AR］," reliefweb, May 30, 2023, https：//reliefweb. int/report/yemen/yemen-country-economic-memorandum-glimmers-hope-dark-times-2023-enar, accessed：2023-07-01.

③ 赵文亮、贾龙阳：《"伊斯兰国"兴起的多因性探析》，《山东师范大学学报》（人文社会科学版）2017 年第 3 期。

巴嫩避难的难民人数达到 83.1 万名，紧随其后的是约旦，其接受了 67.5 万名叙利亚难民，埃及接收了 14.3 万名叙利亚难民，甚至是伊拉克这样长期动乱的国家，也接收了 26.2 万名叙利亚难民。[①] 土耳其政府已为难民提供 80 亿美元援助，约旦因接收难民，财政负担压力大，社会福利预算接近透支，引发社会局势紧张，大量难民的涌入还加剧了约旦和黎巴嫩的失业情况。[②]

第二，中东多国经济下滑或陷入衰退。中东国家的经济由于不同因素的影响，或者出现经济危机，或者处于缓慢的恢复阶段。土耳其宏观经济指数自 2011 年开始恶化，至 2018 年发展成经济危机，新冠疫情的暴发使其经济陷入萧条之中，通货膨胀率达到 83.45%，创下 24 年以来新高。为了获得外国投资和资助，土耳其开始改变外交政策，将目光转向海湾国家，尤其是沙特和阿联酋。[③]

伊朗由于常年受美国主导下的严厉国际制裁，经济发展受到严重影响。特朗普上台后，加大对伊朗的制裁力度，伊朗原油出口从 2018 年 6 月的 270 万桶/天锐减至 2019 年 4 月的不到 50 万桶/天，石油和天然气出口的收入锐减导致伊朗不得不大量印钞和售卖国家资产来缓解政府财政短缺的情况。而超发货币又导致伊朗出现严重的通货膨胀，人们的真实收入缩水 40% ~ 50%，城市地区居民消费价格指数在过去的 5 年中

---

① "Syrian Refugees: Major Hosting Countries Worldwide in 2022," Statista, June 16, 2023, https://www.statista.com/statistics/740233/major-syrian-refugee-hosting-countries-worldwide/, accessed: 2023-07-01.

② Moha Ennaji, "The Middle East Must Lead on Refugees," Project Syndicate, August 10, 2016, https://www.project-syndicate.org/commentary/middle-east-response-to-refugee-crisis-by-moha-ennaji-2016-08? utm_term=&utm_campaign=&utm_source=adwords&utm_medium=ppc&hsa_acc=1220154768&hsa_cam=12374283753&hsa_grp=117511853986&hsa_ad=499567080219&hsa_src=g&hsa_tgt=dsa-19959388920&hsa_kw=&hsa_mt=&hsa_net=adwords&hsa_ver=3&gad=1&gclid=Cj0KCQjwoK2mBhDzARIsADGbjeogtidMgbb-44U887N5lKkRHwzXXaXmPRazNNpScSvEA_vf20f93G8aAjMGEALw_wcB, accessed: 2023-07-01.

③ M. Murat Kubilay, "The Turkish Economy under the Presidential System," Middle East Institute, October 13, 2022, https://www.mei.edu/sites/default/files/2022-10/The%20Turkish%20Economy%20under%20the%20Presidential%20System_0.pdf, accessed: 2023-07-02.

（2018年至2023年）增长了483%。50%人口处于贫困状态之中。[①] 人们的收入急剧下降，而伊朗安全机构的支出却不断增加，这引发了民众的不满。2019年，由于汽油价格上涨，经济困顿的伊朗民众走上街头，发起了大规模的抗议示威运动，该年也成为伊斯兰革命后伊朗政权面临的最动荡的一年。

埃及2011年爆发"1·25"革命后，出现了低增长、高通胀、高财政赤字和高失业率的严重经济困境。2013年，塞西总统上台后，沙特、阿联酋等海湾国家向埃及提供120亿美元的援助，同时塞西采取了诸多改善经济的措施，一定程度上激发了经济活力。2018~2019年，埃及实现了5.6%的经济增速，达到2008年金融危机以来的最高水平，但仍然面临巨大压力。[②] 这在于，埃及工业基础薄弱，外债压力大，高度依赖来自国际货币基金组织和海湾国家的经济援助。俄乌冲突爆发后，沙特、阿联酋、科威特和卡塔尔以向埃及中央银行存款130亿美元的形式为其提供援助，减少俄乌冲突对其经济的冲击。然而，与之前的援助不同，以沙特为首的海湾国家自身也出现财政赤字，相关数据显示，"中东国家经常性账户状况不容乐观，2019年经常性账户余额仅为28亿美元（2010年经常账户余额高达1891亿美元），占GDP的1%。同时，各国财政赤字压力不断加大。例如中东石油进口国财政赤字占GDP的比重高达5%以上，仅2019年财政赤字就占GDP的7.3%，海合会国家也出现2.4%的财政赤字"[③]。在这种情况下，沙特等产油国要求埃及拿出相应的公共资产来换取经济援助。这使埃及不得不寻求改善经济的其他路径，比如与政治反对派开展

---

① Mahdi Ghodsi, "Dark Comedy or Tragedy? The Dire Straits of Iran's Economy," Clingendael, May 24, 2023, https://www.clingendael.org/publication/dark-comedy-or-tragedy-dire-straits-irans-economy, accessed: 2023-07-02.

② 王琼、安雨康：《"1·25"革命以来的埃及经济改革：成就、挑战及前景》，《中东研究》2021年第2期。

③ 姜英梅：《世界经济体系下的中东经济地位》，《中东研究》2020年第1期。

对话，进行经济结构性改革。[①]

总之，中东无论是卷入多组矛盾的国家，还是经历过政治动乱和内战的国家，无一例外都面临着不同程度的经济问题。伊朗、土耳其、黎巴嫩等国经济状况恶化。即使是产油国，由于其经济的食利性特征，经济脆弱，依附性高，其经济发展状况受国际经济形势和油价变化影响而持续低迷。"2019 年，阿拉伯国家发展援助金额约为 129 亿美元，同比下降 7.1%，流向阿拉伯国家的援助金额比例从 2018 年的 52.7% 大幅下降至 37.2%。2020 年新冠疫情和低油价的双重冲击对石油出口国产生直接影响，并通过侨汇、外国直接投资、旅游业和官方发展援助减少对石油进口国产生间接影响。中东地区侨汇收入将大幅缩减 20%，流入西亚和北非地区的外国直接投资分别下降 24% 和 32%。"[②] 2019 年以来，阿尔及利亚、伊朗、苏丹、黎巴嫩等国抗议浪潮此起彼伏，其起因就是经济困顿和民生艰难。因此，寻求对话和缓和，减少对抗和军事支出，提升经济发展水平，解决迫切的民生问题，成为地区国家的共同需要和首要事务。

对此，多个阿拉伯国家提出了经济改革计划。阿联酋提出了"2021愿景"、卡塔尔提出了"2030 国家愿景"、科威特提出了"2035 愿景"、阿曼提出了"2040 愿景"等[③]，其中以沙特和埃及的经济改革发展战略政策最为瞩目。

其一，为了应对国际油价下跌导致财政连续 3 年出现赤字[④]的不利局面，2016 年 4 月 26 日，沙特王储穆罕默德·本·萨勒曼（Muhammad bin Salman）提出经济发展路线图"2030 愿景"，致力于推动私营经济发展和能源领域改革，并通过主权财富基金投资引进高科

---

① Riccardo Fabiani and Michael Wahid Hanna, "Egypt in the Balance?," International Crisis Group, May 31, 2023, https：//www.crisisgroup.org/middle – east – north – africa/north – africa/egypt/eygpt-in-the-balance, accessed：2023-07-02.

② 姜英梅：《中东剧变十年：经济转型困境与发展机遇》，《中东研究》2021 年第 2 期。

③ Frédéric G. Schneider, "The Stalling Visions of the Gulf：The Case of Saudi Arabia's Vision 2030," *Fikra Forum*, May 14, 2021, p. 1.

④ 林海虹：《沙特经济转型：愿景与挑战》，《国际问题研究》2018 年第 3 期。

技，实现经济多元化，促进各行业发展。① 在"2030 愿景"的总体规划下，2017 年 10 月 24 日，沙特宣布在其西北部地区启动建设"未来城"（NEOM）项目。"未来城"位于红海沿岸，靠近阿喀巴湾和苏伊士运河，处于世界最重要的经济动脉上。建成后，"未来城"将成为连接亚洲、欧洲和非洲的全球贸易和运输中心。沙特、约旦和埃及也将连接起来，形成一个特别经济区。② "未来城"将成为"沙特经济增长和产业多元化发展的'催化剂'，有助于沙特更多参与到区域贸易和全球贸易中"。③

其二，埃及为了解决发展问题，于 2016 年制定了"2030 愿景"可持续发展战略，以最大限度发挥埃及的竞争优势，建立一个先进、繁荣的国家，恢复埃及的地区领导地位。其中促进经济发展是该"愿景"三大维度中的第一维度和十大支柱中的第一大支柱，其目标包括维护宏观经济稳定，实现可持续和包容性增长，提升经济竞争力、多样化和智识水平，最大限度提高产品附加值，成为全球经济的积极参与者，能够适应国际发展，创造生产就业机会，人均国内生产总值达到中等收入国家水平等。④ 自实现经济全面改革以来，埃及经济状况得到一定程度的好转。更重要的是，埃及在其"2030 愿景"中明确提出，"重视深化与海合会的战略合作关系，加强发展与其他阿拉伯国家的双边关系，支持邻国的政治、经济、社会稳定及其领土完整"⑤。作为阿拉伯大国，埃及致力于推动与海合会的战略合作等将为中东地区形成新的发展理念提供重

---

① 陆怡玮：《萨勒曼执政以来的沙特经济改革述评》，《阿拉伯世界研究》2020 年第 4 期。

② Alshimaa Aboelmakaren Farag, "The Story of NEOM City：Opportunities and Challenges," in Sahar Attia, Zeinab Shafik, Asmaa Ibrahim（eds.）, *New Cities and Community Extensions in Egypt and the Middle East：Visions and Challenges*, Cham：Springer, 2019, p. 37.

③ 李超：《沙特将建设全球首个"悬浮产业集群"》，新浪财经百家号，https：// baijiahao. baidu. com/s? id=1716614442141360787&wfr=spider&for=pc，最后访问时间：2022 年 1 月 18 日。

④ Ministry of Planning of Egypt, "Sustainable Development Strategy：Egypt's Vision 2030," January 2016, pp. 18-19.

⑤ Ministry of Planning of Egypt, "Sustainable Development Strategy：Egypt's Vision 2030," January 2016, pp. 11-13.

要支撑。

综上，中东走向和解是国际局势变动和中东国家自主探索发展道路综合作用的结果。大国竞争是中东地区的常态，从英、法在中东划分势力范围，实行"分而治之"，到二战结束后美国和苏联在中东争夺势力范围，再到苏联解体后美国独霸中东，成为中东地区的主导者，在中东打造"小圈子"，对反美国家进行"民主改造"，制造动乱和冲突。可以说，自19世纪末帝国主义和殖民主义势力进入中东以来，中东一直是大国竞争的热点地区，同时中东地缘政治格局也受到国际局势变动的深刻影响。

百年变局下，美国将战略重心转向与中国、俄罗斯进行大国竞争，减少了对中东的投入，客观上使中东地区国家获得更大的自主空间。此外，中东各国也从美国的战略变化中看到美国在中东冲突和战争中扮演的拱火者与搅局者角色，从而产生了缓和关系的想法。更重要的是，经历十几年的动荡、冲突与战争破坏后，中东主要国家发现卷入冲突并未给其带来收益，反而使其陷入经济困顿和民生艰难中，危及统治合法性。由此，各国政府将重心从偏重安全转移至发展，"主张从民主治理出发，自下而上、由易而难，推动中东基础设施建设，提高青年就业率，缓解社会矛盾，从而消除冲突的经济和社会根源"①。

第三节　中国在中东和解中的角色作用以及阿盟安全治理改进路径

长期以来，安全问题是中东面临的首要问题。"由于缺乏有效的安全治理和保障机制，中东地区的安全问题积累时间长、叠加效应突出，形成了错综复杂的安全困境和治理困境。"② 在中东的发展历程中，由于世界大国的深度干预，中东安全问题的治理深受大国的影响，其治理方式

---

① 孙德刚、章捷莹：《大国战略竞争背景下中东地区格局的演进》，《和平与发展》2023年第2期。
② 王林聪：《中东安全问题及其治理》，《世界经济与政治》2017年第12期。

和治理效果很大程度上取决于大国的利益与战略需要，中东国家缺乏足够的自主权。

比如，美国和苏联在二战后出于争夺中东的需要，支持以色列在中东建立民族国家，引发了作为中东问题核心的阿以冲突和巴勒斯坦问题。2003 年，美国推翻伊拉克萨达姆政权，伊朗借机崛起，扩大了在中东的影响力，打破了中东原有的权力平衡。特朗普就任美国总统后，在中东组建"反伊朗，反什叶派"联盟，加剧了阿拉伯国家与伊朗的矛盾，使部分阿拉伯国家成为"代理人战争"的战场。而美国之所以如此，中东之所以存在严峻的安全形势，在于其奉行的"权力政治"、"霸权安全"和"军事安全"的观念。

可以说，世界大国的干预是中东安全困境形成的直接原因，世界大国落后的安全观念是促使其进行干预的深层因素。"观念帮助整治世界"，但"观念并不一定自发产生，必须加以构建"。[①] 对中东国家来说，摆脱安全困境需要其从思想观念认识上进行改变，至于哪种观念能够起到化解"安全赤字"的作用，由两个因素决定，一个是强大的外部势力减少对中东地区的投入，另一个是地区国家认识到已有观念的负面作用，转而积极寻找新的能够解决迫在眉睫的政治经济安全问题的新路径。

其中中国以其实践和发展成就提出了一种与传统大国不同的新安全观念，成为中东地区局势走向缓和的重要观念供给者，为中东国家处理地区国家关系提供了新的选择。同时，中国作为负责任大国，乐于充当冲突的斡旋者与和平的缔造者，为中东走向缓和发挥不可或缺的作用。中国顺势而为，为中东走向和平牵线搭桥，最终促成了中东"和解潮"的出现。阿盟作为阿拉伯国家团结的象征和集体利益的代表，是中国的重要合作伙伴，也是中国践行新安全观念的主要对象。

一　中国在中东和解中的角色作用

2011 年利比亚和叙利亚危机演变为内战后，以美国为首的西方国家

---

① 〔美〕朱迪斯·戈尔茨坦、罗伯特·O.基欧汉编《观念与外交政策：信念、制度与政治变迁》，刘东国、于军译，北京大学出版社，2005，第 12、19 页。

以人权高于主权，"保护的责任"为由对其进行军事干涉，试图推翻其政府，按照西方的民主模式产生新政府，建立西式的政治体制。沙特等阿拉伯国家背弃《阿盟宪章》中"国家主权"和"不干涉内政"的原则，选择追随西方的立场，加入了要求利比亚卡扎菲和叙利亚巴沙尔下台的行列。

然而，北约忽视联合国有关在利比亚严格执行"禁飞区"的授权，明显扩大禁飞范围，将暗杀卡扎菲作为其军事干涉行动的一项内容后，利比亚出现了严重的平民伤亡和人道主义灾难。之后，尽管阿盟表示其初衷是保护利比亚人权，但并未在行动上修正其做法。阿盟对此后不久发生的叙利亚危机仍然采取类似的做法，不仅对叙利亚进行制裁，还取消其成员国资格。阿盟的行为不仅加剧了阿拉伯国家之间的分裂，同时也削弱了阿盟自身的影响力。

与之形成对照的是，中国自阿拉伯世界爆发社会抗议并升级为内战冲突以来，一直秉持和平解决争端的立场，在联合国等多个场合坚持反对外部干涉，呼吁通过政治谈判和外交的方式解决冲突。中国在推动中东走出安全困境方面贡献中国智慧和中国方案，促成了沙伊和解，带动了中东和解潮，为实现中东安全问题的持久解决不断创造条件。具体如下。

第一，坚持以政治和外交的方式解决冲突，为中东和解创造有利的外部条件。中国充分吸取利比亚问题的前车之鉴，当西方国家试图以同样手段在安理会处理叙利亚危机时，中国和俄罗斯在谴责叙政府、呼吁叙利亚现政权更迭的决议上投反对票，并在此之后多次投反对票，有效避免了利比亚那样的悲剧在叙利亚重演。尤其是 2012 年 2 月 4 日，中国和俄罗斯以侵犯叙利亚主权为由，否决了得到阿盟支持的有关对叙利亚进行政权更迭的决议草案。[①] 之后，中国就叙利亚问题先后

---

① 〔埃及〕穆罕默德·赛利姆：《中国在阿拉伯世界的新兴角色》，包澄章译，《阿拉伯世界研究》2013 年第 6 期。

提出"六点主张"①、"四点倡议"②、"五个坚持"③、"四步走"④、"四点主张"⑤ 等思路与举措，充分阐释了中国坚持政治解决的坚定立场，表明了坚定支持叙利亚主权独立和领土完整，坚持叙利亚前途命运由叙利亚人民自主决定的态度，显示了"劝和促谈"是中国处理叙利亚问题的核心理念。⑥

2018 年 7 月 10 日，习近平主席在中阿合作论坛第八届部长级会

---

① 《中国外长代表访问叙利亚，阐述政治解决叙利亚问题六点主张》，央视网，2012 年 3 月 10 日，http：//news. cntv. cn/20120310/100151. shtml，最后访问时间：2023 年 7 月 4 日。

② "四点倡议"的内容为：叙利亚有关各方全力实现停火止暴，积极配合联合国-阿盟叙利亚问题联合特别代表卜拉希米展开的斡旋努力，最终结束一切武装冲突和暴力行为；叙利亚有关各方尽快制定并派遣各自的全权谈判代表，在卜拉希米联合特别代表及国际社会的协助下，协商制定有关政治过渡路线图；国际社会全力配合、支持卜拉希米联合特别代表的斡旋工作，阿盟及有关地区国家为政治解决叙利亚问题所作努力应得到重视；采取切实有效措施缓解叙利亚的人道主义危机。参见《中方提出关于推进叙利亚问题政治解决进程的倡议》，中华人民共和国中央人民政府网站，2012 年 10 月 31 日，https：//www. gov. cn/jrzg/2012 - 10/31/content_ 2254993. htmhttps：//www. gov. cn/jrzg/2012-10/31/content_2254993. htm，最后访问时间：2023 年 7 月 4 日。

③ "五个坚持"的内容为：坚持通过政治手段解决叙利亚问题；坚持由叙利亚人民自主决定国家的未来，中国重视并支持地区国家在政治解决叙利亚问题上发挥积极作用；坚持推进包容性政治过渡进程；坚持在叙利亚实现全国和解和团结；坚持在叙利亚及周边国家开展人道援助。参见《中国主张政治解决叙利亚问题应履行"五个坚持"》，中华人民共和国外交部网站，2014 年 1 月 20 日，https：//www. mfa. gov. cn/web/gjhdq_ 676201/gj_ 676203/yz_ 676205/1206_ 677100/xgxw_ 677106/201401/t20140120_ 9305963. shtml，最后访问时间：2023 年 7 月 4 日。

④ "四步走"的内容为：有关各方立即停火止暴，并承诺打击恐怖主义；在联合国主持下，叙各方开展全面、包容和平等的对话协商，在日内瓦公报基础上尽快出台政治过渡具体安排；加强国际保障，由联合国发挥斡旋的主渠道作用；启动战后重建进程，让叙利亚各方各派看到和平的红利。参见《中方就政治解决叙利亚问题提出"四步走"框架思路》，环球网，2015 年 10 月 31 日，https：//m. huanqiu. com/article/9CaKrnJR3SF，最后访问时间：2023 年 7 月 4 日。

⑤ "四点主张"的内容为：坚持尊重叙利亚国家主权和领土完整，让叙利亚人民自主决定国家前途命运；坚持民生为本和加快重建，立即解除所有叙利亚的单边制裁和经济封锁；坚持有效打击恐怖主义，不搞双重标准，反对借反恐操弄民族分裂；坚持包容和解的政治解决方向，通过对话协商弥合各派分歧。参见《王毅阐述中方关于解决叙利亚问题的四点主张》，中华人民共和国外交部网站，2021 年 7 月 18 日，http：//switzerlandemb. fmprc. gov. cn/web/gjhdq_ 676201/gj_ 676203/yz_ 676205/1206_ 677100/xgxw_ 677106/202107/t20210718_ 9181787. shtml，最后访问时间：2023 年 7 月 4 日。

⑥ 姚全：《美俄在叙利亚危机中的懦夫博弈论析——兼论中国的战略选择方案》，《世界经济与政治论坛》2018 年第 5 期。

议开幕式作了题为《携手推进新时代中阿战略伙伴关系》的讲话，指出"中东面临消除和平之殇、破解发展之困的紧迫任务，中国的中东政策顺应中东人民追求和平、期盼发展的强烈愿望，在国际上为阿拉伯国家合理诉求代言，愿为促进地区和平稳定发挥更大作用。我们要坚持对话协商……我们要坚守主权原则，反对搞分裂割据。我们要倡导包容性和解，反对搞压制性妥协……要尊重每个国家的国情差异和自主选择，坚持平等相待、求同存异。域外力量应该多做劝和促谈的事，为中东和平发展提供正能量。要摒弃独享安全、绝对安全的想法，不搞你输我赢、唯我独尊，打造共同、综合、合作、可持续的安全架构"。[①] 以此为契机，中国正式提出了解决中东安全问题的中国方案。

2019 年 11 月 27 日至 28 日，中国在北京召开首届中东安全论坛，在这个全新的国际性论坛上，来自伊朗、土耳其、阿拉伯国家以及英国、俄罗斯、欧盟等域内外 30 多个国家和组织的 200 余名代表共同探索解决中东安全问题的新路径。会上，中国国务委员兼外长王毅进一步阐释了解决中东安全问题的中国方案，提出了以"共同安全"为核心内容的新安全观念，坚持政治解决的正确方向，指出唯有以政治手段推动和平解决，才能防止以暴制暴的恶性循环，唯有以包容精神推进对话合作，才能找到化解矛盾的持久方案，还就联合国和地区国家的参与提出建议，即"发挥联合国的关键作用，地区国家应加强团结与对话，为促进中东安全发挥更加重要的作用，国际社会尤其是大国要摒弃地缘政治私利，真正从中东人民的福祉出发，为促进中东和平发挥建设性作用"。[②]

2020 年 10 月，王毅在出席联合国安理会海湾地区局势部长级视频会议时，提出了缓和海湾地区紧张局势的方案，即：倡议在维护伊核全面

---

① 《习近平在中阿合作论坛第八届部长级会议开幕式上的讲话（全文）》，中华人民共和国中央人民政府网站，2018 年 7 月 10 日，https://www.gov.cn/xinwen/2018-07/10/content_5305377.htm，最后访问时间：2023 年 7 月 4 日。

② 《王毅阐释中东安全问题的中国方案》，国际在线，2019 年 11 月 27 日，https://news.cri.cn/baidunews-eco/20191127/fb947b9a-f973-5c05-c518-7f9ca212ccd3.html，最后访问时间：2023 年 7 月 4 日。

协议前提下，搭建一个海湾地区多边对话平台，讨论当前面临的地区安全问题，以集体协商方式管控危机，为缓和紧张局势注入动力，争取形成维护地区和平稳定的新公式。① 2021 年 3 月，王毅在访问中东期间接受阿拉比亚电视台采访时，进一步提出了"关于实现中东安全稳定的五点倡议"，表示"第一，倡导相互尊重，支持中东国家探索自主发展道路，支持以地区国家和人民为主，推进叙利亚、也门、利比亚等热点问题政治解决。促进文明对话交流，实现中东各民族和平共处。第二，坚持公平正义，解决好巴勒斯坦问题，落实好'两国方案'。第三，实现核不扩散。第四，共建集体安全，推动海湾（波斯湾）地区国家平等对话协商，相互理解照顾，改善彼此关系。倡议在华举办海湾（波斯湾）地区安全多边对话会议，从保障石油设施和航道安全等议题入手，探讨构建中东信任机制，逐步打造共同、综合、合作、可持续的中东安全架构。第五，加快发展合作，中东长治久安需要发展、合作与融通。要结合中东国家不同资源禀赋，帮助冲突后国家开展重建，支持产油国经济多元增长，助力其他中东国家发展振兴。中国愿继续举办中阿改革发展论坛、中东安全论坛、与中东国家加强治国理政经验交流"。② 中国国务委员兼外长王毅在 2021 年这一年曾 3 次出访中东，先后到访 10 个中东国家。这表明，中国高度重视中东国家，在中东展开积极有为的外交，致力于为解决中东安全问题，实现中东稳定提供中国方案，与中东国家共商解决安全问题的出路。

进入 2022 年，伊朗、沙特、土耳其等中东六国外长以及海合会秘书长接连应邀访华，中国进一步提出倡导团结自主、捍卫公平正义、坚持核不扩散、共建集体安全、加快发展合作等建议。4 月 21 日，习近平主席在博鳌亚洲论坛 2022 年年会开幕式上郑重提出"全球安全倡议"，全

---

① 《王毅谈搭建海湾地区多边对话平台应秉持的三项原则》，环球网百家号，2020 年 10 月 21 日，https：//baijiahao.baidu.com/s？id = 1681114505613206960&wfr = spider&for = pc，最后访问时间：2023 年 7 月 4 日。

② 《王毅提出实现中东安全稳定的五点倡议》，澎湃网，2021 年 3 月 26 日，https：//www.thepaper.cn/newsDetail_forward_11896840，最后访问时间：2023 年 7 月 4 日。

面阐述了中国共同、综合、合作、可持续的安全观，表明中国通过对话协商以和平方式解决国家间的分歧和争端的立场。[①] "全球安全倡议"提出后，2022 年 9 月 21 日，中国在北京召开第二届中东安全论坛，致力于与中东各国以及国际社会共同推动构建中东安全新架构。针对中东安全问题，中国国务委员兼外长王毅提出四点建议：一是秉持共同、综合、合作、可持续的新安全观；二是明确中东国家主导地位；三是遵守《联合国宪章》宗旨和原则；四是加强区域安全对话。[②]

通过梳理中国十多年来对中东的政策以及行动，可以看到，中国持续坚持以对话协商方式实现分歧和争端的政治解决，不仅在联合国等国际平台提出倡议和主张，还积极搭建中东国家和平解决争端的平台，从思想和理论高度层面提出全球安全倡议，全方位、多层次、多角度地为促进中东地区安全稳定出谋划策。

在中国长期的劝和促谈下，2023 年，被视为"世界火药桶"的中东迎来和解潮。同年 3 月 10 日，沙特和伊朗这对"宿敌"在北京经过 5 轮对话，签署并发布联合声明，宣布恢复双方外交关系。"沙特和伊朗握手言和为实现地区和平稳定打开了道路，也树立了通过对话协商化解矛盾分歧的典范，成为解决中东乱局的'一把钥匙'。"[③] 可见，中国对外传播和平发展理念，创新安全观念，外交上积极参与中东热点问题的解决有利于中东化解矛盾，实现和平与稳定。

第二，提出以发展促安全，从根源上破解中东安全的难题。冷战结束以来，美国等西方国家在全球推行其价值观，将政治体制与发展水平挂钩，认为建立西方民主制度是实现发展的前提条件，将政治体制与和平安全挂钩，信奉"民主和平论"，致力于对中东进行"民主改造"。然而，使用强力和外力迫使中东"走向民主"的现代化发展道路并未给其

---

① 习近平：《携手迎接挑战，合作开创未来》，《当代世界》2022 年第 5 期。
② 《王毅出席第二届中东安全论坛》，中华人民共和国中央人民政府网站，2022 年 9 月 21 日，https://www.gov.cn/xinwen/2022-09/21/content_5710972.htm，最后访问时间：2023 年 7 月 4 日。
③ 钮松：《沙特伊朗实现历史性和解》，《中国国防报》2023 年 3 月 17 日，第 4 版。

带来安全稳定的地区环境，让其走上发达国家式的高水平发展道路，反而使其民族、宗教矛盾激化，恐怖主义肆虐，内战冲突频发，地区国家陷入错综复杂的对立或敌对关系，恶化了中东国家的经济和社会发展环境，中东成为世界上持续动荡的脆弱板块。事实证明，中东地区的主要问题和症结不是民主赤字问题，而是发展赤字问题。"中国积极探索全球发展赤字的根源并研究解决方案，认为低政治领域的发展问题解决不好，将上升为高政治领域的安全问题，甚至产生溢出效应。发展中国家的发展问题解决不好，发达国家也难以独善其身。"[①]

中东是全球发展的短板，是解决全球发展赤字的重点地区。2011 年"阿拉伯之春"爆发后，中东国家将安全置于国家政策的重心，迷恋军事安全和武力安全，追求绝对安全，巨额的军事支出严重压缩了发展资金，错过了十年的黄金发展时间。当前，随着国际格局加速演变，中东国家普遍认识到发展是首要任务。这种观念的变化既是中东国家经济社会发展现状的客观要求，也与中国的观念供给息息相关。中国将发展问题和安全问题统一起来的发展观与安全观为中东摆脱不发展和不安全的困境提供了重要思想资源。

2016 年，中国国家主席习近平访问中东和阿拉伯国家，在阿盟总部发表《共同开创中阿关系的美好未来》的演讲，提出"中东动荡，根源出在发展，出路最终也要靠发展。发展事关人民生活和尊严。破解难题，关键要加快发展"。[②] 2021 年 9 月 21 日，习近平主席在第七十六届联合国大会一般性辩论上郑重提出"全球发展倡议"，该倡议指出发展是人类社会的永恒主题，当前南北发展鸿沟进一步拉大，迫切需要凝聚共识，使发展议题重回国际议程的中心位置，它展现了中国的发展观，也是中国在解决全球发展赤字问题方面提供的智力公共产品。与此同时，全球

---

① 王林聪等：《推动人类命运共同体建设　促进中东繁荣发展与持久和平》，《西亚非洲》2023 年第 2 期。

② 《习近平在阿拉伯国家联盟总部的演讲（全文）》，中华人民共和国中央人民政府网站，2016 年 1 月 22 日，https：//www.gov.cn/xinwen/2016-01/22/content_5035204.htm，最后访问时间：2023 年 7 月 5 日。

发展倡议与正寻求变革与转型的中东国家的需求不谋而合，伊朗第七个"五年计划"、土耳其"中间走廊"计划、埃及"2030 愿景"、沙特"2030 愿景"、阿曼"2040 愿景"、科威特"2035 愿景"等皆体现其对发展的迫切需求。

2022 年 12 月 9 日，首届中阿峰会在沙特利雅得召开，中阿双方发表宣言，指出"坚信稳定和繁荣二者不可分割，没有可持续发展就没有真正的和平，没有安全、和平与稳定就没有发展和繁荣"，"呼吁国际社会重视各项发展问题，重振全球发展事业"，"加强中国同阿拉伯国家全方位、多层次交往，合力应对共同发展挑战"。峰会宣言还对中国提出的全球安全倡议表示重视和赞同，"强调坚持共同、综合、合作、可持续的安全观"①。可见，中国提出的"以发展促安全"的理念得到阿拉伯国家的普遍认同，这种新的理念不仅有利于推动中阿合作提质升级，也有助于这种以发展为核心的交往方式扩大影响力，从而在地区创造合作与共同发展的良好氛围，使深陷安全困境的地区国家走出地缘政治博弈的困局。

中国作为世界上最大的发展中国家，不仅致力于开辟促进第三世界国家发展的新路径，努力探索突破全球发展瓶颈的新方案，还在落实推动发展问题上提供普惠的公共产品。"一带一路"倡议和全球发展倡议，实现了行动和思想的统一，个性与共性的统一，二者以发展为核心，通过经济相互依赖和基础设施互联互通促进地区安全。

总之，中国对中东问题的根源进行了较为准确的把脉问诊，从思想创新和行动实践上为中东国家开出了"以发展促安全"的新药方。一方面，中国打破了西方在世界上推行的零和博弈式的、独享式的、霸权式的和军事武力式的旧安全观，此种陈旧过时的安全观保证的是在国际体系中处于主导地位的西方及其盟友的安全，却牺牲了绝大多数非西方国家的安全，搅乱了地区局势，危及世界的和平。可以说，西方奉行的落后安全观实际上是西方国家在殖民时期用于分化控制殖民地的"分而治

---

① 《首届中阿峰会利雅得宣言》，《解放军报》2022 年 12 月 10 日，第 5 版。

之"手段的变体。在发展中国家普遍崛起的新国际形势下，需要有一种新的强调共同、综合、合作、可持续的新安全观。另一方面，在如何确保安全状态的持续存在上，中国提出了全球发展倡议，以发展凝聚共识，以发展化解矛盾，以发展做大"蛋糕"，使各国形成命运与共的相互依赖关系，可以从根源上解决安全问题。

可以说，中东国家走向和解是国际局势变化下中东国家战略自主性增强，为探索自身发展道路和解决地区问题而做出的一种尝试和努力，也是其应对经济疲软和民生问题的必然要求。中东国家和解潮的出现还与中国的观念供给和持之以恒的努力密不可分。中国长期以来在中东劝和促谈，与中东国家发展互利共赢的友好合作，以各种实际行动不断向中东国家传播中国的新安全观念和发展观念，深刻把握安全与发展的辩证统一关系，使中东国家获得了新的可供选择的思想来源。

二　阿盟安全治理的改进路径

20世纪90年代以来，为提升安全治理能力，阿盟孜孜以求，做出了多种改革，比如将"一致同意"决策机制修订为"三分之二多数"决策机制，对标欧盟设立了阿拉伯议会（Arab Parliament）[1]，还参照非洲联盟，分别于2002年和2006年设立了阿拉伯和平与安全部（Arab Peace & Security Sector）以及和平与安全理事会。[2] 2015年，阿盟峰会决定成立阿拉伯国家联合部队。[3] 但实际上，影响阿盟安全治理的因素并不在于阿盟自身决策机制缺陷，而在于阿拉伯国家关系、地区局势以及国际

---

① Cris E. Toffolo, *Global Organizations: The Arab League*, New York: Chelser House Publisher, 2008, p.43；辛俭强、明金维：《阿盟外长理事会特别会议同意设立阿拉伯议会》，中国网，2005年1月13日，http://lianghui.china.com.cn/chinese/zhuanti/amgg/756192.htm，最后访问时间：2021年7月15日。

② 邵杰：《阿盟外长会议同意设立和平与安全理事会》，新浪网，2006年3月26日，https://news.sina.com.cn/w/2006-03-26/06128530219s.shtml，最后访问时间：2021年7月15日。

③ Nader Iskandar Diab, "Enforcement Action by Regional Organisations Revisited: The Prospective Joint Arab Forces," *Journal on the Use of Force and International Law*, Vol.4, No.1, 2017, p.86.

局势的变动。因此，仅围绕阿盟自身来做"文章"的解题思路无法使阿盟恢复活力，使其在阿拉伯和地区安全治理中发挥预期的作用。阿盟对未来改革道路的选择需要全盘考虑阿盟所处的地缘政治和经济环境。

从国家层面来看，政治伊斯兰开始退潮①，石油"地租"经济陷入困境②，处于转型阶段的阿拉伯国家面临着严峻的思想混乱和经济发展问题；从地区层面来看，沙特和伊朗、土耳其等地区非阿拉伯国家关系缓和，叙利亚重返阿盟，也门局势降温，各国将重心转移至促进经济发展上；从国际层面看，美国在中东进入战略收缩期，俄罗斯在中东的势力扩大。据此，阿盟的改革需着眼于阿拉伯国家的经济发展，致力于弥合阿拉伯国家的利益和观念分歧，同时适应地区局势的变动，推动构建地区安全机制。

首先，"发展安全观"是弥合阿拉伯国家价值观念分歧的黏合剂，也是解决阿拉伯国家现实需求的良药。根据国际组织学，满足成员国的利益需求是一个国际组织获得持久生命力和活力的基本条件。同时"国际组织制定的规则、原则和价值标准也可以重塑国家利益，使国家之间形成良性互动，实现共赢"。③ 当前，阿盟安全治理陷入困局的一个重要原因是阿盟未能贡献思想力量，弥合阿拉伯国家之间的观念分歧，解决阿拉伯国家的现实需求。在"从民族解放到国家建设的主题转换中"④，陷入价值迷茫的阿拉伯国家向伊斯兰主义和西方自由主义寻求思想上的指引，希望解决发展问题。但伊斯兰主义和民主选举并未解决阿拉伯各

---

① 牛新春：《中东变局下中国的建设性作用》，《环球时报》2021年6月21日，第14版。
② 随着页岩油的大量开采，美国成为主要的石油输出国，不再依赖来自海湾产油国的石油供应，中东在世界能源格局中的地位下降。高度依赖石油经济的沙特为了夺回市场份额，大打"石油价格战"，又由于新冠疫情的暴发，石油需求减少，石油价格暴跌。根据国际能源机构，2020年中东产油国的GDP萎缩4.2%。阿拉伯产油国社会压力陡增。参见 Ruba Husari, "Shale Oil and the Illusion of US Energy Independence," Middle East Institute, July 15, 2019; International Monetary Fund, "Regional Economic Outlook: Middle East and Central Asia," April 2020, p. 1.
③ 张丽华主编《国际组织概论》，科学出版社，2015，第196~197页。
④ 田文林：《困顿与突围：变化世界中的中东政治》，社会科学文献出版社，2016，第18页。

国严峻的经济、民生以及社会问题，也未能推动国家建设和发展，引领价值观念的创新和突破，反而导致阿拉伯国家陷入内乱，打乱了阿拉伯世界原有的秩序和运行规律，加剧了地区冲突。

事实上，"中东安全问题是发展滞后在安全方面的反映"①，发展是解决社会经济问题的根本出路②，是实现安全和稳定的基石，阿盟的安全治理有赖于大力推动发展安全观。在现实层面，实现发展，解决经济民生问题是阿拉伯国家当前的最大关切点，也是阿拉伯各国的共识和共同利益所在。只有满足成员国的现实需求，维护成员国的利益，阿盟才能得到成员国的支持和信任，阿盟的安全治理也才能在此基础上持续地向前推进。在理论层面，"发展安全观"在一定程度上与功能主义异曲同工。它通过解决非政治的经济发展问题来带动国家展开持续的互动和交往，在这种日益加深的沟通和对话中来建立更加坚实的合作网络，同时这一合作网络的建立反过来又有利于推动其他领域的合作，树立和平规范，减少战争乃至消灭战争。③

"阿拉伯之春"爆发以来，阿拉伯国家经济持续低迷和萧条，陷入发展困境。更严峻的是，由于经济遭受国际石油价格大幅下跌以及2020年新冠疫情的沉重冲击，包括产油阿拉伯国家在内的大多数阿拉伯国家的经济状况进一步恶化。改善经济状况、培育新的经济增长点、实现经

---

① 王林聪：《中东安全问题及其治理》，《世界经济与政治》2017年第12期。

② 青年失业、腐败、社会经济不平等以及身份认同问题被认为是"阿拉伯之春"爆发的主要因素。尽管有学者认为民主化是阿拉伯国家未来的正确发展方向，但他们认为民主化的成功取决于政府是否能解决好既有的社会经济问题，也就是政府是否能够制定和执行一套连贯的经济战略来回应发起阿拉伯起义的青年人群对经济和社会变革的重大关切。政府的政策优先项是创造就业机会，建立包容性的发展计划，在维持经济稳定的同时，缩小地区差距。可见，经济问题被普遍认为是动乱发生的原因，而发展是解决社会经济问题的根本出路。参见 Samir Makdisi, "Reflections on the Arab Uprising," in Giacomo Luciani, *Combining Economic and Political Development*, Leiden and Boston: Brill, 2017, pp. 35-36; Itai Brun, Sarah Feuer and Itay Haiminis, "Eight Years after the Upheaval: Alternative Approaches to Understanding the Current Middle East," Institute for National Security Studies, 2019, p. 2.

③ 〔美〕詹姆斯·多尔蒂、小罗伯特·普法尔茨格拉夫：《争论中的国际关系理论》，阎学通、陈寒溪等译，世界知识出版社，2003，第542页。

济转型已经成为阿拉伯国家的共同诉求。

事实上，自 2009 年以来，阿盟已举办 4 届阿拉伯经济和社会发展峰会①，不过，这些峰会主要探讨阿拉伯经济合作和共同发展，而未将此类实践抽象为一个明确的指导理念。阿盟可以以阿拉伯国家对经济发展的迫切需求为契机，旗帜鲜明地提出一种新的以促进国家发展为核心，能够凝聚各国共识的思想观念。其中"以发展促和平"，"发展安全观"是可以用来超越阿拉伯社会根深蒂固的部落意识、教派认同，最大限度地弥合阿拉伯国家的分歧，推进其合作的有力工具。这一思想观念的确立将有助于解决安全问题，提升阿盟安全治理能力。

其次，阿盟在因应地区局势的变动，反对霸权主义的基础上，与周边土耳其、伊朗和以色列建立良性互动关系，力争建立包容性的地区性安全机制。自 2011 年"阿拉伯之春"爆发以来，阿拉伯世界的整体实力下降，以色列、伊朗和土耳其对阿拉伯国家内部事务的介入，使其陷入了一个"衰弱——被干涉——更加衰弱"的恶性循环。阿拉伯世界的冲突出现了一个显著特征，即阿拉伯国家内战的"地区化"和"外部化"，地区冲突的"阿拉伯化"和"国内化"，一些阿拉伯国家沦为域内大国进行地缘博弈的竞技场。

面对阿拉伯和中东地区出现的这一情况，美国开始积极构筑新的地区安全框架。2017 年 5 月，美国特朗普政府提出由海合会 6 个阿拉伯国家以及埃及和约旦创建"中东战略联盟"（Middle East Strategic Alliance，MESA），组建由美国领导的"阿拉伯北约"。在美国看来，"中东战略联盟"作为地区安全组织，将"成为遏制伊朗势力、打击恐怖主义、极端主义的堡垒，给中东带来稳定"。② 然而，需要指出的是，美国提出的"中东战略联盟"和"阿拉伯北约"主要服务于美国在中东的战略利益，

---

① 这 4 届峰会分别是 2009 年在科威特召开的峰会，2011 年在埃及召开的峰会，2013 年在沙特召开的峰会和 2019 年在黎巴嫩召开的峰会。

② Andrew Miller and Richard Sokolsky, "Arab NATO: An Idea Whose Time Has Not (And May Never) Come," Lobe Log, August 21, 2018, https://lobelog.com/arab-nato-an-idea-whose-time-has-not-and-may-never-come/, accessed: 2022-01-20.

一方面，美国希望以此加强阿拉伯国家对抗伊朗的决心，建立一支打击暴力恐怖主义组织的本土军队，从而减轻美国在中东的军事和战略负担①，另一方面，美国在减小对中东投入的同时，阻止中国或俄罗斯在中东增强影响力。② 可见，美国提出的地区安全框架并非着力于解决地区冲突，也没有全面充分地考虑阿拉伯国家的安全需求，而是极力推动逊尼派阿拉伯国家与伊朗的紧张局势升级，达到维护美国利益的目的。

事实上，一些阿拉伯国家并不将伊朗视为最大的威胁。比如，埃及努力避免以教派为依据来制定外交政策，其主要关注的是解决逊尼派极端主义问题，而不像沙特那样将伊朗作为威胁。约旦尽管对伊朗支持的非阿拉伯人什叶派武装力量进入叙利亚惴惴不安，其国王阿卜杜拉二世也是最先提出"什叶派新月"的领导人，但约旦政府始终将以色列在约旦河西岸和耶路撒冷扩建定居点视为对其国内稳定的最大威胁。科威特不仅对建立反伊朗的阿拉伯联盟持有谨慎态度，还在 2017 年初努力缓和伊朗和海合会的紧张关系。因为其国内约有 35% 人口信奉什叶派③，科威特深知参加反伊朗的组织集团将导致其国内动乱。阿曼努力在沙特和伊朗间维持中立。④ 卡塔尔则在沙特与其断绝外交关系并对其进行封锁后，反而加强了与伊朗的关系，伊朗俨然成为卡塔尔的生命线。⑤ 由此可见，阿拉伯国家并非铁板一块，其与周边非阿拉伯国家的关系不是线

① Giorgio Cafiero and Cinzia Bianco, "'Arab Shield 1': The Birth of an Arab NATO," Middle East Institute, November 13, 2018, https://www.mei.edu/publications/arab-shield-1-birth-arab-nato, accessed: 2022-01-20.

② Yasmine Farouk, "The Middle East Strategic Alliance Has a Long Way to Go," Carnegie Endowment for International Peace, February 8, 2019, https://carnegieendowment.org/2019/02/08/middle-east-strategic-alliance-has-long-way-to-go-pub-78317, accessed: 2022-01-21.

③ Morteza Agha-Mohammadi and Mohammad Masjed Jamei, "Kuwaiti Shia as a Lever of Balance for the Ruling Family of Kuwait," *Kom*, Vol. 9, No. 3, 2020, p. 39.

④ Giorgio Cafiero and Cinzia Bianco, "'Arab Shield 1': The Birth of an Arab NATO," Middle East Institute, November 13, 2018, https://www.mei.edu/publications/arab-shield-1-birth-arab-nato, accessed: 2022-01-22.

⑤ Brett Sudetic and Giorgio Cafiero, "Iranian-Qatari Relations after Al-Ula," Carnegie Endowment for International Peace, February 1, 2021, https://carnegieendowment.org/sada/83771, accessed: 2022-01-24.

性的，而是纵横交错的，以伊朗或某个国家为针对对象来构筑地区安全
框架并不能真正地解决阿拉伯国家和整个中东地区的安全问题。

已有的事实证明，面对内外联动冲突的新现实，阿盟若继续坚持以
"集体防御"为主要方向的安全治理方式，已不符合地区局势的最新发
展情况。因此，阿盟应该更新思维，超越"国家中心主义"，树立整体
安全观，与土耳其、伊朗和以色列建立良好互动关系，着力构建包容性
的中东地区安全机制。同时，阿盟还需善于利用多边机制如联合国来解
决与周边国家的争端，充分发挥秘书长的作用，使其成为统合阿拉伯国
家立场和推动地区合作向前发展的重要力量。

面对自 2020 年以来，中东局势所呈现出来的缓和趋向与和解浪潮，
对于阿盟来说，对阿拉伯世界的安全治理需要域内非阿拉伯大国的配合，
反过来，反对域外世界大国的霸权干涉，与域内大国进行良性互动，构
建地区对话与合作机制也将对阿盟的安全治理大有裨益。

最后，阿盟应坚持不干涉内政和国家主权原则，坚守斡旋和调解的
安全治理传统。国家主权原则是国际社会的基本原则，维护国家主权、
独立和领土完整是阿盟的重要宗旨。尽管 20 世纪 90 年代以来内战发生
的频率增多，因战争而产生的人道主义危机不断出现，强调人权保护无
可厚非，但是必须明晰一点，即保护人权和坚持国家主权原则不是对立
的，保护人权并不意味着介入国家内政，甚至是推动国家的政权更迭。
就"保护的责任"而言，根据联合国文件，"保护的责任"包括三方面
内容：第一，国家负有保护的首要责任；第二，着重发挥预防在成功执
行保护的责任中的关键作用；第三，在决定和执行最合适的行动时，必
须完全遵守《联合国宪章》的原则与条款，采取宪章第 7 条所述的行动
时必须得到联合国安理会授权。① 可见，联合国所说的"保护的责任"
有明确的条件限定，即国家负有主要责任，预防是主要措施。冰岛常驻
联合国代表居纳尔·保尔松（Gunnar Pálsson）指出，"'保护的责任'

---

① United Nations General Assembly, "Implementing the Responsibility to Protect: Report of the Secretary - General," January 12, 2009, pp. 8 - 9, http://responsibilitytoprotect.org/implementing%20the%20rtop, accessed: 2019-03-29.

这一概念的核心应该是救助生命，而不是一张可以准许对他国实施非法、任意的干涉和侵略的执照"①。当阿拉伯国家发生内乱冲突和人道主义危机时，阿盟应首先从联合国的官方文件中查找法律依据，在维护国家主权的同时积极预防，进行救助。

成功调解冲突，使冲突方和解是保护人权和防止人道主义灾难的根本途径。对此，阿盟需继续执行以斡旋和调解为主的政治解决策略，在冲突未升级为大规模战争前积极行动，与各成员国就解决方案达成共识，支持成员国加入斡旋和调解行动，将冲突的危害和战争风险降至最低。在情况紧急时，也可成立阿拉伯安全部队来维持和平。以叙利亚内战为例，若在冲突中偏离中立立场，在来自西方和部分阿盟国家的压力下盲目地以人权保护为由推动政权更迭，那么，阿盟将失去信任，丧失安全治理的主动权和话语权。因此，在未来的安全治理中，阿盟需坚持国家主权和不干涉内政原则，坚守斡旋和调解的政治解决方案，谨慎采取包括经济制裁和军事行动之类的强硬行动。如此，阿盟的安全治理才具有可持续性。

小　结

20 世纪 90 年代以来，在美国的分化瓦解和霸权政策下，阿拉伯国家的分裂加剧，阿盟在地区安全事务中的角色不断被边缘化。"阿拉伯之春"爆发后，中东地区非阿拉伯国家日益崛起，其对阿拉伯国家的介入和渗透使得阿拉伯世界日益碎片化。以美国为首的西方国家倡导的"人权高于主权""保护的责任"等价值规范也严重冲击着阿盟的安全治理。地区和国际局势的双重变动使阿盟面临困局，动乱十多年来一直处于艰难的发展过程中。

但变局之中蕴含着新局，危机之中孕育着新机，新冠疫情在全球的

---

① 《联大举行全体会议讨论"保护的责任"》，联合国网站，2009 年 7 月 28 日，https://news.un.org/zh/story/2009/07/116672，最后访问时间：2019 年 9 月 2 日。

扩散和俄乌冲突的爆发使中东国家意识到经济发展的重要性和紧迫性。也正是在这种背景下，中东国家接受了中国长期以来推动倡导的新安全观，认可了中国为解决安全问题而开出的"药方"。

在中国的斡旋下，中东多组矛盾中最尖锐、最难解的沙伊关系出现转圜，双方握手言好，最终使中东出现了和解的新浪潮和新格局。这也给阿盟进行改革，提升其治理能力和影响力带来了机遇。鉴于此，阿盟在接下来的发展进程中，应该排除外部质疑之声带来的干扰，重拾信心，打破对西方已有区域组织制度的迷信，切实根据中东地区新形势来摸索符合阿拉伯世界特性的安全治理模式。经过10多年动乱，阿拉伯国家人心思稳，发展与安全成为共同诉求。阿盟安全治理的出路在于充分认识局势的变动，以"发展安全观"凝聚共识，解决思想之困，更新地区合作观念，推动与域内大国建立对话机制，同时坚持优良的安全治理传统，坚守不干涉内政和国家主权的宪章原则。

结　语

　　阿盟是阿拉伯国家维护其国家独立和主权，协调政治活动，促进阿拉伯整体利益的重要平台。阿盟的成立是现实主义和理想主义相互交织和共同作用的结果。它既体现了阿拉伯国家的现实政治需求，也反映了阿拉伯民族主义的强大驱动力。在其历史发展过程中，阿盟在维护阿拉伯国家利益，化解阿拉伯国家间冲突和国内冲突中，都发挥了重要作用。尽管 20 世纪 90 年代以来，阿盟进行安全治理的能力被削弱，尤其是"阿拉伯之春"爆发以来阿盟处于极为艰难的发展阶段，但并不能因此全盘否定阿盟本身。

　　第一，国际格局和地区政治的变动是阿盟无法抵御的，它犹如一股又一股强大的不可抵抗的台风，直接冲击着阿盟的安全治理。中东长期以来是世界大国争夺的焦点地区，中东地区族群教派构成复杂，各国的历史恩怨和现实矛盾彼此交叠。作为国际体系和地区体系的一部分，阿拉伯国家不可能隔绝于世界大势之外，逃脱地区格局变化的影响。因此，阿盟的安全治理不仅受到世界大国的制约，还无法避开地区非阿拉伯国家的影响。在世界大国和地区大国高度关注和深度介入的安全问题上，阿盟能够发挥的作用十分有限。而且，由于阿拉伯世界越来越分裂，阿拉伯国家的凝聚力不断下降，阿盟更加难以在地区安全事务上发挥实质性作用。在部分安全问题如叙利亚内战、也门内战和利比亚内战的问题上，即使是联合国都力有未逮，更何况仅是国际政治链条中一环的阿盟。因此，由于"情势所迫"，阿盟当前面临着巨大的困境。

　　第二，阿盟当前显现出来的颓势与阿拉伯国家自身所处的发展阶段息息相关。阿盟本质上是由主权国家构成的松散的政治联合体,它不具有超国家的权力。实际上,阿拉伯国家成立阿盟的初衷之一就是维持各国共同存在的现状。"由于强调阿拉伯国家协商、自愿合作和在政策制定上的一致同意原则,阿盟在政治事务中的有效性取决于各成员国的意志。"[①] 更重要的是,阿拉伯国家现在正处于深化民族国家建构和加强国家权力的历史发展阶段,这决定了阿拉伯国家暂时不会将让渡权力当作一个可行的选项。不过,阿盟仍是阿拉伯国家在国际舞台上发出声音的重要平台,它也担负着协调阿拉伯国家政治活动的重任。

从阿盟历史发展及阿盟对阿拉伯国家内战以及阿拉伯国家间战争的安全治理来看,阿盟在未来的地区政治活动和实践中,应该充分吸取历史经验,着手改革,竭力提高其执行能力。

首先,阿盟应该挖掘和发挥其安全治理的传统优势。达成共识和大国协商是阿盟安全治理的首要特征,阿盟安全治理的绩效高低取决于阿盟内部大国协调的程度。当埃及、沙特、叙利亚、伊拉克这几个大国能够协调一致时,阿盟即使在部分场合受到"一致同意"决策机制的掣肘,它也能在调解冲突中发挥重要作用。然而,"阿拉伯之春"爆发以来,阿盟盲目地偏信西方国家提出的"人权保护"和"人道主义干涉",为西方国家武装干涉阿拉伯国家提供机会。这严重恶化了阿拉伯国家之间的关系,打乱了地区秩序,使得阿拉伯世界的地位下沉,实力下降。因此,阿盟需要进一步摸索和完善适合阿拉伯国家的基于本土实践的安全治理机制,坚持传统的大国协商,凝聚共识,努力为各国找到利益契合点。在面对西方的"人权攻势"时,阿盟应该认识到,人权的本质含义是维护人的生存和发展权利。

其次,秘书长是阿盟安全治理的关键角色,秘书长个人作用的发挥对调和争端、化解冲突具有重要作用。因此,应该进一步明晰秘书长的定位、职能和作用,给予秘书长充分的自主权,提升其权限。预防冲突

---

① Caesar E. Farah, " The Dilemma of Arab Nationalism," *Die Welt des Islams*, Vol. 8, No. 3, 1963, p. 159.

是以最小成本解决冲突的方式。阿盟应在秘书长的领导下，通过与大国磋商，建立预防性外交和预警机制，从而实现更快速地应对冲突的目的。需要指出的是，这里所说的机制并不是指阿盟的决策机制，而是执行机制。以阿盟安全治理的具体表现观之，一直以来备受诟病的"一致同意"决策机制并不是阿盟安全治理绩效的决定性因素。其中一个显著的例子是，2005 年，阿盟将其"一致同意"决策机制修改为"在不能取得共识的情况下，采取三分之二多数决策机制"，但是看起来更为"科学高效的"机制并没有让阿盟成功解决 2011 年的叙利亚内战。因此，与其说阿盟的决策机制存在问题，不如说是阿盟在执行机制上存在问题。对此，提高秘书长的权限和建立预防性外交和预警机制至关重要。

再次，中东地区大国伊朗、以色列和土耳其深度介入阿拉伯国家体系，成为掣肘阿盟安全治理的重要因素。阿拉伯国家爆发的内战动乱以及阿拉伯国家之间的争端与这三个地区大国有密切关系，这给阿盟带来严峻挑战。一方面，阿盟是阿拉伯民族的代表，维护阿拉伯民族利益是阿盟的宗旨；另一方面，解决地区冲突、实现地区和平无法离开以色列、土耳其和伊朗的合作。当前，中东出现"和解潮"的新发展动向，阿盟可充分利用这一有利局面，解放思想，建立一套与地区非阿拉伯国家对话和共同管理冲突的机制。

最后，发展是解决一切问题的总钥匙。自阿拉伯民族主义衰落以来，阿盟和阿拉伯国家陷入了价值迷茫，"阿盟降格为一个仅仅将阿拉伯国家在形式上团结起来和充当重新定义泛阿拉伯主义的论坛性平台"①。由于缺乏共同的思想观念和价值规范，阿拉伯世界的凝聚力逐渐减弱。那么，应该如何解决阿拉伯国家思想涣散、价值迷失的问题呢？这需要从阿拉伯国家的实际需要出发。阿拉伯民族主义完成了帮助阿拉伯国家获得独立和实现民族解放的历史任务，当前阿拉伯国家迫切需要解决的是发展问题。因此，阿盟可以携手合作、共同发展，提出一个团结和凝聚阿拉伯国家的以发展与合作为原则的价值导向。

---

① 赵军、陈万里：《阿盟视角下的泛阿拉伯主义政治实践》，《世界民族》2017 年第 1 期。

　　总的来说，国家利益是国际关系和地区事务的本质。随着阿拉伯国家的独立与发展，本国国家利益愈加重要，更加突出。然而，又不可忽视阿拉伯国家的一致性，即它们拥有共同语言、共同民族和共同宗教，还面临着共同的严峻的发展问题。因此，在安全治理上，阿盟可以一方面继续发挥大国协调的作用，另一方面可以着力于文化和经济建设，致力于与国际组织或相关国家进行经济合作。此外，阿盟的努力是一方面，另一方面还需要外部大国停止干涉中东地区事务，展现大国担当，积极促和劝谈，并充分尊重中东国家和阿拉伯国家的意愿，让它们自主选择符合其特性的发展道路。

参考文献

中文文献

中文图书

安维华、钱雪梅：《美国与"大中东"》，世界知识出版社，2006。

〔美〕查尔斯·贝兹：《政治理论与国际关系》，丛占修译，上海译文出版社，2012。

陈德成：《全球化与现代阿拉伯民族主义》，中国社会科学出版社，2009。

陈建民：《当代中东》，北京大学出版社，2002。

陈玉刚：《超国家治理：国际关系转型研究》，上海人民出版社，2009。

〔美〕戴伦·霍金斯等主编《国际组织中的授权与代理》，白云真译，上海人民出版社，2015。

〔美〕弗里德里克·克拉托赫维尔、〔美〕爱德华·曼斯菲尔德主编《国际组织与全球治理读本》，北京大学出版社，2007。

高尚涛：《国际关系的权力与规范》，世界知识出版社，2008。

高祖贵：《冷战后美国的中东政策》，中共中央党校出版社，2001。

高祖贵：《全球大变局下的中东与美国》，时事出版社，2017。

郭依峰：《外交的文化阐释：阿拉伯国家卷》，知识产权出版社，2012。

〔美〕汉斯·摩根索：《国家间政治：权力斗争与和平》，徐昕、郝望、李保平译，北京大学出版社，2012。

何佩群、俞沂暄主编《国际关系与认同政治》，时事出版社，2006。

何志龙：《中东历史与国际关系》，科学出版社，2016。

〔美〕亨利·基辛格：《大外交》，顾淑馨、林添贵译，海南出版社，2012。

黄民兴、谢立忱：《战后西亚国家领土纠纷与国际关系》，江苏人民出版社，2014。

黄仁伟、刘杰：《国家主权新论》，时事出版社，2003。

季国兴、陈和丰主编《第二次世界大战后中东战争史》，中国科学出版社，1987。

解力夫：《中东战争实录》，世界知识出版社，1994。

〔美〕凯马尔·H.卡尔帕特编《当代中东的政治和社会思想》，陈和丰等译，中国社会科学出版社，1992。

〔法〕雷蒙·阿隆：《和平与战争：国际关系理论》，朱孔彦译，中央编译出版社，2013。

李滨：《世界政治经济中的国际组织》，国家行政学院出版社，2001。

李少军、李开盛等：《国际安全新论》，中国社会科学出版社，2018。

李伟建：《伊斯兰文化与阿拉伯国家对外关系》，时事出版社，2007。

梁西：《现代国际组织》，武汉大学出版社，1984。

刘德斌主编《英国学派理论与国际关系史研究》，北京大学出版社，2011。

刘竞、张士智、朱莉：《苏联中东关系史》，中国社会科学院出版社，1987。

刘月琴：《冷战后海湾地区国际关系》，社会科学文献出版社，2002。

陆忠伟主编《非传统安全论》，时事出版社，2003。

〔美〕尼古拉斯·格林伍德·奥努夫：《我们建构的世界：社会理论与国际关系中的规则与统治》，孙吉胜译，上海人民出版社，2017。

倪世雄主编《当代西方国际关系理论》，复旦大学出版社，2001。

钮松：《欧盟的中东民主治理研究》，时事出版社，2011。

彭树智主编《阿拉伯国家史》，高等教育出版社，2002。

彭树智主编《中东史》，人民出版社，2010。

齐云平：《博弈大中东》，社会科学文献出版社，2015。

〔英〕乔纳森·哈斯拉姆：《马基雅维利以来的现实主义国际关系思想》，张振江、卢明华译，中央编译出版社，2009。

〔英〕乔治·柯克：《1945—1950年的中东》，复旦大学历史系世界史教研组译，上海译文出版社，1980。

秦亚青：《国际关系理论：反思与重构》，北京大学出版社，2012。

渠梁、韩德：《国际组织与集团研究》，中国社会科学出版社，1989。

饶戈平：《国际组织与国际法实施机制的发展》，北京大学出版社，2013。

饶戈平主编《全球化进程中的国际组织》，北京大学出版社，2005。

〔日〕入江昭：《全球共同体：国际组织在当代世界形成中的角色》，刘青、颜子龙、李静阁译，社会科学文献出版社，2009。

〔美〕斯蒂芬·克拉斯纳主编《国际机制》，北京大学出版社，2005。

〔美〕斯坦利·霍夫曼：《当代国际关系理论》，林伟成等译，中国社会科学出版社，1990。

唐宝才：《伊拉克战争后动荡的中东》，当代世界出版社，2007。

唐志超：《中东库尔德民族问题透视》，社会科学文献出版社，2013。

田文林：《困顿与突围：变化世界中的中东政治》，社会科学文献出版社，2016。

田野：《国际关系中的制度选择：一种交易成本的视角》，上海人民出版社，2018。

汪波：《欧盟中东政策研究》，时事出版社，2010。

汪波：《中东与大国关系》，时事出版社，2013。

王帆、卢静主编《国际安全概论》，中国人民大学出版社，2016。

王杰主编《国际机制论》，新华出版社，2002。

王京烈：《动荡中东多视角分析》，世界知识出版社，1996。

王京烈：《解读中东：理论构建与实证研究》，世界图书出版公司，2011。

王联：《中东政治与社会》，北京大学出版社，2009。

王铁铮主编《全球化与当代中东社会思潮》，人民出版社，2013。

王彤主编《当代中东政治制度》，中国社会科学出版社，2005。

王新刚、王立红：《中东和平进程》，时事出版社，2012。

〔美〕威廉·匡特：《中东和平进程：1967 年以来的美国外交和阿以冲突》，饶淑莹、郭素琴、夏慧芳译，华东师范大学出版社，2009。

吴文成：《选择性治理：国际组织与规范倡导》，上海人民出版社，2017。

〔美〕希提：《阿拉伯通史》（上卷），马坚译，商务印书馆，1990。

肖宪主编《1945 年以来的中东》，中国社会科学出版社，2004。

谢立忱：《当代中东国家边界与领土争端研究》，中国社会科学出版社，2015。

辛俭强：《阿拉伯国家联盟在分化与矛盾中式微》，载马晓霖主编《阿拉伯发展报告（2013~2014）》，社会科学文献出版社，2014。

徐向群、宫少朋：《中东和谈史：1913—1995 年》，中国社会科学出版社，1998。

杨灏城、江淳：《纳赛尔和萨达特时代的埃及》，商务印书馆，1997。

杨丽、丁开杰主编《全球治理与国际组织》，中央编译出版社，2017。

叶宗奎主编《国际组织概论》，中国人民大学出版社，2001。

尹斌：《软实力外交：欧盟的中东政策》，光明日报出版社，2010。

尹崇敬主编《中东问题 100 年》，新华出版社，1999。

余国庆：《大国中东战略的比较研究》，中国社会科学出版社，2013。

余国庆：《欧盟与中东关系：政治与安全视野下的考察》，社会科学文献出版社，2018。

昝涛：《从巴格达到伊斯坦布尔：历史视野下的中东大变局》，中信出版集团，2022。

曾向红：《世界观与国际关系理论》，中国社会科学出版社，2015。

〔美〕詹姆斯·多尔蒂、〔美〕小罗伯特·普法尔次格拉夫：《争论中的国际关系理论》，阎学通、陈寒溪等译，世界知识出版社，2004。

〔英〕詹姆斯·巴尔：《瓜分沙洲：英国、法国与塑造中东的斗争》，徐臻译，社会科学文献出版社，2018。

张贵洪主编《国际组织与国际关系》，浙江大学出版社，2004。

张宏主编《当代阿拉伯问题研究》，人民出版社，2006。

张丽君编著《全球政治中的国际组织（IGOs）》，华东师范大学出版社，2017。

张士智、赵慧杰：《美国与中东关系史》，中国社会科学出版社，1993。

赵国忠主编《海湾战争后的中东格局》，中国社会科学出版社，1995。

赵克仁：《美国与中东和平进程研究》，世界知识出版社，2005。

钟冬编《中东问题八十年》，新华出版社，1984。

〔美〕朱迪斯·戈尔茨坦、罗伯特·O.基欧汉编《观念与外交政策：信念、制度与政治变迁》，刘东国，于军译，北京大学出版社，2005。

中文论文

毕健康：《结构与建构视角下阿盟安全治理绩效研究》，《阿拉伯世界研究》2021年第5期。

陈娟：《阿盟介入叙利亚危机的影响分析》，《阿拉伯世界研究》2015年第2期。

陈丽蓉：《穆斯林兄弟会与沙特关系的演变及影响》，《阿拉伯世界研究》2021年第1期。

陈万里、赵军：《阿拉伯国家联盟决策机制研究》，《阿拉伯世界研究》2007年第6期。

陈万里、赵军：《国外阿盟研究：议题、观点与借鉴意义》，《国际研究参考》2016 年第 5 期。

陈万里、赵军：《浅析阿盟的功能演变及其发展前景》，《阿拉伯世界研究》2006 年第 4 期。

陈万里、赵军：《试论阿盟决策制度与阿拉伯一体化的发展》，《阿拉伯世界研究》2009 年第 2 期。

陈晓东：《中东安全挑战与中国的解决方案》，《国际问题研究》2020 年第 1 期。

程星原、孙冉：《阿拉伯国家联盟地区影响力上升评析》，《国际研究参考》2013 年第 6 期。

东方晓：《伊拉克入侵科威特后中东政治格局的变化》，《西亚非洲》1990 年第 6 期。

董漫远：《拜登政府中东政策调整与中东形势新特征》，《世界知识》2022 年第 5 期。

高尚涛：《阿以建交：中东局势前景展望》，《人民论坛》2020 年第 9 期。

韩小婷：《伊拉克战争后沙特与伊朗关系探析》，《阿拉伯世界研究》2018 年第 4 期。

姜英梅：《世界经济体系下的中东经济地位》，《中东研究》2020 年第 1 期。

姜英梅：《中东剧变十年：经济转型困境与发展机遇》，《中东研究》2021 年第 2 期。

金良祥：《伊朗的宗教地缘战略分析》，《阿拉伯世界研究》2014 年第 1 期。

李秉忠：《土耳其外交政策调整的动力：安全诉求和地缘政治抱负》，《当代世界》2018 年第 11 期。

李敏伦：《阿盟发展缺失及其对上合组织的启示》，《阿拉伯世界研究》2007 年第 4 期。

李伟建：《当前中东安全局势及对中国中东外交的影响》，《国际展望》2014 年第 3 期。

李伟建：《中东安全局势演变特征及其发展趋势》，《西亚非洲》2015 年第 3 期。

李伟建：《中东安全形势新变化及中国参与地区安全治理探析》，《西亚非洲》2019 年第 6 期。

李意：《试析中东国家的非传统安全挑战》，《阿拉伯世界》2005 年第 3 期。

林海虹：《沙特经济转型：愿景与挑战》，《国际问题研究》2018 年第 3 期。

蔺紫鸥、肖天祎：《叙利亚重返阿盟　中东和解迎来高潮》，《光明日报》2023 年 5 月 10 日，第 12 版。

刘波、黄昭宇：《英国学派多元主义与社会连带主义论争：一种比较视角》，《国际观察》2009 年第 1 期。

刘月琴：《伊斯兰文化的和平思想》，《当代世界》2009 年第 9 期。

陆怡玮：《萨勒曼执政以来的沙特经济改革述评》，《阿拉伯世界研究》2020 年第 4 期。

牛新春：《中东变局下中国的建设性作用》，《环球时报》2021 年 6 月 21 日，第 14 版。

钮松：《沙特伊朗实现历史性和解》，《中国国防报》2023 年 3 月 17 日，第 4 版。

乔贵敏：《埃及对阿拉伯国家联盟的政策及实践探析（1945—1991）》，硕士学位论文，河北师范大学，2009 年。

申林、梁伟：《强化国家能力与规范国家权力：现代国家构建的双重使命》，《云南行政学院学报》2015 年第 3 期。

孙德刚：《奥巴马政府应对中东剧变的政策调整》，《国际关系研究》2014 年第 2 期。

孙德刚：《从顺势到谋势：论中国特色的中东安全治理观》，《复旦学报》（社会科学版）2020 年第 5 期。

孙德刚：《美国中东政策的演变：从特朗普到拜登》，《美国问题研究》2022 年第 2 期。

孙德刚、韩睿鼎：《百年未有之大变局下的阿拉伯民族主义兴衰》，《当代世界》2021 年第 1 期。

孙德刚、吴思科：《新时代中国参与中东安全事务：理念主张与实践探索》，《国际问题研究》2020 年第 4 期。

孙德刚、章捷莹：《大国战略竞争背景下中东地区格局的演进》，《和平与发展》2023 年第 2 期。

唐志超：《身份危机与中东大变局》，《世界知识》2018 年第 24 期。

唐志超：《秩序、意识形态和模式之转换——中东剧变以来的地区政治发展》，《西亚非洲》2020 年第 5 期。

唐志超：《中东乱局的根源及影响》，《当代世界》2020 年第 3 期。

田俊才：《阿拉伯联盟对巴勒斯坦政策的演变（1945—1989 年）》，硕士学位论文，河北师范大学，2006。

田文林：《国际权力体系的三大类型变迁及对中东的影响》，《国别和区域研究》2020 年第 1 期。

王嘉辉：《东盟与阿盟：区域一体化进程分析》，《南阳理工学院学报》2015 年第 3 期。

王金岩：《利比亚战后乱局中的外部干预》，《现代国际关系》2020 年第 3 期。

王金岩、李伟建：《世界大变局下阿盟与中国关系走向》，《西亚非洲》2022 年第 5 期。

王京烈：《论阿拉伯国家的合与分》，《西亚非洲》1992 年第 4 期。

王联：《论"大规模杀伤性武器"与中东地区安全》，《阿拉伯世界研究》2008 年第 1 期。

王林聪：《中东安全问题及其治理》，《世界经济与政治》2017 年第 12 期。

王林聪等：《推动人类命运共同体建设　促进中东繁荣发展与持久和平》，《西亚非洲》2023 年第 2 期。

王琼、安雨康：《"1·25"革命以来的埃及经济改革：成就、挑战及前景》，《中东研究》2021 年第 2 期。

韦红、颜欣：《东盟地区安全治理模式变迁——从抗御力到安全共同体》，《当代世界与社会主义》2017 年第 5 期。

吴冰冰：《卡塔尔外交政策的基本要素研究》，《新丝路学刊》2019 年第 2 期。

吴冰冰：《乌玛观念与伊斯兰宗教共同体的构建》，《阿拉伯世界研究》2007 年第 3 期。

吴冰冰：《中东地区的大国博弈、地缘战略竞争与战略格局》，《外交评论》（外交学院学报）2018 年第 5 期。

夏菲菲：《阿拉伯国家联盟发展历程研究》，硕士学位论文，西北大学，2014 年。

徐惠喜：《阿拉伯联盟面临挑战》，《阿拉伯世界》1995 年第 3 期。

杨瑞：《阿拉伯国家联盟在地缘政治博弈中的作用及对外战略影响》，西北大学硕士学位论文，2010。

姚全：《美俄在叙利亚危机中的懦夫博弈论析——兼论中国的战略选择方案》，《世界经济与政治论坛》2018 年第 5 期。

曾向红、张峻溯：《"帝国怀旧"、地缘政治机会与土耳其外交的转折》，《外交评论》（外交学院学报）2022 年第 2 期。

赵军：《阿盟集体安全机制的理论与实证研究》，硕士学位论文，上海外国语大学，2007。

赵军：《埃及与阿盟的互动关系研究》，《阿拉伯世界研究》2015 年第 5 期。

赵军、陈万里：《阿盟视角下的泛阿拉伯主义政治实践》，《世界民族》2017 年第 1 期。

赵军、陈万里：《阿盟斡旋中东地区冲突的绩效评估》，《国际观察》2013 年第 6 期。

赵文亮、贾龙阳：《"伊斯兰国"兴起的多因性探析》，《山东师范大学学报》（人文社会科学版）2017 年第 3 期。

郑先武：《非洲集体安全机制的创新与困境》，《社会科学》2011 年第 6 期。

郑先武：《全球化背景下的"安全"：一种概念重构》，《国际论坛》2006 年第 1 期。

周意岷：《后"伊斯兰国"时代极端主义对中东安全的挑战》，《和平与发展》2018 年第 6 期。

周玉佳：《伊斯兰的和平理念：论文化概念的索引性与社会安全》，《西北民族研究》2015 年第 3 期。

周玉渊：《非洲集体安全机制的进展与挑战——从非洲和平安全框架到"2020 年消弭枪声计划"》，《云大地区研究》2020 年第 1 期。

朱旭：《欧盟安全治理的机制、政策与挑战》，《南开学报》（哲学社会科学版）2016 年第 6 期。

中文新闻、网络资料

《阿拉伯国家联盟概况》，中阿合作论坛官网，http：//www. chinaarabcf. org/chn/albsj_1/albgjlm/t1639419. htm。

《阿拉伯国家联盟》，中华人民共和国外交部网站，https：//www. fmp rc. gov. cn/web/gjhdq_676201/gjhdqzz_681964/lhg_682830/jbqk_682832/。

《阿盟观察团将于 26 日赴叙利亚》，央视网，2011 年 12 月 26 日，http：//news. cntv. cn/20111226/103765. shtml? eefyj3。

陈晨、王守宝：《阿盟期待与非盟在和平与安全事务上加强合作》，新华网，2018 年 1 月 28 日，http：//www. xinhuanet. com/2018-01/29/c_ 1122329976. htm，。

方文军：《阿盟停止叙利亚成员国资格引起叙利亚各界强烈反应》，国际在线，2011 年 11 月 14 日，http：//news. cri. cn/gb/27824/2011/11/ 14/5190s3434907. htm。

拱振喜：《土耳其表示支持叙利亚为稳定局势采取的改革措施》，国际在线，2011 年 4 月 6 日，http：//news. cri. cn/gb/27824/2011/04/ 06/2225s3209935. htm。

《国际社会持续施压，叙利亚重申改革决心》，中国新闻网，2011 年

8 月 7 日，http：//www. chinanews. com/gj/2011/08-07/3239530. shtml。

霍娜、王波：《李肇星：中国-阿拉伯国家合作论坛将正式启动》，新华网，2004 年 9 月 13 日，http：//www. xinhuanet. com//newscenter/2004-09/13/content_ 1976700. htm。

姜铁英：《叙利亚政府欢迎"日内瓦"共识》，环球网，2012 年 7 月 5 日，https：//world. huanqiu. com/article/9CaKrnJw6cW。

李超：《沙特将建设全球首个"悬浮产业集群"》，新浪财经百家号，https：//baijiahao. baidu. com/s？ id = 1716614442141360787&wfr = spider&for =pc。

李来房、陈聪：《阿拉伯国家联盟决定中止叙利亚成员国资格》，腾讯网，2011 年 11 月 12 日，https：//news. qq. com/a/20111113/000009. htm。

《联大举行全体会议讨论"保护的责任"》，联合国新闻，2009 年 7 月 28 日，https：//news. un. org/zh/story/2009/07/116672。

《美国发布报告将 7 国列为所谓"支持恐怖主义国家"》，搜狐网，http：//news. sohu. com/97/08/news201010897. shtml。

邵杰：《阿拉伯联盟官员认为美国对伊动武开创危险先例》，东方网，2003 年 3 月 20 日，http：//www. eastday. com/epublish/gb/paper3/20030320/class000300005/hwz2268. htm。

邵杰：《阿盟外长会议同意设立和平与安全理事会》，新浪网，2006 年 3 月 26 日，https：//news. sina. com. cn/w/2006-03-26/06128530219s. shtml。

孙玉庆：《阿盟外长会议通过决议，要求美英立即无条件撤军》，东方网，2003 年 3 月 25 日，http：//www. eastday. com/epublish/gb/paper3/20030325/class000300005/hwz3889. htm。

《土耳其总理促叙利亚终止暴力推进改革》，新浪网，2011 年 8 月 11 日，http：//news. sina. com. cn/o/2011-08-11/091722972938. shtml。

《王毅阐释中东安全问题的中国方案》，国际在线，2019 年 11 月 27 日，https：//news. cri. cn/baidunews-eco/20191127/fb947b9a-f973-5c05-c518-7f9ca212ccd3. html。

《王毅阐述中方关于解决叙利亚问题的四点主张》，中华人民共和国外交部网站，2021 年 7 月 18 日，http：//switzerlandemb. fmprc. gov. cn/web/gjhdq_676201/gj_676203/yz_676205/1206_677100/xgxw_677106/202107/t20210718_9181787. shtml。

《王毅出席第二届中东安全论坛》，中华人民共和国中央人民政府网站，2022 年 9 月 21 日，https：//www. gov. cn/xinwen/2022 - 09/21/content_5710972. htm。

《王毅谈搭建海湾地区多边对话平台应秉持的三项原则》，中华人民共和国驻阿拉伯叙利亚共和国大使馆网站，2020 年 10 月 23 日，https：//sy-china-embassy. gov. cn/xwfb/202010/t20201023_1748692. htm。

《王毅提出实现中东安全稳定的五点倡议》，澎湃网，2021 年 3 月 26 日，https：//www. thepaper. cn/newsDetail_forward_11896840。

《习近平在阿拉伯国家联盟总部的演讲（全文）》，中华人民共和国中央人民政府网站，2016 年 1 月 22 日，https：//www. gov. cn/xinwen/2016-01/22/content_5035204. htm。

《习近平在中阿合作论坛第八届部长级会议开幕式上的讲话（全文）》，中华人民共和国中央人民政府网站，2018 年 7 月 10 日，https：//www. gov. cn/xinwen/2018-07/10/content_5305377. htm。

辛俭强、明金维：《阿盟外长理事会特别会议同意设立阿拉伯议会》，中国网，2005 年 1 月 13 日，http：//lianghui. china. com. cn/chinese/zhuanti/amgg/756192. htm。

杨卓英、董晶晶、印梅梅，《土总统访问海湾三国 中东和解势头不减》，国际在线，2023 年 7 月 20 日，https：//news. cri. cn/baidunews-eco/20230720/ad99d55a-577b-7450-c68c-f8c0d957adfe. html。

杨子岩：《透视叙利亚危机：安南"六点和平计划"死了吗？》，搜狐网，2012 年 6 月 5 日，http：//news. sohu. com/20120605/n344769460. shtml。

张全：《叙利亚重返阿盟，中东和解再掀高潮》，《解放日报》2023 年 5 月 9 日，第 7 版。

郑思远：《阿盟-欧盟峰会落幕 双方愿加强合作应对挑战》，新华网，2019 年 2 月 26 日，http：//www. xinhuanet. com/world/2019 - 02 - 26/
c_ 1124161836. htm。

郑思远、施洋：《"和平之泉" 恐难带来和平》，新华社百家号，2019 年
10 月 10 日，https：//baijiahao. baidu. com/s？id = 1646977449599126194&wfr =
spider&for = pc。

《中方就政治解决叙利亚问题提出 "四步走" 框架思路》，环球网，
https：//m. huanqiu. com/article/9CaKrnJR3SF。

《中方提出关于推进叙利亚问题政治解决进程的倡议》，中华人民共
和国中央人民政府网，2012 年 10 月 31 日，https：//www. gov. cn/jrzg/
2012 - 10/31/content_ 2254993. htmhttps：//www. gov. cn/jrzg/2012 - 10/31/
content_ 2254993. htm。

《中国外长代表访问叙利亚，阐述政治解决叙问题六点主张》，央视
网，2012 年 3 月 10 日，http：//news. cntv. cn/20120310/100151. shtml。

《中国主张政治解决叙利亚问题应履行 "五个坚持"》，中华人民共
和国外交部，2014 年 1 月 20 日，https：//www. mfa. gov. cn/web/gjhdq_
676201/gj_ 676203/yz_ 676205/1206_ 677100/xgxw_ 677106/201401/t20140
120_9305963. shtml，最后访问时间：2023 年 7 月 4 日。

档案文献以及联合国、阿拉伯国家联盟文件和重要数据库文件

Arab League, "Final Communique of the Extraordinary Summit Conference
of Arab States Held at Casablanca from 7 to 9 August 1985".

Boutros Boutros-Ghali, "An Agenda for Peace：Preventive Diplomacy,
Peacemaking and Peace-keeping," Report of the Secretary-General Pursuant
to the Statement Adopted by the Summit Meeting of the Security Council on 31
January 1992, A/47/277- S/24111, June 17, 1992.

Burdett, Anita L. P. （ed.）, *The Arab League：British Ducumentary
Sources*, 1943 - 1963, Foreign Office and Colonial Office of Great Britain,
Oxford：Archive Editions, 1995.

Economic and Social Commission for Western Asia of United Nations, "Arab Governance Report III Institutional Development in Post-Conflict Settings: Towards Peaceful, Inclusive Societies and Accountable Institutions," 2018.

European Union, "Declaration by the Hign Representative, Catherine Ashton, on Behalf of the European Union on EU Action Following the Escalation of Violent Repression in Syria," 13488/1/11 REV 1, PRESSE 282, Bussels, August 18, 2011.

Human Rights Council, "Report of the United Nations High Commissioner for Human Rights on the Situation of Human Rights in the Syrian Arab Republic," Human Rights Situations that Require the Council's Attention, A/HRC/18/53, September 15, 2011.

Khalil, Muhammad, *The Arab States and the Arab League: A Documentary Record*, Beirut: Khayats, 1962.

League of Arab States Observer Mission to Syria, "Report of the Head of the League of Arab States Observer Mission to Syria for the period from 24 December 2011 to 18 January 2012," 259.12D, January 12, 2012.

Model Arab League, Economic and Social Affairs Committee - Background Guide.

Pettersson, Therese, "UCDP/PRIO Armed Conflict Databaset Codebook," Vol. 20.1, 2020.

Raleigh, Clionadh, Havard Hegre, Joachim Carlsen & Christin Qrmhaug, "Armed Conflict Location and Event Databaset (ACLED) Codebook," Centre for the Study of Civil War, International Peace Research Institute, Oslo, Version 1, 2006.

Sarkees, Meredith Reid, "Extra-State Wars (Version 4.0): Definitions and Variables," The Correlates of War Project.

Sarkees, Meredith Reid, "The COW Typology of War: Defining and Categorizing Wars (Version 4 of the Data)".

Security Council Report, "Cooperation between the UN and the League of

Arab States: Expected Council Action," June 2019.

Stina, Högbladh, "UCDP GED Codebook version 20. 1," Department of Peace and Conflict Research, Uppsala University, 2020.

The Arab Information Center, *The Arab League: Its Origin, Purpose, Structure & Activities*, The Arab Information Center, 1955.

The Correlates of War Project, "Description of Intra-State V5. 1".

The Open Yearbook of Union of International Association, "Arab League Educational, Cultural and Scientific Organization (ALECSO)".

The United Nations, "Letter Dated 23 October 2000 from the Permanent Representative of Egypt to the United Nations Addressed to the Secretary-General," Security Council Fifty-fifth Year, A/55/513, S/2000/1010.

UCDP Definitions, Department of Peace and Conflict Research, Uppsala University.

联合国安理会决议,《1990 年 8 月 6 日第 661 (1990) 号决议》,文件编号:S/RES/661 (1990)。

《联合国宪章》,联合国官网,https://www. un. org/zh/about-us/un-charter。

联合国文件,《2012 年 7 月 5 日秘书长给大会主席和安全理事会主席的同文信》,A/66/865-S/2012/522,2012 年 7 月 6 日。

外文图书

Abass, Ademola, *Regional Organizations and the Development of Collective Security: Beyond Chapter VIII of the UN Charter*, Portland: Hart Publishing, 2004.

Acharya, Amitavand Alastair Iain Johnston, *Crafting Cooperation: Regional International Institutions in Comparative Perspective*, Cambridge: Cambridge University Press, 2007.

Ahrari, M. E., *Change and Continuity in the Middle East: Conflict Resolution and Prospects*, New York: Macmillan Press Ltd. , 1996.

Ajami, Fouad, *The Arab Predicament: Arab Political Thought and Practice since 1967*, New York: Cambridge University Press, 1992.

Arnold, Guy, *Wars in the Third World Since 1945*, London: Bloomsbury Publishing, 1995.

Ashton, Nigel J., *The Cold War in the Middle East Regional Conflict and the superpowers 1967-1973*, London: Routledge, 2007.

Ashton, Nigel John, *Eisenhower, Macmillan and the Problem of Nasser: Anglo-American Relations and Arab Nationalism, 1955-1959*, New York: St. Martin's Press, 1996.

Attar, Riad A., *Arms and Conflict in the Middle East*, Bingley: Emerald Group Publishing Limited, 2009.

Attia, S., Zeinab Shafik, Asmma Ibrahim (eds.), *New Cities and Community Extensions in Egypt and the Middle East: Visions and Challenges*, Cham: Springer, 2019.

Ayubi, Nazih N., *Over-Stating the Arab State: Politics and Society in the Middle East*, New York: St. Martin's Press, 1995.

Bacevich, Andrew J. and Efraim Inbar, *The Gulf War of 1991 Reconsidered*, London: Frank Cass Publishers, 2003.

Bahgat Korany and Ali E. Hillal Dessouki, *The Foreign Policies of Arab States: The Challenge of Globalization*, Cairo: The American University in Cairo Press, 2008.

Barnett, Michael N., *Dialogues in Arab Politics: Negotiations in Regional Order*, New York: Columbia University Press, 1998.

Bensahel, Nora and Daniel L. Byman, *The Future Security Environment in the Middle East: Conflict, Stability, and Political Change*, Santa Monica & Arlington & Pittsburgh: RAND Corporation, 2004.

Bensahel, Nora and Daniel L. Byman (eds.), *Future Security Environment in the Middle East: Conflict, Stability, and Political Change*, Santa Monica: RAND Corporation, 2004.

Bercovitch, Jacob, *International Conflict Management 1945 - 1995*: *Official Codebook for the International Conflict Management Datset*, Bercovitch Data Centre for Conflict, Mediation, & Peace Building, 2000.

Bilgin, Pinar, *Regional Security in the Middle East*: *A Critical Perspective*, New York: Routledge Curzon, 2005.

Black, Cyril E. and Richard A. Falk, *The Future of the International Legal Order*, Princeton: Princeton University Press, 1969.

Blackwell, Stephen, *British Military Intervention and the Struggle for Jordan*: *King Hussein, Nasser and the Middle East Crisis, 1955 - 1958*, Oxon & New York: Routledge, 2009.

Börzel, T. A. and V. Van Hüllen (eds.), *Governance Transfer by Regional Organization*: *Patching Together a Global Script*, London: Palgrave Macmillan, 2015.

Brems, Tonny and Cornelia Navari (eds.), *International Organization in the Anarchical Society*: *The Institutional Structure of World Order*, New York: Palgrave Macmillan, 2019.

Bromley, Simon, *Rethinking Middle East Politics*, Austin: University of Texas Press, 1994.

Buzan, Barry and Ana Gonzalez-Pelaez (eds.), *International Society and the Middle East*: *English School Theory at the Regional Level*, London: Palgrave Macmillan, 2009.

Caplan, Neil, *Futile Diplomacy*: *The United Nations, the Great Powers, and Middle East Peacemaking 1948-1954*, London: Routledge, 2015.

Chaitani, Youssef, *Post-Colonial Syria and Lebanon*: *The Decline of Arab Nationalism and the Triumph of the State*, London & New York: I. B. Tauris & Co. Ltd., 2007.

Claude, Inis L., *Power and International Relations*, New York: Random House, 1962.

Cleveland, William and Martin Bunton, *A History of the Modern Middle*

East, Boulder: Westview Press, 2008.

Cohen, Michael J., *Strategy and Politics in the Middle East 1954-1960: Defending the Northern Tier*, London: Frank Cass, 1997.

Cordesman, Anthony H., *After the Storm: The Changing Military Balance in the Middle East*, London and New York: Bloomsbury, 2016.

Covarrubias, Jack, *Strategic Interests in the Middle East: Opposition or Support for US Foreign Policy*, London: Routledge, 2017.

Cremeans, Charles D., *The Arabs and the World: Nasser's Arab Nationalist Policy*, New York & London: Frederick A. Praeger Publisher, 1963.

Daalder, Ivo H., Nicole Gnesotto, and Philip H. Gordon (eds.), *Crescent of Crisis : U. S. - European Strategy for the Greater Middle East*, Washington, D. C.: The Brookings Institution Press, 2006.

Dann, Uriel, *King Hussein and the Challenge of Arab Radicalism: Jordan, 1955-1967*, New York: Oxford University Press, 1989.

Dawisha, Adeed, *Arab Nationalism in the Twentieth Century: From Triumph to Despair*, Princeton: Princeton University Press, 2003.

Diehl, Paul F. and Joseph Lepgold, *Regional Conflict Management*, Oxon: Rowman & Littlefield Publishers, 2003.

Dockrill, Saki, *Britain's Retreat from East of Suez: The Choice between Europe and the World ?*, New York: Palgrave Macmillan, 2002.

Doran, Michael, *Pan-Arabism before Nasser: Egyptian Power Politics and the Palestine Question*, New York: Oxford University Press, 1999.

Edwards, Beverley Milton, *Contemporary Politics in the Middle East*, Third Edition, Cambridge & Malden: Polity Press, 2011.

Ehteshami, Anoushiravan, *Globalization and Geopolitics in the Middle East: Old Games, New Rules*, London: Routledge, 2007.

Farah, Tawfic E., *Pan-Arabism and Arab Nationalism: The Continuing Debate*, Boulder: Westview Press, 1987.

Fawcett, L. and A. Hurrell (eds.), *Regionalism in World Politics: Regional Organization and International Order*, Oxford: Oxford University Press, 1995.

Fawcett, Louise, *International Relations of the Middle East*, Fourth Edition, Oxford: Oxford University Press, 2016.

Foda, Ezzeldin, *The Projected Arab Court of Justice: A Study in Regional Jurisdiction with Specific Reference to the Muslim Law of Nations*, The Hague: Martinus Nijhoff, 1957.

Freedman, Robert O. , *The Middle East Enters the Twenty-First Century*, Gainesville: University Press of Florida, 2002.

Fromherz, Allen J. , *Qatar: A Modern History*, Washington, D. C. : Georgetown University Press, 2017.

Frye, Richard N. , *The Near East and the Great Powers*, London: Harvard University Press, 1951.

Gerges, Fawaz A. , *The Superpowers and the Middle East: Regional and International Politics, 1955-1967*, Boulder: Westview Press, 1994.

Gomaa, Ahmed M. , *The Foundation of the League of Arab States: Wartime Diplomacy and Inter-Arab Politics, 1941 to 1945*, London: Longman Group Ltd. , 1977.

Guazzone, Laura, *The Middle East in Global Change: The Politics and Economics of Interdependence Versus Fragmentation*, London: Macmillan Press Ltd. , 1997.

Halliday, Fred, *Rethinking International Relations*, London: Macmillan, 1994.

Hamdan, Nahla Yassine and Frederic S. Pearson, *Arab Approaches to Conflict Resolution: Mediation, Negotiation and Settlement of Political Disputes*, London: Routledge, 2014.

Harders, Cilja and Matteo Legrenzi, *Beyond Regionalism? Regional Cooperation, Regionalism and Regionalization in the Middle East*, Hampshire: Ashgate, 2008.

Haseeb, Khair El-Din, Saad El-Din Ibrahim, Ali Nasser, Ibrahim Saad El-Din and Ali El-Din Hilal, *The Future of The Arab Nation: Challenges and Options*, London: Routledge, 2012.

Hasou, Tawfig Y., *The Struggle for the Arab World: Egypt's Nasser and the Arab League*, London: KPI, 1985.

Hinnebusch, Raymond, *The International Politics of the Middle East*, Manchester: Manchester University Press, 2003.

Hudson, Michael C. (ed.), *Middle East Dilemma: The Politics and Economics of Arab Integration*, New York: Columbia University Press, 1999.

Hudson, Michael, *Arab Politics: The Search for Legitimacy*, New Haven and London: Yale University Press, 1977.

Inbar, Efraim, *Regional Security Regimes: Israel and Its Neighbors*, Albany: State University of New York Press, 1995.

Jacoby, Tami Amanda and Brent E. Sasley (eds.), *Redefining Security in the Middle East*, New York and Vancouver: Manchester University Press, 2002.

J., Allen Fromherz, *Qatar: A Modern History*, Washington, D. C. : Georgetown University Press, 2017.

Johnson, A. I. and A. Acharya (eds.), *Crafting Cooperation: Regional Institutions in Comparative Perspective*, Cambridge: Cambridge University Press, 2007.

Kadhim, Abbas, *Governance in the Middle East and North Africa: A Handbook*, London: Routledge, 2013.

Kane, Chen and Egle Murauskaite (eds.), *Regional Security Dialogue in the Middle East: Changes, Challenges and Opportunities*, London: Routledge, 2014.

Karsh, Efraim, *Rethinking the Middle East*, London: Routledge, 2003.

Kaya, Taylan Özgür, *The Middle East Peace Process and the EU: Foreign Policy and Security Strategy in International Politics*, London and New York: I. B. Tauris & Co. Ltd. , 2013.

Kaye, Dalia Dassa, *Beyond the Handshake: Multilateral Cooperation in the Arab Israeli Peace Process, 1991 - 1996*, New York: Columbia University Press, 2001.

Kaye, Dalia Dassa, *Talking to the Enemy: Track Two Diplomacy in the Middle East and South Asia*, Santa Monica: RAND Corporation, 2007.

Kerr, Malcolm H. , *The Arab Cold War: Gamal Abd AL-Nasir and His Rivals, 1958-1970*, Third Edition, New York: Oxford University, 1971.

Khadduri, Majid and Edmund Ghareeb, *War in the Gulf 1990-91: The Iraq - Kuwait Conflict and Its Implications*, New York: Oxford University Press, 1997.

Khater, Akram Fouad, *Sources in The History of the Modern Middle East*, Boston: Wadsworth Cengage Learning, Second Edition, 2014.

Khouri, Rami G. , Karim Makdisi and Martin Wählisch (eds.), *Interventions in Conflict: International Peacemaking in the Middle East*, London: Palgrave Macmillan, 2016.

Kirchner, Emil J. and Roberto Domínguez, *The Security Governance of Regional Organizations*, London: Routledge, 2011.

Korany, Bahgat and Ali E. Hillal Dessouki, *The Foreign Policies of Arab States: The Challenge of Globalization*, Cairo: The American University in Cairo Press, 2008.

Korany, Bahgat, Paul Noble and Rex Brynen (eds.), *The Many Faces of National Security in the Arab World*, New York: St. Martin's Press, Inc. , 1995.

Korany, Bahgat, *The Changing Middle East: A New Look at Regional Dynamics*, Cairo: The American University in Cairo Press, 2011.

Kostiner, Joseph, *Conflict and Cooperation in the Gulf Region*, Wiesbaden: VS Verlag für Sozialwissenschaften, 2009.

L. Carl Brown, *Diplomacy in the Middle East: The International Relations of Regional and Outside Powers*, London: I. B. Tauris Publishers, 2001.

Lauterpache, Elihu, C. J. Greenwood, Marc Weller, and Daniel Bethlehem, *The Kuwait Crisis: Basic Documents*, Vol. 1, Cambridge: Cambridge University Press, 1991.

Lawson, Fred H. , *Constructing International Relations in the Arab World*, Stanford: Stanford University Press, 2006.

Louër, Laurence, *Transnational Shia Politics: Religious and Political Networks in the Gulf*, London: Hurst, 2008.

Luciani, Giacomo and Ghassan Salamé, *The Politics of Arab Integration*, London: Routledge, 1988.

Luciani, Giacomo, *Combining Economic and Political Development*, Leiden and Boston: Brill, 2017.

Macdonald, Robert W. , *The League of Arab States: A Study of the Dynamics of Regional Organization*, Princeton: Princeton University Press, 1965.

MacQueen, Benjamin, *Political Culture and Conflict Resolution in the Arab World: Lebanon and Algeria*, Melbourne: Melbourne University Press, 2009.

Mansour, Imad, *Statecraft in the Middle East: Foreign Policy, Domestic Politics and Security*, London & New York: I. B. Tauris Publishers, 2016.

Maoz, Zeev, Emily B. Landau and Tamar Malz, *Building Regional Security in the Middle East: International, Regional and Domestic Influences*, London: Routledge, 2004.

Maoz, Zeev, *Regional Security in the Middle East: Past, Present and Future*, London: Routledge, 1997.

Martin, Lenore, (ed.), *New Frontiers in Middle East Security*, New York: St. Martin's Press, 1999.

McNamara, Robert, *Britain, Nasser and the Balance of Power in the Middle East 1952-1967: From the Egyptian Revolution to the Six Day War*, Portland: Frank Cass Publishers, 2003.

Migdal, Joel S. , *Shifting Sands: The United States in the Middle East*, New York: Columbia University Press, 2014.

Miller, Benjamin, *States, Nations, and the Great Powers: The Sources of Regional War and Peace*, Cambridge: Cambridge University Press, 2007.

Mufti, Malik, *Sovereign Creations: Pan-Arabism and Political Order in Syria and Iraq*, New York: Cornell University Press, 1996.

Nye, Joseph S., *Peace in Parts: Integration and Conflict in Regional Organization*, Boston: Little, Brown & Company, 1971.

Olar, Ellen Lust, *Structuring Conflict in the Arab World: Incumbents, Opponents, and Institutions*, Cambridge: Cambridge University Press, 2005.

Orfy, Mohammed Moustafa, *NATO and the Middle East: The Geopolitical Context Post-9/11*, London: Routledge, 2011.

Orkaby, Asher, *Beyond the Arab Cold War: The International History of the Yemen Civil War, 1962-1968*, Oxford: Oxford University Press, 2017.

Osoegawa, Taku, *Syria and Lebanon: International Relations and Diplomacy in the Middle East*, London & New York: I. B. Tauris & Co. Ltd. , 2013.

Owen, Roger, *State, Power and Politics in the Making of the Modern Middle East*, London: Routledge, 2004.

Persson, Anders, *The EU and the Israeli-Palestinian Conflict 1971-2013: in Pursuit of a Just Peace*, Maryland & London: Lexington Books, 2015.

Petersen, Tore T. , *The Middle East between the Great Powers: Anglo-American Conflict and Cooperation, 1952 - 1957*, New York: Palgrave Macmillan, 2000.

Podeh, Elie, *The Quest for Hegemony in the Arab World: The Struggle over the Baghdad Pact*, Leiden & New York & Köln: E. F. Brill, 1995.

Pogany, Istvan S. , *The Arab League and Peacemaking in the Lebanon*, New York: St. Martin Press, 1987.

Porath, Yehoshua, *In Search of Arab Unity: 1930 - 1945*, London: Routledge, 2013.

Quandt, William B. (ed.), *The Middle East: Ten Years After Camp David*, Washington, D. C. : The Brookings Institution Press, 1988.

Roger E. Kanet and Edward A. Kolodziej, *The Cold War as Cooperation: Superpower Cooperation in Regional Conflict Management*, New York: Palgrave Macmillan, 1991.

Rubin, Barry, *The Arab States and the Palestine Conflict*, New York: Syracuse University Press, 1981.

A. Russell, James (ed.), *Critical Issues Facing the Middle East: Security, Politics and Economics*, New York: Palgrave Macmillan, 2006.

Salem, P. (ed.), *Conflict Resolution in the Arab World: Selected Essays*, Beirut: American University of Beirut, 1997.

Saouli, Adham, *The Arab State: Dilemmas of Late Formation*, London & New York: Routledge, 2012.

Sarkees, Meredith Reid and Frank Whelon Wayman, *Resort to War: A Data Guide to Inter-State, Extra-State, Intra-State, and Non-State Wars, 1816-2007*, Washington D. C. : CQ Press, 2010.

Sayegh, Fayez A. , *Arab Unity: Hope and Fulfillment*, New York: The Devin-Adair Company, 1958.

Sayegh, Fayez A. , *The Dynamics of Neutralism in the Arab World: A Symposium*, San Francisco: Chandler Publishing Company, 1964.

Seale, Patrick, *The Decline of Arab Nationalism and the Triumph of the State: Post-Colonial Syria and Lebanon*, London & New York: I. B. Tauris & Co. Ltd. , 2007.

Seale, Patrick, *The Struggle for Syria: A Study of Post-War Arab Politics: 1945-1958*, Oxford: Oxford University Press, 1965.

Sela, Avraham, *The Decline of the Arab-Israeli Conflict: Middle East Politics and the Quest for Regional Order*, Albany: State University of New York Press, 1998.

Sharabi, Hisham, *Theory Politics and the Arab World: Critical Responses*, London: Routledge, 1990.

Sirrs, Owen L. , *Nasser and the Missile Age in the Middle East*, London:

Routledge, 2006.

Pervin, David J. and Steven L. Spiegel（eds.）, *Practical Peacemaking in the Middle East: Arms Control and Regional Security*, Volume 1, New York: Garland Publishing, 1995.

Spiegel, Steven L. and David J. Pervin（eds.）, *Practical Peacemaking in the Middle East: The Envrionment, Water, Refugees, and Economic Cooperation and Development*, Volume 2, London: Routledge, 2012.

Stookey, Robert W. , *American and the Arab States: An Uneasy Encounter*, New York: John Wiley & Sons, 1975.

Tavares, Rodrigo, *Regional Security: The Capacity of International Organization*, London: Routledge, 2010.

Tawfig Y. Hasou, *The Struggle for the Arab World: Egypt's Nasser and the Arab League*, London: KPI, 1985.

Taylor, Alan R. , *The Arab Balance of Power*, New York: Syracuse University Press, 1982.

Tibi, Bassam, *Conflict and War in the Middle East: From Interstate War to New Security*, New York: St. Martin's Press, 1993.

Toffolo, Cris E. , *Global Organizations: The Arab League*, New York: Chelser House Publisher, 2008.

Tschirgi, D. （ed.）, *The Arab World Today*, Boulder & London: Lynne Rienner Publishers, 1994.

Vaughan, James R. , *The Failure of American and British Propaganda in the Arab Middle East, 1945 - 1957: Unconquerable Minds*, Basingstoke & New York: Palgrave Macmillan, 2005.

Weiss, Thomas G. （ed.）, *Beyond UN Subcontracting: Task−Sharing with Regional Security Arrangements and Service − Providing NGOs*, New York: Macmillan Press, 1998.

Weitzman, Bruce Maddy, *The Crystallization of the Arab State System, 1945-1954*, New York: Syracuse University Press, 1993.

William, Quandt (ed.), *The Middle East: Ten Years After Camp David*, Washington, D. C.: The Brookings Institution Press, 1988.

Wilson, Gary, *The United Nations and Collective Security*, London: Routledge, 2014.

Woods, Kevin M., *The Gulf War: The Conquest of Kuwait and the "Mother of All Battles" War*, Annapolis: Naval Institute Press, 2008.

Yannis A. Stivachits, *Conflict and Diplomacy in the Middle East: External Actors and Regional Rivalries*, Bristol: E - International Relations Publishing, 2018.

Zacher, Mark W., *International Conflicts and Collective Security, 1946 - 1977: The United Nations, Organization of American States, Organization of African Unity, and Arab League*, New York & London: Praeger, 1979.

外文论文

"Iraq Invasion of Kuwait - International Response," *Keesing's Record of World Events*, Vol. 36, August 1990.

"The GCC: Alliance Politics," *Whitehall Papers*, Vol. 20, No. 1, 1993.

Abidi, A. H. H., "Origins and Dimensions of the Iraqi Claim Over Kuwait," *India International Centre Quarterly*, Vol. 18, No. 1, 1991.

Agha - Mohammadi, Mortezaand and Mohammad Masjed Jamei, "Kuwaiti Shia as a Lever of Balance for the Ruling Family of Kuwait," *Kom*, Vol. 9, No. 3, 2020.

Ahram, Ariel I., "Territory, Sovereignty, and New Statehood in the Middle East and North Africa," *The Middle East Journal*, Vol. 71, No. 3, 2017.

Akpinar, Pinar, "The Limits of Mediation in the Arab Spring the Case of Syria," *Third World Quarterly*, Vol. 37, No. 12, 2016.

Alazemi, Talal Z. A., "Kuwaiti Foreign Policy in Light of the Iraqi

Invasion, With Particular Reference to Kuwait's Policy Towards Iraq, 1990 - 2010," Doctoral Dissertation, The University of Exeter, 2013.

Anderson, Krister, "Going Major: Reforming the League of Arab States," *Harvard International Review*, Vol. 25, No. 4, 2004.

"Extraordinary Arab Summit Conference Resolution on the Gulf Crisis 10 August 1990," *Arab Studies Quarterly*, Vol. 13, Nos. 1-2, 1991.

Aruri, Naseer H. Aruri, "The Recolonization of the Arab World," *Arab Studies Quarterly*, Vol. 11, No. 2, 1989.

Ashton, Nigel J., "A 'Special Relationship' Sometimes in Spite of Ourselves: Britain and Jordan, 1957 - 1973," *The Journal of Imperial and Commonwealth History*, Vol. 33, No. 2, 2005.

Awan, Maqbool Ahmad, "Gamal Abdel Nasser's Pan - Arabism and Formation of the United Arab Republic: An Appraisal," *Journal of Research Society of Pakistan*, Vol. 54, No. 1, 2017.

Aziz, M. A., "Origins of the Arab League," *Pakistan Horizon*, Vol. 8, No. 4, 1955.

Bailes, Alyson J. K and Andrew Cottey, "Regional Security Cooperation in the Early 21st Century," in SIPRI Yearbook, *Armaments, Disarmament and International Security*, 2006.

Barak, Oren and Dan Miodownik, "Military Autonomy and Balancing in Political Crises: Lessons From the Middel East," *Armed Forces & Society*, Vol. 47, No. 1, 2021.

Barak, Oren, "Ambiguity and Conflict in Israel-Lebanese Relations," *Israel Studies*, Vol. 15, No. 3, 2010.

Barnett, Michael N., "Regional Security after the Gulf War," *Political Science Quarterly*, Vol. 111, No. 4, 1997.

Barnett, Michael N., "Sovereignty, Nationalism, and Regional Order in the Arab States System," *International Organization*, Vol. 49, No. 3, 1995.

Barzegar, Kayhan, "Iran and the Shiite Crescent: Myths and Realities,"

Brown Journal of World Affairs, Vol. 15, No. 1, 2008.

Barzegar, Kayhan, "Iran's Foreign Policy Strategy after Saddam," *The Washington Quarterly*, January 2010.

Beck, Martin, "The Arab League: A New Policy Approach in the Making?," Center for Mellemoststudier, Syddansk University, April 2013.

Beck, Martin, "The End of Regional Middle Eastern Exceptionalism? The Arab League and the Gulf Cooperation Council after the Arab Uprisings," *Democracy and Security*, Vol. 11, No. 2, 2015.

Bercovitch, Jacob and James W. Lamare, "The Process of International Mediation: An Analysis of the Determinants of Successful and Unsuccessful Outcomes," *Australian Journal of Political Science*, Vol. 28, No. 2, 1993.

Bercovitch, Jacob and S. Ayse Kadayifci, "Conflict Management and the Israeli - Palestinian Conflict: The Importance of Capturing the 'Right Moment'," *Asia-Pacific Review*, Vol. 9, No. 2, 2002.

Bergenas, Johan, "The Role of the Gulf Cooperaion Council and the League of Arab States in Implementing Resolution 1540," The Henry L. Stimson Center, December 2010.

Bhardwaj, Maya, "Development of Conflict in Arab Spring Libya and Syria: From Revolution to Civil War," *The Washington University International Review*, Vol. 1, Spring 2012.

Bismarck, Helene Von, "The Kuwait Crisis of 1961 and Its Consequences for Great Britain's Persian Gulf Policy," *British Scholar*, Vol. 2, No. 1, 2009.

Bosetti, Louise and Sebastian von Einsiedel, "Intrastate - Based Armed Conflicts: Overview of Global and Regional Trends (1990-2013)," United Nations University Centre for Policy Research, February 2015.

Brun, Itai, Sarah Feuer and Itay Haiminis, *Eight Years after the Upheaval: Alternative Approaches to Understanding the Current Middle East*, Institute for National Security Studies, 2019.

Chakravorti, Robi, "US and West Asia: Silencing Dissent," *Economic and Political Weekly*, Vol. 28, No. 46, 1993.

Cleland, Wendell, "The League of Arab States After Fifteen Years," *World Affairs*, Vol. 123, No. 2, 1960.

Cunningham, David E. and Douglas Lemke, "Distinctions without Differences?: Comparing Civil and Interstate Wars," Conference Paper at the Annual Meeting of the American Political Science Association, Toronto, September 3-6, 2009.

Dakhlalla, Farah, "The Arab League in Lebanon: 2005 - 2008," *Cambridge Review of International Affairs*, Vol. 25, No. 1, 2012.

Dakhlallah, Farah, "The League of Arab States and Regional Security: Towards an Arab Security," *British Journal of Middle Eastern Studies*, Vol. 39, No. 3, 2012.

Dessouki, Ali El Deen Hillal, "The Arab Regional System: A Question of Survival," *Contemporary Arab Affairs*, Vol. 8, No. 1, 2015.

Diab, Nader Iskandar, "Enforcement Action by Regional Organisations Revisited: The Prospective Joint Arab Forces," *Journal on the Use of Force and International Law*, Vol. 4, No. 1, 2017.

Eilts, Hermann Frederick, "Saddam Hussein's Iraq: A New Persian Gulf Predator", *Harvard International Review*, Vol. 13, No. 2, 1990.

Erlich, Reuven, "The Road to the Second Lebanon War, 2000-2006: Strategic Changes in Lebanon, the Middle East, and the International Theater," Report Paper at Institute for National Security Studies, 2017.

Ernst B. Haas, "Regime Decay: Conflict Management and International Organizations, 1945 - 1981," *International Organization*, Vol. 37, No. 2, 1983.

Farah, Caesar E., "The Dilemma of Arab Nationalism," *Die Welt des Islams*, Vol. 8, No. 3, 1963.

Felsch, Maximilian, "The Arab Regional System After the Arab Uprisings: Reaching Hegemonic Stability?," *Orient*, No. 1, 2018.

Felsch, Maximilian, "The Ascent of Saudi Arabia to a Regional Hegemon: The Role of Institutional Power in the League of Arab States," *International Studies*, Vol. 57, No. 2, 2020.

Frei, Diniel, "Conditions Affecting the Effectiveness of International Mediation," *Peace Science Society (International) Papers*, Vol. 26, No. 1, 1976.

Gartner, Scott Sigmund, "Sign of Trouble: Regional Organization Mediation and Civil War Agreement Durability," *The Journal of Politics*, Vol. 73, No. 2, 2011.

Ghoul, Fady Y. Abusidual, "Why Has the Arab League Failed as a Regional Security Organisation? An Analysis of the Arab League's Conditions of Emergence, Characteristics and the Internal and External Challenges that Defined and Redefined Its Regional Security Role," Doctoral Dissertation, University of Bradford, 2012.

Gumbo, Bekezela, "The Hobbesian Nightmare in the Arab League: A Collision of Identity Politics and National Interests in Middle East Conflicts," *Political Sciences & Public Affairs*, Vol. 2, No. 4, 2014.

Haas, Ernst B. and Edward Thomas Rowe, "Regional Organization in the United Nations: Is There Externalization?," *International Studies Quarterly*, Vol. 17, No. 1, 1973.

Haas, Ernst B., "Regime Decay: Conflict Management and International Organizations, 1945-1981," *International Organization*, Vol. 37, No. 2, 1983.

Hafez, Mohamad Hosam, "The Arab League: Its Foundation and Role in Arab Regional Security," *Alsharq Forum*, January 2019.

Hafez, Ziad, "The Arab NationalConference (ANC) and the Resurgence of Arab Nationalism," *Contemporary Arab Affairs*, Vol. 10, No. 3, 2017.

Hansen, Holley E. and Stephen C. Nemeth, "IO Mediation of Interstate Conflicts: Moving Beyond the Global Versus Regional Dichotomy,"

The Journal of Conflict Resolution, Vol. 52, No. 2, 2008.

Hasan, S. Shamir, "Britain and the Iraq-Kuwait Dispute," *Proceedings of the India History Congress*, Vol. 56, 1995.

Heller, Mark, "Prospects for Creating a Regional Security Structure in the Middle East," *Journal of Strategic Studies*, Vol. 26, No. 3, 2003.

Hellquist, Elin, "Regional Organizations and Sactions Against Members: Explaining the Different Trajectories of the African Union, the League of Arab Sates, and the Association of Southeast Asian Nations," KFG Working Paper Series at Freie Universität Berlin, 2014.

Hettne, Björn, "Development and Security: Origins and Future," *Security Dialogue*, Vol. 14, No. 1, 2010.

Hinnebusch, Raymond and I. William Zartman, "UN Mediation in the Syrian Crisis: From Kofi Annan to Lakhdar Brahimi," International Peace Institute, March 2016.

Hinnebusch, Raymond, "The Arab Uprisings and the MENA Regional States System," *Uluslararası İli kiler*, Vol. 11, No. 42, 2014.

Homiad, Abdul Lahman N. Ben, "The Arab League-A Comparison Examination of Voting Mechanisms: Exploration of the Unanimity Rule of the Arab League Regulations and How the Rule Affects the Organization's Security Function," Doctoral Dissertation, The American University, 2006.

Horton, Alan W., "The Arab Summit of January 1964: Some Observations on Inter-Arab Relations," *Northeast Africa Series*, Vol. 11, No. 1, 1964.

Hourani, Cecil A., "The Arab League in Perspective," *Middle East Journal*, Vol. 1, No. 2, 1947.

Hovsepian, Nubar, "Competing Identities in the Arab World," *Journal of International Affairs*, Vol. 49, No. 1, 1995.

Hussain, Nazir, "The Israel-Lebanon War and Its Implications for Regional Security," *Policy Perspectives*, Vol. 4, No. 1, 2007.

Ibrahim, Raslan "Regional Organizations and Internal Conflict: The Arab League and the Arab Spring," BPC Policy Brief, BRICS Policy Center, Vol. 4, No. 2, 2016.

Isaac, Sally Khalifa, "Rethinking the New ENP: A Vision for an Enhanced European Role in the Arab Revolutions," *Democracy and Security*, Vol. 9, No. 1, 2013.

Ismael, Tareq Y. and Jacqueline S. Ismael, "Arab Politics and the Gulf War: Political Opinion and Political Culture," *Arab Studies Quarterly*, Vol. 15, No. 1, 1993.

Jackson, Galen, "The Lost Peace: Great Power Politics and the Arab-Israeli Problem, 1967 – 1979," Doctoral Dissertation, University of California, 2016.

Jacobson, Kenneth, "The United States, Israel, and the Middle East," *The American Jewish Year Book*, Vol. 91, 1991.

Jeffrey, James Franklin, "The Trump Foreign Policy Legacy in the Middle East," *Transatlantic Policy Quarterly*, Vol. 19, No. 4, 2021.

Jentleson, Bruce W. & Dalia Dassa Kaye, "Security Status: Explaining Regional Security Cooperation and Its Limits in the Middle East," *Security Studies*, Vol. 8, No. 1, 1998.

Jones, Peter, "Structuring Middle East Security," *Survival*, Vol. 51, No. 6, 2009.

Joyce, Miriam, "Preserving the Sheikhdom: London, Washington, Iraq and Kuwait, 1958-61," *Middle Eastern Studies*, Vol. 31, No. 2, 1995.

Jreisat, Jamil E. and Hanna Y. Freij, "Jordan, The United States, And the Gulf Crisis," *Arab Studies Quarterly*, Vol. 13, Nos. 1-2, 1991.

K., G. E., "Cross-Currents Within the Arab League: The Greater Syria Plan," *The World Today*, Vol. 4, No. 1, 1948.

Kadi, Leila S., "Arab Summit Conferences and the Palestine Problem (1936-1950), (1964-1966)," Research Centre of Palestine Liberation

Organization, 1966.

Karawan, Ibrahim A., "Arab Dilemmas in the 1990s: Breaking Taboos and Searching for Signposts," *Middle East Journal*, Vol. 48, No. 3, 1994.

Kareem, Mohammed Dakhil, "The Regional and International Attitude Towards the Iraqi Invasion of Kuwait in 1990," *International Journal of Innovation, Creativity and Change*, Vol. 10, No. 7, 2019.

Kechichian, Joseph A., "Security Efforts in the Arab World: A Brief Examination of Four Regional Organizations," RAND, 1994.

Kelidar, Abbas, "The Struggle for Arab Unity," *The World Today*, Vol. 23, No. 7, 1967.

Khadduri, Majid, "The Arab League as a Regional Arrangement," *The American Journal of International Law*, Vol. 40, No. 4, 1946.

Khalidi, Walid, "Toward Peace in the HolyLand," *Foreign Affairs*, Vol. 66, No. 4, 1988.

Kiniklioglue, Suat, "What Does Turkey Want in Syira and Why," DCAF-STRATIM Paper Series, 2016.

Kostiner, Joseph, "Saudi Arabia and the Arab – Israeli Peace Process: The Fluctuation of Regional Coordination," *British Journal of Middle Eastern Studies*, Vol. 36, No. 3, 2009.

Kröning, Lucie, "The Arab League and the Arab Spring: Strategic Reconfiguration in Response to New Security Challenges," Master Thesis, Institut d'Etudes Politiques de Paris, May 2013.

Küçükkeleş, Müjge, "Arab League's Syrian Policy," *SETA Policy Brief*, April 2012.

Kupchan, Charles A. and Clifford A. Kupchan, "Concerts, Collective Security, and the Future of Europe," *International Security*, Vol. 16, No. 1, 1991.

Laikin, Judith, "British Influence on the Arab League," *Journal of International Affairs*, Vol. 3, No. 2, 1949.

Lavy, Victor, "The Economic Embargo of Egypt by Arab States: Myth and Reality," *Middle East Journal*, Vol. 38, No. 3, 1984.

Lawson, Fred H., "Westphalian Sovereignty and the Emergence of the Arab States System: The Case of Syria," *The International History Review*, Vol. 22, No. 3, 2000.

Lesch, Ann Mosely, "Contrasting Reactions to the Persian Gulf Crisis: Egypt, Syria, Jordan, and the Palestinians," *Middle East Journal*, Vol. 45, No. 1, 1991.

Lindenstrauss, Gallia, "Turkey and the Arab Awakening: The Glass Half Full, the Glass Half Empty," Report Paper at the Part of Turkey at the Arab Awakening, Institute for National Security Studies, 2012.

Lundgren, Magnus, "Mediation in Syria: Initiatives, Strategies, and Obstacles, 2011-2016," *Comtemporary Security Policy*, Vol. 37, No. 2, 2016.

Lundgren, Magnus, "Peacemaking in Syria: Barriers and Opportunities," *Swedish Institute of International Affairs Brief*, No. 1, 2015.

Lustick, Ian S., "The Absence of Middle Eastern Great Powers: Political 'Backwardness' in Historical Perspective," *International Organization*, Vol. 51, No. 4, 1997.

Mabro, Robert, "Political Dimensions of the Gulf Crisis," *Oxford Institute for Energy Studies*, 1990.

Maksoud, Clovis, "Diminished Sovereignty, Enhanced Sovereignty: United Nations- Arab League Relations at 50," *Middle East Journal*, Vol. 49, No. 4, 1995.

Maksoud, Clovis, "From June 1967 to June 1997: Learning from Our Mistakes," *Arab Study Quarterly*, Vol. 19, No. 3, 1997.

Maksoud, Clovis, "Peace Process or Puppet Show?," *Foreign Policy*, No. 100, 1995.

Maksoud, Clovis, "The Arab Worlds Quandary," *World Policy Journal*, Vol. 8, No. 3, 1991.

Maksoud, Clovis, "The Pitfalls of Optimism," *Journal of Palestine Studies*, Vol. 6, No. 3, 1977.

Mann, Joseph, "Yemeni Threat to Saudi Arabia's Internal Security, 1962-1970," *Journal of Arabian Studies*, Vol. 4, No. 1, 2014.

Mansfield, Edward D. and Etel Solingen, "Regionalism," *Annual Review of Political Science*, Vol. 13, 2010。

Maoz, Zeev, "Domestic Politics of Regional Security: Theoretical Perspectives and Middle East Patterns," *Journal of Strategic Studies*, Vol. 26, No. 3, 2003.

Matter, Philip, "The PLO and the Gulf Crisis," *Middle East Journal*, Vol. 48, No. 1, 1994.

Mcmillan, Joseph, "Saudi Arabia and Iraq: Oil, Religion, and an Enduring Rivalry," US Institute of Peace, 2006.

Meitai, Yoram, "The Khartoum Conference and Egyptian Policy after the 1967 War: A Reexamination," *The Middle East Journal*, Vol. 54, No. 1, 2000.

Mencütek, Zeynep ahin, "The 'Rebirth' of a Dead Organization?: Questioning the Role of the Arab League in the 'Arab Uprising Process'," *Perceptions*, Vol. 19, No. 2, 2014.

Miller, Benjamin, "Balance of Power or the State-to-Nation Balance: Explaining Middle East War - Propensity," *Security Studies*, Vol. 15, No. 4, 2006.

Mohamedou, Mohammad-Mahmoud Ould, "Arab Agency and the UN Project: The League of Arab States between Universality and Regionalism," *Third World Quarterly*, Vol. 37, No. 7, 2016.

Montagne, Robert, "France, England, and the Arab States," *International Affairs*, Vol. 25, No. 3, 1949.

Mor, Ben D., "The Middle East Peace Process and Regional Security," *Journal of Strategic Studies*, Vol. 20, No. 1, 1997.

Moussalli, Ahmed S. , "Regional Realities in the Arab World," International Council, April 2016.

Nathan, Laurie, "The Peacemaking Effectiveness of Regional Organizations", Crisis States Research Centre, October 2010.

Nufal, Ahmad S. , "The Gulf States and the Crisis Over Kuwait," *Arab Studies Quarterly*, Vol. 13, No. 1, 1991.

Ojo, Olusola, "The Relationship between the Organization of African Unity and the Leagueof Arab States," *Africa Spectrum*, Vol. 16, No. 2, 1981.

Owsiak, Andrew P. , "Conflict Management Trajectories in Militarized Interstate Disputes: A Conceptual Framework and Theoretical Foundations," *International Studies Review*, Vol. 16, No. 1, 2014.

Patterson, Molly, "The Shi'a Spring: Shi'a Resisitance and the Arab Spring Movement in the GCC States," *Journal of Islamic and Middle East Multidisciplinary Studies*, Vol. 4, No. 1, 2015.

Peretz, Don, "Nonalignment in the Arab World," *The Annals of the American Academy of Political and Social Science*, Vol. 362, 1965.

Perthes, Volker, "Security Perceptions and Cooperation in the Middle East: The Political Dimension," *The International Spectator*, Vol. 50, No. 4, 2015.

Pinfari, Marco, "Nothing but Failure? The Arab League and the Gulf Cooperation Council as Mediators in Middle Eastern Conflicts," Working Paper at Crisis States Research Centre, No. 2, March 2009.

Pinfari, Marco, "Regional Organizations in the Middle East," Oxford Handbooks Online, September 2016.

Podeh, Elie, " 'Suez in Reverse': The Arab Response to the Iraqi Bid for Kuwait, 1961-63," *Diplomacy & Statecraft*, Vol. 14, No. 1, 2003.

Podeh, Elie, "The Emergence ofthe Arab State System Reconsidered," *Diplomacy and Statecraft*, Vol. 9, No. 3, 1998.

Pressman, Jeremy, "Mediation, Domestic Politics, and the Israeli-Syrian Negotiations, 1991-2000," *Security Studies*, Vol. 16, No. 3, 2007.

Raifu, Isiaka Akande and Alarudeen Aminu, "The Effect of Military Spending on Economic Growth in MENA: Evidence from Method of Moments Quantile Regression," *Raifu and Aminu Future Business Journal*, Vol. 9, No. 7, 2023.

Raslan Ibrahim, "Regional Organization and Internal Conflict: The Arab League and the Arab Spring," BRICS Policy Center, August 2016.

Rishmawi, Mervat, "The Arab Charter on Human Rights and the League of Arab States: An Update," *Human Rights Law Review*, Vol. 10, No. 1, 2010.

Rishmawi, Mervat, "The League of Arab States Human Rights Standards and Mechanisms," Cairo Institute for Human Rights Studies, 2013.

Rodden, Glenn, "The Eisenhower Administration and the Middle East: Containment, Communism and Arab Nationalism," Doctoral Dissertation, Northern Illionois University, 1995.

Romero, Juan, "Arab Nationalism and the Arab Union of 195," *British Journal of Middle East Studies*, Vol. 42, No. 2, 2015.

Rovner, Joshua, "Delusion of Defeat: The United States and Iraq, 1990-1998," *Journal of Strategic Studies*, Vol. 37, No. 4, 2014.

Rubin, Barry, "Pan-Arab Nationalism: The Ideological Dream as Compelling Force," *Journal of Contemporary History*, Vol. 26, 1991.

Ryan, Curtis R., "Regime Security and Shifting Alliances in the Middle East," Paper at Symposium of International Relations and a New Middle East, 2016.

Ryan, Curtis, "The New Arab Cold War and the Struggle for Syria," *Middle East Report*, No. 262, 2012.

Safa, Oussama, "Conflict Resolution and Reconciliation in the Arab World: The Work of Civil Society Organizations in Lebanon and Morocco,"

Berghof Research Center for Constructive Conflict Management, July 2007.

Salem, Ahmed Ali, "International Relations Theories and International Organizations: Realism, Constructivism, and Collective Security in the League of Arab States," Doctoral Dissertations, University of Illionis at Urbana-Champaign, 2006.

Salem, Mohammed Anis, "Arab Schisms in the 1980s: Old Story or New Order?," *The World Today*, Vol. 38, No. 5, 1982.

Santini, Ruth Hanau, "A New Regional Cold War in the Middle East and North Africa: Regional Security Complex Theory Revisited," *The International Spectator*, Vol. 52, No. 4, 2017.

Sarto, Raffaella A. Del and Eduard Soler i Lecha, "The Mirage of Regionalism in the Middle East and North Africa Post-2011," Middle East and North Africa Regional Architecture, Working Papers, October 2018.

Sawani, Youssef Mohamed, "The 'End of Pan-Arabism' Revisited: Reflections on the Arab Spring," *Contemporary Arab Affairs*, Vol. 5, No. 3, 2012.

Sayigh, Yezid, "The Gulf Crisis: Why the Arab Regional Order Failed," *International Affairs*, Vol. 67, No. 3, 1991.

Schneider, Frédéric G., "The Stalling Visions of the Gulf: The Case of Saudi Arabia's Vision 2030," Fikra Forum, May 14, 2021.

Seabury, Paul, "The League of Arab States: Debacle of a Regional Organization," *International Organization*, Vol. 3, No. 4, 1949.

Sela, Avraham, "The Vicissitudes of the Arab States System: From Its Emergence to the Arab Spring," *India Quarterly*, Vol. 73, No. 2, 2017.

Siklawi, Rami, "The Palestinian Resistance Movement in Lebanon 1967 - 1982: Survival, Challenges, and Opportunities," *Arab Studies Quarterly*, Vol. 39, No. 3, 2017.

Singh, Sushil Chandar, "The League of Arab States," *The Indian Journal of Political Science*, Vol. 26, No. 4, 1965.

Solingen, Etel, "The Genesis, Design and Effects of Regional Institutions: Lessons from Asia and the Middle East," *International Studies Quarterly*, Vol. 52, No. 2, 2008.

Soltan, Gamal A. Gawad, " Security Perceptions in the Arab World and Euro‐med Relations," *The International Spectator*, Vol. 36, No. 1, 2001.

Stansfield, Gareth, "The Reformation of Iraq's Foreign Relations: New Elites and Enduring Legacies," *International Affairs*, Vol. 86, No. 6, 2010.

Stein, Janice Gross, "Deterrence and Compellence in the Gulf, 1990-91: A Failed or Impossible Task?," *International Security*, Vol. 17, No. 2, 1992.

Stephens, Robert, "The Great Powers and the Middle East," *Journal of Palestine Studies*, Vol. 2, No. 1, 1972.

Stork, Joe, "The Gulf War and the Arab World," *World Policy Journal*, Vol. 8, No. 2, 1991.

Suleiman, Michael W. , "The Arab Information Effort in North America: An Assessment," *Arab Studies Quarterly*, Vol. 8, No. 3, 1986.

Telhami, Shibley, "Arab Public Opinion and the Gulf War," *Political Science Quarterly*, Vol. 108, No. 3, 1993.

Thomas G, Weissand Pallavi Roy, "The UN and the Global South, 1945 and 2015: Past as Prelude?," *Third World Quarterly*, Vol. 37, No. 7, 2016.

Turck, Nancy, "The Arab Boycott of Israel," *Foreign Affairs*, Vol. 55, No. 3, 1977.

ÜLGER, İrfan Kaya, "The Arab League: From Establishment to Failure," *E-Journal of Social and Legal Studies*, Vol. 4, No. 1, 2018.

Valbjørn, Morten and André Bank, "The New Arab Cold War: Rediscovering the Arab Dimension of Middle East Regional Politics," *Review of International Studies*, Vol. 38, No. 1 , 2012.

Vanhullebusch, Matthias, " The Arab League and Military Operations:

Prospects and Challenges in Syria," *International Peacekeeping*, Vol. 22, No. 2, 2015.

Volfová, Gabriela Özel, "Turkey's Middle Eastern Endeavors: Discourses and Practices of Neo-Ottomanism under the AKP," *Die Welt des Islams*, Vol. 56, Nos. 3-4, 2016.

Wajner, Daniel F., "In Quest of Legitimacy: Framing Battles in the Arab Spring and the Arab League's Legitimation Role," Master Dissertation, The Hebrew University, December 2013.

Wallensteen, Peter and Isak Svensson, "Talking Peace: International Mediation in Armed Conflicts," *Journal of Peace Research*, Vol. 51, No. 2, 2014.

Weber, Annette, "Bridging the Gap between Narrative and Practices: The Role of the Arab League in Darfur," FRIDE, March 2010.

Weinberger, Naomi Joy, "Peacekeeping Options in Lebanon," *Middle East Journal*, Vol. 37, No. 3, 1983.

Weiss, Martin A., "Arab League Boycott of Israel," CRS Report for Congress, April 19, 2006.

Weitzman, Bruce Maddy, "The Inter-Arab System andthe Gulf War: Continuity and Change," The Carter Center, November 1991.

Wichhart, Stefanie, "The Formation of the Arab League and the United Nations, 1944-5," *Journal of Contemporary History*, Vol. 54, No. 2, 2019.

Yetim, Mustafa and İsmail Numan Telci, "Another 'Third Way' to Narrate the Existing Alliances in the Middle East: Turkey-Qatar, Saudi Arabia-UAE, and Iran-Syria," *Journal of Balkan and Near Eastern Studies*, Vol. 25, No. 3, 2023.

Yönten, Hasan and Robert A. Denemark, "Turkish Foreign Policy in Middle East and North Africa Under the AKP: An Empirical Analysis," *Turkish Studies*, Vol. 24, No. 5, 2023.

Youssef, Hesham, "Mediation and Conflict Resolution in the Arab

World: The Role of the Arab League," Institution for Peace Research and Security Policy at the University of Hamburg, OSCE Yearbook, 2013.

Zacher, Mark W. , "The Secretary-General and the United Nations' Function of Peaceful Settlement," *International Organization*, Vol. 20, No. 4, 1966.

Zamzami, Sirag G. , "The Origins of the League of the Arab States and Its Activities within the Member States, 1942-1970," Doctoral Dessertations, University Microfilms International, 1978.

英文新闻、网络资源

Academic Accelerator, "Introduction to Shia Crescent," Shia Crescent: The Most Up-to-Date Encyclopedia, News, Review & Research (academic-accelerator. com).

Al Arabiya, "Arab League Holds 'Frank and Friendly' Talks with Assad," October 26, 2011, https://www. alarabiya. net/articles/2011/10/26/173742. html#.

Al Arabiya, "Head of Syrian Monitors Reports Homs is Calm but Calls for further Inquiry," December 28, 2011, https://www. alarabiya. net/articles/2011/12/28/184952. html.

Al Jazeera, "Arab League Decides to Suspend Syria: Syrian Ambassador Denounces Move as Illegal after Regional Bloc Demands 'Total Implementation' of Arab Plan," November 13, 2011, https://www. aljazeera. com/news/2011/11/13/arab-league-decides-to-suspend-syria.

Alamer, Sultan, "Biden and the War in Yemen: The Larger Context of the Shifts in the American Position," Carnegie Endowment for International Peace, April 14, 2021, https://carnegieendowment. org/sada/84326.

Al-Anani, Khalil, Yara M. Asi and Amal Ghazal (eds.), "The Biden Administration and the Middle East in 2023," Arab Center Washington

D. C. , January 4, 2023, https：//arabcenterdc. org/resource/the - biden - administration-and-the-middle-east-in-2023/.

Al-Arabi , Shehata, "How Far Can the Reconciliations in the Region May Stand?," Strategiecs Think Tank, June 2, 2022.

Alghannam, Hesham and Mohammad Yaghi, "Biden's Trip to Saudi Arabia：Successes and Failures," Carnegie Endowment for International Peace, https：//carnegieendowment. org/sada/87662.

Alragawi, Mohammed, "What's Behind Saudi Arabia - Qatar Reconciliation?," Anadolu Agency, May 1, 2021.

Aoun, Joy Fares, "Syria：Joint Damage Assessment of Selected Cities (English, Arabic)," World Bank Group, December 1, 2022, http：// documents. worldbank. org/curated/en/099173502272397116/P172171027e9070310 b52e09ce3ad7393cc.

AP and Toi Staff, "Egypt Leader Voices Support for Syrian President's Military," The Times of Israel, November 23, 2016, https：// www. timesofisrael. com/egypt-leader-voices-support-for-syrian-presidents-military/.

"Arab League Holds 'Frank and Friendly' Talks with Assad," Middle East Online, October 27, 2011, https：//meo. news/en/arab - league - holds-frank-talks-assad.

Baligh, Dalia, "Egypt Condemns Iraqi Invasion with PM-Iraq-Kuwait, Bjt," AP News, August 4, 1990, https：//apnews. cdom/article/5c9a3bf 307e875fba830e40d0b166b54.

Cafiero, Giorgio and Cinzia Bianco, "Arab Shield 1"：The Birth of An Arab NATO?", Middle East Institute, November 13, 2018, https：// www. mei. edu/publications/arab-shield-1-birth-arab-nato.

Centre for Geopolitics & Security in Realism Studies, "Winter Is Coming：Iran, Saudi Arabia, and the Execution of Nimr Al - Nimr," http：//cgsrs. org/publications/44.

Ennaji, Moha, "The Middle East Must Lead on Refugees," Project Syndicate, August 10, 2016, https：//www. project - syndicate. org/ commentary/middle- east - response - to - refugee - crisis - by - moha - ennaji - 2016 - 08? utm_ term = &utm_ campaign = &utm_ source = adwords&utm_ medium = ppc&hsa_ acc = 1220154768&hsa_ cam = 12374283753&hsa_ grp = 117511853986&hsa_ ad = 499567080219&hsa_ src = g&hsa_ tgt = dsa - 19959388920&hsa_ kw = &hsa_ mt = &hsa_ net = adwords&hsa_ ver = 3&gad = 1&gclid = Cj0KCQjwoK2mBhDzARIsADGbjeogtidMgbb - 44U887N5lKkRH wzXXaXmPRazNNpScSvEA_ vf20f93G8aAjMGEALw_ wcB.

Fabiani, Riccardo and Michael Wahid Hanna, "Egypt in the Balance?," International Crisis Group, May 31, 2023, https：//www. crisisgroup. org/ middle-east-north-africa/north-africa/egypt/eygpt-in-the-balance.

Farouk, Yasmine, "Riyadh's Motivations Behind the Saudi-Iran Deal," Carnegie Endowment For International Peace, March 30, 2023.

Farouk, Yasmine, "The Middle East Strategic Alliance Has a Long Way to Go," Carnegie Endowment for International Peace, February 8, 2019, https：//carnegieendowment. org/2019/02/08/middle - east - strategic - alliance-has-long-way-to-go-pub-78317.

"Former Secretary-General of the Arab League Chedly Klibi Dies at 94," The Arab Weekly, May 13, 2020, https：//thearabweekly. com/former - secretary-general-arab-league-chedly-klibi-dies-94.

"French and German Statement on Syria," UK Prime Minister's Office, August 18, 2011, https：//www. gov. uk/government/news/joint - uk - french-and-german-statement-on-syria.

Ghodsi, Mahdi, "Dark Comedy or Tragedy? The Dire Straits of Iran's Economy," Clingendael, May 24, 2023, https：//www. clingendael. org/ publication/dark-comedy-or-tragedy-dire-straits-irans-economy.

Gross, Terry, "Trump's Deal to End War in Afghanistan Leaves Biden with 'A Terrible Situation'," NPR News, March 4, 2021, https：//

www. npr. org/2021/03/04/973604904/trumps - deal - to - end - war - in - afghanistan - leaves - biden - with - a - terrible - situation.

Hufbauer, Gary Clyde, Jeffrey J. Schott, Kimberly Ann Elliott and Barbara Oegg, "US and UN v. Iraq (1990 -: Invasion of Kuwait, Impairment of Military Capability, Destabilization)," Peterson Institute for International Economics, May 2008, https: //www. piie. com/commentary/speeches - papers/case - 90 - 1.

Idriss, Moustapha Abdelkerim, "With Its New African Policy, Turkey Has Won the Confidence of African Leaders. As Erdogan Declared in Gabon in 2013: 'Africa Belongs to Africans; We Are not Here for Your Gold'," Anadolu Agency, August 1, 2020, https: //www. aa. com. tr/en/africa/analysis - turkey - africa - partnership - a - development - oriented - approach/1696640.

International Monetary Fund, *Regional Economic Outlook: Middle East and Central Asia*, April 2020, p. 1, Confronting the COVID-19 Pandemic in the Middle East and Central Asia (imf. org).

Khalid, Tuqa, "Full Transcript of ALULa GCC Summit Declaration: Bolstering Gulf Unity," Alarabiya News, January 5, 2021.

Kifner, John, "The Iraqi Invasion: Arab's Summit Meeting Off; Iraqi Units in Kuwait Dig in; Europe Bars Baghdad's Oil," The New York Times, August 5, 1990, https: //www. nytimes. com/1990/08/05/world/iraqi - invasion - arabs - summit - meeting - off - iraqi - units - kuwait - dig - europe - bars. html.

Kubilay, M. Murat, "The Turkish Economy under the Presidential System," Middle East Institute, October 2022, chrome - extension: //efaidnbmnnnibpcajpcglclefindmkaj/https: //www. mei. edu/sites/default/files/2022 - 10/The% 20Turkish% 20Economy% 20under% 20the% 20Presidential% 20System_ 0. pdf.

Katz, Mark N. , "Saudi Arabia Is Trying to Make America Jealous with

Its Budding Russia Ties," Atlantic Council, August 27, 2021, https：// www. atlanticcouncil. org/blogs/menasource/saudi – arabia – is – trying – to – make–america–jealous–with–its–budding–russia–ties/.

"Kofi Annan's Six – Point Peace Proposal for Syria," The National, March 22, 2012, https：//www. thenational. ae/world/mena/kofi – annan – s–six–point–peace–proposal–for–syria–1. 397762.

Lee, Matthew and Lolita C. Baldor, "Trump Reaffirms Plan to Withdraw All US Troops from Iraq," AP News, August 21, 2020, https：//apnews. com/article/virus – outbreak – middle – east – politics – 35581f7ecfed0bbea789ee47e1658929.

Luck, Taylor, "What's Behind Saudi Arabia's New Muscularity," The Chirstian Science Monitor, May 14, 2015, https：//www. csmonitor. com/ World/Middle–East/2015/0514/What–s–behind–Saudi–Arabia–s–new– muscularity.

Mazis, Ioannis Th. and Markos I. Troulis, "Turkey's Political Influence in Libya and the Weaponization of the Muslim Brotherhood," Dado Center Journal (Internet), 2021, https：//www. idf. il/en/mini – sites/dado – center/research/turkey – s – political – influence – in – libya – and – the – weaponization–of–the–muslim–brotherhood/.

Megerisi, Tarek, "It's Turkey's Libya Now," European Council On Foreign Relations, May 20, 2020, https：//ecfr. eu/article/commentary_ its_ turkeys_ libya_ now/.

Miller, Andrew and Richard Sokolsky, "Arab NATO：An Idea Whose Time Has Not (And May Never) Come," Lobe Log, August 21, 2018, https：//lobelog. com/arab–nato–an–idea–whose–time–has–not–and–may– never–come/.

"Qatar PM：Arab League Mission Made 'Mistakes' in Syria," Middle East Online, January 5, 2011, https：//middle–east–online. com/en/qatar– pm–arab–league–mission–made–mistakes–syria.

Robinson, Kali, "Yemen's Tragedy: War, Stalemate, and Suffering," Council on Foreign Relations, May 1, 2023, https://www.cfr.org/backgrounder/yemen-crisis.

Sheline, Annelle R., Bruce Riedel, "Biden's Broken Promise on Yemen," Brookings, September 16, 2021, https://www.brookings.edu/articles/bidens-broken-promise-on-yemen/.

Sly, Liz, "King of Jordan Suggests Syrian President al-Assad Step Down," The Washington Post, November 14, 2011, https://www.denverpost.com/2011/11/14/king-of-jordan-suggests-syrian-president-al-assad-step-down/.

Soylu, Ragip, "Turkey: Officals Deny Arrest of 34 Muslim Brotherhood Members," Middle East Eye, October 31, 2022, https://www.middleeasteye.net/news/turkey-officials-deny-arrest-34-muslim-brotherhood-members.

"Syrian Refugees: Major Hosting Countries Worldwide in 2022," Statista, June 16, 2023, https://www.statista.com/statistics/740233/major-syrian-refugee-hosting-countries-worldwide/.

"Statement by President Obama on the Situation in Syria," The White House President Barack Obama, August 18, 2011, https://obamawhitehouse.archives.gov/the-press-office/2011/08/18/statement-president-obama-situation-syria.

"Yemen Fact Sheet, June 2022," reliefweb, June 30, 2022, https://reliefweb.int/report/yemen/yemen-fact-sheet-june-2022.

United Nations General Assembly, "Implementing the Responsibility to Protect: Report of the Secretary-General," January 12, 2009, pp. 8-9, http://responsibilitytoprotect.org/implementing%20the%20rtop.

Wimmen, Heiko, Dina Esfandiary, Anna Jacobs and David Wood, "The Impact of the Saudi-Iranian Rapprochement on Middle East Conflicts," April 19, 2023, https://www.crisisgroup.org/middle-east-north-africa/gulf-and-arabian-peninsula/iran-saudi-arabia/impact-saudi-iranian.

"Yemen Country Economic Memorandum: Glimmers of Hope in Dark Times," reliefweb, May 30, 2023, https://reliefweb. int/report/yemen/ yemen-country-economic-memorandum-glimmers-hope-dark-times-2023-enar.

附录一
《阿拉伯国家联盟宪章》

PACT OF THE LEAGUE OF ARAB STATES

His Excellency the President of the Syrian Republic;

His Royal Highness the Amir of Trans-Jordan;

His Majesty the King of Iraq;

His Majesty the King of Saudi Arabia;

His Excellency the President of the LebaneseRepublic;

His Majesty the King of Egypt;

His Majesty the King of the Yemen;

Desirous of strengthening the close relations and numerous ties which link the Arab States;

And anxious to support and stabilize these ties upon a basis of respect for the independence and sovereignty of these states, and to direct their efforts toward the common good of all the Arab countries, the improvement of their status, the security of their future, the realization of their aspirations and hopes;

And responding to the wishesof Arab public opinion in all Arab lands;

Having agreed to conclude a Pact to that end and having appointed as their representatives the persons whose names are listed hereinafter, have agreed upon the following:

Article 1

The League of Arab States is composed of the independent Arab States which have signed this Pact.

Any independent Arab State has the right to become a member of the League. If it desires to do so, it shall submit a request which will be deposited with the Permanent Secretariat General and submitted to the Council at the first meeting held after sub-mission of the request.

Article 2

The League has as its purpose the strengthening of the relations between the member states; the co-ordination of their policies in order to achieve co-operation between them and to safeguard their independence and sovereignty; and a general concern with the affairs and interests of the Arab countries. It also has as its purpose the close co-operation of the members states, with due regard to the organization and circumstances of each state, on the following matters:

A. Economic and financial affairs, including commercial relations, customs, currency, and questions of agriculture and industry.

B. Communications; this includes railroads, roads, aviation, navigation, telegraphs and posts.

C. Cultural affairs.

D. Nationality, passports, visas execution of judgments, and extradition of criminals.

E. Social affairs.

F. Health problems.

Article 3

The League shall possess a Council composed of the representatives of the member states of the League; each state shall have a single vote, irrespective of the number of representatives.

It shall be the task of the council to achieve the realization of the objectives of the League and to supervise the execution of agreements which the member states have concluded on the questions enumerated in the preceding article, or on any other questions.

It likewise shall be the Council's task to decide upon the means by which the League is to co-operate with the international bodies to be created in the future in order to guarantee security and peace and regulate economic and social relations.

Article 4

For each of the questions listed in Article 2 there shall be set up a special committee in which the member states of the League shall be represented. These Committees shall be charged with the task of laying down the principles and extent of co - operation. Such principles shall be formulated as draft agreements, to be presented to the Council for examination preparatory to their submission to the aforesaid states.

Representatives of the other Arab countries may take part in the work of the aforesaid committees. The Council shall determine the conditions under which these representatives may be permitted to participate and the rules governing such representation.

Article 5

Any resort to force in order to resolve disputes arising between two or more member states of the League is prohibited. If a difference should arise which does not concern a states independence, sovereignty, or territorial integrity, and if the parties to the dispute have recourse to the Council for the settlement of this difference, the decision of the council shall then be enforceable and obligatory.

In such a case, the states between whom the difference has arisen, shall not participate in the deliberations and decisions of the Council.

The Council shall mediate in all differences which threaten to lead to war between two members states, or a member state and a third state with a view to bringing about their reconciliation.

Decisions of arbitration and mediation shall be taken by majority vote.

Article 6

In case of aggression or threat of aggression by one state against a member state, the state which has been attacked or threatened with aggression may demand the immediate convocation of the Council.

The Council shall by unanimous decision determine the measures necessary to repulse the aggression. If the aggressor is a member state, his vote shall not be counted in determining unanimity.

If, as a result of the attack, the government of the state attacked finds itself unable to communicate with the Council that state's representative in the Council shall have the right to request the convocation of the Council for the purpose indicated in the previous paragraph. In the event that this representative is unable to communicate with the Council, any member state of the League shall have the right to request the convocation of the Council.

Article 7

Unanimous decisions of the Council shall be binding upon all member states of the League; majority decisions shall be binding only upon those states which have accepted them.

In either case the decisions of the Council shall be enforced in each member state according to its respective basic laws.

Article 8

Each member state shall respect thesystem of government established in the other member states and regard them as exclusive concerns of those states. Each shall pledge to abstain from any action calculated to change established systems of government.

Article 9

States of the League which desire to establish closer co – operation and stronger bonds than are provided by this Pact may conclude agreements to that end.

Treaties and agreements already concluded or to be concluded in the future between a member state and another state shall not be binding or restrictive upon other members.

Article 10

The permanent seat of the League of Arab States is established in Cairo. The Council may, however, assemble at any other place it may designate.

Article 11

Ae Council of the League shall convene inordinary session twice a year, in March and October. It shall convene in extraordinary session upon request of two member states of the League whenever the need arises.

Article 12

The League shall have a permanent Secretariat – General which shall consist of a Secretary – General, Assistant Secretaries, and an appropriate number of officials.

The Council of the League shall appoint the Secretary – General by a majority of two-thirds of the states of the League. The Secretary-General with the approval of the Council shall appoint the Assistant Secretaries and the principal officials of the League.

The Council of the League shall establish an administrative regulation for the functions of the Secretariat-General and matters relating to the Staff.

The Secretary - General shall have the rank of Ambassador and the Assistant Secretaries that of Ministers Plenipotentiary.

Article 13

The Secretary-General shall prepare the draft of the budget of the League and shall submit it to the Council for approval before the beginning of each fiscal year.

Article 14

The members of the Council of the League as well as the members of the committees and the officials who are to be designated in the administrative regulation shall enjoy diplomatic privileges and immunity when engaged in the exercise of their functions.

The building occupied by the organs of the League shall be inviolable.

Article 15

The first meeting of the Council shall be convened at the invitation of the head of the Egyptian Government. Thereafter, it shall be convened at the invitation of the Secretary-General.

The representatives of the member states of the League shall alternately assume the presidency of the Council at each of its ordinary sessions.

Article 16

Except in cases specifically indicated in this Pact, a majority vote of the

Council shall be sufficient to make enforceable decisions on the following matters:

A. Matters relating to personnel.

B. Adoption of the budget of the League.

C. Establishment of the administrative regulations for the Council, the committee, and the Secretariat-General.

D. Decisions to adjourn the sessions.

Article 17

Each member state of the League shall deposit with the Secretariat - General one copy of every treaty or agreement concluded in the future between itself and another member state of the League or a third state.

Article 18

If a member state contemplates withdrawal from the League, it shall inform the Council of its intention one year before such withdrawal is to go into effect.

The Council of the League may consider any state which fails to fulfil its obligations under this Pact as having become separated from the League, and this is to go into effect upon unanimous decision of the states, excluding the state concerned.

Article 19

This Pact may be amended with the consent of two - thirds of the stales belonging to the League, especially in order to make firmer and stronger ties between the member states, to create an Arab Tribunal of Arbitration, and to regulate the relations of the League with any international bodies to be created in the future to guarantee security and peace.

Final action on an amendment cannot be taken prior to the session following the ession in which the motion was initiated.

If a state does not accept such an amendment it may withdraw at such time as the amendment goes into effect, without being bound by the provisions of the preceding article.

Article 20

This Pact and its Annexes shall be ratified according to the basic laws in force among the High Contracting Parties.

The instruments of ratification shall be deposited with the Secretariat – General of the Council and the Pact shall become operative as regards each ratifying state fifteen days after the Secretary – General has received the instruments of ratification from four states.

This Pact has been drawn up in Cairo in the Arabic language on this 8th day of Rabi'II, thirteen hundred and sixty–four (22 March 1945), in one copy which shall be deposited in the safekeeping of the Secretary–General.

An identical copy shall be delivered to each state of the League.

附录二
《阿拉伯联盟国家间联合防御
和经济合作条约》

JOINT DEFENCE AND ECONOMIC
CO-OPERATION TREATY BETWEEN
THE STATES OF THE ARAB LEAGUE

Signed at Cairo April 13, 1950. 1

THE GOVERNMENT'S OF:

H. M. THE KING OF HASHEMITE KINGDOM OF JORDAN.

H. E. THE PRESIDENT OF THE SYRIAN REPUBLIC.

H. E. THE KING OF THE IRAQI KINGDOM.

H. M. THE KING OF THE SAUDI ARABIAN KINGDOM.

H. E. THE PRESIDENT OF THE LEBANESE REPUBLIC.

H. M. THE KING OF THE KINGDOM OF EGYPT.

H. M. THE KING OF THE KINGDOM OF YEMEN.

In view of the desire of the above mentioned governments to consolidate the relations between the States of the Arab League, to maintain their independence and their mutual heritage, to fulfill the desire of their peoples to rally in support of mutual defense and to maintain security and peace. According to the principles of both the Arab League Pact & the United Nations Charter, and in conformity with the aims of the said Pacts and to consolidate stability and security and provide means of welfare and construction in their countries.

The followinggovernments delegate

Having been duly accredited and fully authorized by their respective governments approve the following:

ARTICLE 1

In an effort to maintain and stabilize peace and security, the contracting States hereby confirm their desire to settle their international disputes by peaceful means, whether such disputes concern their own relations or those with other powers.

ARTICLE 2

The contracting States consider any act of armed aggression made against any one or more of them or against their forces, to be directed against them all, and therefore in accordance with the right of legal defense, individually and collectively they undertake to hasten to the aid of the State or States against whom such an aggression is made, and to take immediately, individually and collectively, all means available including the use of armed force to repel the aggression and restore security and peace. And, in conformity with Article 6 of the Arab League Pact and Article 51 of the United Nations Charter, the Arab League Council and U. N. Security Council should be notified of such act of aggression and the means and procedure taken to check it.

ARTICLE 3

At the invitation of any of the signatories of this Treaty, the contracting

States should hold consultations whenever there are reasonable grounds for the belief that the territorial integrity, the independence or security of any of the parties is threatened. In the event of the risk of war or the existence of an international emergency, the contracting States should immediately proceed to unify their plans and defensive measures as the situation may demand.

ARTICLE 4

Desiring to implement the above obligations and to fully and effectively carry them out, the contracting States will cooperate in consolidating and coordinating their armed forces and will participate according to their resources and needs in preparing the individual and collective means of defense to repulse the armed aggression.

ARTICLE 5

A Permanent Military Commission composed of representatives of the General Staffs of the forces of the contracting States is to be formed to coordinate the plans of joint defense and their implementation. The powers of the Permanent Military Commission, as set forth in an annex attached to this Treaty, include the drafting of the necessary reports, covering the method of cooperation and participating mentioned in Article 4. The Permanent Military Commission will submit to the Joint Defense Council, provided hereunder in Article 6, reports dealing with questions within its province.

ARTICLE 6

Under the control of the Arab League Council shall be formed a Joint Defense Council to deal with all matters concerning the implementation of the provisions of Articles 2, 3, 4 and 5 of this Treaty. It shall be assisted in the performance of its task by the Permanent Military Commission referred to in Article 5. The Joint Defense Council shall consist of the Foreign Ministers and the Defense Ministers of the contracting States, or their representatives. Decisions taken by a majority of two thirds shall be binding on all the contracting States.

ARTICLE 7

In order to fulfill the aims of this Treaty and to bring about security and prosperity in Arab countries and in an effort to raise the standard of life therein, the contracting States undertake to collaborate for the development of their economic conditions, the exploitation of their natural resources, the exchange of their respective agricultural and industrial products, and generally to organize and coordinate their economic activities and to conclude the necessary inter-Arab agreements to realize such aims.

ARTICLE 8

An Economic Council consisting of the Ministers in charge of economic affairs, or their representatives if necessary, is to be formed from the contracting States to submit recommendations for the realization of all such aims as are set forth in the previous article. This Council can, in the performance of its duties, seek the cooperation of the Committee for Financial and Economic Affairs referred to in Article 4 of the Arab League Pact. 2

ARTICLE 9

The annex to this Treaty shall be considered as an integral and indivisible part of it.

ARTICLE 10

The contracting States undertakenot to conclude any international agreements which may be contradictory to the provisions of this Treaty nor to act, in their international relations, in a way which may be contrary to the aims of this Treaty.

ARTICLE 11

No provisions of this Treaty shall in any way affect nor is intended to so affect any of the rights or obligations accruing to the contracting States from the United Nations Charter or the responsibilities borne by the U. N. Security Council for the maintenance of international peace and security.

ARTICLE 12

After the lapse of 10 years from the date of the ratification of this Treaty, any one of the contracting States may withdraw from it providing 12 months' notice is previously given to the General Secretariat of the Arab League. The League Secretariat General shall inform the other contracting States of such notice.

ARTICLE 13

This Treaty shall be ratified byeach contracting State according to the constitutional status of its particular government. The Treaty shall come into force 15 days after the receipt by the Secretariat General of the ratification from at least four States. This Treaty of which one copy is to be deposited in the Secretariat General of the Arab League is written in Arabic in Cairo on April 30, 1950 [sic.] Further copies equally authentic shall be transmitted to each of the contracting States.

MILITARY ANNEX

1. The Permanent Military Commission provided for in Article 5 of the Joint Defense and Economic Cooperation Treaty between the States of the Arab League, shall undertake the following:

（a）In cooperation with the Joint Defense Council, the preparation of all military plans to face possible armed aggression.

（b）To submit proposals for the organization of the forces of the contracting States fixing a minimum force for each in accordance with military exigencies and the potentialities of each State. The preparation of Military Plans to face all anticipated dangers or armed aggression that may be launched against one or more of the contracting States or their forces, such plans to be based on foundations decided by the Joint Defense Council.

（c）To submit proposals for the reorganization of the forces of the contracting States in so far as their equipment, organization and training are concerned so that they may keep pace with modern military methods and developments, and for the unification and coordination of all such forces.

（d）To submit proposals for the exploitation and coordination of the natural agricultural and industrial resources of all contracting States in favour of the inter-Arab military effort and joint defense.

（e）To organize the exchange of missions between the contracting States for the preparation of plans, participation in military exercises and manoeuvers and the study of their results, for the recommendation of the improvement of methods to ensure close collaboration in the field, and for the general improvement of the forces of all contracting States.

（f）The preparation of the necessary data on the resources and military potentialities of each of the contracting States and the part to be played by its forces in the joint military effort.

（g）Study of the facilities andthe contributions of each of the contracting States operating in its territory in conformity with the provisions of this Treaty.

2. The Permanent Military Commission may form temporary or permanent sub-committees from among its own members to deal with any of the matters falling within its jurisdiction. It may also seek the advice of any whose views on certain questions may be deemed necessary.

3. The Permanent Military Commission shall submit detailed reports on the results of its activities and studies to the Joint Defense Council provided for in Article 6 of this Treaty, as well as an annual report giving full particulars of its work and studies during the year.

4. The Permanent Military Commission shall establish its headquarters in Cairo but may hold meetings in any other place. The members shall elect a chairman for two years. Candidates for the presidency should hold at least the rank of General. All members of the Commission must hold the original nationality of one of the contracting States.

5. Inthe event of war, the general command of the joint forces shall be entrusted to the contracting State possessing the largest military force taking actual part in the field operations unless, by unanimous agreement, the Commander-in-Chief is selected otherwise. The Commander-in-Chief will be supported in the direction of military operations by a Joint Staff.

后　记

　　本书是笔者主持的中央高校基本科研项目的结项成果，也是笔者对博士论文修改而成的科研成果。选择阿盟及其安全治理作为研究内容，一方面是为了验证和回应西方学术界有关阿盟"失败"的观点，另一方面是因为笔者长期关注中东安全与发展问题，致力于探究中东乱与治的根源。

　　通过研究，笔者认为阿盟安全治理的绩效在不同时期大不相同，不宜以一次治理的结果对其概而论之。影响阿盟安全治理绩效的主要因素并非阿盟的"一致同意"决策机制，也非阿拉伯国家的非民主化，而是多种内外因素共同作用的结果。其中阿拉伯国家体系的脆弱性和不稳定性是影响阿盟安全治理绩效的根本因素，域外大国的介入和干涉是主要因素。中东地区非阿拉伯国家对阿拉伯国家的渗透削弱了阿盟凝聚共识的能力。执行机制和预防性外交的匮乏和秘书长职权有限影响了阿盟安全治理的即时性和有效性。前三个因素是阿盟安全治理面临的不可抗力，第四个因素是阿盟内部机制建设的问题。在中东这样一个深受域外大国干涉和域内国家关系复杂的地区，阿盟的安全治理以及发展具有突出的外力主导性。

　　进入 2021 年，世界百年大变局深刻作用于中东地区，使得中东地区格局出现巨大变化。因而，笔者在原来研究的基础上，增写了第五章内容，试图通过剖析中东地区局势的演变来探究阿盟安全治理的改进路径。其中，中国提出的全球安全倡议和全球发展倡议以及中国在中东实行的积极有为外交，为中东走向和解创造有利条件。新局势下，地区国家把重心放在经济发展上，将经济转型作为首要议程，阿拉伯世界分裂的情况得到了缓解，阿拉伯共同事业获得了一定的发展势头，这为阿盟提升安全治理能力和进一步进行改革提供了契机。

　　总之，对于阿盟的观察和研究还需要继续深入，尤其是要结合国际体系、地区局势以及阿拉伯国家政治经济发展状况，来全面评估阿盟的发展前景，如此才能拨开云雾，抓住事物的本质，看到根本矛盾之所在。

　　最后，要特别感谢笔者的博士导师毕健康研究员和硕士导师李福泉教授，他们严谨的治学态度、幽默风趣的文风、富有力道的写作手法以及对于文字的敬畏深刻地影响着我。他们是我走上学术道路的引路人。直至今日，他们仍然密切关注着我的学术研究和发展动向，并给予我巨大的帮助。

　　还要感谢在求学和治学路上给予我诸多帮助的前辈学者和同门师兄弟，工作单位领导和同事对出版本书给予的大力支持。感谢出版社的李明伟编辑不厌其烦地对书稿进行校正，他高效、严谨的工作使得本书得以顺利出版。

　　这是本人出版的第一本专著，其中错漏之处，恳请读者批评指正。

陈丽蓉

2023 年 8 月 8 日

图书在版编目(CIP)数据

阿拉伯国家联盟及其安全治理研究／陈丽蓉著.

北京：社会科学文献出版社，2024.10.--ISBN 978-7-
5228-2906-7

Ⅰ.D814.1

中国国家版本馆 CIP 数据核字第 20241WX828 号

阿拉伯国家联盟及其安全治理研究

著　　者／陈丽蓉

出 版 人／冀祥德
责任编辑／李明伟
责任印制／王京美

出　　　版／社会科学文献出版社·区域国别学分社（010）59367078
　　　　　　地址：北京市北三环中路甲 29 号院华龙大厦　邮编：100029
　　　　　　网址：www.ssap.com.cn
发　　　行／社会科学文献出版社（010）59367028
印　　　装／三河市龙林印务有限公司

规　　　格／开 本：787mm×1092mm　1/16
　　　　　　印 张：20.5　字 数：305 千字
版　　　次／2024 年 10 月第 1 版　2024 年 10 月第 1 次印刷
书　　　号／ISBN 978-7-5228-2906-7
定　　　价／128.00 元

读者服务电话：4008918866